La Volonté et l'Action

Cours du Collège de France
2014-2015

DU MÊME AUTEUR

Le Problème de l'être chez Maître Eckhart, Genève-Neuchâtel-Lausanne, 1980.
Ulrich de Strasbourg. De summo bono, II, 1-4, Hambourg, Felix Meiner, 1987.
Maître Eckhart. Sur l'humilité, traduction et postface, Paris, Arfuyen, 1988.
Maître Eckhart. Poème, Paris, Arfuyen, 1988, 1996.
La Philosophie médiévale, Paris, PUF, « Que sais-je ? », 1989, 1991, 1994, 2001, 2015.
Albert le Grand et la philosophie, Paris, Vrin, 1990.
Penser au Moyen Âge, Paris, Seuil, 1991, 1996, 2015.
La Philosophie médiévale, Paris, PUF, « Premier Cycle », 1992, 2001, 2004, 2014.
Maître Eckhart. Traités et Sermons, édition et traduction, Paris, « GF », 1993.
Thomas d'Aquin. Contre Averroès, traduction et édition, Paris, « GF », 1994.
La Mystique rhénane. D'Albert le Grand à Maître Eckhart, Paris, Seuil, 1994.
Eckhart, Suso, Tauler et la divinisation de l'homme, Paris, Bayard, 1996.
La Querelle des universaux. De Platon à la fin du Moyen Âge, Paris, Seuil, 1996, 2014.
Morgen Schtarbe (roman), Paris, Flammarion, 1999.
L'Art des généralités, Paris, Aubier, 1999.
Maître Eckhart et la mystique rhénane, Paris, Cerf, 1999.
La Référence vide. Théories de la proposition, Paris, PUF, 2002.
Raison et Foi. Archéologie d'une crise, Paris, Seuil, 2003.
L'Unité de l'intellect de Thomas d'Aquin, Paris, Vrin, 2004.
Métaphysique et Noétique. Albert le Grand, Paris, Vrin, 2005.
Archéologie du sujet I. *Naissance du sujet*, Paris, Vrin, 2007 [^{2}2010], 2014.
Archéologie du sujet II. *La Quête de l'identité*, Paris, Vrin, 2008 [^{2}2010].
Archéologie du sujet III.1. *L'Acte de penser. La Double Révolution*, Paris, Vrin, 2014.
Où va la philosophie médiévale ?, Paris, Fayard - Collège de France, 2014.
L'Invention du sujet moderne. Cours du Collège de France 2013-2014, Paris, Vrin, 2015.
L'Archéologie philosophique. Séminaire du Collège de France 2013-2014, Paris, Vrin, 2016.
Archéologie du sujet III.2. *L'Acte de penser. L'Empire du sujet*, en préparation.

EN COLLABORATION

Maître Eckhart. Métaphysique du Verbe et théologie négative, Paris, 1984.
Maître Eckhart. Commentaire de la Genèse, Paris, Cerf, 1984.
Celui qui est. Interprétations juives et chrétiennes d'Exode 3, 14, Paris, 1986.
Aux origines de la Logica Modernorum. Naples, Bibliopolis, 1987.
Maître Eckhart. Commentaire du prologue à l'Évangile de Jean, Paris, 1989.
Lectionum varietates. Hommage à Paul Vignaux (1904-1987), Paris, Vrin, 1991.
Porphyre. Isagoge, Paris, Vrin, 1995 [avec A.-Ph. Segonds †].
Averroès. Discours décisif, introduction par A. de Libera, Paris, « GF », 1996.
L'Être et l'Essence. Le vocabulaire médiéval de l'ontologie, Paris, Seuil, 1996.
Langages et Philosophies. Hommage à Jean Jolivet, Paris, Vrin, 1997.
« Pour Averroès », in *Averroès. L'Islam et la Raison*, Paris, « GF », 2000.
Dictionnaire du Moyen Âge, Paris, PUF, 2002.
Vocabulaire européen des philosophies, Paris, Seuil-Robert, 2004.
Les Grecs, les Arabes, et nous, Paris, Fayard, 2009.
Après la métaphysique, Augustin ?, Paris, Vrin, 2013.

Alain de Libera

La Volonté et l'Action

Cours du Collège de France 2014-2015

PARIS
LIBRAIRIE PHILOSOPHIQUE J. VRIN
6, place de la Sorbonne, V^e^

—

2017

Alain DE LIBERA
COURS ET SÉMINAIRES DU COLLÈGE DE FRANCE

Cette série fait partie de la collection
« Bibliothèque d'histoire de la philosophie »

Avec la collaboration de David Simonetta

Imprimé en France
ISSN 0249-7980
ISBN : 978-2-7116-2803-2

www.vrin.fr

Avant-Propos

On trouvera ici le contenu des huit cours de deux heures donnés durant le semestre d'hiver 2015, du 6 janvier au 14 avril. Le texte a été établi sur la base de mes versions préparatoires et de notes personnelles, complétées par les transcriptions, relectures et mises au net de David Simonetta, alors ATER de la chaire de philosophie médiévale, à la collaboration duquel je dois d'avoir pu réaliser ce troisième volume. Qu'il en soit, une fois de plus, amicalement remercié.

J'exprime également ma gratitude à Anne-Marie et Denis Arnaud, mes éditeurs, à Dominique de Libera, qui a mis en forme et corrigé le livre ; au public qui a suivi mon enseignement, à Sophie Grandsire-Rodriguez et aux personnels du Collège de France, qui semaine après semaine, en ont rendu possible la tenue.

Alain de Libera

Cours du 6 janvier 2015

Première heure

Rappel de la problématique générale. — Objectif du cours : « tracer » la rencontre de la subjecti(vi)té et de l'agence (agency, action). *— Nietzsche. Le syllogisme du grammairien : toute action a un agent. — La « superstition des logiciens » : sujet, je, moi. — Heidegger : Descartes et la « souveraineté du sujet ». — Quiddité* (Washeit) *et « quissité »* (Werheit). *— Réalité et réalité effective. — Le cours fribourgeois de 1934 sur la « logique » et l'histoire de l'être* ('Geschichte des Seins'). *— Ricœur : la question « quoi ? » et la question « qui ? ». — Réduction de la problématique de l'action à une ontologie de l'événement anonyme. — Question de l'homme et question du sujet : retour sur Foucault et l'*Alcibiade. *— Attribution, ascription, imputation. — Le quadrangle du « sujet pensant ». — « Allongement du questionnaire » du Moyen Âge à Descartes. — « Y a-t-il un sujet unique de la pensée et de la volonté ? ». — « Qui dit* je *dans « je pense » et dans « je veux ». La volonté et l'action. — La notion d'usage* (khrêsis). *— Foucault et le « sujet de la* khrêsis *». — Vers une archéologie du « sujet de l'usage ». — Philippiens 2, 13 : c'est Dieu qui opère en l'homme le vouloir et le faire. — La source syriaque : Jean de Damas. — Le « quadrangle de l'agence : ACTION, ACTIF, ACTÉ, ACTANT. — Le « quadrangle du vouloir » : VOLONTÉ, VOULU, VOLITIF et VOULANT. — L'usager de volonté. — Objet du vouloir et sujet du vouloir : la différence* hupokeimenon-hupostasis. *— Heidegger, le chiasme du sujet et l'oubli de l'hypostase. — Anthropologie et christologie.*

« La volonté et l'action » est la suite du parcours engagé l'an dernier sous l'intitulé « *Inventio subjecti* : l'invention du sujet moderne ». Je vous en rappelle le thème général : la question du sujet, et la formulation de la difficulté que nous avons tenté d'élucider au long des séances : comment le *sujet pensant* – ou, si l'on préfère, l'homme en tant que *sujet et agent* de la pensée – est-il entré en philosophie ? Cette année, j'ajoute : l'homme en tant que sujet et agent du *vouloir*. Nous passons donc de la pensée au vouloir.

Mon objectif est de « tracer » la rencontre de la subjecti(vi)té et de l'agence (*agency*, action). La première rencontre entre subjecti(vi)té et agence, nous l'avons abordée en 2014 en traitant du sujet de la pensée – la pensée étant considérée comme une action ou une activité – selon la formule de Fénelon assurant que « *penser, c'est agir, c'est faire, c'est avoir quelque chose* » [1], analysée dans le livre que j'ai publié en février 2014 sous le titre *La Double Révolution* [2]. Nous avons commencé par étudier le « syllogisme du grammairien » articulant ce que Nietzsche appelle « la superstition des logiciens » – encore appelée « superstition du sujet » et « superstition du Je ou du Moi » –, en comparant le texte original du § 17 de *Par-delà bien et mal* :

> Denken ist eine Thätigkeit ; zu jeder Thätigkeit gehört *Einer, der thätig ist* ; folglich, gibt es *Einer, der* denkt [3].

> Penser est une *activité* ; toute activité comporte *quelqu'un qui est actif* ; donc il y a *quelqu'un qui pense*.

avec deux traductions : la traduction française de Cornelius Heim : « Penser est une action, *toute action suppose un sujet qui l'accomplit*, donc, etc. » [4], la traduction anglaise d'Helen Zimmern : « To think is an activity ; *every activity requires an agency that is active* ; consequently, etc. » [5]. Face au syllogisme du grammairien le problème de l'archéologue est de déterminer comment on peut passer ainsi de « quelqu'un » à « sujet » ? et de « sujet » à « agence » ? Comment expliquer l'équation imposée par le geste traducteur : *Einer* = sujet = *agency* ? Comment, aussi, expliquer l'équation complète qui caractérise le sujet moderne : *Einer = sujet = agency = je (quelqu'un = sujet = agent = je)* ?

Cette traduction suppose accomplie la mise en équation de la subjecti(vi)té et de l'égoïté *(Ichheit, egoity)* plusieurs fois décrite par Heidegger, et pose à l'archéologue une double question : Quand ? Comment ?, à laquelle Heidegger répond : à l'Âge classique, avec Descartes. En effet, selon la thèse de *La Métaphysique comme histoire de l'être*, un texte de 1941, publié en 1961 dans le second volume du *Nietzsche* [6], c'est chez Descartes que, pour la première fois, *subiectum* et *ego*, subjectité et égoïté *(Ichheit)* ont acquis une signification identique [7] :

> L'Être au cours de son histoire en tant que métaphysique est continûment subjectité. Mais là où la subjectité devient subjectivité, là, le *subjectum* distingué depuis Descartes, l'*ego*, a une primauté à divers sens. D'abord l'*ego* est l'étant le plus vrai, dans sa certitude la plus accessible [8].

> Par Descartes et depuis Descartes l'homme, le « moi » humain, devient d'une manière prééminente le « sujet » dans la métaphysique [9].

La graphie « subjecti(vi)té », à laquelle je recours en général pour exprimer à la fois la différence et l'articulation de la subjectité et de la subjectivité, n'est pas de Heidegger. Je l'ai introduite l'an dernier [10] pour marquer la provenance de la subjectivité moderne, souligner le fait que la subjectivité est un mode de la subjectité. Elle indique la substantification du « sujet », son assimilation à un *quelque chose*, un sujet au sens ancien du terme *hupokeimenon*, celui d'« étant sous la main », de *Vorhandenes*, de chose « réelle », *aliquid*, et de « porteur » ou substrat d'accidents. Elle indique ce qui fait du sujet ce qui répond à, et ce qui répond de, la question *QUID ?* Quand Heidegger dit que la subjectivité est un mode de la subjectité, il veut dire que la « subjectivité » *(Subjektivität)* de la métaphysique moderne est un mode, une guise, de la subjectité *(Subjectität)* métaphysique tout court. Autrement dit, dans la graphie « subjecti(vi)té », si vous faites abstraction de « vi » vous obtenez « subjectité » : l'élément porteur de toute l'histoire de la métaphysique ; si au contraire vous faites intervenir « vi », vous obtenez « subjectivité » et vous entrez dans l'acception moderne, l'acception que nous dirions *psychologique*, alors que « subjectité » désignait une structure *métaphysique* plus large. Cet ensemble de remarques conduit Heidegger à poser les questions que nous considérons comme partie intégrante du dossier de l'archéologie du sujet. Voici trois de ces questions, que je place sous l'intitulé « Question de l'homme et question du sujet », ce qui vous rappellera un thème suivi l'an dernier, sur les pas de Michel Foucault.

> Comment l'homme en vient-il à prendre le rôle du sujet proprement dit et unique ? Pourquoi ce sujet humain se transpose-t-il dans le « moi » de telle sorte que subjectivité équivaille ici à l'égoïté ? La subjectivité se détermine-t-elle par l'égoïté ou inversement celle-ci par celle-là [11] ?

Vous les trouverez dans *Der europäische Nihilismus*, le Nihilisme européen : *Herrschaft des Subjekts,* le règne, la souveraineté du sujet, *in der Neuzeit,* dans les temps modernes.

Deuxième rappel. Nous avons l'an dernier consacré quelque temps à la distinction entre Quiddité, *Washeit*, et Quissité, *Werheit,* à la question QUOI ? et à la question QUI ? avec Heidegger et Ricœur, afin de déployer intégralement le questionnaire heideggérien, avant d'entamer la déconstruction du récit proposé dans *La métaphysique comme histoire de l'être* (ce qui est, je vous le rappelle, un de mes objectifs principaux) [12]. La distinction de Heidegger entre *Washeit* et *Werheit*, quiddité et quissité, est un hapax dans son œuvre, bien qu'impliquée par la plupart des analyses de *Sein und Zeit*. Elle figure dans le second cours tenu et publié sous le titre de *Grundprobleme der Phänomenologie* – le cours du semestre d'été 1927, donné à Marburg. 1927 c'est également l'année de publication de *Sein und Zeit*. Voici le texte, dans la traduction de J.-F. Courtine :

> La réalité *(realitas ou quidditas)* est ce par quoi on répond à la question : *quid est res*, qu'est-ce que cette chose ?
> [On pourrait consacrer un séminaire entier à cette équivalence entre réalité et quiddité ! La teneur quidditative d'une chose,

> c'est sa réalité. Vous voyez qu'il faut se méfier du sens obvie des termes : pour nous, *réalité* signifie ce qui existe effectivement, la « réalité effective » – eh bien non, cela se dit en allemand *Wirklichkeit* – *realitas*, l'allemand *Realität*, est l'opposé de l'existence.]
>
> De quoi s'agit-il ? L'étant que nous sommes nous-mêmes, le *Dasein* – comme il apparaît immédiatement – ne peut jamais être visé comme tel à travers la question : *qu*'est-*ce* que...? Nous ne trouvons accès à cet étant qu'en demandant : *qui* est-il ? Ce n'est pas la quiddité, mais, s'il est permis de forger un terme pareil, la *Werheit*, la quissité qui appartient à la constitution du *Dasein*. La réponse à la question : qui ? ne donne pas une *res*, mais un Je, un Tu, un Nous [13].

Selon Heidegger on n'échappe pas à la réduction du QUI au QUOI en substituant la personne au « quelque chose », au *es*, au « ça » ; en *déchosifiant* la *chose qui pense*, comme le réclamaient au début du XXe siècle un certain nombre de phénoménologues : « déréaliser la chose qui pense », dé-réiser, dé-chosifier. En fait, dit Heidegger, seule la substitution du « *Da-sein* », de l'être-là, de l'être-*le*-là, au sujet ouvre la possibilité d'un questionnement authentique en direction du QUI ? Comme je l'ai rappelé l'an dernier, pour Heidegger, la question QUI ? ne se démarque pas de la question QUOI ? tant qu'elle « puise sa réponse dans le Je lui-même », entendu comme « le "sujet", le "Soi-même" pris comme ce qui se maintient identique dans le changement des comportements et des vécus, et qui se rapporte à cette multiplicité » [14], le sujet au sens de l'*hupokeimenon*, du *Vorhandenes*. Le *je* entendu comme sujet subsistant, substrat sur lequel se succèdent des états et des actes mentaux, n'est pas la bonne réponse donnée à la question *qui ?* Selon le cours de 1927, la bonne réponse est : « un Je, un Tu, un Nous ». Ce trio est repris en 1934, dans un passage de *Logik als die Frage nach dem Wesen der Sprache* – cours fribourgeois du semestre d'été 1934, primitivement annoncé sous le titre *Der Staat und die Wissenschaft*, *L'État et la science* [15]. Je vous rappelle que 1933-1934 est l'année du rectorat de Heidegger. Une des choses que nous ferons, mais pas aujourd'hui, sera de comparer le texte de 1927 sur le Je, le Tu et le Nous, avec celui de 1934, notamment sous le rapport de l'assignation d'un référent au « nous ». Les choses se disent parfois d'une manière qui peut paraître insignifiante. Là, en fait, quelque chose se dit de très important sur ce que Heidegger a longtemps tu, mais pas toujours, ni complètement. Nous y reviendrons.

Le passage du Moyen Âge à la modernité est-il un passage du magistère du QUOI ? à l'empire du QUI ? On pourrait le penser : l'hypothèse est tentante. On pourrait même être tenté de poser que, s'agissant de l'être de l'homme, le passage du règne du QUOI au règne du QUI s'opère effectivement avec Descartes, avec ce que Vincent Carraud nomme la *Werfrage cartésienne*. Carraud fait allusion ici à la phrase des *Méditations métaphysiques* : « Nondum vero satis intelligo, quisnam sim ego ille, qui jam necessario sum » [16].

Cette phrase, et plus précisément ce *quis*, met la grammaire à la torture. « ... syntaxe inouïe, écrit Carraud, (et rigoureusement intraduisible en français) : *ille* (masculin) *ego* (substantivé) qui gouverne le verbe *sum* (à la première personne) [17]. » Il faudrait traduire : « Mais je ne comprends pas bien encore *qui suis ce je qui déjà nécessairement suis.* » La grammaire est à ce point mise à la torture que ce *quis*, chacun s'acharne à l'entendre comme un *quid*, un *quoi*, à commencer par les traducteurs de Descartes, comme le duc de Luynes qui traduit : « Mais je ne connais pas encore assez clairement ce que je suis, moi qui suis certain que je suis [18]. »

Il se passe quelque chose là ; c'est certain. Est-ce suffisant pour dire que le passage du QUOI au QUI s'effectue sous la plume de Descartes ? Admettons. Mais peut-être vaudrait-il mieux dire que ce mouvement commencé avec Descartes s'est inversé et s'achève sous nos yeux, dans la mesure où, dans *Soi-même comme un autre*, Ricœur décrit une absorption du QUI ? dans le QUOI ?... du *QUIS ?* dans le *QUID ?* culminant de nos jours dans une « occultation » du QUI par le QUOI et le POURQUOI, faisant basculer « la problématique de l'action du côté d'une ontologie de l'événement anonyme », d'une « ontologie de l'événement impersonnel » [19] – mouvement de bascule principalement dû à la philosophie analytique. Nous avons évoqué cela l'an dernier. Personnellement, je ne trancherai ni en faveur de la première hypothèse ni en faveur de la seconde – pour une raison simple : je pense qu'en réalité le passage du QUOI au QUI n'est pas constitutif de la modernité, ni opéré chez Descartes ni *a fortiori* seulement chez Descartes.

Nous avons – et c'est par là que nous reprenons la notion foucaldienne d'*a priori* historique et adhérons à une certaine idée de la structure – posé que l'articulation du QUOI et du QUI était une donnée originaire, que la question du sujet s'articulait originairement dans un complexe de questions – le complexe du sujet, de la subjectité – dont une partie pouvait être tracée, renvoyée ou rapportée à la tradition interprétative de *l'Alcibiade* et l'autre à la tradition interprétative du *De anima*, les deux se rencontrant au Moyen Âge, et s'entremêlant de façon croissante du Moyen Âge à la modernité. Cela est visible dans ce que j'appelle le « quadrangle » ou « quadrilatère du sujet pensant »[20], qui articule quatre questions :

Qui pense?	⇄	Quel est le sujet de la pensée?
⇅		⇅
Qui sommes-nous?	⇄	Qu'est-ce que l'homme?

Question du « moi » ou du « je », question du sujet et question de l'homme sont originairement articulées, et le module de leur articulation c'est ce quadrangle.

La partie QUI ? du dispositif a une tradition multiple : on a brièvement considéré, lors du dernier cours de l'an passé, le 26 juin, un des vecteurs principaux de cette tradition, la question du souci de soi. *Qui* est ce moi dont « je » dois m'occuper ? – rappelez-vous : c'était la question posée par Foucault interprétant l'*Alcibiade*, dans *L'Herméneutique du sujet*. Mais on pourrait aussi dire : *qu*'est-*ce* que ce moi dont « je » dois m'occuper ? Il y aurait alors un couplage du QUI et du QUOI, provoquant une oscillation au cœur même de la question du souci de soi, une faille au cœur de la question QUI ?

La partie QUOI ? du dispositif a également une tradition multiple. Il ne faudrait pas croire que la partie platonicienne du dispositif fût la partie gauche (« *Qui* sommes-nous ? ») et la partie aristotélicienne (« *Que* sommes-nous ? »), la partie droite. Il n'y a pas une opposition entre « Qui Pense ? », « Qui sommes-nous ? » d'un côté et « Quel est le sujet de la pensée ? », « Que sommes-nous ? », « Qu'est-ce que l'homme ? » de l'autre, comme si le QUI revenait à Platon et le QUOI à Aristote. Il y a des réponses platoniciennes et des réponses aristotéliciennes aux deux séries de groupements : verticales et horizontales. Ces questions s'impliquent mutuellement. La possibilité d'un passage en diagonale restant à explorer.

La question « Qu'est-ce que l'homme ? » est antérieure à celle du sujet de la pensée. Est-elle antérieure à celle du sujet ? Nous avons, contre la datation problématique héritée de Foucault – faisant commencer la question de l'homme à celle de l'anthropologie, avec Kant, et celle du sujet au XVIe siècle, avec le rejet de toute médiation entre l'homme et Dieu, caractéristique, selon lui, du protestantisme – plaidé pour leur inséparabilité, vues du Moyen Âge. Il nous faudra cette année aller plus loin. Sous la forme « Que sommes-nous ? » la question de l'homme inclut le sujet-*hupokeimenon*, le sujet d'attribution. Mais qu'inclut le QUI de « Qui sommes-nous ? » à quoi elle s'oppose ? C'est ce qu'il faut déterminer. On a, l'an dernier, donné une première réponse en termes de sujet d'imputation. Avec Scheler et Ricœur, on entendait par « sujet d'imputation » un sujet capable de s'attribuer à lui-même ses actes, le sujet dit « responsable », mais aussi un sujet capable d'attribuer à d'autres lui-même la même capacité d'auto-attribution/imputation de leurs propres actes. Cela nous a conduits de Strawson à Pierre Olieu, de Pierre Olieu à Strawson. En fait, cet ensemble de questions sur le sujet et la subjectité, ce que d'un mot j'appelle l'« attributivisme », nous a conduit, ou reconduit à l'action, à l'acte et à l'agent.

On a évoqué, l'an dernier, le dispositif où s'articulent subjecti(vi)té et agence. Les quatre thèses qui, archéologiquement, articulent en général le dispositif du sujet-agent, sont :

(α) toute action requiert un agent
(β) toute action requiert un sujet
(γ) toute action requiert un agent qui est *un* sujet
(δ) toute action requiert un sujet qui est *son* agent

Mais, et ce sont deux questions, notées ici Q1 et Q2 : (Q1) Quelle est la notion de sujet permettant de passer de (β) [+(α)] à (γ) et (δ), c'est-à-dire à un sujet susceptible de s'accommoder de l'agence, un sujet qui ne soit pas simple substrat passif de propriétés physiques mais, au contraire, sujet capable d'agir, de produire des effets de lui-même et par lui-même ? Deuxième question (Q2) : quelle est la notion d'agent permettant de passer de (α) [+(β)] à (γ) et (δ), c'est-à-dire à un agent susceptible de s'accommoder de la subjecti(vi)té ?

On a partiellement fixé ce que devait être un sujet capable de passer de (β) [+(α)] à (γ) et (δ)(je l'ai dit il y a quelques instants : un sujet capable d'auto-imputation, capable de se reconnaître lui-même comme l'auteur de ses propres actes). Mais on n'a pas dit ce que devait être un sujet capable d'auto-imputation. Qu'est-ce qui nous rend capable de nous imputer à nous-mêmes nos propres actes ? On n'en a rien dit. On n'a pas même commencé d'élaborer la notion d'agent permettant de passer de (α) [+(β)] à (γ) et (δ), c'est-à-dire un agent susceptible de s'accommoder de la subjecti(vi)té. Tout cela reste à faire, et même à entreprendre.

On ne peut le faire en restant dans les strictes limites du dispositif décrit ci-dessus, le « quadrangle du sujet pensant ». Celui-ci a évolué. On a dit que le CQR du sujet et/ou de la subjectivité avait évolué au long du Moyen Âge en liaison avec l'évolution des modèles médiévaux de la ψυχή, de l'âme. En effet : 1° de nouvelles questions sont apparues, au cours des polémiques antiaverroïstes (unité de l'intellect) et des « polémiques thomistes » (unité ou pluralité des formes) ; 2° la « psychologie d'Aristote » a subi des changements profonds – par exemple, au XIVe siècle, la *perception sensible* devient l'*intellection du singulier* ; 3° la psychologie et l'anthropologie philosophique médiévales ont fait une place croissante à la considération des « émotions ». À s'en tenir simplement à ces trois facteurs, on voit qu'il y a de puissants éléments d'évolution, eux-mêmes en interaction.

Comme je l'ai rappelé dans le cours du 26 juin 2014, on a vu apparaître de nouveaux dispositifs aux confins du XIIIe et du XIVe siècle, et plus particulièrement au XIVe, portant des questions comme : Y a-t-il un *sujet unique* de la pensée, de la sensation et du sentiment ? Ou bien encore : Qui dit « je » dans : « je pense », « je sens », « j'éprouve » ? C'est ce que j'ai appelé, reprenant le mot de Paul Veyne, l'« allongement du questionnaire ».

Qui sent ? Qui ressent ?	⇄	Quel est le sujet de la sensation ? Quel est le sujet du sentiment ?
⇅		⇅
Qui sommes-nous ?	⇄	Qu'est-ce que l'homme ?

C'est le problème de l'unité de l'homme, distinct de celui de l'identité de l'homme et de l'identité personnelle. Est-ce le même sujet qui sent, qui pense et qui éprouve ? J'ai examiné cela dans le tome II de *l'Archéologie du sujet* : *La Quête de l'identité*. Des formulations standard de ce problème sont : l'homme est-il un être par accident ou un être *per se* ? L'homme est-il un *agrégat* ? Ce sont les questions qui sont encore débattues durant la querelle d'Utrecht par Descartes.

Qui pense, sent et ressent ?	⇄	Quel est le sujet de la pensée, de la sensation et du sentiment ?
⇅		⇅
Que sommes-nous ?	⇄	L'homme est-il un *ens per se* ? L'homme est-il un agrégat ?

L'angle d'attaque qui sera le nôtre cette année tient en une série de questions qui peuvent se raccorder aux dispositifs précédents, mais qui en génèrent d'autres, et entretiennent des rapports originaux avec leurs propres réseaux de concepts. Ces questions *à la fois* vont et ne vont pas de soi. Le titre du cours de cette année, *La Volonté et l'Action*, laisse attendre des questions du type de : « Quel est le sujet de l'action ? », « Quel est le sujet de la volonté ? », qui prend la place de : « Quel est le sujet de la pensée ? » Mais aussi, ce titre, *La Volonté et l'Action*, laisse entendre – je ne dirai pas *espérer :* « Y a-t-il un sujet unique de la pensée et de la volonté ? », « Qui dit *je* dans : « je pense », « je veux », mais aussi dans « je veux » et « j'éprouve » ? » Ces questions existent, et nous les retrouverons.

Mais nos questions d'archéologue : – Quelle est la notion de sujet permettant de passer de (β) [+(α)] à (γ) et (δ), c'est-à-dire à un sujet susceptible de s'accommoder de l'agence ? Et : – Quelle est la notion d'agent permettant de passer de (α) [+(β)] à (γ) et (δ), c'est-à-dire à un agent susceptible de s'accommoder de la subjectif(vi)té ?... cheminent par d'autres complexes, qui ont leur propre physionomie et leur propre tradition.

L'objet de l'archéologue, c'est la formule même : « sujet et / ou agent d'actions », ses investissements, ses emplois, ses modes de fonctionnement, les réseaux de concepts, les distinctions qu'elle réclame, implique ou autorise. Ceux-ci ont leur propre archive.

Selon Foucault, Platon a inventé le « sujet » grâce à la *khrêsis*, à savoir « l'âme *uniquement en tant qu'elle est sujet de l'action*, l'âme *en tant qu'elle se sert* [du] corps, des organes [du] corps, de ses instruments, etc. » en vue d'elle-même. Le sujet platonicien, dit Foucault dans *L'Herméneutique du sujet*, c'est « l'âme-sujet », qui n'est pas « l'âme-substance », mais « le sujet de la *khrêsis* ». Avec les stoïciens la *khrêsis* vient au centre de la théorie et de la pratique du souci de soi :

> S'occuper de soi-même en tant que l'on est sujet de la *khrêsis* (avec toute la polysémie du mot : sujet d'actions, de comportements, de relations, d'attitudes), c'est de cela qu'il est question [21].

Comme je l'ai dit l'an dernier, Foucault introduit la notion de sujet chez Platon, où elle n'est pas. Est-ce à dire qu'il n'y a pas de sujet de la *khrêsis* ? Voilà une des questions que nous aborderons cette année. Pour ce faire, il nous faudra remonter aux Pères grecs et à la christologie, ainsi que je l'annonçais dans ma leçon inaugurale.

Dans *Naissance du sujet*, j'ai posé que le problème de l'archéologie du sujet était de tracer *comment le sujet d'attribution devient suppôt d'actions*. Le passage du sujet au suppôt, voilà ce qui est en question. Le suppôt : c'est le sujet-agent. « Suppôt » est un terme de théologie trinitaire et de christologie ; c'est aussi un terme de logique, de grammaire ; enfin et surtout, c'est un terme de la théorie de l'action et de la volonté. Mais, chose remarquable, comme on le verra cette année, rejoignant Foucault par un biais inattendu, le suppôt en tant que sujet agent n'est rien d'autre que le sujet de la *khrêsis*, sujet d'action, mais aussi sujet voulant, d'un mot : *usager*, « usager d'action », « usager de volonté ». Certes, ce n'est pas l'idée de sujet-agent qui vient à l'esprit lorsque l'on entend le mot « usager » – au pire, il évoque l'idée d'une personne coincée dans les transports en commun, ou réduite à l'immobilité par un mouvement social, au mieux, l'idée d'une personne qui a « droit d'usage », et plus communément ou plus simplement d'une personne qui « utilise » quelque chose. Pourtant, c'est bien avec cette notion d'« usager » que s'articulent chez les Pères hellénophones les quatre facteurs de l'agence : ACTION, ACTIF, ACTÉ, AGENT. Et c'est grâce à « l'usager » que ces quatre facteurs de l'agence s'articulent aux quatre éléments constitutifs du schème du vouloir : VOLONTÉ, VOULU, VOLITIF, et VOULANT.

L'agent se dit dans le grec néotestamentaire « qui agit », l'« agissant ». Un exemple parmi d'autres, mais plus intéressant que bien d'autres : Philippiens 2, 13.

> Θεὸς γάρ ἐστιν ὁ ἐνεργῶν ἐν ὑμῖν καὶ τὸ θέλειν καὶ τὸ ἐνεργεῖν ὑπὲρ τῆς εὐδοκίας.
>
> *Deus est enim qui operatur in vobis et velle et perficere pro bona voluntate.*
>
> Car c'est Dieu qui opère en vous le vouloir et le faire, selon son bon plaisir.

Vous avez donc ici la volonté et l'action. Vous avez, à dire vrai, un seul agent : Dieu, qui est ὁ ἐνεργῶν, celui qui agit, qui opère, qui *œuvre* en nous ce que nous voulons et ce que nous faisons. Cette expression – ὁ ἐνεργῶν – figure dans le quadrangle de l'agence, tel qu'on le trouve dans le *De fide orthodoxa* de Jean de Damas, Yanah ibn Mansur ibn Sarjum, *alias* Jean Damascène († 749), distinguant : l'ACTION[1], l'ACTIF[2], l'ACTÉ[3], l'ACTANT[4].

La *Foi orthodoxe* fait partie d'une œuvre plus vaste intitulée *La Source de la connaissance*, rédigée en 741-742, dont elle constitue la troisième partie. Le plan de la *Source* est : 1. les *Chapitres philosophiques* plus connus sous le titre de *Dialectica* ; 2. le *Livre des hérésies* ; 3. L'*Exposition exacte de la foi orthodoxe*, encore appelée *De Fide orthodoxa*. Traduite du grec à l'arabe au Xe siècle, deux fois traduite en géorgien au XIe (par Ephrem Mcire) puis entre 1100 et 1114 (par Arseni d'Iqaltho), *La Foi orthodoxe* est l'une des sources majeures de la théologie scolastique. Elle a été traduite quatre fois en latin au Moyen Âge, puis diverses fois entre 1507 et 1712. La traduction latine la plus utilisée au Moyen Âge, sur laquelle je m'appuie ici, la *Versio Burgundionis* de Burgundio de Pise (1110-1193), date des années 1153/1154[22]. Voici le français et le texte de Burgundio :

> Notons qu'autre est l'opération (ἐνέργεια), autre l'opératif (ἐνεργητικὸν), autre l'opéré (ἐνέργημα), [en latin, l'accompli, l'acté], et autre l'opérant (ὁ ἐνεργῶν).
>
> Sciendum autem quod aliud est *energia* (id est actio), et aliud *energeticon* (id est activum), et aliud *energima* (id est actus), et aliud *energon* (id est agens).

On a ici un « quadrangle de l'agence » :

ἐνέργεια [1]	↔	ἐνεργητικόν [2]
↕		↕
ἐνέργημα [3]	↔	ὁ ἐνεργῶν [4]

Grâce à la traduction du Damascène par Burgundio de Pise, quelque chose de très important a lieu dans l'histoire de la philosophie. Cela a trait à l'opérant, ὁ ἐνεργῶν, que Jean de Damas définit de la façon suivante :

> L'opérant c'est « celui qui use d'opération, c'est-à-dire l'*hypostase* » ; ὁ κεχρημένος τῇ ἐνεργείᾳ, ἤτοι ἡ ὑπόστασις ; *energon* autem (id est agens) qui utitur actione, scilicet *hypostasis*[23].

Quelques mots qui, à mon avis, sont d'une importance capitale dans l'histoire de la philosophie. L'opérant *est celui qui use d'opération, c'est-à-dire l'hypostase*.

Voilà donc les quatre facteurs de l'agence et voilà ce qui se passe avec Burgundio de Pise : dès le XIIe siècle, il met en contact les Latins avec une définition de l'hypostase comme *agens qui utitur actione* (ὁ κεχρημένος τῇ ἐνεργείᾳ) : usager d'opération, agent qui use d'opération.

La distinction des quatre facteurs de l'agence s'articule – par le biais de l'hypostase – au « quadrangle de la volonté », distinguant : la VOLONTÉ[1], du VOLITIF[2], du VOULU[3], et du VOULANT[4].

θέλησις [1]	↔	θελητικόν [2]
↕		↕
θελητόν [3]	↔	ὁ κεχρημένος τῇ θελήσει [4]

La position de l'hypostase comme κεχρημένος d'action, *usager* d'opération, fait écho à sa caractérisation comme κεχρημένος τῇ θελήσει, *usager* de volonté. Le sujet de l'action, c'est le sujet volontaire, c'est cela/celui/ce qui *se sert* de la volonté, cela/celui/ce qui *se sert* de l'action. L'hypostase est du côté du vouloir, elle est du côté du faire, du côté de l'agent. Le sujet-agent, c'est le sujet-ὑπόστασις. Le sujet de l'action c'est le sujet du vouloir. C'est ce que Foucault appelle le sujet de l'usage, le « sujet de la *khrêsis* ».

Mais peut-on parler de « sujet » ? Il vaudrait mieux dire : le sujet de l'action, du vouloir, de la *khrêsis*, l'agent, l'usager, le κεχρημένος, c'est l'HYPOSTASE.

Précisément, et l'on ne manquera pas de revenir sur ce texte, Jean de Damas définit le θελητόν en termes philosophiques comme ὑποκείμενον, autrement dit, ce que nous appellerions aujourd'hui « objet », *objet* du vouloir – le sujet au sens de la *subjectité*, ce *sur quoi porte* le vouloir –, alors que l'usager, est le sujet au sens de l'agence, ce *dont procède* le vouloir, son principe.

Jean de Damas dit : le voulant est « celui qui use de volonté », ὁ κεχρημένος τῇ θελήσει. C'est le même que ὁ κεχρημένος τῇ ἐνεργείᾳ. Et il faut bien distinguer :

[1] θέλησις ; θέλειν ; ἡ θελητικὴ δύναμις
[2] θελητικόν
[3] θελητόν ; τὸ τῇ θελήσει ὑποκείμενον
[4] ὁ κεχρημένος τῇ θελήσει ; ἡ ὑπόστασις ; Πέτρος

Le voulu, c'est le « sujet de la volonté », le sujet au sens du *projacent*, du *Vorliegendes*, de ce qui s'ouvre ou s'offre au vouloir. Le voulant, c'est celui qui use du vouloir, c'est son hypostase, c'est le *sujet qui veut*. C'est l'individu. C'est Pierre. On a donc ici une distinction, à laquelle je tiens beaucoup, entre *hupokeimenon* et *hupostasis*. En résumé on a :

[3] voulu ; l'*objet* du vouloir, vs [4] voulant, le *sujet* du vouloir, Pierre

[3] *hupokeimenon* (objet) vs [4] *hupostasis* (sujet/agent)

Le quadrangle latin[24], dans la traduction de Burgundio de Pise nous donne une différence entre :

voluntas, velle, virtus voluntiva [1]	↔	***voluntativum, quod potens est velle*** [2]
↕		↕
voluntabile, quod subiectum est voluntati [3]	↔	***quod utitur voluntate, hypostasis*** [4]

Il y a ici, ce pourquoi j'insiste sur ce texte, bien que l'on ne puisse à ce stade en voir toute la portée, une bonne illustration de ce qui a précédé et fondé ce que j'appelle le « chiasme du sujet et de l'objet », autrement dit le mouvement d'inversion ou de permutation par lequel le latin *subiectum* a pris le sens subjectif que nous lui connaissons aujourd'hui. Ce mouvement a été décrit plusieurs fois par Heidegger comme la permutation *(Verwandlung)*, le « complet renversement de sens » qu'ont connu au seuil de la modernité les mots *subiectum* et *obiectum*, le revirement *(Umkehrung)* qui leur a conféré « une signification exactement opposée à celle qu'ils avaient au Moyen Âge » – les scolastiques appelant *subiectum*, la chose extramentale, que nous appelons aujourd'hui précisément « objet », et *obiectum* la représentation mentale, que nous disons à présent « subjective ». D'où les deux questions posées en 1934, évoquées dans ma leçon inaugurale :

1. Que veut dire que l'homme soit sujet ? Que signifie « sujet » ? Comment en vient-on à poser de cette manière l'être de l'homme ? *(Was heißt, der Mensch sei Subjekt ? Was bedeutet »Subjekt« ? Wie kommt es zu dieser Ansetzung des menschlichen Seins ?).*

2. Comment et par quel chemin en est-on venu à ce renversement des concepts fondamentaux de la philosophie, et que signifie-t-il ? *(Wie und auf welchem Wege kam es zu dieser Umkehrung der Fundamentalbegriffe der Philosophie, und was bedeutet sie ?)* [25].

Le texte de Jean de Damas – et c'est emblématique de ce que l'on montrera ici – correspond bien aux questions de Heidegger – qui sont celles de l'archéologie –, mais il nous offre aussi de quoi entamer la *déconstruction du scénario heideggérien*. Dans la question posée par Heidegger, il est question des concepts fondamentaux de la philosophie – homme, sujet, être – mais il manque un élément essentiel : l'hypostase. Heidegger ne fait pas de place à l'hypostase dans son récit. Ce pourquoi j'écrivais dans *Naissance du sujet*.

> L'histoire du sujet est dans une large mesure issue d'une confrontation persistante entre sujet, *hupokeimenon*, et hypostase ; d'une complexification de la question du rapport entre sujet, substance et hypostase. L'anthropologie traditionnelle n'est pas une anthropologie du sujet chosifié : elle est travaillée par la tension entre une anthropologie du sujet-substance et une anthropologie de l'hypostase, ce qui veut dire qu'elle comprend au minimum deux conceptions de la personne, l'une chosiste, l'autre déréifiante. En ne voyant que la première, Heidegger a fini par rejeter toute l'entreprise philosophique moderne comme un avatar de l'anthropologie et par dénoncer la réduction de la philosophie à l'anthropologie [26].

Cette critique de l'anthropologie, nous en avons reçu l'écho l'an dernier, en évoquant les pages consacrées par Foucault au « déracinement de l'anthropologie » et à la « mort de l'homme ». Je me situe ici dans une autre perspective, fondée sur l'exploration du lien entre christologie et anthropologie, en m'interrogeant avec vous notamment sur le tournant christologique de l'anthropologie, ou le tournant anthropologique de la christologie, mais aussi la métaphysique de l'Incarnation, qui n'est pas considérée dans ce que Heidegger appelle « l'histoire de l'Être ». Je vous en proposerai une réactivation, une exploration qui seront un élément de la déconstruction de la généalogie du sujet chez Heidegger et de *la déconstruction de la déconstruction heideggérienne*.

NOTES

1. FÉNELON, *Existence de Dieu, IIe Partie, Démonstration de l'existence et des attributs de Dieu, tirée des idées intellectuelles*, chap. 1, *Méthode qu'il faut suivre dans la recherche de la vérité*, § 6 : « Première vérité découverte : l'existence de celui qui doute », in *Œuvres complètes de Fénelon*, t. I, Paris, Gauthier Frères & Cie, 1830, p. 125-126.

2. *Cf.* A. DE LIBERA, *La Double Révolution (Archéologie du sujet, III/1. L'Acte de penser)*, Paris, Vrin, 2014, p. 37-39.

3. *Cf.* F. NIETZSCHE, *Jenseits von Gut und Böse (Par-delà bien et mal)*, I, § 17. Sur l'*Aberglaube der Logiker* et la *grammatische Gewohnheit*, voir A. DE LIBERA, *Naissance du sujet (Archéologie du sujet*, I), Paris, Vrin, 2007, p. 40-59.

4. F. NIETZSCHE, *Par-delà bien et mal*, trad. fr. C. HEIM, Paris, Gallimard (Folio Essais), 1971, p. 21.

5. F. NIETZSCHE, *Beyond Good and Evil*, § 17, trad. H. ZIMMERN, in *The Complete Works of Friedrich Nietzsche*, 1909, p. 24-25 [éd. Oscar LEVY, New York, Russell & Russell, 1964].

6. M. HEIDEGGER, *Nietzsche*, Bd. 2, VIII. *Die Metaphysik as Geschichte des Seins*, éd. B. SCHILLBACH, Einzelausgabe, Pfullingen 1961, Verlag Günther Neske, p. 374-416 ; Frankfurt, Vittorio Klostermann, GA 6.2, 1997, p. 399-458 ; trad. fr. P. KLOSSOWSKI, *M. Heidegger. Nietzsche*, vol. II, VIII. *La Métaphysique comme histoire de l'Être*, Paris, Gallimard, 1971, p. 319-365.

7. *Cf.* Heidegger, *Nietzsche,* II, V. *Der europäische Nihilismus,* « Die Herrschaft des Subjekts in der Neuzeit »*,* GA 6.2, p. 141-142 ; chap. v, *Le Nihilisme européen*, « La souveraineté du sujet dans les Temps modernes », trad. Klossowski, p. 115.

8. Heidegger, *Die Metaphysik...*, « Subiectität und Subjektivität », GA 6.2, p. 451 ; trad. Klossowski, « Subjectité et subjectivité », p. 361.

9. Heidegger, *Der europäische Nihilismus*, « Die Herrschaft des Subjekts... », p. 141-142 ; *Le Nihilisme européen*, « La souveraineté du sujet... », trad. Klossowski, p. 115.

10. *Cf.* A. de Libera, *L'Invention du sujet moderne. Cours du Collège de France 2013-2014*, Paris, Vrin, 2015, p. 167, 232, 253.

11. *Cf.* M. Heidegger, *Der europäische Nihilismus*, « Die Herrschaft des Subjekts... »*,* p. 141-142 ; trad. Klossowski, p. 115.

12. *Cf.* A. de Libera, *L'Invention du sujet moderne*, p. 94-100.

13. *Cf.* M. Heidegger, *Die Grundprobleme der Phänomenologie*, éd. F.-W. von Hermann, Frankfurt,Vittorio Klostermann, 1975, GA 24, p. 159 ; *Les Problèmes fondamentaux de la phénoménologie*, trad. fr. J.-F. Courtine, Paris, Gallimard, 1985, p. 151. La dimension de la *Werheit* est approchée dans un tout autre sens et un tout autre contexte par Max Stirner dans *L'Unique et sa propriété*. La distinction entre question qui ? et question quoi ? y est, toutefois, clairement marquée. Cf. *Der Einzige und sein Eigentum - Kapitel* 16 (éd. 1845 sur http://gutenberg.spiegel.de) : « Das Ideal "der Mensch" ist realisiert, wenn die christliche Anschauung umschlägt in den Satz: "Ich, dieser Einzige, bin der Mensch". Die Begriffsfrage: "was ist der Mensch ?" – hat sich dann in die persönliche umgesetzt: "wer ist der Mensch ?" Bei "was" suchte man den Begriff, um ihn zu realisieren ; bei "wer" ist's überhaupt keine Frage mehr, sondern die Antwort im Fragenden gleich persönlich vorhanden: die Frage beantwortet sich von selbst » ; trad. fr. R.L. Reclaire, Paris, Stock, 1899, p. 284 : « L'idéal "Homme" est réalisé lorsque la conception chrétienne se transforme et devient "Moi, cet Unique, je suis l'Homme". La question : "Qu'est-ce que l'Homme ?" devient alors : "Qui est l'Homme ?" et c'est à Toi de répondre ; "Qu'est-ce que" visait le concept à réaliser ; commençant par "qui est", la question n'en est plus une, car la réponse est personnellement présente dans celui qui interroge : la question est sa propre réponse. »

14. *Cf.* M. Heidegger, *Sein und Zeit*, § 25, p. 114, GA 2, p. 153 : « Das Wer beantwortet sich aus dem Ich selbst, dem »Subjekt«, dem »Selbst«. Das Wer ist das, was sich im Wechsel der

Verhaltungen und Erlebnisse als Identisches durchhält und sich dabei auf diese Mannigfaltigkeit bezieht. »

15. *Cf.* M. Heidegger, *Logik als die Frage nach dem Wesen der Sprache*, éd. G. Seubold (d'après le ms. de W. Hallwachs), GA 38, Frankfurt, Vittorio Klostermann, 1998 p. 145 ; trad. fr. F. Bernard, *La Logique comme question en quête de la pleine essence du langage*, Paris, Gallimard, 2008, p. 172.

16. Descartes, *Meditationes de prima philosophia*, *Meditatio IIa*, AT, VII, 25, 14-15. La formule revient à plusieurs reprises. *Cf.*, pour la *IIe Méditation*, AT, VII, 27, 28 : « Novi me existere ; quaero quis sim ego ille quem novi » et VII, 28, 10 : « ... ut distinctius agnosciam quisnam sim » ; et, pour les *Septièmes Objections* (absentes de la première édition latine, de 1641, et de la *première* traduction française, de 1647), AT, VII, 452, 4 : « ... nec etiam dubitare quin ego is sim quem ille hoc in loco alloquitur » (« ... ni douter que je ne sois celui à qui il s'adresse », selon la traduction de la *deuxième* édition française, de 1661). Dans *Descartes, la lumière naturelle : intuition, disposition, complexion*, Paris, Vrin (De Pétrarque à Descartes, LXVII), 1999, p. 141, A. Robinet, revenant sur AT, VII, 25, 14-15, commente, non sans malice : « Si on tient absolument à ce qu'une langue en parodie une autre, on peut proposer : "Je n'entends pas encore suffisamment en vérité qui donc je suis cet *ego*-là, lequel je suis nécessairement" », puis note : « Ce qui s'impose, c'est la pronominalisation qui passe du *"quid"* au *"quis"*. *"Quis"* occupe maintenant le terrain de l'*"ego"* qui se soude à sa propre quiddité. Ce sujet doué d'une existence singulière ignore encore les adjoints qui permettront à cette réalité particulière de devenir pertinente à quelque essence. »

17. *Cf.* V. Carraud, *L'Invention du moi*, Paris, PUF (Chaire Étienne Gilson), 2010, p. 258.

18. Comme le montre bien É. Balibar, la phrase latine de Descartes, « indécidable » en elle-même, autorise deux versions, qu'il faudrait pouvoir fusionner, alors qu'elles sont incompatibles : une à la première personne : « Je me demande qui je suis (s'il est nécessairement vrai maintenant que je suis) », l'autre, à la troisième : « Je me demande ce qu'est cet Ego (qui est maintenant nécessairement, ou : dont nous savons maintenant nécessairement qu'il est) ». Le latin de Descartes appellerait donc quelque chose comme : « [Or, je ne comprends pas encore assez] qui suis-je moi ce lui qui suis maintenant nécessairement », dans une lecture de Balibar (É. Balibar, « *Ego sum, Ego existo* », in *Citoyen sujet et autres essais d'anthropologie philosophique*, Paris, PUF [Pratiques théoriques], 2011,

p. 100) ou : « [Or, je ne comprends pas encore assez] qui je suis, ce *moi* qui "suis" désormais nécessairement », dans une autre lecture de Carraud (*cf.* V. Carraud, *Pascal. Des connaissances naturelles à l'étude de l'homme*, Paris, Vrin, 2007, p. 122) – toutes phrases impossibles en français. Sur ces lectures, et le problème, voir les analyses lumineuses de V. Descombes, *Le Parler de soi*, Paris, Gallimard (Folio Essais), 2014, p. 58-64 (« Questions sur une question intraduisible de Descartes »), qui renvoie, en outre (*ibid.*, p. 375, n. 42), à la « traduction interprétative » de M. Beyssade (*Descartes, Méditations métaphysiques*, Paris, LGF, Le Livre de Poche, 1990, p. 53) : « [Mais je ne connais pas encore d'une intelligence suffisante] ce qu'est ce moi, ce que je suis, moi qui à présent de toute nécessité suis. » On notera que Descombes discute la dichotomie du quoi et du qui, et la réponse heideggérienne à la question qui ? en termes de « Je, tu et nous » *(Ein Ich, Du, Wir)*, p. 55-57 (*Le* quoi ? *et le* qui ?).

19. *Cf.* P. Ricœur, *Soi-même comme un autre*, Paris, Seuil (L'Ordre philosophique), [1]1990, p. 78-79.

20. Voir A. de Libera, *L'Invention du sujet moderne*, p. 228-229.

21. M. Foucault, *L'Herméneutique du sujet : Cours au Collège de France (1981-1982)*, éd. F. Gros, sous la dir. de F. Ewald et A. Fontana, Paris, Gallimard-Seuil, Hautes Études, 2002, p. 56-57.

22. Elle est éditée dans *Saint John Damascene. De fide orthodoxa. Versions of Burgundio and Cerbanus*, ed. Eligius M. Buytaert, o.f.m., St. Bonaventure (N.Y.) 1955. La révision de la traduction de Burgundio par Robert Grosseteste (ou *Versio Lincolniensis*) a eu une diffusion moindre. Sur les fragments traduits par Cerbanus (av. 1145), Panetius († 1497) et la troisième traduction complète, par Jacques Lefèvre d'Étaples, *cf.* I. Backus, « John of Damascus, *De fide orthodoxa*: Translations by Burgundio (1153/1154), Grosseteste (1235/1240) and Lefèvre d'Étaples (1507) », *Journal of the Warburg and Courtauld Institutes*, 49 (1986), p. 211-217. D'autres traductions latines sont dues à Jacques Billius (1577, réimpr. 1603, 1617) et M. Lequien, o.p. (1712), reprise par J.P. Migne dans la PG 94. Le texte que nous lisons aujourd'hui dans les éditions modernes est divisé en 4 livres divisés eux-mêmes en chapitres : division inaugurée au Moyen Âge, au début des années 1220, dans la version dite du « Chancelier », probablement Philippe le Chancelier (de l'université de Paris), et généralisée à la Renaissance. Le Moyen Âge a aussi et d'abord connu la *division continue en 100 chapitres* (ΚΕΦΑΛΑΙΑ) reprise par Burgundio dans ce qui reste la version latine de référence pour toute la scolastique et au-delà. Sur les deux systèmes

de numérotation, on consultera les pages XLIV-XLVI de l'édition Buytaert. Pour l'importance du *De fide* dans la philosophie et la théologie médiévales, son utilisation dans les *Sentences* de Pierre Lombard, dont on sait le rôle dans l'histoire de la christologie médiévale, est le phénomène décisif, étudié par J.-G. BOUGEROL, « The Church Fathers and the *Sentences* of Peter Lombard », *in* I. BACKUS (éd.), *The Reception of the Church Fathers in the West. From the Carolingians to the Maurists*, vol. I, Leiden, 1997, p. 134 [113-164]). Dans l'*Introduction* de son édition de la traduction de Burgundio, p. XLII, Eligius M. Buytaert résume ainsi l'histoire de la diffusion latine de *La Foi orthodoxe* :

« 1. The translation has been made in 1153-1154, and not in 1148-1150. 2. The medieval division into four Books was introduced before 1224, two decades earlier than formerly believed. The division is attributed to the Chancelor, seemingly Philip the Chancelor. 3. The diffusion of the version was slow till about 1200, but from then on very steady and lasting. The later version of Grosseteste was unable to take its place, although hardly because Burgundio's version was believed to be superior, but because in the course of time the older version had been quoted so frequently that the centers of learning, especially Paris, did not welcome a change which would cause more confusion. » À la page XLV, Buytaert donne une table de correspondance entre la numérotation de la version grecque originale reprise par Burgundio, la division du « Chancelier » et celle – « Renaissance » – de la *Patrologie grecque* (la différence entre le découpage de la Renaissance et celui de la *Patrologie* n'intervenant qu'à partir du chapitre 74 – le Chancelier incorporant à la fin du livre III huit chapitres placés au début du livre IV dans les versions Renaissance). À grands traits, on a donc :

Damasc. & Burg.	Version Renaissance (PG 94)		Damasc. & Burg.	Version médiévale (du « Chancelier »)	
chap. 1-14	livre I	chap. 1-14	chap. 1-14	livre I	chap. 1-14
chap. 15-44	livre II	chap. 1-30	chap. 15-44	livre II	chap. 1-30
chap. 45-73	livre III	chap. 1-29	chap. 45-81	livre III	chap. 1-37
chap. 74-100	livre IV	chap. 1-27	chap. 82-100	livre IV	chap. 1-19

23. *Cf.* JEAN DE DAMAS, *De fide orthodoxa*, III, chap. XV ; *Versio Burgundionis*, cap. 59, *De actionibus quae sunt in domino nostro Iesu Christo*, § 2 ; éd. Buytaert, p. 228, 8-14 : « Sciendum autem quod aliud est *energia (id est actio)*, et aliud energeticon *(id est activum)*, et aliud *energima (id est actus)*, et aliud *energon (id est agens)*. Igitur "energia quidem *(id est actio)* est operativus" et substantialis naturae "motus" ; *energeticon* autem *(id est activum)* natura, ex qua actio prodit ; *energima* autem *(id est actio)* est actionis apotelesma *(id est operis perfectio)* ; *energon* autem *(id est agens) qui utitur actione, scilicet hypostasis* » ; PG 91, 281A = ΚΕΦΑΛΑΙΟΝ 59. Περὶ ἐνεργειῶν τῶν ἐν τῷ Κυρίῳ ἡμῶν Ἰησοῦ Χριστῷ : Ἰστέον δέ, ὡς ἄλλο ἐστὶν ἐνέργεια καὶ ἄλλο ἐνεργητικὸν καὶ ἄλλο ἐνέργημα καὶ ἄλλο ἐνεργῶν. *Ἐνέργεια μὲν οὖν ἐστιν ἡ δραστικὴ* καὶ οὐσιώδης τῆς φύσεως *κίνησις·* ἐνεργητικὸν δὲ ἡ φύσις, ἐξ ἧς ἡ ἐνέργεια πρόεισιν· ἐνέργημα δὲ τὸ τῆς ἐνεργείας ἀποτέλεσμα· ἐνεργῶν δὲ ὁ κεχρημένος τῇ ἐνεργείᾳ, ἤτοι ἡ ὑπόστασις ; trad. PONSOYE : « Notons qu'autre est l'opération, autre l'opératif, autre l'opéré et autre l'opérant. L'*opération* d'abord, c'est *la motion active* et essentielle *de la nature* ; l'opératif, c'est la nature d'où l'opération s'élance ; l'opéré, c'est l'effet de l'opération ; l'*opérant*, *celui qui use d'opération c'est-à-dire l'hypostase.* » Sur la distinction quadripartite, voir BASILE DE CÉSARÉE, *Adv. Eunom.* 4 ; PG 29, 689C. Pour la définition (muette) de l'*ἐνέργεια* comme *mouvement actif*, *cf.* GRÉGOIRE DE NYSSE, *Diversae definitiones sanctorum divinorum Patrum de duabus operationibus... Iesu Christi*, PG 91, 284. La même définition se retrouve dans une autre œuvre de Jean, considérée comme antérieure à *La Foi orthodoxe* : *L'Introduction élémentaire aux dogmes*, Εἰσαγωγὴ δογμάτων στοιχειώδης, recueil de définitions, connu sous le titre latin abrégé d'*Elementarium* ou d'*Institutio elementaris*. Cette œuvre, dont le titre grec complet est Εἰσαγωγὴ δογμάτων στοιχειώδης ἀπὸ φωνῆς Ἰωάννου ταπεινοῦ μοναχοῦ πρὸς Ἰωάννην τὸν ὁσιώτατον ἐπίσκοπον Λαοδικείας, éditée par B. KOTTER dans *Die Schriften des Johannes von Damaskos*, vol. I, Berlin, 1969, p. 20-26, est distincte de la *Dialectica*, postérieure, éditée par le même KOTTER, dans le même volume (p. 54-146), en ses deux versions : la version longue, *Dialectica fusiorum*, et la version brève, *Dialectica breviorum*, précédées d'un Prologue (*Proemium*, p. 51-53). La définition de l'action est donnée à la huitième entrée (Περὶ ἐνεργείας), en ces termes : Ἐνέργειά ἐστι κίνησις δραστικὴ τοῦ ποιοῦντος, littéralement : l'acte (l'opération) est un mouvement actif (causal, efficient) de l'agent (du facteur). Le

même texte donne évidemment aussi une définition de la passion (Περὶ πάθους), qui constitue la neuvième entrée : Πάθος ἐστὶ φυσικὸν κίνησις φύσεως παθητικὴ τοῦ πάσχοντος : la passion est un mouvement naturel de passivité du patient. La dixième et dernière définition (Περὶ θελήματος) est consacrée à la θέλησίς. J'y reviendrai ailleurs. Sur l'Εἰσαγωγὴ δογμάτων στοιχειώδης et la *Dialectica*, et plus largement sur la dimension philosophique de l'œuvre du Damascène, le texte de référence est désormais *Die metaphysische Synthese des Johannes von Damaskus : Historische Zusammenhänge und Strukturtransformationen* de Smilen MARKOV, Leiden-Boston, Brill (Studien und Texte zur Geistesgeschichte des Mittelalters, 118), 2015, spéc. p. 25-42.

24. *Cf.* JEAN DE DAMAS, *De fide orthodoxa*, III, chap. XIII ; *Versio Burgundionis*, cap. 58, § 4 ; éd. Buytaert, p. 216, 42-50 : « Dicitur igitur simpliciter quidem velle *thelisis* (id est *voluntas*), scilicet *thelitica* (id est *voluntativa*) virtus, rationalis existens concupiscentia et voluntas naturalis [1] ; *qualiter* autem *velle*, scilicet quod voluntati *subiectum* est, *theliton* (id est *voluntabile*) et voluntas *gnomica* (id est *sententialis*) [3] ; *theliticon* autem (id est *voluntativum*) est quod potens est velle, ut puta *thelitica* (id est *voluntativa*) est divina natura ; similiter et humana [2]. *Volens* autem est *quod utitur voluntate*, scilicet *hypostasis*, ut puta Petrus [4] » = ΚΕΦΑΛΑΙΟΝ 57. Περὶ τῶν ἰδιωμάτων τῶν δύο φύσεων : Λέγεται οὖν τὸ μὲν ἁπλῶς θέλειν θέλησις, ἤτοι ἡ θελητικὴ δύναμις, λογικὴ οὖσα ὄρεξις καὶ θέλημα φυσικόν· τὸ δὲ πῶς θέλειν, ἤτοι τὸ τῇ θελήσει ὑποκείμενον, θελητὸν καὶ θέλημα γνωμικόν· θελητικὸν δέ ἐστι τὸ πεφυκὸς θέλειν, οἷον θελητική ἐστιν ἡ θεία φύσις, ὡσαύτως καὶ ἡ ἀνθρωπίνη· θέλων δέ ἐστιν ὁ κεχρημένος τῇ θελήσει, ἤτοι ἡ ὑπόστασις, οἷον ὁ Πέτρος.

25. M. HEIDEGGER, *Logik als die Frage nach dem Wesen der Sprache*, GA 38, p. 145 ; trad. fr. F. BERNARD, *La Logique comme question...*, p. 172.

26. *Cf.* A. DE LIBERA, *Naissance du sujet*, p. 95-96.

Cours du 6 janvier 2015

Deuxième heure

Le garde-feu du Haut-Koenigsbourg. — « Ich habe es nicht gewollt ». — « Je n'ai pas voulu cela ». — Karl Kraus. Les derniers jours de l'humanité. — Guillaume II et Petit Guillaume. — Chisholm. Le fonctionnaire et le pot-de-vin. — Anselme de Canterbury : les Lambeth fragments. *– Le carré anselmien :* « facere esse » *(FE), «* non facere esse *» (NFE),* « facere non esse » *(FNE),* « non facere non esse » *(NFNE). — Le « carré du faire ». — Le modèle d'Uckelman : l'*Agentive square of opposition *(carré logique de l'agence). — Agence et causalité. — Quatre équivalences : FE :* 'to cause to be'*, FNE :* 'to cause not to be'*, NFNE :* 'not to cause not to be'*; NFE :* 'not to cause to be'. *— Agence « par soi »* (per se) *et agence « par un autre »* (per aliud). *— Les six modes de l'action selon Anselme. — Le modèle de Walton. Analyse formelle. — Le carré du vouloir : V,* vouloir, *NV, ne pas vouloir, VN, vouloir ne pas, NVN, ne pas vouloir ne pas . — Le carré du vouloir faire : VF,* vouloir faire, *NVF, ne pas vouloir faire, VNF, vouloir ne pas faire, NVNF, ne pas vouloir ne pas faire. — Action et omission : le* Confiteor. *— Micraelius sur la différence entre 'non velle' (ne pas vouloir) et 'nolle' (vouloir que ne pas).*

Deuxième heure, nouveau point de départ, situé à 26 km au nord de Colmar, 55 km au sud de Strasbourg et 12 km à l'ouest de Sélestat. On y accède par l'Autoroute A35 sortie 17 *via* Kintzheim ou 18 *via* Saint-Hippolyte. C'est le château du Haut-Koenigsbourg, offert par la ville de Sélestat à

Guillaume II de Hohenzollern en 1899, et restauré par l'architecte Bodo Ebhardt, entre 1900 et 1908.

Placé à la frontière ouest de l'Empire, comme le château de Marienburg à l'est, le château du *Hochkönigsburg* possède une curiosité : la cheminée de la salle des fêtes. Sur le garde-feu on lit en effet l'inscription : « *Ich habe es nicht gewollt* » – « Je n'ai pas voulu cela ». D'aucuns attribuent cette phrase à Guillaume II, qui aurait voulu marquer dès 1915 sa désapprobation du bain de sang dans lequel l'Europe et le monde se trouvaient plongés. En fait, dit-on, cette grille n'a été forgée qu'en 1917, sans avoir été, semble-t-il, commandée par l'empereur. Mais il n'y a pas de fumée sans feu. Frédéric-Guillaume a bien exprimé son regret, si l'on en croit un article de l'*Arbeiterzeitung* du 1er août 1915 qui « cite approximativement une déclaration de l'empereur qui visitant le front de l'Ouest, aurait déclaré, à la vue d'un monceau de cadavres : "Ma conscience est pure devant Dieu et l'histoire. Je n'ai pas voulu la guerre"[1]. » C'est en tout cas la phrase que reproduit une abondante production de cartes postales de propagande montrant l'empereur, casque à la main, tête inclinée, devant la tombe qu'on imagine fraîche d'un soldat tombé au front.

Je n'ai pas voulu cela. On retrouve la phrase – qui s'en étonnera ? – dans l'extraordinaire, la torrentielle pièce de théâtre de Karl Kraus, publiée sur son journal, le *Fackel*, entre 1915 et 1922 : *Die letzten Tage der Menschheit*, *Les Derniers jours de l'humanité*. Elle figure, en conclusion, terrible, lugubre, comme dernière réplique de la pièce, véritable *mot de la fin*.

STIMME VON OBEN

Der Sturm gelang. Die Nacht war wild. Zerstört ist Gottes Ebenbild !

Großes Schweigen

DIE STIMME GOTTES

Ich habe es nicht gewollt.

UNE VOIX D'EN HAUT

L'assaut a réussi. Dans un combat furieux
Est détruit ce qui fut à l'image de Dieu !

Grand silence

La voix de Dieu
Je n'ai pas voulu cela [2].

Mais on oublie trop souvent que cela a été dit auparavant de « Petit Guillaume », de manière purement ironique, dans l'acte III, scène 40 :

Frau Kommerzienrat Wahnschaffe *(die bis jetzt leuchtenden Auges zugehört hat)*
Mariechen, sei du man ganz stille, Vater sagte, ihr dürftet Weltkrieg spielen, aber die Grenzen der Humanität müßtet ihr einhalten. Willichen kann keiner Fliege 'n Haar krümmen, er schützt seinen Besitzstand so gut er kann. Er führt einen heiligen Verteidigungskrieg.

Willichen *(weinend)* :
Ich habe es nicht gewollt.

Mariechen
Wer denn ?

Mme Wahnschaffe (qui écoutait jusque-là les yeux brillants) :
Ma petite Marie, Tiens-toi à carreau, tu veux. Votre père a dit que vous aviez le droit de jouer à la guerre mondiale, mais vous devez respecter les limites de l'humanité. Mon petit Guillaume ne ferait pas de mal à une mouche, il protège son bien autant qu'il peut. Il mène une sainte guerre défensive

Petit Guillaume *(pleurant)* :
Je n'ai pas voulu cela.

Petite Marie :
Qui alors [3] ?

Je n'ai pas voulu cela. Avec cette illustration dramatique, dans tous les sens du terme, de la définition du sujet comme *sujet d'imputation*, nous voilà confrontés, en une petite phrase, – et au niveau où la volonté et l'action se nouent –, au double problème de la *définition* du vouloir et de la *distinction* entre le vouloir et ce que j'appellerai, pour le moment, le « ne pas vouloir ».

Il y a bien des façons d'aborder ces questions. La manière archéologique n'excluant pas la clarification conceptuelle et l'analyse philosophique, je partirai, comme souvent, et comme je le referai d'ailleurs bientôt, d'un texte de Roderick Chisholm (1916-1999), tiré de *Human Freedom and the Self*, *La liberté humaine et le moi*[4].

Il s'agit d'un *casus* quasi médiéval, d'une expérience de pensée, si vous préférez, qui va servir à mettre en place une série de distinctions à la suite d'une analyse rigoureuse. Naturellement, la situation semblera tout à fait invraisemblable à un Français – il y va d'un fonctionnaire, honnête par définition –, tandis que, pour Chisholm, il s'agit d'une « situation générale assez familière, qui explique que les gens prient pour être délivrés de la tentation ».

Envisageons le cas d'un fonctionnaire moralement scrupuleux, bien que dans certaines limites. En raison de ses scrupules moraux, il ne ferait rien pour recevoir un pot-de-vin – il n'en solliciterait pas de façon active. Mais, parce que sa moralité a des limites, s'il devait être confronté à un fait accompli, ou encore être informé d'un état de choses à venir (10 000 $ déposés derrière son garage), il succomberait à la tentation et serait incapable de résister [5].

Selon son habitude – il est un des rares philosophes de la tradition analytique à le faire – et ce, précisément, pour *clarifier son propos*, Chisholm évoque un auteur du Moyen Âge : en l'occurrence, celui que les Anglais appellent Anselme de Cantorbéry (où il est mort, archevêque, en 1109) ; les Italiens, Anselme d'Aoste (où il est né, en 1033) ; et les Français, Anselme du Bec (en raison de son appartenance bénédictine – à l'abbaye Notre-Dame-du-Bec, au Bec-Hellouin, près de Brionne). Pourquoi recourir à Anselme ? Parce que...

... notre relation à la mauvaise action que nous envisageons peut ne pas consister seulement dans le fait de pouvoir la produire ou non.

La situation est plus riche, plus complexe. Et c'est ce qu'a bien vu philosophiquement Anselme :

Comme l'a remarqué saint Anselme, il existe au moins quatre possibilités, que nous pouvons illustrer sur notre exemple du fonctionnaire et de l'événement consistant à recevoir un pot-de-vin.

Le texte anglais dit :

Our relation to the misdeed that we contemplate may not be a matter simply of our being able to *bring it about or not to bring it about*. As St. Anselm noted, there are at least four possibilities. We may illustrate them, by reference to our public official and the event which is his receiving the bribe, in the following way... [6].

Notez l'expression *to bring about* rendue par « produire » dans la traduction que j'ai citée il y a un instant. Quelles sont ces quatre possibilités ?

1. Le fonctionnaire peut être capable de produire lui-même l'événement *(facere esse)*, auquel cas il se causerait activement lui-même à recevoir le pot-de-vin [7].

(1) He may be able to bring the event about himself *(facere esse)*, in which case he would actively cause himself to receive the bribe.

En français, l'expression n'est pas très belle. L'idée est que ce fonctionnaire indélicat « ferait ce qu'il faut pour », « ferait le nécessaire pour », « ferait tout pour » recevoir le pot-de-vin. Malheureusement il faut garder le mot *« causer »*, pour des raisons qui vont apparaître rapidement.

2. Il peut être capable de s'interdire de le produire lui-même (*non facere esse*), auquel cas il ne ferait rien lui-même pour s'assurer de recevoir le pot-de-vin ;

(2) He may be able to refrain from bringing it about himself (*non facere esse*), in which case he would not himself do anything to insure that he receive the bribe ;

3. Il peut être capable de faire quelque chose pour empêcher que l'événement se produise (*facere non esse*), auquel cas il ferait en sorte que les 10 000 $ ne soient pas déposés derrière son garage ;

(3) He may be able to do something to prevent the event from occurring (*facere non esse*), in which case he would make sure that the $ 10,000 was not left behind the garage ;

4. Il peut être incapable de faire quoi que ce soit pour empêcher que l'événement ne se produise (*non facere non esse*), auquel cas, bien qu'il n'eût pas sollicité le pot-de-vin, il accepterait de le recevoir [*disons plutôt qu'il « s'autoriserait à le garder »*] ;

(4) He may be unable to do anything to prevent the event from occurring (*non facere non esse*), in which case, though he may not solicit the bribe, he would allow himself to keep it.

Chisholm revient sur le *casus* et précise :

Dans notre exemple, nous avons supposé que le fonctionnaire pouvait résister à la tentation indiquée par (1) mais qu'il ne pouvait résister à celle indiquée par (4) : il peut s'interdire de produire lui-même l'événement, mais il ne peut se résoudre à faire quoi que ce soit pour le prévenir.

We have envisaged our official as a man who can resist the temptation to (1) but cannot resist the temptation to (4) : he can refrain from bringing the event about himself, but he cannot bring himself to do anything to prevent it.

Le recours à Anselme ne doit pas étonner. L'auteur du *Monologion* est certainement l'un des auteurs les plus proches de l'analyse philosophique telle que l'entendent et la pratiquent beaucoup de modernes. Dans le cas présent, la source de Chisholm est un texte peu connu, assurément moins connu que les grands classiques que sont devenus le *Monologion*, le *Proslogion* ou le *De Grammatico*. Il s'agit de fragments découverts dans un manuscrit de *Lambeth Palace Library* (une bibliothèque fondée en 1610, à Londres, qui contient beaucoup de matériaux relatifs à l'archevêché de Canterbury), le manuscrit 59 : *De potestate et impotentia, possibilitate et impossibilitate, necessitate et libertate*, publiés en 1936 par le grand éditeur d'Anselme, Dom François de Sales Schmitt (Franciscus Salesius Schmitt), sous le titre de *Lambeth Fragments*[8].

Philosophiquement, le *faire* renvoie au *pouvoir* et au *vouloir* : tout particulièrement s'agissant de définir la liberté, dont une *définition standard* – pouvoir faire tout ce que l'on veut – est fondée sur la combinaison des trois. Le *vouloir faire* renvoie au *faire* et au *pouvoir* (*pouvoir faire*). Le *pouvoir*, au *vouloir* et au *faire*. Ces renvois ne sont pas tous du même ordre et les termes ne se groupent pas tous de la même façon. C'est la tâche du philosophe de clarifier leurs relations, s'il veut traiter de la puissance et de l'impuissance, de la possibilité et de l'impossibilité, de la nécessité et de la liberté[9]. Dans les fragments dont nous disposons, Anselme part du *faire*, fournissant du même coup un modèle que l'on peut étendre problématiquement ou heuristiquement au *vouloir* et à certaines combinaisons du *vouloir* et du *pouvoir* – ce qui est d'un grand intérêt quand on a présente à l'esprit la définition que je disais standard, critiquable et souvent critiquée, notamment par Chisholm, comme on le verra, de la liberté comme « pouvoir de faire tout ce que l'on veut » – car c'est bien cette définition de la liberté qui va être mise en cause grâce aux *Fragments Lambeth*.

Tout *faire* peut être appelé « faire être » ou « faire non-être », qui sont deux affirmations contraires et qui ont deux opposés, deux négations : *non facere esse*, « ne pas faire être » et « ne pas faire ne pas être ». On peut représenter ces quatre possibilités par ce que j'appelle le « carré du faire »[10]. Les numéros correspondent à l'ordre dans lequel les termes ont été introduits par Anselme, mais le dispositif du carré correspond à des relations logiques :

(1) FE	(3) FNE
(4) NFNE	(2) NFE

où FE signifie : *facere esse* ; NFE : *non facere esse* ; FNE : *facere non esse* ; NFNE : *non facere non esse*. Comme le souligne Anselme, on confond facilement (1) et (4) et (2) et (3) ; en tout cas, on exprime souvent (1) par (4) et (4) par (1) ou bien (3) par (2) et (2) par (3). C'est un problème. Cela étant, « faire être », « ne pas faire être », « faire ne pas être », « ne pas faire ne pas être » : on a là des verbes auxquels, si l'on peut dire, manque un objet, un terme : faire être quoi ? Que veut dire exactement « *facere esse* » ? Plusieurs philosophes et historiens de la philosophie ont analysé et discuté le texte d'Anselme : Howard L. Dazeley et Wolfgang L. Gombocz, Douglas N. Walton ou Eileen F. Serene[11]. La référence en la matière aura été Desmond Paul Henry (1921-2004), héros britannique (francophone) de la Seconde Guerre mondiale, pionnier du *Computer art*, mais aussi éditeur et commentateur du *De grammatico*, spécialiste de la logique d'Anselme et de la méréologie moderne et médiévale. Dans un article portant directement sur la logique de l'action ou de l'agence, « Anselm's Logic of Agency », Sara L. Uckelman, s'appuyant en partie sur Henry, répond à la question de ce que j'appelai l'objet ou le terme du « *facere esse* » [12]. C'est dans son analyse du faire, du *doing*, que réponse est donnée : « faire » c'est « faire en sorte que quelque chose soit ou ne soit pas », ce qui veut dire que « faire » revient à « faire en sorte que *p* », où *p* désigne un état de choses (tandis que non-*p* est une abréviation pour « ce n'est pas le cas que *p* »). Dire : « *x* fait » signifie donc « *x* fait en sorte que *p* », « *x* fait que *p* ». Voici le texte d'Anselme et la paraphrase de D.P. Henry citée par Uckelman :

> Quidquid autem facere dicitur, aut facit ut sit aliquid, aut facit ut non sit aliquid. Omne igitur facere dici potest aut 'facere esse' aut 'facere non esse'; quae duo sunt affirmationes contrariae. Quarum negationes sunt : 'non facere esse' et 'non facere non esse' [13].

> For all *x*, if '*x* does' is true, then *x* does so that something either is so or is not so. Hence the analysis of 'doing' will in fact be an analysis of *x*'s doing so that p, and of *x*'s doing so that not-*p*, [where '*p*' is a clause describing a state of affairs, and 'not-*p*' is short for 'it is not the case that *p*'] [14].

On peut restranscrire tout le propos anselmien en termes de causalité : « faire être » c'est « causer à être » – « causer *p* à être » étant une « abréviation » pour « faire en sorte que *p* soit le cas », et ainsi de suite.

> ... 'to cause *p* to be' should be understood as a short-hand for 'to do such that *p* is the case'; if an agent *x* does such that *p* is the case, then he causes *p* to be, and vice versa, so this short-hand is licit.

On a donc quatre possibilités, que S. Uckelman désigne par A, B, C et D :

A *facere esse* : 'to cause to be'
B *facere non esse* : 'to cause not to be'
C *non facere non esse* : 'not to cause not to be'
D *non facere esse* : 'not to cause to be'

Les deux premiers modes (A, B) sont affirmatifs et contraires, les seconds (C, D), négatifs et également contraires [15]. On peut ainsi représenter le dispositif du faire dans un véritable *carré logique de l'agence* sur le modèle du carré logique des oppositions (carré d'Apulée) : « The implication relationships between these four types of agency form a square of opposition » – ce que S. Uckelman appelle : *Agentive square of opposition*.

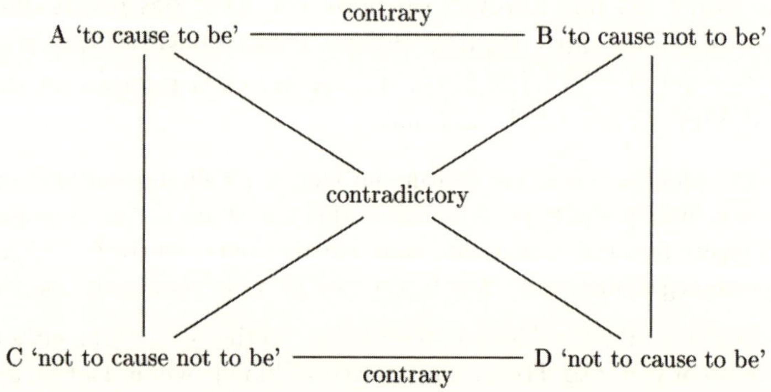

On a une structure logique rigoureuse qui correspond à une première approche du « faire » chez Anselme. On pourrait développer cela, puisque vous savez que les contraires ont certaines propriétés logiques qui ne sont pas celles des contradictoires. On pourrait entrer plus en détail dans les relations entre ces quatre termes. Mais ce serait aller trop vite, car le propos d'Anselme ne s'arrête pas là. Dans un second temps, il distingue non pas *quatre*, mais *six* modes du faire.

> Sex ergo modis 'facere' pronuntiamus : duobus videlicet, cum facit idipsum esse aut non facit idipsum non esse causa, quod facere dicitur ; quattuor vero, cum aut facit aut non facit aliud esse vel non esse.

> We speak in six modes of 'causing to be': We say that *x* causes *y* when *x* causes *y* itself to be; or when *x* does not cause *y* itself not to be; or when *x* causes *y* to be by causing *z* to be, by not causing *z* to be, by causing *z* not to be, or by not causing *z* not to be [16].

> Dicimus namque rem quamlibet facere aliquid esse, aut (1) quia facit idipsum esse, quod facere dicitur, aut (2) quia non facit idipsum non esse ; aut (3) quia facit aliud esse, aut (4) quia non facit aliud esse, aut (5) quia facit aliud non esse, aut (6) quia non facit aliud non esse [17].

We say that a thing causes something else not to be either because (1) it directly causes this other thing not to be, or (2) it does not directly cause it to be, or (3) it causes an intervening thing to be, or (4) it does not cause an intervening thing to be, or (5) it causes an intervening thing not to be or (6) it does not cause an intervening thing not to be" [18].

Qu'est-ce que tout cela veut dire ? On distingue ici, comme le montre bien Uckelman, une action, une *agency*, une agence positive, autrement dit les cas où l'agent fait quelque chose, et une agence négative, où l'agent ne fait pas quelque chose. Premier contraste. Ensuite, on distingue une *agency*, une agence, une activité *directe*, qu'Anselme appelle *per se*, « par soi », où l'agent fait lui-même en sorte qu'un certain effet se produise, et les cas où l'agent fait en sorte qu'une chose se produise, mais le fait *indirectement*, autrement dit ne le fait pas lui-même : il fait en sorte que quelque chose se produise par l'intermédiaire d'autre chose – *per aliud*.

> This list distinguishes between positive agency (where the agent does something) and negative agency (where the agent does not do something), as well as direct per se agency (where the agent brings about the effect himself) and indirect per aliud agency (where he causes some other being to bring the effect about).

Dans le cas de l'*agency per aliud*, il faut continuer l'analyse et dire que l'agent peut indirectement accomplir une action par l'intermédiaire d'autre chose, mais qu'il peut aussi indirectement *ne pas* l'accomplir, faire en sorte qu'elle ne s'accomplisse pas.

Soit, en résumé, six modes de l'action selon Anselme revus par Uckelman :

> 1 Positive, *per se* ; 2 Negative, *per se* ; 3 Positive, proximal, *per aliud* ; 4 Negative, proximal, *per aliud* ; 5 Positive, distal, *per aliud* ; 6 Negative, distal, *per aliud.*

Il faudrait s'attarder sur la distinction *per se* / *per aliud*, qui a un large spectre chez Anselme et s'applique à d'autres domaines que la logique du faire. C'est un des concepts de base de la sémantique [19]. Il serait intéressant de connecter ses divers domaines d'application. On ne peut le faire ici. On peut, et l'on doit, en revanche, revenir sur les six modes de manière systématique. Nous allons le faire brièvement, en suivant les analyses de Walton, pour qui l'approche anselmienne offre un modèle logique de l'action dont la pertinence reste aujourd'hui entière. Sa présentation du modèle anselmien se veut formelle ; l'agence étant exprimée par « un opérateur phrastique relatif à des individus », noté $\ulcorner \delta_a p \urcorner$, et interprété comme « *a* fait que *p* est le cas », qui combine deux expressions anglaises difficiles à rendre en français autrement que de manière inélégante ou peu convaincante : « bring about » et « obtain » : « *a* brings it about that *p* obtains » (*a* fait en sorte que *p* est le cas), ou plus littéralement « a brings it about that *p* is true » (*a* fait en sorte que *p* est vrai).

Les quatre formules de base sont : $\ulcorner \delta_a p \urcorner$ $\ulcorner \delta_a \neg \mathrm{p} \urcorner$ $\ulcorner \neg\ \delta_a p \urcorner$ $\ulcorner \neg \delta_a \neg \mathrm{p} \urcorner$. Walton poursuit en disant qu'Anselme distingue aussi *direct action* : 'bringing it about that *p*', and *indirect action* : 'bringing it about that *q*, where *q* is a sufficient condition for *p*'.

> As he put it, an agent can bring about something itself : *facere idipsum esse* (ou *per se facere esse*), or bring it about through some other state of affairs : *facere aliud esse* (ou *per aliud facere esse*).

Dans l'idiome de Walton, les six modes de l'action selon Anselme deviennent ainsi :

(1) $\delta_a p$; (2) $\neg \delta_a \neg p$; (3) $\delta_a q \ \&\ (q \supset \delta_b p)$; (4) $\neg \delta_a q \ \&\ (q \supset \neg \delta_b p)$; (5) $\delta_a \neg q \ \&\ (q \supset \neg \delta_b p)$; (6) $\neg \delta_a \neg q \ \&\ (q \supset \delta_b p)$

On peut illustrer ces six modes par des exemples, ceux que donne Anselme lui-même. Leur tonalité est sombre : il s'agit de tuer, il s'agit de *meurtre*.

On peut paraphraser (1) *par Killing directly* ; (2) par *Not making not dead* (e.g., *not raising the dead man to life, should one have the power so to do*) ; (3) par *Making the killer have arms (arming the killer)* ; (4) par *Not arming the victim* ; (5) par *Making the victim not armed (disarming the victim)* ; (6) par *Not making the killer not armed* (*not disarming the killer*). Autrement dit :

1. $\delta_a p$: *Killing directly (facere idipsum esse) – Directly bringing it about that the victim is dead* : quelqu'un tue quelqu'un de ses mains.

2. $\neg\delta_a \neg p$: *Not making not dead (non facere idipsum non esse) – Not bringing it about that the victim is alive, i.e., allowing him to remain or become dead* : Walton suggère : ne rien faire pour ressusciter un mort, mais on pourrait aussi bien dire : ne rien faire pour le sauver.

3. $\delta_a q$ & $(q \supset \delta_b p)$: *Making the killer have arms (facere aliud esse) – Bringing about some state of affairs* q *such that somebody else kills the victim (q = the killer has arms)* : armer le tueur. Si je donne une arme au tueur, je fais en sorte qu'il puisse réaliser son objectif, à savoir tuer la victime. Je lui donne une arme ; lui fait ce qu'il a à faire.

4. $\neg\delta_a q$ & $(q \supset \neg\delta_b p)$: *Not arming the victim (non facere aliud esse) – Failing to bring about some* q *such that somebody else does not kill the victim (q = the victim has arms)* : ne pas armer la victime, ne pas donner à la victime le moyen d'échapper au meurtre.

5. $\delta_a \neg q$ & $(q \supset \neg\delta_b p)$: *Making the victim not armed (facere aliud non esse) – Bringing it about that some* q *fails to obtain where the q is such that somebody else does not kill the victim (q = the victim has arms)* : désarmer la victime ; en la désarmant, on la met à la merci de l'assassin.

6. $\neg\delta_a \neg q$ & $(q \supset \delta_b p)$: *Not making the killer not armed (non facere aliud non esse) – Not bringing it about that some q fails to obtain where* q *is such that somebody else kills the victim (q = the killer has arms)* : ne pas désarmer le tueur.

La première grande contribution d'Anselme est de faire place dans sa théorie de l'action, en l'espèce du *facere aliud esse*, à la causalité que l'on dira par la suite « instrumentale. » C'est d'une importance capitale pour la noétique, pour la physique et la métaphysique, mais aussi, on le verra, pour la christologie et le traitement du problème des *deux volontés* et des *deux opérations*, humaine et divine, chez le Christ.

La seconde grande découverte d'Anselme – qui contribue à la force de son « approche » – est de donner un modèle de l'action qui fait place à l'omission, au *non facere*. C'est derechef important pour un théologien. Faire et omettre, entendons : omettre de faire, sont les deux pôles de l'analyse du péché : l'un positif, l'autre négatif *ou privatif* – quel est, de fait, le statut onto-logique de l'omission ? Privation du faire ou faire négatif ? La question est délicate. Elle a dû tourmenter les pères du Concile de Vatican II, qui ont retiré l'omission du *Confiteor*, autrement dit, de la formule : « J'ai péché, en pensée, en parole, par action *et par omission* ». L'omission est omise dans le missel de Jean XXIII, et rétablie dans celui de Paul VI.

> Jean XXIII. Confiteor Deo Omnipotenti, beatae Mariae semper Virgini, beato Michaeli Archangelo, beato Ioanni Baptistae, sanctis Apostolis Petro et Paulo, omnibus Sanctis et vobis, fratres, quia peccavi nimis *cogitatione, verbo et opere*, mea culpa, mea culpa, mea maxima culpa.
>
> Paul VI. Confiteor Deo omnipotenti et vobis, fratres, quia peccavi nimis *cogitatione, verbo, opere, et omissione* mea culpa, mea culpa, mea maxima culpa.

La force du modèle anselmien est réelle. En tout cas, le carré de l'agence peut être, comme je le laissais entendre tout à l'heure, étendu au vouloir, en un véritable « carré du vouloir », introduisant une différence majeure – en l'espèce de (3) et (2) entre deux modalités du vouloir permettant de distinguer le *vouloir négatif*, qui est un *acte positif* (dans le voulant), et la *négation du vouloir*, qui est un *acte négatif* (dans le voulant) – une niche pour l'omission. Soit :

(1) V	(3) VN
(4) NVN	(2) NV

où V signifie : Vouloir ; NV : Ne pas vouloir ; VN : Vouloir ne pas ; NVN : Ne pas vouloir ne pas. On peut sur le même modèle construire un « carré du vouloir faire » :

(1) VF	(3) VNF
(4) NVNF	(2) NVF

où VF signifie : Vouloir faire ; NVF : Ne pas vouloir faire ; VNF : Vouloir ne pas faire ; NVNF : Ne pas vouloir ne pas faire.

[La présentation sous forme de *carré* correspond rigoureusement parlant à un « schéma » plutôt qu'à un « schème ». Nous faisons sur ce point nôtre la différence marquée par B. Pottier : « Le schéma – comme le carré logique ou l'arbre de la grammaire générative traditionnelle – est un graphe qui a pour but d'expliciter, de réécrire sous une autre forme, une structure ou un événement [20]. » C'est le cas aussi du « carré sémiotique » d'Algirdas J. Greimas [21]. À grands traits, on peut dire que le schéma « privilégie l'espace et les relations statiques », tandis que le « schème », lui, « continu et hiérarchisé », a une *dimension temporelle* : « il implique le temps et organise des parcours ». B. Pottier représente figurativement les relations entre Devoir faire, Devoir ne pas faire, Ne pas devoir faire, Ne pas devoir ne pas faire. Au schéma articulant, sur le mode du carré logique, prescription (DF), interdiction (DNF), facultativité (NDF) et permissivité (NDNF), à savoir :

(1) DF	(3) DNF
(4) NDNF	(2) NDF

il substitue un *schème sinusoïdal*, tel que :

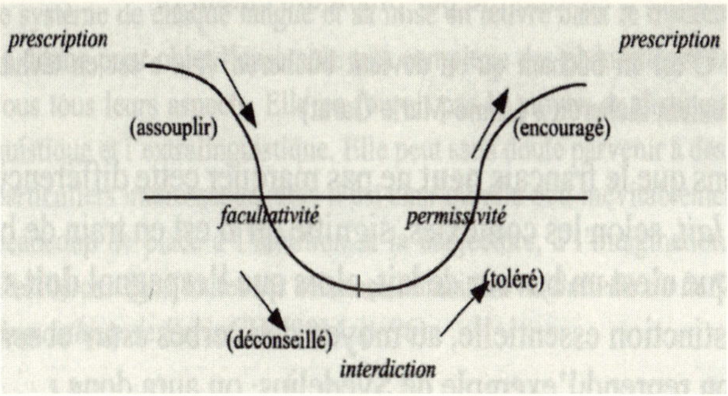

présentant une « *succession* de phases », s'appliquant aisément aux « parcours modaux » (par exemple *de l'impossible au certain*, *de l'interdit à l'obligatoire*, *de l'amour à la haine*), en passant par divers « stades intermédiaires »].

Je reviens, pour conclure, sur la différence entre vouloir (VN) et ne pas vouloir (NV). Elle court, du Moyen Âge à l'Âge classique et au-delà, sous la forme d'une distinction exprimée en latin par le couple : *nolle*, « vouloir que ne pas », et *non velle*, « ne pas vouloir que ». La distinction *nolle* vs *non velle* est bien rendue par Micraelius, *alias* Johannes Lütkeschwager (1597-1658), dont le *Lexicon philosophicum terminorum philosophis usitatorum*, a été publié à Iéna en 1653.

> Voluntatis functiones sunt velle et nolle. Aliqui tamen distinguunt inter nolle et non velle : quasi id nolimus, quod impedimus, id autem non velimus, quod permittimus cum detestatione [22].
>
> Les fonctions de la volonté sont *velle* (vouloir) et *nolle*. Mais certains distinguent entre *nolle* et *non velle*, au sens où nous « noulons » ce que nous empêchons, alors que nous « ne voulons pas » ce que nous permettons avec répugnance ou dégoût.

« *Ich habe es nicht gewollt* » : « Je n'ai pas voulu cela », dit Guillaume II, qui, n'avait pas lu Lütkeschwager et son *Lexicon philosophicum*. Je consacrerai une prochaine séance au traitement de *velle*, *nolle*, *non velle* dans l'histoire des théories de la volonté et de l'action. Ce sera l'axe de ce semestre. Je vous remercie.

Notes

1. *Cf.* K. Kraus, *Die letzten Tage der Menschheit*, Frankfurt, Suhrkamp Verlag, 1986 ; http://gutenberg.spiegel.de/buch/die-letzten-tage-der-menschheit-4688/5 ; trad. fr. J.-L. Besson & H. Christophe, Marseille, Agones (Marginales), 2004, p. 375, n. 1.

2. K. Kraus, *Die letzten Tage der Menschheit*, en ligne ; trad. fr. J.-L. Besson & H. Christophe, p. 737.

3. *Die letzten Tage der Menschheit*, en ligne ; trad. fr. J.-L. Besson & H. Christophe, p. 375.

4. *Cf.* R. Chisholm, « La liberté humaine et le moi », trad. fr. F. Cayla, *in* M. Neuberg (éd.), *La Responsabilité. Questions philosophiques*, Paris, PUF (Philosophie morale), 1997, p. 39-54.

5. R. Chisholm, « La liberté humaine... », trad. F. Cayla, p. 52.

6. R. Chisholm, « Human Freedom and the Self », *The Lindley Lecture*, Lawrence, The University of Kansas, 1964, p. 3-15, *in* G. Watson (éd.), *Free Will*, Oxford, OUP, 1982, p. 24-35. Il existe une autre version du texte tiré de la *Lindley Lecture*, légèrement différente, intitulée « Freedom and Action », reprise dans K. Lehrer (éd.), *Freedom and Determinism*, New York, Random House, 1966, p. 11-44. Je me réfère ici à l'édition Watson, à une exception près qui, le moment venu, sera signalée en note.

7. R. Chisholm, « La liberté humaine... », trad. p. 53.

8. F. S. Schmitt, « Ein neues unvollendetes Werk des hl. Anselm von Canterbury », *Beiträge zur Geschichte der Philosopie des Mittelalters, Band* 33, *Heft* 3, 1936.

9. Rappelons ici la différence entre liberté philosophique et liberté politique selon Hannah Arendt, lectrice de Montesquieu. *Cf.* H. Arendt, « What is Freedom ? », in *Between Past and Future,*

Six Exercises in Political Thought, Introd. by Jerome KOHN, New York, Schocken Books, 2003, p. 160-161 : « ... Montesquieu [...] though indifferent to problems of a strictly philosophic nature, was deeply aware of the inadequacy of the Christian and the philosophers' concept of freedom for political purposes. In order to get rid of it, he expressly distinguished between philosophical and political freedom, and the difference consisted in that philosophy demands no more of freedom than *the exercise of the will (l'exercice de la volonté)*, independent of circumstances and of attainment of the goals the will has set. Political freedom, on the contrary, consists in being able *to do what one ought to will (la liberté ne peut consister qu'à pouvoir faire ce que l'on doit vouloir*, the emphasis is on *pouvoir)*. For Montesquieu as for the ancients it was obvious that an agent could no longer be called free when he lacked the capacity to do whereby it is irrelevant whether this failure is caused by exterior or by interior circumstances. »

10. La référence au « carré logique » est pointée par CHISHOLM, qui renvoie à D.P. HENRY : « St. Anselm noted that (i) and (iii), respectively, may be thought of as forming the upper left and the upper right corners of a square of opposition, and (iv) and (ii) the lower left and the lower right. » *Cf.* D.P. HENRY, « Saint Anselm's *De 'Grammatico'* », *Philosophical Quarterly*, X (1960), p. 115-126.

11. *Cf.* H.L. DAZELEY & W.L. GOMBOCZ, « Interpreting Anselm as Logician », *Synthese*, 40 (1979), p. 71-96 ; D.N. WALTON, « On the Logical Form of Some Commonplace Action Expressions », *Grazer Philosophische Studien*, 10 (1980), p. 141-148 et, du même, « Anselm and the Logical Syntax of Agency », *Franciscan Studies*, 14 (1976), p. 298–312 ; E.F. SERENE, « Anselmian Agency in the Lambeth Fragments : A Medieval Perspective on the Theory of Action », *Anselm Studies*, 1 (1983), p. 143–156.

12. *Cf.* S. UCKELMAN, « Anselm's Logic of Agency », *Institute for Logic, Language, and Computation Scientific Publications,* 2007 ; repris dans *Logical Analysis and History of Philosophy*, 12 (2009), p. 248-268.

13. ANSELME, *Lambeth Fragments*, éd. SCHMITT, p. 29.

14. D.P. HENRY, *The Logic of St. Anselm*, Oxford, OUP, 1967, p. 124.

15. S. UCKELMAN, « Anselm's Logic of Agency », *Institute for Logic, Language, and Computation...*, p. 7-8 : « Types (A) and (B) are called affirmative, and they are contraries. Types (C) and (D) are called negative; though he does not say so explicitly, they are also contraries. »

16. *Cf.* J. Hopkins, *A Companion to the study of St. Anselm*, Minneapolis, University of Minnesota Press. 1972, p. 221–222.

17. Anselme, *Lambeth Fragments*, p. 29.

18. *Cf.* J. Hopkins, *A Companion...*, p. 223.

19. La distinction entre *significatio per se* et *significatio per aliud*, fondamentale chez Anselme, s'inscrit dans un dispositif à quatre places, distinguant : *significatio per se, significatio per aliud, appellatio* et *significatio ut unum*. *Cf.* P. Borschung, *From a Topical Point of View. Dialectic in Anselm's of Canterbury's De Grammatico*, Leiden-Boston, Brill (*Studien und Texte zur Geistesgeschichte des Mittelalters*, 90), 2006, p. 227. La distinction entre les deux types de signification est remarquablement résumée par Borschung, p. 241-242 :

« – Signification by itself *(significatio per se)*

A name *N* of something *x* signifies *y* by itself *(per se)* iff *N* by itself calls *y* to mind of a (competent) hearer. »

[qui équivaut à : *N* signifies *y* by itself iff *y* is part of the essence of *x*]

Exemples : *homo* signifie par soi un être vivant + mortalité + rationalité ; *grammaticus* signifie par soi capacité de lire / écrire + (la catégorie) 'avoir' (ayance, *habitus*)

« – Signification by another *(significatio per aliud)*

A name *N* of something *x* signifies *y* by another *(per aliud)* iff *N* signifies *per se z*, and the hearer either (i) knows from background knowledge that *z* generally inheres in *y*'s or (ii) knows from knowledge about the pragmatic setting that z actually inheres in a *y*. »

Exemples : pour (i) : *grammaticus* signifie l'espèce humaine, parce qu'on sait que la capacité de lire/écrire n'est inhérente qu'aux humains ; pour (ii) *albus* signifie l'espèce chevaline, parce que la situation est telle qu'il y a un cheval blanc dans l'environnement immédiat.

Pour une vue synthétique, *cf.* A. de Libera, « Paronyme », *in* B. Cassin (dir.), *Vocabulaire européen des philosophies*, Paris, Le Robert-Seuil, 2004), p. 896-901 ; « Supposition », *ibid.*, p. 1254-1259 et A. de Libera & I. Rosier-Catach, « Connotation », *ibid*, p. 254-259.

20. *Cf.* B. Pottier, « Le "figuratif" dans l'étude du langage » (Académie des inscriptions et belles-lettres, communication. Séance du 6 novembre 2015), *Comptes rendus des séances de l'Académie des inscriptions et belles-lettres (CRAI)*, 2015, IV (novembre-décembre), p. 1470-1471 [p. 1465-1488 pour l'ensemble].

21. Sur le carré greimasien et son aspect statique, voir la défense de M. Bocquet, « Dynamiques sociosémiotiques : compréhension,

processus, diachronie et fractales », *Revue française des sciences de l'information et de la communication* [en ligne], 3 | 2013, p. 28 (avec les notes 39 et 40, URL : http://rfsic.revues.org/449 ; DOI : 10.4000/rfsic.449) : « On a reproché au carré sémiotique d'être statique, comparé notamment aux structures tensives. Néanmoins, le carré sémiotique possède une dynamique intrinsèque, entre les relations qu'il pose et leurs combinaisons. Le carré comporte, lui aussi, trois types de relations se déclinant en trois types de dimensions : la première relie, par contradiction, les deux axes des contraires (horizontaux), la seconde met en relation les deux schémas de contradiction (les deux diagonales), la tierce oppose entre elles deux *deixis* (verticales), une *deixis* positive et une *deixis* négative. » Le rapport entre carré greimasien et carré anselmien est abordé par M. Beuchot, « Le carré de Saint Anselme et le carré de Greimas », *in* É. Landowski (dir.), *Lire Greimas*, Limoges, Presses universitaires de Limoges (Nouveaux Actes sémiotiques), 1997, p. 15-27. Sur le carré greimasien et le carré logique, *cf.* A. de Libera, « La sémiotique d'Aristote », *in* F. Nef (éd.), *Structures élémentaires de la signification*, Bruxelles, Complexes, 1976, p. 28-55, avec les commentaires de J. Fontanille & Cl. Zilberberg, *Tension et signification*, Bruxelles, Mardaga, 1998, p. 47-48, qui renvoient plutôt l'origine de la formulation du carré greimasien à *La structure des mythes* de Cl. Lévi-Strauss.

22. Micraelius (Joh. Lütkeschwager), *Lexicon philosophicum terminorum philosophis usitatorum ordine alphabetico sic digestorum, ut inde facile liceat cognosse,* Iéna, 1653, p. 1112. Selon P. Mengal, c'est dans le *Lexicon* que le mot *psychologia* « fait son entrée dans un dictionnaire ». On y trouve les définitions suivantes : « *Anthropologia* est doctrina physica de homine » et « *Psychologia* est doctrina de anima » – « L'*anthropologie* est la science naturelle de l'homme », « La *psychologie* est la doctrine de l'âme ». Dans le *Dictionnaire de Trévoux* (1704), en revanche, l'anthropologie (« la science qui nous fait connaître et nous explique ce que c'est que l'homme ») est présentée comme ayant deux parties : la *psychologie* qui « traite de l'âme » et l'*anatomie*, qui « fait connaître le corps et tout ce qui en dépend ». Sur tout cela, *cf.* P. Mengal, « La Constitution de la psychologie comme domaine de savoir aux xvie et xviie siècles », *Revue d'histoire des sciences humaines*, 1/2 (2000), p. 12-13.

COURS DU 27 JANVIER 2015

Première heure

« Je suis Verlaine ». — Sub Urbe. *— Anselme de Canterbury. Causalité directe, par soi,* 'per se', *et causalité indirecte, par un autre,* 'per aliud'. *— Analyse anselmienne de « je n'ai pas voulu cela ». — Roderick Chisholm,* « Human Freedom and the Self »*: entre déterminisme et indéterminisme. — Le fonctionnaire faillible et le pot-de-vin. — Quatre possibilités. — Retour à Anselme. — Tirer sur un homme. Tuer un homme. — Je ne suis responsable que d'un acte qu'il était en mon pouvoir de ne pas accomplir. — La causalité* 'per aliud' *et la théorie des deux agents. — L'argument du deuxième homme (le deuxième tireur ou le magnétiseur). — L'argument des croyances. — Le « deuxième tireur » est en moi. — La théorie musulmane de l'acquisition des actes : al-Asha'rî. — Créateur des actes (Dieu) et acquéreur des actes (l'homme). — Dieu « premier moteur de nos actes » : Thomas d'Aquin. — Chisholm et Locke : le vrai problème de la liberté n'est pas de savoir si je suis libre de faire ce que je veux, mais de vouloir ce que je veux. — Schopenhauer.* Essai sur le libre arbitre. *— Puis-je « vouloir ce que je veux » ? — La liberté de la girouette. — Trois questions de Locke, plus une.*

Les petits ifs du cimetière
Frémissent au vent hiémal,
Dans la glaciale lumière.

Avec des bruits sourds qui font mal,
Les croix de bois des tombes neuves
Vibrent sur un ton anormal.

Silencieux comme les fleuves,
Mais gros de pleurs comme eux de flots,
Les fils, les mères et les veuves,

Par les détours du triste enclos,
S'écoulent, – lente théorie, –
Au rythme heurté des sanglots.

Le sol sous les pieds glisse et crie,
Là-haut de grands nuages tors
S'échevèlent avec furie.

Pénétrant comme le remords,
Tombe un froid lourd qui vous écœure
Et qui doit filtrer chez les morts,

Chez les pauvres morts, à toute heure
Seuls, et sans cesse grelottants,
– Qu'on les oublie ou qu'on les pleure ! [1]

« Je suis Verlaine », aurait pu dire Guillaume II.

Il dit : « *Ich habe es nicht gewollt* ».

Je n'ai pas voulu cela, redisent Willichen, « Petit Guillaume », et le Dieu des *Derniers jours de l'humanité*.

Wer denn ? Qui donc alors ? demande Kraus, par la bouche de Petite Marie.

La réponse semble aller de soi. La lecture d'Anselme de Canterbury et de Roderick Chisholm, entamée le 6 janvier, la rend plus délicate, qui, au minimum, porte sur la conjonction du faire, du vouloir et du pouvoir : la sainte Trinité de la théorie de l'action.

Pour comprendre cette phrase : « *Je n'ai pas voulu cela* », on peut combiner de nombreuses façons chacun de ces termes, *faire, vouloir, pouvoir* – on pourrait ajouter : *savoir* et *croire* – avec un ou plusieurs autres. On obtiendra autant de problèmes philosophiques [2]. Pour prendre le plus simple, la combinaison du faire et du vouloir, il est clair que la signification de :

(1) Je n'ai pas voulu cela

ne sera pas la même si « cela » désigne « ce que *j'ai* fait » ou « ce qui *a été* fait ». Guillaume II, recueilli devant la tombe du soldat sur les cartes postales de la propagande impériale, n'a pas tué le soldat : il n'a rien fait ; la mort du soldat a été causée par celui qui l'a tué, « elle a été faite », elle s'est faite sans que Guillaume ait pris part à l'action : il n'a pas pressé la gâchette, il ne tenait pas le fusil Lebel. Autrement dit : non seulement Guillaume n'a pas voulu la mort du soldat, mais il ne l'a pas causée. À dire vrai, il ne voulait ni la mort du soldat ni la guerre elle-même. Petit Guillaume – sa mère l'assure – mène « une sainte guerre défensive ». *Er führt einen heiligen Verteidigungskrieg.* Cette guerre, il ne l'a pas voulue. C'est ce que dit le vrai Guillaume, pas celui des cartes postales et des garde-feu de cheminée, mais celui de l'*Arbeiterzeitung* du 1er août, celui qui affirme solennellement :

> Devant Dieu et l'histoire, ma conscience est pure. Je n'ai pas voulu la guerre.

En fait, la phrase figure déjà la veille dans le *Reichsanzeiger* en date du 31 juillet 1915, adressée depuis le *Großes Hauptquartier*. Le texte, intitulé *An das deutsche Volk*, s'ouvre sur cette séquence que je reproduis pour les germanistes, tant qu'il en reste :

> Ein Jahr ist verflossen, seitdem Ich das deutsche Volk zu den Waffen rufen mußte. Eine unerhört blutige Zeit kam über Europa und die Welt. *Vor Gott und der Geschichte ist Mein Gewissen rein* : *Ich habe den Krieg nicht gewollt.*

La suite est sur tous les monuments aux morts. On le sait depuis Aristote, *le singulier tombe sous l'universel.*

Le lecteur d'Anselme répond.

Il faut distinguer causalité directe, par soi, *per se*, et causalité indirecte, par un autre, *per aliud* – « bringing it about that *q*, where *q* is a sufficient condition for *p* »[3], dans l'idiome de Walton –, produire, occasionner, faire être un certain état de choses *q*, tel que si *q*, alors *p* – où *q* désigne la situation létale découlant, par une série de médiations en principe toutes identifiables, de la déclaration de guerre de l'Allemagne à la

France le 3 août 1914, et où *p* désigne la mort du soldat. Guillaume dit : non seulement je n'ai pas voulu *p*, la mort du soldat, mais je n'ai pas voulu *q,* la guerre qui l'a rendue possible, sinon probable. Je ne suis responsable ni de cette mort en particulier, ni de cette guerre en général.

On peut rétorquer deux sortes de choses à Guillaume : la première en termes micraéliens, ceux du *Lexicon philosophicum* de Joahnnes Lütkeschwager, en distinguant *velle, nolle* et *non velle*, comme nous l'avons vu en conclusion du cours du 6 janvier – vouloir, ne pas vouloir et nouloir (vouloir que ne pas). Guillaume nous dit : « Je n'ai pas voulu cela. » Nous pouvons lui répondre : si tu veux dire que tu « nolais » ou « noulais la guerre », *c'est faux* – tu ne l'as pas empêchée, or tu sais bien que « *id nolimus, quod impedimus* » ; si tu veux dire que tu ne la voulais pas, *c'est (peut-être) vrai* – mais vu du fond d'une tranchée ou terré dans un trou d'obus, cela revient au même, tu l'as permise : *id non volimus, quod permittimus*, *cum detestatione*. Que ce soit ou non « avec répugnance » ou « détestation », cela t'importe peut-être, mais cela m'importe peu.

La seconde réponse est anselmienne : on peut, en effet, répondre à Guillaume que, s'il est vrai qu'il n'a ni voulu la mort du soldat ni participé directement à l'action qui l'a entraînée, il n'a pas fait en sorte qu'il n'y ait pas un certain état de choses *q* – la guerre – tel que l'existence de *q* entraîne (possiblement, à plus ou moins longue échéance) la mort du soldat. On peut lui répondre qu'il n'a pas fait en sorte qu'*il n'y ait pas* un état de choses *q*, tel que $q \supset \delta_b p$ – ou, plus exactement, qu'il n'a rien fait pour empêcher l'état de choses *q* sans l'existence duquel *p*, la mort du soldat, n'aurait pu avoir lieu. En idiome anselmien : il a échoué à réaliser un *non facere aliud non esse* ; en idiome uckelmien : il a échoué à exercer une causalité « *negative, distal, per aliud* » ; en idiome waltonien : il a *échoué à réaliser* un schéma d'action du type $\delta_a \neg q \;\&\; (q \supset \delta_b p)$, où *'a'* désigne Guillaume, *'b'* le soldat français, et *'q'* l'état de guerre entre l'Allemagne et la France. Bref, tout en ne voulant ni *p* ni *q,* il n'est pas arrivé à faire en sorte que $\neg q$.

Mais ici la question rebondit. Guillaume voulait-il $\neg q$? Si la réponse est : il ne voulait pas $\neg q$: NVN *(Non Velle Non)*, dans le quadrilatère du vouloir introduit le 6 janvier cela revient à V *(Velle)* ; *il ne voulait pas ne pas faire la guerre* revient à *il voulait faire la guerre*, donc il ment. Le problème philosophique est alors réglé : Guillaume ment quand il dit : « Je n'ai pas voulu la guerre. » Mais s'il voulait $\neg q$, comment se fait-il qu'il ne soit pas arrivé à *faire en sorte* que $\neg q$? N'était-il pas l'empereur, le *Kaiser*, c'est-à-dire celui qui commande ? Serait-ce qu'il avait le pouvoir de faire en sorte que q, mais n'avait pas celui de faire en sorte que $\neg q$? Si tel est le cas, pouvait-il vraiment *faire ce qu'il voulait* ? Était-il libre de faire ou de ne pas faire la guerre, si, ayant le pouvoir de faire la guerre, il n'avait pas celui de ne pas la faire ? C'est le problème de la liberté, en tant que, comme je le disais le 6 janvier, *elle réunit vouloir, pouvoir et faire*. J'y reviens.

Soit donc ce que j'ai appelé la « définition standard de la liberté » comme « pouvoir de faire tout ce que l'on veut ». Reprenons le texte de Chisholm, « *Human Freedom and the Self* », à son commencement – avant le *casus* du fonctionnaire faillible, potentiellement indélicat. Le texte s'ouvre sur la confrontation entre la thèse selon laquelle les « êtres humains sont des agents responsables » et les positions qui l'excluent ou s'opposent à elle : la conception « déterministe » de l'action humaine et la conception « indéterministe » de l'action humaine. La première affirme que « chaque événement impliqué dans un acte est causé par quelque autre événement » (« [it is] the view that every event that is involved in an act is caused by some other event »). La seconde soutient que « l'acte, ou quelque événement essentiel à l'acte, n'est pas du tout causé » (« [it is] the view that the act, or some event that is essential to the act, is not caused at all ») [4]. Pour surmonter ce double obstacle et sauver la notion d'agent responsable, indubitablement compromise aussi bien si nous ne sommes aucunement cause de nos actes que si nos actes n'ont absolument pas de cause, Chisholm annonce qu'il va devoir faire et tester un certain nombre d'hypothèses lourdes, ayant une portée considérable, sur « le moi ou l'agent, c'est-à-dire la personne qui accomplit l'acte » – une formule où l'on voit – ce qui n'est pas sans importance pour une archéologie du sujet –

la notion de *personne* se glisser dans l'équation nietzschéenne du sujet de l'action, pour donner :

quelqu'un = sujet = agent = je = personne

Pour lancer la réflexion, dans « *Human Freedom and the Self* » – dont je rappelle qu'il s'agit au départ d'une conférence donnée à l'université du Kansas en 1964 – Chisholm prend un exemple qu'il emprunte aux *Lambeth Fragments* d'Anselme – un exemple qui, depuis le 7 janvier dernier, a pris pour nous une signification particulière :

> Considérons certains faits, ou méfaits, qui peuvent être attribués à un agent responsable : par exemple, un homme tirant sur un autre homme [5].

La question est : à quelles conditions un tel homme peut-il être dit responsable de son acte ? La réponse : si l'homme en question était responsable de ce qu'il faisait quand il l'a fait, c'est que « ce qui allait arriver au moment du tir était quelque chose d'entièrement en son pouvoir ». Cela veut dire qu'il y a eu un moment où il était vrai à la fois qu'il aurait pu tirer et qu'il aurait pu s'en abstenir ; et que dans ce cas, bien qu'il ait tiré, il aurait pu faire autre chose (*i.e.* il ne s'est pas retrouvé tirant, comme on dit, « contre son gré »).

> There was a moment at which it was true, both that he could have fired the shot and also that he could have refrained from firing it. And if this is so, then, even though he did fire it, he could have done something else instead [6].

La phrase est torturée, mais la signification est simple. Dire que l'homme qui a tiré est responsable du tir, si à l'instant où il a tiré *il était vrai à la fois qu'il aurait pu tirer et qu'il aurait pu ne pas tirer,* veut dire que, au moment où il a tiré, l'homme qui a tiré aurait pu – pouvait – ne pas tirer. À l'instant *t*, il était au pouvoir du tireur et de tirer et de ne pas tirer. Si un homme est responsable d'un certain événement ou état de choses (dans le cas précis : d'avoir tiré sur un autre homme), c'est que cet événement ou état de choses a été provoqué – *brought about* – par l'un de ses actes, et que cet acte était quelque chose qu'il était en son pouvoir d'accomplir ou de ne pas accomplir ».

Cela posé, si l'acte que notre homme a accompli était un acte qu'il était en son pouvoir de ne pas accomplir, c'est que cet acte n'aurait pas pu – ne pouvait pas – être causé ou déterminé par un événement qu'il n'était pas en son pouvoir de provoquer ou de ne pas provoquer. Dire que, à l'instant *t*, *x* a le pouvoir d'accomplir ou de ne pas accomplir un acte *a* – que de fait il accomplit – signifie que cet acte qu'il accomplit ne peut être causé par un événement *e* que *x* n'aurait ni le pouvoir de provoquer ni le pouvoir d'empêcher. Cette remarque ajoute quelque chose de décisif, qui nous ramène sous une autre forme à la causalité *per aliud*, ou plutôt à une situation où, comme dans la causalité *per aliud* anselmienne, on a affaire potentiellement ou réellement à *deux agents*. Dans l'exemple du tir, le second agent peut être un deuxième homme distinct du tireur : quelqu'un qui, par exemple, lui aurait tenu la main et aurait pressé du doigt le doigt du tireur pour le faire appuyer sur la gâchette, ou bien encore un magnétiseur qui aurait hypnotisé le premier homme pour l'obliger à commettre le crime : c'est cela, cette sorte d'intervention externe, que désigne l'événement *e*. Voilà bien deux situations où *x* n'a pas le pouvoir d'empêcher l'événement qui va provoquer le tir, *e*. Dans un cas de ce genre, tout le monde s'accorderait à dire qu'il n'était pas au pouvoir du premier homme d'empêcher le tir qui a été causé par le deuxième – l'intrusion du second tireur ou du magnétiseur[7]. En termes philosophiques : la responsabilité individuelle ne paraît pas compatible avec le déterminisme. Si l'événement e_2, le tir de *x*, a été causé par un événement e_1, la pression de *y* sur le doigt de *x* ou la mesmérisation de *x* par *y*, *x* n'est pas responsable de l'acte *a*. On dira que cet enchaînement d'évènements est une hypothèse *ad hoc*, forgée dans les plaines du Kansas, et qu'il va de soi qu'un homme contraint de tirer par une force extérieure n'agit pas librement, et donc ne peut être tenu pour responsable de l'acte qu'on lui attribue. Peut-être, mais on peut, dit Chisholm, faire la même analyse en remplaçant le deuxième homme par les croyances ou les désirs du premier.

À un certain niveau d'intensité le désir de tuer joue à l'intérieur de l'homme le rôle que jouerait à l'extérieur un deuxième homme. Dans cette hypothèse, le deuxième homme est en moi : ce sont mes désirs, ce sont mes croyances[8]. Ce sont elles, mes croyances, ce sont eux, mes désirs, les causes véritables de mon action. Suis-je alors responsable de mon acte ? La réponse est non, car ce n'est pas mon acte. C'est le sien : l'acte de l'ennemi intérieur.

> Si l'acte de cet homme était, en réalité, provoqué par ses croyances et ses désirs, et si ceux-ci, dans la situation particulière où il se trouvait, le causaient à faire ce qu'il a fait, nous devons en conclure qu'ils en étaient la cause, et donc qu'il ne pouvait faire autre chose que ce qu'il a effectivement fait. Que la cause de l'action soit interne ou externe ne peut faire de différence à cet égard ; si cette cause est un état ou un événement dont l'homme lui-même n'est pas responsable, celui-ci n'est alors pas responsable de ce que nous avons nommé, par erreur son acte[9].

L'homme n'est pas responsable d'un acte qui est la conséquence d'un événement qu'il n'était pas en son pouvoir d'empêcher. Voilà la thèse de base. Cela dit, les croyances s'acquièrent, les désirs ne naissent pas de rien. Eux aussi sont acquis. On peut donc poursuive le raisonnement, pour le plaisir.

On peut, par exemple, dire que l'homme est responsable des actes que ses croyances lui font accomplir, s'il est vrai qu'« *il y eut un moment où il était en son pouvoir de les acquérir ou non* », « there was a time when they were within his power either to acquire or not to acquire ». Cela nous ramène au problème initial : on a simplement abandonné l'idée de contrainte extérieure[10]. Au fond – ce que ne fait pas Chisholm, mais cela me paraît compatible avec les passages extraits de son analyse des conditions de la responsabilité –, on pourrait dire que tout se ramène à un problème d'acquisition. Acquisition de quoi ? Acquisition d'une volonté, acquisition d'un acte.

Ai-je vraiment le pouvoir d'*acquérir mes volontés* ? Cette terminologie, l'acquisition, déroute – elle existe pourtant :

dans l'histoire de la théologie musulmane, c'est une pièce essentielle de la théorie de l'action, celle de « l'acquisition des actes », fondée sur la distinction entre « créateur » ou « agent » et « acquéreur », qui, en Orient, aux confins des IXe et Xe siècles, permet, notamment à Abū al-Hasan al-Ash'arī (873/874-935/936) et à ses disciples, les théologiens asharites [11], de « faire droit au sentiment de liberté que peut éprouver l'individu », tout en réservant à Dieu seul le titre de « créateur » *(ḫāliq)* et « d'agent » *(fā'il)* au sens propre, cela, en distinguant « les mouvements qui lui arrivent indépendamment de sa volonté (le frisson dû à la fièvre, le flux du sang dans les artères, etc.) et ceux qui se produisent ou cessent selon qu'il le veut (s'asseoir, se lever, avancer, etc.) », ces derniers, ceux dont l'homme « ressent qu'ils se font à sa guise », étant ceux dont il est l'« acquéreur », et Dieu seul, proprement, l'« agent » [12]. Comme l'écrit Averroès, qui, en Occident, à la fin du XIIe siècle, les critique : chez les asharites

> ... l'homme acquiert, mais ce par quoi il y a acquisition (*al-muktasabu bi-hi*) et l'acquis *(al-muksab)* sont tous deux créés par Dieu [13].

Vous trouvez cette affirmation dans le *Dévoilement des méthodes de démonstration des dogmes de la religion musulmane*, traduit partiellement par M. Geoffroy dans *Averroès. L'Islam et la Raison. Anthologie de textes juridiques, théologiques et polémiques*. Je vous renvoie sur ce point à l'étude de J.-B. Brenet, intitulée « Acquisition de la pensée et acquisition de l'acte chez Averroès » [14], et plus largement à l'ouvrage de D. Gimaret, *Théories de l'acte humain en théologie musulmane*. Je reviendrai dans quelques semaines sur cette notion d'acquisition. Le parallèle que je fais aujourd'hui avec la théologie asharite et Averroès n'est pas forcé. La doctrine de Dieu « seul agent » nous est familière : c'est celle de l'Épître aux Philippiens (2, 13) :

> Θεὸς γάρ ἐστιν ὁ ἐνεργῶν ἐν ὑμῖν καὶ τὸ θέλειν καὶ τὸ ἐνεργεῖν ὑπὲρ τῆς εὐδοκίας.

> *Deus est enim qui operatur in vobis et velle et perficere pro bona voluntate.*

Car c'est Dieu qui opère en vous le vouloir et le faire, selon son bon plaisir.

Au minimum, elle se connecte au problème de ce que j'appellerai désormais « *le problème des deux agents* » ou, selon le contexte, « *l'argument des deux agents* » – entendant : deux agents pour un même acte.

Chisholm en pressent quelque chose qui, pour montrer que Dieu lui-même peut tenir le rôle du « deuxième homme », cite un texte de la *Somme de théologie* de Thomas d'Aquin qui, dans le langage d'Aristote, rappelle une partie de l'affirmation de la lettre aux Philippiens : « Chaque mouvement tant de la volonté que de la nature procède de Dieu comme [d'un] premier moteur » *(omnis motus tam voluntatis quam naturae, ab eo procedit sicut a primo movente)*[15]. Retenez cette expression : *primum movens, Prime Mover,* « premier moteur », nous la retrouverons, transférée à l'homme, par Chisholm. Ici, ce qui découle de « the view that St. Thomas Aquinas expresses by saying that "every movement both of the will and of nature proceeds from God as the Prime Mover" », c'est l'idée que, si Dieu est le Premier moteur de son acte, l'homme – le pécheur – n'en est pas responsable.

If the act of the sinner did proceed from God as the Prime Mover, then God was in the position of the second agent we just discussed — the man who forced the trigger finger, or the hypnotist — and the sinner, so-called, was not responsible for what he did.

Si l'acte du pécheur procède en effet de Dieu comme Premier Moteur, Dieu se trouve alors dans la position du deuxième agent discutée précédemment – celui qui pressait le doigt du premier sur la détente, ou bien l'hypnotiseur – et celui que l'on nomme le *pécheur* n'est donc pas responsable de ce qu'il fait[16].

Chisholm note :

On pourrait juger cette assertion téméraire, du point de vue de l'histoire de la théologie occidentale, mais je dois dire que je n'ai encore jamais rencontré une seule bonne raison de la dénier.

(This may be a bold assertion, in view of the history of western theology, but I must say that I have never encountered a single good reason for denying it) [17].

Quelles que soient la témérité de l'assertion et la pertinence de l'argument des « deux agents », un problème se dégage de l'analyse des conditions de la responsabilité de l'action humaine : puis-je acquérir ma volonté ? En termes plus courants, plus standard : suis-je libre de vouloir ce que je veux ? En termes plus simples encore, mais peut-être plus difficiles à entendre pleinement : puis-je vraiment *vouloir* ce que je veux ?

Distinguant question du libre arbitre et question de la liberté, Chisholm, dans le § 10 de « *Human Freedom and the Self* », pose avec Locke le vrai problème de la liberté [18]. Le vrai problème de la liberté n'est pas celui que l'on peut tirer de la définition standard de la liberté comme « pouvoir de faire tout ce que l'on veut ». Le vrai problème de la liberté est de *savoir si je suis libre de vouloir ce que je veux*.

Il y a une différence entre le concept originel et empirique de la liberté, qui ne se rapporte qu'à la puissance d'agir, et le concept du libre arbitre, qui se rapporte uniquement à la puissance de vouloir. C'est, littéralement, ce que dit Schopenhauer (1788-1860) dans un texte célèbre de 1838, primé en 1839 par l'Académie royale des sciences en Norvège, que l'on redécouvre périodiquement : *Über die Freiheit des menschlichen Willens* [19], traduit en 1877 par Salomon Reinach (1858-1932) sous le titre *Essai sur le libre arbitre* [20]. De fait, s'il est certain qu'un homme peut faire ce qu'il veut, il n'est pas du tout certain, bien au contraire, qu'il puisse vouloir autre chose que ce qu'il veut. La conscience affirme : « Je peux faire tout ce que je veux. » Schopenhauer répond : Et alors ? Je signale au passage que la question qui avait été mise au concours par l'académie norvégienne – concours dont Schopenhauer a remporté le prix, était *Num liberum hominum arbitrium e sui ipsius conscientia demonstrari potest ?* Est-ce que l'on peut démontrer le libre arbitre de l'homme à partir de la conscience qu'il a de lui-même, *à partir de la conscience de soi* ?

> Interrogez un homme tout à fait sans préjugés : voici à peu près en quels termes il s'exprimera au sujet de cette conscience immédiate, que l'on prend si souvent pour garante d'un prétendu libre arbitre : « Je peux faire ce que je veux. Si je veux aller à gauche, je vais à gauche : si je veux aller à droite, je vais à droite. Cela dépend uniquement de mon bon vouloir : je suis donc libre. » Un tel témoignage est certainement juste et véridique : seulement il présuppose la liberté de la volonté, *et admet implicitement que la décision est déjà prise* [je souligne personnellement ce point : c'est au moment où j'ai déjà pris ma décision que je peux dire : « je peux faire ce que je veux », « si je veux aller à gauche, je peux aller à gauche », « si je veux aller à droite, je peux aller à droite] : la liberté de la décision elle-même ne peut donc nullement être établie par cette affirmation. Car il n'y est fait aucune mention de la dépendance ou de l'indépendance de la volition au moment où elle se produit, mais seulement des conséquences de cet acte, une fois qu'il est accompli, ou, pour parler plus exactement, de la nécessité de sa réalisation en tant que mouvement corporel[21].

Il y a une différence entre la genèse des volitions et l'exécution des mouvements corporels ; on retrouvera cette distinction chez Thomas d'Aquin. Le témoignage de la conscience ne nous dit rien sur la puissance de vouloir, il ne nous parle que de la puissance d'agir. Et il ne nous en apprend rien, comme le prouve ce passage plein d'ironie. Figurons-nous un homme, dans la rue – je l'appellerai l'*homme de 18 heures* – qui se dirait :

> Il est à présent six heures du soir, ma journée de travail est finie. Je peux maintenant faire une promenade ; ou bien je peux aller au club ; je peux aussi monter sur la tour, pour voir le coucher du soleil ; je peux aussi aller au théâtre ; je peux faire une visite à tel ami ou à tel autre ; je peux même m'échapper par la porte de la ville, m'élancer au milieu du vaste univers, et ne jamais revenir... Tout cela ne dépend que de moi, j'ai la pleine liberté d'agir à ma guise ; et cependant je n'en ferai rien, mais je vais rentrer non moins volontairement au logis, auprès de ma femme. » C'est exactement comme si l'eau disait : « Je peux m'élever bruyamment en hautes vagues (oui certes, lorsque la mer est agitée par une tempête !) – je peux descendre d'un cours précipité en

emportant tout sur mon passage (oui, dans le lit d'un torrent), – je peux tomber en écumant et en bouillonnant (oui, dans une cascade), — je peux m'élever dans l'air, libre comme un rayon (oui, dans une fontaine), – je peux enfin m'évaporer et disparaître (oui, à 100 degrés de chaleur) ; – et cependant je ne fais rien de tout cela, mais je reste de mon plein gré, tranquille et limpide, dans le miroir du lac [22].

Schopenhauer commente : « Comme l'eau ne peut se transformer ainsi que lorsque des causes déterminantes l'amènent à l'un ou à l'autre de ces états ; de même l'homme ne peut faire ce qu'il se persuade être en son pouvoir, que lorsque des motifs particuliers l'y déterminent. Jusqu'à ce que les causes interviennent, tout acte lui est impossible : mais une fois qu'elles agissent sur lui, il doit, aussi bien que l'eau, agir comme l'exigent les circonstances correspondant à chaque cas [23]. » C'est la liberté de la girouette. Le moi n'a pas de pouvoir sur la volonté.

L'erreur de *l'homme de 18 heures*, et « en général l'illusion provenant », dans son cas, « d'une fausse interprétation du témoignage de la conscience » (à savoir « qu'il puisse, en un instant donné, accomplir indifféremment » les divers actes envisagés), « repose, à y regarder de près, sur ce fait, que son imagination ne peut se rendre présente qu'une seule image à la fois, laquelle, au moment où elle lui apparaît, exclut toutes les autres ». On ne peut imaginer qu'une chose à la fois : possible désirable, motif de le désirer, influence du motif sur la volonté. Si notre homme « se représente le motif d'une de ces actions proposées comme possibles, il en sent immédiatement l'influence sur sa volonté, qui est sollicitée par lui ». Il a une « velléité », le « terme technique pour désigner ce mouvement ». Il s'imagine qu'« il peut transformer cette velléité en volition, c'est-à-dire accomplir l'action qu'il envisage actuellement ». Mais c'est qu'il oublie dans l'instant « tous les motifs agissant sur lui dans d'autres sens, ou les motifs contraires » : s'il en voyait un autre en même temps, mieux, s'il les voyait tous à la fois il comprendrait qu'il ne réaliserait jamais cette action [24]. D'où la girouette.

> Pendant que des motifs s'excluant l'un l'autre se succèdent de la sorte devant l'esprit, avec l'accompagnement perpétuel de l'affirmation intérieure : «Je peux faire ce que je veux, » la volonté se meut comme une girouette sur un support bien graissé et par un vent inconstant ; elle se tourne aussitôt du côté de chaque motif que l'imagination lui représente ; tous les possibles influent sur elle tour à tour ; et l'homme croit à chaque fois qu'il est dans son pouvoir de vouloir telle ou telle chose, et de fixer la girouette en telle ou telle position ; ce qui est une pure illusion. Car son affirmation « je peux vouloir ceci » est en vérité hypothétique, et il doit la compléter en ajoutant : « si je ne préfère telle autre chose. » Mais cette restriction seule suffit pour infirmer l'hypothèse d'un pouvoir absolu du moi sur la volonté [25].

Comme disait Edgar Faure : « Ce n'est pas la girouette qui tourne, c'est le vent qui change de sens. » Je ne puis vouloir *à volonté*. Je n'ai pas le pouvoir de vouloir ce que je veux, car au moment où je le veux je n'ai pas le pouvoir de vouloir autre chose que ce que je veux. Voilà la thèse de Schopenhauer. Elle a choqué, ou séduit. Elle s'inscrit dans une tradition plus vaste, qui va de Paul et Augustin à Locke et Leibniz *via* le Moyen Âge – et de là à nos modernités successives. Chisholm en transcrit l'essentiel dans le § 10 de « La liberté humaine et le moi ».

Il faut, avec Locke, distinguer trois questions :

> ... the question of freedom, as John Locke said, is not "the question whether the will be free"; it is the question "whether a man be free." For if there is a "will," as a moving faculty, the question is whether the man is free to will to do those things that he does will to do — and also whether he is free not to will any of those things that he does will to do, and, again, whether he is free to will any of those things that he does not will to do.

> ... la question de la liberté, comme le disait John Locke, ne consiste pas à savoir « si la volonté est libre », mais « si un homme est libre ». Car s'il existe une «volonté», en tant que faculté initiatrice, la question est de savoir si l'homme est *libre de vouloir faire* les choses qu'il *veut faire* – et s'il est *libre de ne pas vouloir* les choses qu'il *veut faire*, et, également, s'il est *libre de vouloir* les choses qu'il ne *veut pas faire* [26].

La traduction de « *moving faculty* » par « faculté initiatrice » me paraît inadéquate : il vaut mieux dire « motrice » – pour une raison simple : ce qui agit sur un agent pour le faire agir est un principe moteur (ce qui, dit Locke, en quelque façon, « met en train nos actes »). On parle d'ailleurs de « mobiles » et de « motifs » : le mouvement est depuis l'antiquité, en tout cas depuis un certain aristotélisme, y compris médiéval, le paradigme de l'action. Cela se voit dans le cadre de la problématique du sujet de la pensée où certaines théories, comme la théorie d'Averroès reprise et discutée par Thomas, puis la tradition subséquente, distinguent, à côté du sujet récepteur passif, un sujet dit précisément moteur – couplage de termes, qu'il nous faudra considérer avec soin dans l'avenir. En outre, comme je l'ai dit tantôt, nous retrouverons aujourd'hui même la notion de moteur chez Chisholm. Dans l'immédiat, je reprends les trois questions tirées par Chisholm de Locke et de Leibniz, qui, comme on le sait, discute en détail les thèses de Locke dans ses *Nouveaux Essais sur l'entendement humain* – j'y reviendrai brièvement.

Q1 L'homme est-il libre de vouloir les choses qu'il veut effectivement faire ?

Q2 L'homme est-il libre de ne pas vouloir telle d'entre les choses qu'il veut faire ?

Q3 L'homme est-il libre de vouloir telle d'entre les choses qu'il ne veut pas faire ?

À quoi il faudrait ajouter une quatrième :

Q4 : Et quand ? – c'est-à-dire : *avant* de commettre l'acte ou bien *au moment où* on l'accomplit ?

Ces questions nous ramènent, au-delà de la liberté, à la responsabilité, évoquée l'an dernier à propos de l'imputabilité selon Scheler et Ricœur. Mais à présent, c'est des thèses de Locke qu'il nous faut dire un mot.

Notes

1. P. Verlaine, *Sub Urbe* (extrait), *Poèmes saturniens*, Paris, Alphonse Lemerre, 1866.

2. Le ternaire fondamental est sans doute : *vouloir, pouvoir, savoir*, comme en témoigne cette belle page de Balzac, *La Peau de chagrin*, Paris (Classiques Garnier), 1950, p. 73 : « Je vais vous révéler en peu de mots un grand mystère de la vie humaine. L'homme s'épuise par deux actes instinctivement accomplis qui tarissent les sources de son existence. Deux verbes expriment toutes les formes que prennent ces deux causes de mort : *vouloir* et *pouvoir*. Entre ces deux termes de l'action humaine, il est une autre formule dont s'emparent les sages, et je lui dois le bonheur et ma longévité. *Vouloir* nous brûle et *pouvoir* nous détruit ; mais *savoir* laisse notre faible organisation dans un perpétuel état de calme. Ainsi le désir ou le vouloir est mort en moi, tué par la pensée ; et le mouvement ou le pouvoir s'est résolu par le jeu naturel de mes organes. En deux mots, j'ai placé ma vie, non dans le cœur qui se brise, non dans les sens qui s'émoussent, mais dans le cerveau qui ne s'use pas et qui survit à tout. »

3. *Cf.* D. Walton, « Logical Fom and Agency », *Philosophical Studies*, 29 (1976), p. 76.

4. *Cf.* R. Chisholm, « Human Freedom and the Self », *The Lindley Lecture*, § 1, p. 3, *in* G. Watson (éd.), *Free Will*, p. 24 ; « La liberté humaine... », § 1, trad. F. Cayla, p. 39.

5. R. Chisholm, « Human Freedom... », § 2, p. 24 ; « La liberté humaine... », § 2, p. 40.

6. R. Chisholm, *ibid.*, § 2, p. 24-25 ; « La liberté... », § 2, p. 40

7. R. Chisholm, « Human Freedom... », § 2, p. 25 : « For example, if what we say he did was really something that was brought about by a *second* man, one who forced his hand upon the

trigger, say, or who, by means of hypnosis, compelled him to perform the act, then, since the act was caused by the second man, it was nothing that was within the power of the *first* man to prevent » ; « La liberté humaine... », § 2, p. 40.

8. R. Chisholm, « Human Freedom... », § 2, p. 25 : « And precisely the same thing is true, I think, if instead of referring to a second man who compelled the first one, we speak instead of the desires and beliefs which the first man happens to have had. For if what we say he did was really something that was brought about by his own beliefs and desires, if these beliefs and desires in the particular situation in which he happened to have found himself caused him to do just what it was that we say he did do, then, since *they* caused it, *he* was unable to do anything other than just what he did do. »

9. R. Chisholm, « La liberté humaine... », § 2, p. 40.

10. R. Chisholm, « Human Freedom... », § 2, p. 25 : « It is true, of course, that if the man is responsible for the beliefs and desires that he happens to have, then he may also be responsible for the things they lead him to do. But the question now becomes: is he responsible for the beliefs and desires he happens to have? If he is, then there was a time when they were within his power either to acquire or not to acquire, and we are left, therefore, with our general point. »

11. Sur al-Ash'arī, *cf.* D. Gimaret, *La Doctrine d'al-Ash'arī*, Paris, Cerf (Patrimoine Islam), 1990 ; sur sa doctrine de l'acquisition, *cf.*, du même, *Théories de l'acte humain en théologie musulmane*, Paris, Vrin, 1980. Voir également H.-A. Wolfson, *The Philosophy of the Kalam*, Cambridge (Mass.)-Londres, Harvard University Press, 1976, p. 663-719.

12. *Cf.* J.-B. Brenet, « Acquisition de la pensée et acquisition de l'acte chez Averroès. Une lecture croisée du *Grand Commentaire au De anima* et du *Kitāb al-Kašf an manāhij al-adilla* », *in* L.X. López Farjeat & J. A. Tellkamp (éd.), *Philosophical Psychology in Arabic Thought and the Latin Aristotelianism of the 13th Century*, Paris, Vrin (Sic et Non), 2012, p. 112-113 [p. 111-139].

13. Averroès, *Dévoilement des méthodes de démonstration des dogmes de la religion musulmane,* trad. M. Geoffroy, in *Averroès. L'Islam et la raison. Anthologie de textes juridiques, théologiques et polémiques*, Paris, GF-Flammarion (GF, 1132), 2000, p. 132-133.

14. J.-B. Brenet, « Acquisition de la pensée... », p. 113, souligne deux points capitaux : 1. selon al-Ash'arī, l'acte acquis est à la fois

autorisé et nécessité ; 2) la puissance correspondant à l'acte, qui est créée, ne fait pas « être » le produit de l'acte. Et d'expliquer : l'acte « acquis » n'est « acquis » que « dans la mesure où lui correspond chez l'acquéreur une “puissance” produite par Dieu ». « ... cette puissance, outre le fait d'être créée en l'homme par Dieu, présente deux caractéristiques majeures ». *Premièrement*, « elle n'est pas puissance de deux contraires », mais « est exclusivement puissance de l'acte effectif et apparaît dans le même instant » ; « elle est ainsi concomitante à l'acte, duquel elle ne se dissocie pas, si bien que, sans alternative, elle le nécessite autant qu'elle l'autorise ». *Deuxièmement*, « puisque Dieu crée tout et qu'il n'y a ni *tawlīd* (une cause créée qui engendre) ni *tawallud* (un effet engendré par une cause créée), elle ne fait pas être son effet ».

15. THOMAS D'AQUIN, *I^a-II^ae* q. 6 a. 1 *ad 3m* : « Ad tertium dicendum quod Deus movet hominem ad agendum non solum sicut proponens sensui appetibile, vel sicut immutans corpus, sed etiam sicut movens ipsam voluntatem, quia omnis motus tam voluntatis quam naturae, ab eo procedit sicut a primo movente. Et sicut non est contra rationem naturae quod motus naturae sit a Deo sicut a primo movente, inquantum natura est quoddam instrumentum Dei moventis ; ita non est contra rationem actus voluntarii quod sit a Deo, inquantum voluntas a Deo movetur. Est tamen communiter de ratione naturalis et voluntarii motus, quod sint a principio intrinseco. »

16. R. CHISHOLM, « Human Freedom... », § 2, p. 26 ; « La liberté humaine... », § 2, p. 41.

17. R. CHISHOLM, *ibid.*, § 2, p. 26 ; « La liberté... », § 2, p. 42.

18. La distinction entre « libre arbitre » et « liberté » est délicate. Sur l'aspect médiéval du problème, voir la magistrale synthèse de P. PORRO, « Trasformazioni medievali della libertà /1. Alla ricerca di una definizione del libero arbitrio », *in* M. DE CARO, M. MORI & E. SPINELLI (éd.), *Libero arbitrio. Storia di una controversia filosofica*, 7, Rome, Carocci («Frecce», 180), 2014, p. 171-190. Sur la liberté et le déterminisme, *cf.*, du même, « Trasformazioni medievali della libertà /2. Libertà e determinismo nei dibattiti scolastici », *ibid.*, p. 191-221.

19. *Cf.* A. SCHOPENHAUER, *Preisschrift über die Freiheit des Willens.* Gekrönt von der Königlich Norwegischen Societät der Wissenschaften, zu Drontheim, am 26. Januar 1839, in *Die beiden Grundprobleme der Ethik*, behandelt in zwei akademischen Preisschriften. Zweite verbesserte und vermehrte Auflage, Leipzig, F.U. Brodhaus,

1860, p. 43-152 (Anhang, p. 153-157). À présent : *Über die Freiheit des menschlichen Willens. Über die Grundlage der Moral. Die beiden Grundprobleme der Ethik: Behandelt in zwei akademische Preisschriften. Kleinere Schriften* II. Diogenes Verlag, 2007. La question mise au concours pour le prix était, rappelons-le : *Num liberum hominum arbitrium e sui ipsius conscientia demonstrari potest?* (« Läßt die Freiheit des menschlichen Willens sich aus dem Selbstbewußtseyn beweisen ? »),

20. A. SCHOPENHAUER, *Essai sur le libre arbitre.* Traduit en français pour la première fois et annoté par S. REINACH, Paris, G. Baillière, 1887 (réimpr. Paris, Félix Alcan, ^{6}1894 [en ligne sur gallica.bnf]) ; réimpr. Rivages Poche (Petite Bibliothèque), 2002. Je cite ici la version numérisée procurée en 2013 par GUY HEFF & DAVID BUFFO [en ligne sur www.schopenhauer.fr].

21. A. SCHOPENHAUER, *Essai sur le libre arbitre*, trad. cit., p. 32-33.

22. A. SCHOPENHAUER, *ibid.*, p. 77-78.

23. A. SCHOPENHAUER, *ibid.*, p. 78.

24. A. SCHOPENHAUER, *ibid.*, p. 78-79

25. A. SCHOPENHAUER, *ibid.*, p. 79.

26. R. CHISHOLM, « Human Freedom... », § 10, p. 32 ; « La liberté humaine... », § 10, p. 49.

Cours du 27 janvier 2015

Deuxième heure

Penser et mouvoir : les deux sortes d'action selon Locke. — La pensée et le mouvement. — Pouvoir d'agir. Pouvoir de remettre. Will et Forbear. *— Contrainte et cohibition. — La liberté n'appartient pas à la volonté, mais à l'homme. — La liberté est une puissance* (power). *Elle ne peut donc être un attribut de la volonté, qui est elle-même une puissance. — Locke : « les puissances sont des relations, non des agents ». — Chisholm et les trois questions lockéennes : l'homme est-il libre de vouloir les choses qu'il veut faire ? Libre de ne pas vouloir une chose qu'il veut faire ? Libre de vouloir une chose qu'il ne veut pas faire ? — Chisholm contre Edwards. — Deux distinctions médiévales. — Acte impéré* (actus imperatus) *et acte élicité* (actus elicitus). *— Action transitive et action immanente. — Thomas d'Aquin et Aristote. — La reprise causale de Chisholm. Causalité transitive :* Transeunt causation *(entre deux événements) et causalité immanente :* Immanent causation *(entre un agent et un événement). — Le problème de la liberté de l'homme est celui du statut de l'acte élicité. — Deux thèses de Thomas d'Aquin sur la contrainte et le péché. — Chisholm entre déterminisme et indéterminisme. — Tout homme est un « premier moteur non mû ». — Sur la prédictibilité des actions humaines : Kant contre Hobbes. — Contre le déterminisme astrologique. L'homme, en tant qu'agent responsable, a le pouvoir de « s'élever au-dessus de ses désirs ». — La thèse de Leibniz : nos désirs « inclinent sans nécessiter ».*

J'ai terminé la première heure en disant que c'était des thèses de John Locke qu'il nous fallait dire un mot. Le premier point est l'idée du mouvement comme paradigme de l'action. On l'a vu, mouvement et action sont constamment mis en parallèle. J'évoquais l'an dernier, lors du séminaire du 27 mars 2014, « l'admirable passage des *Analytiques* où Aristote compare la pensée qui se stabilise et s'arrête – la pensée se faisant par mouvements et arrêts – à une armée en fuite qui tout à coup se fixe et fait front : "comme dans une bataille (ἐν μάχῃ), au milieu d'une déroute, un soldat s'arrêtant, un autre s'arrête, puis un autre encore, jusqu'à ce que l'armée soit revenue à son ordre primitif" »[1]. Chez Locke, la circularité d'implication des deux notions, mouvement et action, prend une forme bien précise : l'action – l'action humaine – se subdivise en deux : pensée, et mouvement. Le paragraphe 8 de *l'Essai concernant l'entendement humain* le dit clairement :

> All the actions that we have any idea of reducing themselves [...] to these two, viz. thinking and motion ; so far as a man has power to think, or not to think, to move, or not to move, according to the preference or direction of his own mind ; so far is a man free [2].

Je cite la traduction de Pierre Coste de 1714, non que nous manquions de traductions modernes, mais parce que nous reparlerons de Coste dans quelques minutes. Coste est le premier traducteur de Locke et il a introduit en français un certain nombre de néologismes bien utiles.

> Toutes les actions dont nous avons quelque idée, se réduisent à ces deux, *mouvoir*, et *penser* [...]. Tant qu'un Homme a la puissance de penser ou de ne pas penser, de mouvoir ou de ne pas mouvoir, conformément à la préférence ou au choix de son propre Esprit, jusque-là il est *Libre* [3].

S'il n'y a que deux sortes d'actions, penser et mouvoir, c'est malgré tout en termes de mouvement que Locke présente l'action de penser, et partant de là définit la liberté de penser – entendez le libre jeu de la faculté de penser –, comme une sorte de liberté de mouvement, où l'on retrouve d'une certaine manière l'idée d'Aristote. Voici ce superbe texte de Locke :

> Il en est des pensées de l'esprit comme des mouvements du corps. Lorsqu'une pensée est telle que nous avons la puissance de l'éloigner ou de la conserver, conformément à la préférence de notre esprit, nous sommes en liberté à cet égard. Un homme éveillé étant dans la nécessité d'avoir constamment quelques idées dans l'esprit, n'est non plus libre de penser ou de ne pas penser, qu'il est en liberté d'empêcher ou de ne pas empêcher que son corps touche ou ne touche point aucun autre corps. Mais de transporter ses pensées d'une idée à l'autre, c'est ce qui est souvent en sa disposition ; et en ce cas-là, il est aussi libre par rapport à ses idées, qu'il y est par rapport aux corps sur lesquels il s'appuie, pouvant se transporter de l'un sur l'autre comme il lui vient en fantaisie [4].

Mouvoir ses pensées, en mouvant ses idées, les éloigner ou les retenir, les tenir à distance ou les rappeler, bref en être le moteur, voilà ce qui apparente la pensée, le mouvement de la pensée, le mouvement *en l'esprit*, au mouvement, à la motion du corps *par l'esprit*. Il y a des idées fixes, des idées que l'on ne peut éloigner, des idées qui s'imposent, comme l'extrême douleur ou la passion violente ; leur empire sur nous cesse, quand l'esprit recouvre sa motricité, entendue comme puissance de mouvoir, non comme celle d'être ému.

> Il y a pourtant des idées, qui comme certains mouvements du corps, sont tellement fixées dans l'esprit, que dans certaines circonstances on ne peut les éloigner quelque effort qu'on fasse pour cela. Un homme à la torture n'est pas en liberté de n'avoir pas l'idée de la *douleur* [notez : « avoir l'idée de la douleur », c'est *éprouver* une douleur], et de l'éloigner en s'attachant à d'autres contemplations ; et quelquefois une violente passion agit sur notre esprit, comme le vent le plus furieux agit sur nos corps, sans nous laisser la liberté de penser à d'autres choses auxquelles nous aimerions bien mieux penser. Mais lorsque l'esprit reprend la puissance d'arrêter ou de continuer, de commencer ou d'éloigner quelqu'un des mouvements du corps ou quelqu'une de ses propres pensées, selon qu'il juge à propos de préférer l'une à l'autre, dès lors nous le considérons comme un *Agent libre* [5].

Selon ce schéma moteur, la nécessité, qui s'oppose à la liberté, a deux formes dans un *agent capable de volition*, entendons qu'elle s'y exerce sous deux formes : la contrainte et la cohibition. Là où manque toute pensée, là où le pouvoir d'agir ou de s'abstenir selon la direction de l'esprit fait défaut, c'est la nécessité qui règne (« Wherever thought is wholly wanting, or the power to act or forbear[6] according to the direction of thought, there necessity takes place »). On peut ainsi imaginer que là où il y a pensée, là où le pouvoir d'agir ou de s'abstenir selon la direction de l'esprit est attesté, c'est la liberté qui va régner.

Si le commencement ou la continuation d'une action est contraire à la préférence de son esprit, autrement dit, si on *oblige* l'agent *à faire* : à commencer ou continuer une action, il y a *contrainte* ; si c'est l'empêchement ou la cessation d'une action, qui est contraire à la préférence de son esprit, autrement dit, si on *oblige* l'agent *à ne pas faire*, soit qu'on l'empêche de faire ou qu'on l'oblige à s'arrêter, il y a *cohibition* – un des néologismes forgés par le traducteur, Pierre Coste (1668-1747), pour rendre « *restraint* » par un substantif, sur le modèle du latin *cohibitio* – on dirait sans doute aujourd'hui *inhibition*.

> This, in an agent capable of volition, when the beginning or continuation of any action is contrary to that preference of his mind, is called compulsion; when the hindering or stopping any action is contrary to his volition, it is called restraint[7].

> ... lorsque cette nécessité se trouve dans un agent capable de volition, et que le commencement ou la continuation de quelque action est contraire à cette préférence de son esprit, je la nomme *Contrainte*, et lorsque l'empêchement ou la cessation d'une action, est contraire à la volition de cet agent, qu'on me permette de l'appeler *Cohibition*[8].

Remarque sur « qu'on me permette de l'appeler *Cohibition* » : c'est évidemment Coste qui parle ici. Le traducteur passe dans le texte traduit. Il y a d'ailleurs une note où Coste dit : « Ce mot n'est pas français, mais je m'en sers faute d'autre, car, si je ne me trompe, nous n'en avons aucun pour exprimer cette idée. En effet, le P. Tachart dans son *Dictionnaire latin & français* n'a pu bien expliquer le terme latin *cohibitio* que par cette périphrase : l'action d'empêcher qu'on ne fasse quelque chose »[9].

De cela Locke tire la thèse générale que reprend Chisholm : la liberté n'appartient pas à la volonté. Une puissance n'appartient pas à une autre puissance, elle appartient à un agent. La liberté est une puissance, *a power* : ce ne peut être un attribut de la volonté, qui est elle-même une puissance. On peut donc, écrit Locke, « terminer la Question agitée depuis si longtemps, mais très absurde [...] puisqu'elle est inintelligible, *Si la volonté de l'homme est libre, ou non.* »

> Car de ce que je viens de dire, il s'ensuit nettement, si je ne me trompe, que cette Question considérée en elle-même, est très-mal conçue, et que demander à un homme *si sa volonté est libre*, c'est tomber dans une aussi grande absurdité, que si l'on lui demandait *si son sommeil est rapide, ou sa vertu carrée* ; parce que la liberté peut être aussi peu appliquée à la volonté, que la rapidité du mouvement du sommeil, ou la figure carrée de la vertu. Tout le monde voit l'absurdité de ces deux dernières Questions ; et qui les entendrait proposer sérieusement, ne pourrait s'empêcher d'en rire : parce que chacun voit sans peine, que les modifications du mouvement n'appartiennent point au sommeil, ni la différence de figure à la vertu. Je crois de même, que quiconque voudra examiner la chose avec soin, verra tout aussi clairement, que la liberté qui n'est qu'une puissance, appartient uniquement à des agents, et ne saurait être un attribut ou une modification de la *volonté*, qui n'est en elle-même rien autre chose qu'une puissance [10].

Attribuer la liberté à la volonté, c'est traiter une puissance, la volonté, comme un agent, c'est la traiter comme un *sujet agissant* – notez la rencontre des deux termes « sujet » et « agissant », une de ces rencontres que l'archéologie du sujet s'efforce de tracer – rencontre qui s'explique aisément : la liberté ne peut s'attribuer à la puissance, la volonté, mais à l'agent ; or l'agent n'est autre que le sujet de cette puissance ; c'est donc lui, ce sujet, qui peut être dit *agir* ou *agissant*. On dira bientôt *sujet-agent*. L'erreur consistant à traiter une puissance comme un agent est favorisée et amplifiée par le nom de « facultés » donné à ces puissances, comme à « autant d'êtres distincts qui puissent agir » [11], geste qui non seulement aboutit à multiplier jusqu'à l'extravagance les facultés en l'homme, mais aussi, en les mettant en interaction, ouvre la porte à des questions elles-mêmes absurdes comme celle de savoir si l'entendement, une puissance, peut agir sur la volonté, une autre puissance, et réciproquement, et pour finir aboutit à placer en l'homme autant d'*agents distincts* qu'on a mis en lui ou en son esprit de *facultés distinctes*. Combien sommes-nous en moi à faire ce que je fais ? Combien y a-t-il d'agents en moi ? Autant qu'on a compté de facultés distinctes. Or...

> ... la puissance de faire une certaine action, n'opère point sur la puissance de faire une autre action. Car la puissance de penser n'opère non plus sur la puissance de choisir, ni la puissance de choisir sur celle de penser, que la puissance de danser opère sur la puissance de chanter, ou la puissance de chanter sur celle de danser, comme tout homme qui voudra y faire réflexion, le reconnaîtra sans peine. C'est pourtant là ce que nous disons, lorsque nous nous servons de ces façons de parler, *La Volonté agit sur l'Entendement*, ou *l'Entendement sur la Volonté* [12].

Vient la thèse centrale qui préside à la problématique moderne de la liberté telle que la reprend et la réarticule Chisholm, et qui, pour nous, signe un moment ou une figure particulière de ce qu'on a appelé l'an dernier, en liaison critique avec Foucault, la « question de l'homme », celle de la naissance (donc aussi de la mort) de l'homme : en tout cela – que l'on chante, que l'on danse, que l'on veuille ou que l'on pense – « [ce n'est pas] une puissance qui agit sur une autre puissance, [...] c'est l'esprit ou l'homme qui met en œuvre ces différentes puissances » :

> ... it is not one power that operates on another: but it is the mind that operates, and exerts these powers; it is the man that does the action; it is the agent that has power, or is able to do...

car « les puissances sont des relations et non des agents », *Powers are relations, not agents* [13] . Ces quelques lignes sont très importantes. Gardez à l'esprit ce théorème, nous le retrouverons. Pour l'instant, notez ce que Locke en tire, à savoir qu'il ne faut pas multiplier les agents en l'homme, sous prétexte que l'homme, par ses diverses activités, est engagé dans diverses relations. Compter un agent par activité, au lieu d'une relation par activité, voilà l'erreur. Ce n'est pas la capacité d'agir qui a la capacité d'agir, c'est l'agent. Locke débusque l'erreur catégorielle – faire de la puissance un agent au lieu d'une relation – qui fonde la « théorie des deux agents » – théorie que nous retrouverons, quant à nous, ici même, au cœur du problème christologique, qui, dans l'Antiquité tardive, a, et pour des siècles, donné à l'anthropologie philosophique un cadre original dont l'importance théorique et la valeur heuristique commencent à peine d'être reconnues. C'est cette référence de l'action à l'agent, plutôt qu'à la faculté, qui fonde la juste perspective sur la liberté.

> C'est celui qui fait l'action qui a la puissance ou la capacité d'agir. Et par conséquent, *ce qui a, ou qui n'a pas la puissance d'agir, c'est cela seul qui est ou qui n'est pas libre*, et non la puissance elle-même ; car la liberté, ou l'absence de la liberté ne peut appartenir qu'à ce qui a, ou n'a pas la puissance d'agir.
>
> ... that which has the power or not the power to operate, is that alone which is or is not free, and not the power itself; for freedom, or not freedom, can belong to nothing but what has or has not a power to act [14].

En résumé, c'est l'homme qui est ou non libre, non sa volonté. Et c'est de l'homme que se posent les trois questions de Chisholm, que nous pouvons articuler sur le quadrangle du vouloir faire, en combinant vouloir faire (VF), vouloir ne pas faire (VNF) et ne pas vouloir faire (NVF) :

> Q1 l'homme est-il libre de vouloir les choses qu'il veut effectivement faire (*free to will to do those things that he does will to do*) ?
>
> Q2 libre de ne pas vouloir telle d'entre les choses qu'il veut faire (*free not to will any of those things that he does will to do*) ?
>
> Q3 libre de vouloir telle d'entre les choses qu'il ne veut pas faire (*free to will any of those things that he does not will to do*) ?

En matière de liberté, la question philosophique fondamentale est celle de la responsabilité. Si le problème de la liberté humaine est le problème de la responsabilité d'un

« agent libre », la question qu'il nous pose ne se réduit pas à celle de savoir « si l'homme est libre de faire ce qu'il veut », c'est la question de savoir *s'il est responsable de ce qu'il veut faire*.

Chisholm illustre clairement ce point, en remontant au Moyen Âge, en l'occurrence à une distinction fondamentale, esquissée dans l'exemple du « deuxième tireur », qui presse la gâchette en pressant le doigt du premier : la distinction entre acte dit « élicité » et acte « impéré ». Dans *Freedom of the Will*, le théologien américain, antiarminien, Jonathan Edwards (1703-1758)[15], un des principaux acteurs de ce qu'on appelé par la suite le Grand Réveil *(Great Awakening)*, et auteur du célèbre sermon *Sinners in the Hands of an Angry God*, prononcé le 8 juillet 1741 à Enfield, Connecticut, avait, dit Chisholm, tenté de se limiter à la question : «L'homme est-il libre de faire ce qu'il veut ? » — mais la réponse à cette question, à supposer qu'il y en ait une, ne nous dira jamais si l'homme est responsable de ce qu'il veut effectivement faire. J'aurai l'occasion de reparler un peu de Edwards, de l'arminianisme et de l'antiarminianisme, de Jacobus Arminius et d'autres auteurs engagés dans la grande controverse de la prédestination « supra-lapsaire ». L'œuvre majeure d'Edwards, pour ce qui nous intéresse, et pour ce qui intéresse Chisholm – qui est américain et qui donc discute le grand théologien américain des années 1750 – est : *Freedom of the Will. A Careful and Strict Inquiry into the Modern Prevailing Notions of that Freedom of the Will which is Supposed to be Essential to Moral Agency, Virtue and Vice, Reward and Punishment, Praise and Blame.* Les titres à l'époque étaient plus longs que dans les ouvrages actuels, où l'on considérerait qu'on a là utilisé tous les mots à disposition pour écrire un article, et qu'en rajouter un serait peut-être charger trop lourdement la barque. En tout cas, c'est dans le cadre de la discussion de « l'erreur de Edwards », qui se limite à la question : « l'homme est-il libre de faire ce qu'il veut ? »[16], que Chisholm recourt à la distinction médiévale de l'*actus elicitus* et de l'*actus imperatus* :

> En employant une autre distinction médiévale, nous pouvons dire que le problème métaphysique de la liberté ne concerne pas l'*actus imperatus*, c'est-à-dire qu'il ne concerne pas la question

> de savoir si nous sommes libres d'accomplir tout ce que nous voulons faire ou projetons de faire — mais l'*actus elicitus*, c'est-à-dire la question de savoir si nous sommes libres de vouloir faire ou d'établir de faire les choses que nous voulons faire ou projetons de faire [17].

> Using [...] another pair of medieval terms, we may say that the metaphysical problem of freedom does not concern the *actus imperatus*: it does not concern the question whether we are free to accomplish whatever it is that we will or set out to do; it concerns the *actus elicitus*, the question whether we are free to will or to set out to do those things that we do will or set out to do [18].

Deux thèses :

> T1 C'est une chose de demander si les choses qu'un homme veut sont des choses qui sont en son pouvoir – le problème de l'acte imperé ; c'est une chose tout à fait différente de demander si son vouloir lui-même est quelque chose qui est en pouvoir – le problème de l'acte élicité.

> T2 Le problème de l'acte élicité n'est pas le problème de la liberté de la volonté, c'est – comme le dit Locke – le problème de la liberté de l'homme [19].

Chisholm parle d'une « autre distinction médiévale » : *another pair of medieval terms*, un autre couple de notions. Pourquoi ? Parce que, au § 6 de « *Human Freedom and the Self* », il a déjà introduit une première distinction entre deux sortes de causalité : la causalité dite « transitive », *transeunt causality*, et la causalité dite « immanente », *immanent causality*. Cette distinction entre deux types de causalité, qui est une innovation de Chisholm, est fondée dans la distinction « aristotélicienne » entre deux types d'actions : l'action transitive et l'action immanente. Cette distinction, qui a son origine chez Aristote, est formulée au Moyen Âge à l'aide des termes *transiens* et *immanens* ou *manens*.

La distinction « aristotélicienne » des deux types d'action, TRANSIENS et IMMANENS, est l'élaboration *médiévale* d'un ensemble de distinctions et de concepts aristotéliciens, produits par le Stagirite dans le cadre d'une réflexion sur la différence entre *praxis* et *poiêsis*. Dans le latin de l'École, la différence passe initialement entre *actio transiens extra* et *actio manens in agente* : action passant au dehors (dirigée vers l'extérieur, hors de l'agent) et action demeurant dans l'agent. Le trait distinctif de base est : DEHORS *vs* DEDANS. Précisons. La plupart des médiévaux s'accordent ou finissent par s'accorder sur une série de points, notamment sur les éléments à combiner ou articuler dans l'analyse d'une action, à savoir : un agent et un patient, un sujet et un objet, un principe (initial) et un terme (final).

Toute action comporte un agent et un patient, un point de départ ou principe *(principium)*, un point d'arrivée ou d'application *(terminus)*, on dirait aujourd'hui : un sujet (qui agit) et un objet (sur quoi il agit ou qui est visé dans ou par l'action). Aristote le dit clairement dans la *Métaphysique* : quand le résultat de l'action est extérieur à l'agent, « le mouvement », par exemple celui de bâtir, « est dans le mû » ; quand il n'y a pas de « produit » extérieur à l'acte lui-même, celui-ci ne sort pas de l'agent :

> Dans tous les cas où, en dehors de l'exercice, il y a production de quelque chose, l'acte est dans l'objet produit, l'action de bâtir, par exemple, dans ce qui est bâti, l'action de tisser, dans ce qui est tissé ; il en est de même pour le reste, et, en général, le mouvement est dans le mû. Par contre, *dans tous les cas où aucune œuvre n'est produite en dehors de l'acte, l'acte réside dans l'agent même* : c'est ainsi que *la vision est dans le sujet voyant*, la science dans le savant, et la vie dans l'âme [20].

Voilà beaucoup de *sujet*, voilà beaucoup d' *objet*, ils ne sont pas dans le texte grec, mais passons. Vous avez au moins cette distinction claire : quand il y a production d'un effet à l'extérieur de l'agent, le mouvement est dans ce qui est produit, alors que lorsqu'il n'y a pas d'œuvre produite en dehors de l'acte, l'acte réside dans l'agent. Ainsi, les médiévaux soutiennent qu'IL Y A DEUX SORTES D'ACTIONS : l'une demeure interne à l'agent, commence et s'achève en lui, c'est l'action immanente, qui est dite : *manens* ou *consistens* ou *quiescens in agente* ; l'autre s'exerce sur une autre chose ou une matière extérieure, c'est l'action transitive, qui est dite : *exiens* ou *progrediens* ou *tendens* ou *transiens in alterum* (ou *in materiam exteriorem*) *sicut in subiecto*[21] (*subiectum* ayant encore le sens, que nous avons maintes fois rappelé, d'objet, de *Vorhandenes*, de *thing at hand*, antérieur à ce que j'appelle le chiasme sujet-objet)[22]. Chez eux comme pour Aristote, la distinction est utilisée pour théoriser la différence entre le psychique (où règne la causalité immanente) et le physique (où règne la transitive) : sentir, penser et vouloir sont considérés comme des activités immanentes au sujet qui sent, pense et veut, ce sont des activités psychiques ; dans l'activité physique en revanche, l'action de l'agent passe (aboutit à, se termine) dans le patient, comme chauffer (pour le feu) ou bâtir (pour l'architecte). Un exemple parmi d'autres, ce texte, tiré du *Commentaire des Sentences* de Thomas d'Aquin :

> ... dicendum, quod, ut philosophus tradit *actionum quaedam transeunt in exteriorem materiam circa quam aliquem effectum operantur*, ut patet in actionibus naturalibus sicut ignis calefacit lignum, et in artificialibus, sicut aedificator facit domum ex materia ; et in talibus actio est recepta in eo quod fit, per modum passionis, secundum quod motus est in moto ut in subjecto : et ideo in talibus est invenire actionem in re agente, et passionem in re patiente. *Quaedam vero sunt quae in exteriorem materiam non transeunt ut effectum aliquem circa ipsam producant*, ut patet in visione, quae cum sit actio videntis, nullum *effectum* in re visa *efficit* ; et tales *actiones, quae proprie operationes dicuntur*, in ipsis operantibus tantum sunt.

> ... il faut dire que, comme le rapporte Aristote, certaines des actions passent dans la matière extérieure sur laquelle elles opèrent un effet, comme on le voit dans les actions naturelles, où le feu chauffe le bois, et les œuvres artisanales, où l'ouvrier construit la maison avec une matière ; et en de telles choses, l'action est reçue dans ce qui est fait, par mode de passion, dans la mesure où le mouvement est dans le mû comme dans un sujet ; c'est pourquoi pour elles, c'est dans ce qui agit que l'on trouve l'action et dans ce qui subit que l'on trouve la passion. Mais il y en a certaines qui ne passent pas dans la matière extérieure pour produire un effet sur elle, comme c'est le cas dans la vision, qui, comme elle est l'action de celui qui voit, ne produit aucun effet dans la chose vue ; et de telles actions, qu'on appelle au sens

propre des « opérations », sont seulement dans ceux-là mêmes qui opèrent [23].

On pourrait citer vingt passages identiques. C'est cette distinction que reprend Chisholm, en la transposant de l'action à la causalité, et en la connectant à la distinction de l'acte imperé et de l'acte élicité. Telle qu'il la reformule, la causalité transitive est définie comme causalité entre deux événements (ce que je note : $e_1 \rightarrow e_2$) :

*Transeunt causation*déf. : When one *event*... causes some other event

la causalité immanente, comme causalité entre un agent et un événement ou un état de choses (ce que je note : a → e) :

Immanent causation déf. : When an *agent*... causes an event or state of affairs.

Le problème de Chisholm est de trouver une voie moyenne entre deux affirmations maximalistes, qui correspondent respectivement au déterminisme et à l'indéterminisme : tout événement impliqué dans un acte humain est causé par un autre événement (= $e_1 \rightarrow e_2$) ; rien de ce qui est impliqué dans un acte humain n'est causé (= $\neg[e_1 \rightarrow e_2]$). Sa thèse est que « au moins l'un des événements impliqués dans l'acte est causé, non par un autre événement, mais par autre chose, qui ne peut être que l'agent ou l'homme lui-même » (= a → e). Événements naturels et activités humaines se distinguent par le mode de causalité : pour les « objets naturels inanimés », « la causalité, lorsqu'elle intervient, est une relation entre événements ou états de choses », en revanche « lorsqu'un homme est responsable d'un acte particulier, il doit y avoir alors un événement, ou un ensemble d'événements, qui soit causé, non pas par d'autres événements ou états de choses, mais par l'agent, quelle que soit, par ailleurs, la nature de celui-ci ». C'est cette exigence que la distinction entre causalité immanente et causalité transitive vient satisfaire : une relation causale entre événements est dite transitive, une relation causale entre un agent et un événement ou état de choses est dite immanente. On le voit, Chisholm transpose la distinction médiévale – il le reconnaît lui-même :

> ... j'emprunterai une distinction médiévale, en la détournant peut-être de son sens initial [le « peut-être » est savoureux]. Je dirai que, lorsqu'un événement ou état de choses (ou un ensemble d'événements ou d'états de choses) cause un autre événement ou état de choses, nous avons alors affaire à un exemple de causalité transitive. Et je dirai que lorsqu'un agent, distingué d'un événement, cause un événement ou un état de choses, nous avons alors affaire à un exemple de causalité immanente [24].

Cette terminologie, je vous la rappelle ou je vous l'indique non pas pour le plaisir, mais parce qu'elle encadre la plupart des discussions actuelles, modernes, sur la causalité dans le domaine des théories de l'action – bien que Chisholm ait subi un océan de critiques depuis 1964, vous imaginez bien, c'est le *job market* qui exige cela (et en ce sens il a eu du succès).

La transposition, le « détournement du sens initial », est cependant fondée sur un passage canonique de la *Physique* d'Aristote, sur « le bâton qui meut la pierre, et est mû par la main, laquelle est mue par l'homme », lequel « meut sans être à son tour mû par autre chose » [25]. La main meut le bâton qui meut la pierre : la causalité est transitive ; la chaîne causale est « impérée », c'est-à-dire commandée par l'homme. L'homme meut sa main ; la causalité est immanente (du moins on peut le soutenir, y compris en faisant intervenir le cerveau) ; l'acte est élicité. On rejoint ainsi la causalité instrumentale et l'action dite indirecte, *per aliud* : l'homme fait quelque chose, il bouge la main, et cela fait arriver autre chose, le mouvement du bâton. On a ici une différence entre *doing* et *making happen*. En tout état de cause, on distinguera au minimum : le fait de vouloir bouger la main, et le fait de déplacer la pierre. Rien ne peut m'empêcher de vouloir : le vouloir est un acte élicité, et un acte immanent au sens d'Aristote ; je puis être empêché de bouger la pierre : elle peut être trop lourde, le bâton trop flexible, des obstacles peuvent bloquer le mouvement ; la contrainte extérieure ne peut s'exercer sur la volonté, la puissance de vouloir, l'acte élicité ; elle ne peut s'exercer que sur celle d'agir, sur l'acte commandé.

Cette analyse est conforme à la conception médiévale de l'acte élicité. Il y aurait beaucoup à dire sur cette conception.

La distinction standard entre *elicitus* et *imperatus* se trouve dans divers passages de la *Somme de théologie* de Thomas d'Aquin :

> *I^a-II^ae*, q. 1, a. 1 *ad 2m* : Actio [...] aliqua dupliciter dicitur voluntaria, uno modo, quia *imperatur* a voluntate, sicut ambulare vel loqui ; alio modo, quia *elicitur* a voluntate, sicut ipsum velle (« ... une action est dite volontaire de deux façons : ou bien parce qu'elle est *impérée* [commandée] par la volonté, comme marcher ou parler ; ou bien parce qu'elle est *élicitée* par la volonté, comme le fait même de vouloir ») ; q. 6, a. 4 : ... duplex est actus voluntatis, unus quidem qui est eius immediate, velut ab ipsa *elicitus*, scilicet velle ; alius autem est actus voluntatis a voluntate *imperatus*, et mediante alia potentia exercitus, ut ambulare et loqui, qui a voluntate imperantur mediante potentia motiva (« La volonté a deux actes : l'un qui procède d'elle immédiatement, en tant qu'*élicité* par elle ; c'est le vouloir. L'autre acte est celui qui est *impéré* par elle et exercé au moyen d'une autre puissance, comme marcher et parler, que la volonté impère par l'intermédiaire de la puissance motrice ») ; q. 6, a. 5 *ad 1m* : ... voluntarium dicitur non solum actus qui est immediate ipsius voluntatis, sed etiam actus a voluntate *imperatus* (« ... on dit volontaire non seulement l'acte qui dépend [procède] immédiatement de la volonté, mais encore celui qui est *impéré* par elle ») ; *I^a-II^ae*, q. 71, a. 6 : Quod [...] aliquis actus sit humanus, habet ex hoc quod est voluntarius [...] : sive sit voluntarius quasi a voluntate *elicitus*, ut ipsum velle et eligere ; sive quasi a voluntate *imperatus*, ut exteriores actus vel locutionis vel operationis (« Qu'un [...] certain acte soit humain il le doit à ce qu'il est volontaire [...], qu'il soit volontaire parce qu'il est *élicité* par la volonté, comme le fait même de vouloir ou de choisir ; ou parce qu'il est *impéré* par la volonté, comme les actes extérieurs de parole ou d'action ») ; q. 74, a. 2 : Actus [...] voluntarii dicuntur non solum illi qui *eliciuntur* a voluntate, sed etiam illi qui a voluntate *imperantur* (« Les actes volontaires ne sont pas seulement les actes *élicités* par la volonté, mais aussi ceux qui sont *impérés* par elle »).

De ces affirmations répétées Thomas tire deux thèses théologiques, l'une relative à la liberté, l'autre au péché.

1. L'acte de vouloir ne peut en lui-même subir de violence [26].
2. Tout ce qui est principe d'un acte volontaire peut être le sujet du péché [27].

De cette théorie de l'acte, Chisholm donne une formulation singulière en reprenant la notion de premier moteur rencontrée sous la plume de Thomas, évoquée tout à l'heure à propos de la thèse de l'Épître aux Philippiens : chacun de nous, entendons chaque agent responsable (et non pas simplement Dieu), est « premier moteur non mû » :

> Si nous sommes des agents responsables, et si ce que j'ai tenté de dire est juste, nous jouissons alors d'une prérogative que certains n'attribueraient qu'à Dieu : chacun d'entre nous, lorsqu'il agit, est un premier moteur non mû. En faisant ce que nous faisons, nous causons l'arrivée de certains événements et rien – ni personne – ne nous cause à causer l'arrivée de ces événements [28].

Cela vaut pour les causes extérieures, mais – et l'on retrouve le parallèle tracé au début de ce cours entre le « deuxième homme » ou « deuxième agent » et le monde intérieur des croyances et des désirs : nos désirs ne peuvent pas plus déterminer causalement nos actions que les contraintes externes.

> Si nous sommes ainsi des premiers moteurs non mus et si nos actions, ou celles dont nous sommes responsables, ne sont pas causalement déterminées, alors celles-ci ne sont pas causalement déterminées par nos désirs. Et ceci signifie que la relation entre, d'une part, ce que nous voulons ou ce que nous désirons, et, d'autre part, ce que nous faisons, est loin d'être aussi simple que le voudraient la plupart des philosophes [29].

Qu'est-ce à dire ? Il y va de la prédictibilité, liée au type de nécessité logique ou causale qui règne dans les sciences de la nature ou plus simplement dans le domaine, de quelque façon qu'on le définisse, de ce qui est soumis à des lois nécessaires autorisant la prévision. Chisholm ne distingue pas nettement désirs, croyance et vouloir par rapport au faire – plus exactement il traite leurs relations comme équivalentes, et ramène tout à celle du vouloir et du faire : les deux notions articulées dans les quadrilatères du vouloir et du vouloir-faire du 6 janvier. La relation du vouloir et du faire, dit-il, n'est ni logique ni causale. Il y a deux conceptions de la relation du vouloir et du faire : la conception de Hobbes (1588-1679), celle de Kant. L'approche hobbesienne est celle qui, dit-il, prédomine de nos jours, mais c'est la conception kantienne qui est correcte (je souris, car un kantien sommeille en tout sexagénaire). L'option hobbesienne, le « hobbisme », est celle de la prédictibilité :

> Selon Hobbes, si nous savons quels sont les croyances et les désirs qui habitent un homme et quelle en est la force, ainsi que ce qu'il considère comme certain, et ce qu'il désire plus que toute autre chose, et si nous connaissons l'état de son corps ainsi que les stimuli auxquels il est soumis, nous pouvons alors logiquement déduire exactement ce qu'il va faire – ou, plus précisément, exactement ce qu'il va tenter, projeter ou entreprendre de faire [N.B. Une petite nuance de pessimisme n'est pas incompatible avec le déterminisme] [30].

L'option kantienne est celle du rejet de la prédictibilité.

> Selon l'approche kantienne de notre problème, qui est celle que je voudrais adopter, il ne peut y avoir de relation logique entre vouloir et faire, et pas même de relation causale. Aucun ensemble d'énoncés concernant les désirs, les croyances et les situations de stimulation d'un homme à un certain moment ne peut impliquer un énoncé nous disant ce que l'homme tentera, projettera ou entreprendra de faire à ce moment [31].

On peut certes toujours raisonner, conjecturer de manière probable l'action humaine sur la base de motifs, mais on ne peut, comme le dit parfaitement Reid, en conclure quoi que soit de manière « absolument certaine » [32]. Probabilité n'est pas nécessité. Chisholm en déduit que, en rigueur des termes, « il n'y a pas de science de l'homme ». Nous ne pouvons dire :

> « Il est causalement nécessaire que, ayant tels et tels désirs et croyances et étant soumis à tels et tels *stimuli*, l'agent fera ceci. » Car l'agent, s'il le choisit, peut parfois s'élever au-dessus de ses désirs et agir autrement [33].

L'homme, en tant qu'agent responsable, a le pouvoir de « s'élever au-dessus de ses désirs ». Cette capacité de transcendance, les médiévaux la revendiquaient, dans un autre contexte, dans les polémiques antiastrologiques, en posant, par exemple, que « l'âme du sage domine les astres » – un des dits attribués à Ptolémée (v. 90-v. 168) dans le *Centiloquium*, où il ne se trouve pas tel quel – une partie de la tradition médiévale entendant l'adage au sens d'une élévation *au-dessus des passions*, qui soustrait l'homme à la chaîne causale du déterminisme astrologique, « *homo sapiens dominatur astris, quia per sapientiam suam potest vitare ea quae astra disponunt* », dit Thomas d'Aquin [34]. Et d'ajouter que, de toute façon, Dieu seul, parce qu'il est son créateur – ce qui exclut les astres, qui sont créés – a le pouvoir « d'œuvrer sur la volonté et d'imprimer en elle » : « secundum fidem catholicam hoc stare non potest, quae ponit animas immediate a Deo creari ; unde ipse solus in voluntate operari potest, et in ipsam imprimere ; et ideo diversitates humanae voluntatis in uniformitatem voluntatis divinae reducuntur, sicut in primum regulans » [35] – ce qui donne un sens nouveau pour nous à la thèse selon laquelle Dieu opère en sous ce que nous voulons et faisons. Dieu seul peut agir sur la volonté ou les actes humains.

Chisholm ne s'engage pas dans cette discussion. Il se réfère en revanche à une distinction bien connue : la thèse, empruntée à Leibniz, selon laquelle, dans la formulation de Chisholm, nos désirs parfois ou certains de nos désirs, « inclinent sans nécessiter ».

> ... peut-être dans la plupart des cas, les conditions effectives où interviennent nos désirs sont telles qu'elles nous nécessitent à agir. Mais il est aussi possible de dire, avec Leibniz, qu'à d'autres moments, nos désirs « inclinent sans nécessiter ».

> ... perhaps more often than not, our desires do exist under conditions such that those conditions necessitate us to act. And we may also say, with Leibniz, that at other times our desires may « incline without necessitating » [36].

Avec cette formule, l'homme de 18 heures rentre en scène. Rappelez-vous, l'*Essai sur le libre arbitre* de Schopenhauer. « Il est à présent six heures du soir, ma journée de travail est finie. Je peux faire ce que je veux. » Choisir d'aller me promener.

Ou rentrer. Est-ce si sûr ? Puis-je vraiment choisir de faire ce que je veux ? C'est ce que se demande Leibniz dans une lettre adressée à Coste, le traducteur de Locke, que cite Chisholm. Je poste aujourd'hui cette lettre, nous la recevrons dans quinze jours.

Notes

1. Aristote, *Anal. Post.* II, 19, trad. Tricot, p. 245 (οἷον ἐν μάχῃ τροπῆς γενομένης ἑνὸς στάντος ἕτερος ἔστη, εἶθᾳ ἕτερος, ἕως ἐπὶ ἀρχὴν ἦλθεν).

2. J. Locke, *An Essay concerning Human Understanding*, II, chap. xxi, *Of Power*, § 8, in *The Works of John Locke*. New edition in ten volumes, Londres, 1823, vol. 1, p. 222.

3. J. Locke, *Essai philosophique concernant l'entendement humain, où l'on montre quelle est l'étendue de nos connaissances certaines et la manière dont nous y parvenons*, traduit de l'Anglois de Mr. Locke par Pierre Coste, Sur la 4e édition, revûë, corrigée, & augmentée par l'Auteur, Livre II, chap. xxi, § 8, La Haye, Pierre Husson, 1714, p. 277.

4. J. Locke, *Essai philosophique*..., Livre II, chap. xxi, § 12, trad. Coste, p. 280 ; *An Essay concerning Human Understanding*, II, chap. xxi, § 12, in *The Works of John Locke*..., vol. 1, p. 242-243 : « As it is in the motions of the body, so it is in the thoughts of our minds: where any one is such, that we have power to take it up, or lay it by, having some ideas constantly in his mind, is not at liberty to think or not to think; no more than he is at liberty, whether his body shall touch any other or no: but whether he will remove his contemplation from one idea to another is many times in his choice; and then he is, in respect of his ideas, as much at liberty as he is in respect of bodies he rests on; he can at pleasure remove himself from one to another. »

5. J. Locke, *Essai philosophique*..., Livre II, chap. xxi, § 12, trad. Coste, p. 280-281 ; *An Essay*..., II, chap. xxi, § 12, éd. cit., p. 243 : « But yet some ideas to the mind, like some motions to the body, are such as in certain circumstances it cannot avoid, nor obtain their absence by the utmost effort it can use. A man on the rack is not at liberty to lay by the idea of pain, and divert himself with other contemplations: and sometimes a boisterous passion hurries our thoughts, as a hurricane does our bodies, without leaving us the lib- erty of thinking on other things, which we would rather choose. But as soon as the mind regains the power to stop or continue, begin or forbear, any of these motions of the body without, or thoughts within, according as it thinks fit to prefer either to the other, we then consider the man as a free agent again. »

6. *'Will'* et *'forbear'* : noter cette occurrence de la distinction entre vouloir et suspension du vouloir, volition et omission. On la retrouvera dans le débat entre Hobbes et Bramhall.

7. J. Locke, *An Essay*..., II, chap. xxi, § 13, éd. cit., p. 243.

8. J. Locke, *Essai philosophique*..., II, chap. xxi, § 13, trad. Coste, p. 281.

9. J. Locke, *ibid.*, note *, trad. Coste, p. 281.

10. J. Locke, *Essai philosophique*..., II, chap. xxi, § 14, trad. Coste, p. 281 ; *An Essay*..., II, chap. xxi, § 14, éd. cit., p. 243-244 : « If this be so, (as I imagine it is,) I leave it to be considered, whether it may not help to put an end to that long agitated, and, I think, unreasonable, because unintelligible question, viz. Whether man's will be free or no? For if I mistake not, it follows from what I have said, that the question itself is altogether improper; and it is as insignificant to ask whether man's will be free, as to ask whether his sleep be swift, or his virtue square: liberty being as little applicable to the will, as swiftness of motion is to sleep, or squareness to virtue. »

11. J. Locke, *Essai philosophique*..., II, chap. xxi, § 17, trad. Coste, p. 284.

12. J. Locke, *Essai philosophique*..., II, chap. xxi, § 18, trad. Coste, p. 284-285 ; *An Essay*..., II, chap. xxi, § 18, éd. cit., p. 246 : « ... the power to do one action is not operated on by the power of doing another action. For the power of thinking operates not on the power of choosing, nor the power of choosing on the power of thinking; no more than the power of dancing operates on the power of singing, or the power of singing on the power of dancing, as any one who reflects on it will easily perceive. And yet this is it which

we say when we thus speak, that the will operates on the understanding, or the understanding on the will. »

13. J. Locke, *An Essay*..., II, chap. xxi, § 19, éd. cit., p. 246.

14. J. Locke, *Essai philosophique*..., II, chap. xxi, § 19, trad. Coste, p. 285 ; *An Essay*..., II, chap. xxi, § 19 éd. cit., p. 246.

15. *Cf.* J. Edwards, *Freedom of the Will. A Careful and Strict Inquiry into the Modern Prevailing Notions of that Freedom of the Will which is Supposed to be Essential to Moral Agency, Virtue and Vice, Reward and Punishment, Praise and Blame* [1754], Albany, 1804. Chisholm renvoie à l'édition de référence, in *The Works of Jonathan Edwards* (en 26 volumes), parue à New Haven, Yale University Press, en 1957. Parmi les diverses éditions accessibles, on peut consulter celle d'A.S. Kaufman, Indianapolis, Bobbs-Merril Co., 1969, ou en ligne, celle de la *Christian Classics Ethereal Library* http://www.ccel.org/cce. Edwards soutient la compatibilité de la responsabilité morale de l'homme avec le déterminisme – en l'occurrence ici providentiel (*Freedom of the Will*, éd. cit., p. 258). Antiarminien, il rejette la définition de la volonté comme pouvoir d'autodétermination. La volonté est ce par quoi l'esprit choisit : « The faculty of the will is the faculty or power or principle of mind by which it is capable of choosing » (p. 4). Dans son choix, la volonté est déterminée. Ce qui fait que la volonté choisit « *ainsi et pas autrement* » est ce qui la détermine : « ... causing that the act of the will or choice should be *thus and not otherwise*: and the will is said to be determined, when in consequence of some actions or influence, its choice is directed to, and fixed upon a particular object » (p. 8). La volonté est déterminée par le motif d'action ou mobile le plus puissant (« It is sufficient to my present purpose to say, It is that motive, which, as it stands in view of the mind, is the strongest, that determines the will » (p. 9). Par « mobile » ou motif, Edwards entend (p. 10) : « the whole of that which moves, excites, or invites the mind to volition, whether that be one thing singly, or many things conjunctly ». En effet, il y a des mobiles complexes, issus du concours de plusieurs facteurs : « Many particular things may concur, and unite their strength, to induce the mind; and when it is so, all together are as one complex motive ». Et de préciser : « ... when I speak of the strongest motive, I have respect to the strength of the whole that operates to induce a particular act of volition, whether that be the strength of one thing alone, or of many together. » L'antiarminianisme joue un rôle important dans les discussions anglophones.

16. R. Chisholm, « Human Freedom... », § 3, *in* G. Watson (éd.), *Free Will*, Oxford, OUP, 1982, p. 26 : « Jonathan Edwards tried to restrict himself to the question – "Is the man free to do what it is that he wills ?" – but the answer to this question will not tell us whether the man is responsible for what it is that he does will to do. »

17. R. Chisholm, « La liberté humaine... », § 10, trad. cit., p. 49.

18. R. Chisholm, « Human Freedom... », § 10, p. 32.

19. « It is one thing to ask whether the things that a man wills are things that are within his power: this is the problem of the *actus imperatus*. It is quite a different thing to ask whether his willing itself is something that is within his power: this is the problem of the *actus elicitus*. And this latter – the problem of the *actus elicitus* – is the problem, not of the *freedom of the will*, but of the *freedom of the man*. » Ce passage ne figure pas dans « Human Freedom... ». Je l'emprunte à l'autre version tirée de la *Lindley Lecture* de 1964 : « Freedom and Action », § 10, *in* K. Lehrer (éd.), *Freedom and Determinism*, p. 23.

20. Aristote, *Métaph.*, IX, 8, 1050a30-36 ; trad. Tricot, p. 513-514.

21. Sur tout cela, *cf.* A. de Libera, *La Double Révolution*, p. 54-57.

22. *Cf.* Thomas d'Aquin, *Summa Contra Gentiles*, lib. 1 cap. 73 n. 3 ; trad. C. Michon, *Somme contre les Gentils* [noté par la suite *SCG*], livre I (Dieu), Paris, GF Flammarion (GF 1045), 1999, p. 319-320 : « De plus. Tout comme penser est la perfection de celui qui pense, vouloir est celle de celui qui veut : ce sont deux actions qui demeurent dans l'agent, et ne passent pas dans un patient, comme c'est le cas de la caléfaction *(utrumque enim est actio in agente manens, non autem transiens in aliquid passum, sicut calefactio)*. Mais la pensée de Dieu est son être, comme on l'a prouvé [chap. 45] : la raison en est que, comme l'être divin est en soi absolument parfait, il n'admet aucune perfection surajoutée *(nullam supervenientem perfectionem admittit)*. Le vouloir de Dieu est donc aussi son être. Par conséquent la volonté de Dieu est donc son essence » ; *Contra Gentiles*, lib. 2 cap. 1 n. 3 : « Est autem duplex rei operatio, ut philosophus tradit, in IX metaphysicae: una qvidem quae in ipso operante manet et est ipsius operantis perfectio, ut sentire, intelligere et velle ; alia vero quae in exteriorem rem transit, quae est perfectio facti quod per ipsam constituitur, ut calefacere, secare et aedificare » ; trad. C. Michon, *SCG*, livre II (La Création), Paris, GF Flammarion (GF 1046), 1999, p. 79 : « Or l'opération d'une chose est double,

comme l'enseigne le Philosophe, au livre IX de la *Métaphysique* [1050a23-b2] : l'une demeure dans l'agent lui-même, est est une perfection de celui-ci, comme sentir, penser, vouloir ; l'autre passe dans une chose extérieure, et est une perfection de la chose faite, qui est constituée par cette opération, comme chauffer, sécher et construire. »

23. THOMAS D'AQUIN, *Super Sent.*, lib. 1 d. 40 q. 1 a. 1 *ad 1m*.

24. R. CHISHOLM, « La liberté humaine... », § 6, p. 44 ; « Human Freedom... », § 6, p. 28 : « I shall borrow a pair of medieval terms, using them, perhaps, in a way that is slightly different from that for which they were originally intended. I shall say that when one event or state of affairs (or set of events or states of affairs) causes some other event or state of affairs, then we have an instance of *transeunt causation*. And I shall say that when an *agent*, as distinguished from an event, causes an event or state of affairs, then we have an instance of *immanent causation*. »

25. *Cf.* ARISTOTE, *Physique*, VII, 5, 256a6-8, trad. H. CARTERON, Paris, Les Belles Lettres (CUF), 1969, p. 114-115 : οἷον ἡ βακτηρία κινεῖ τὸν λίθον καὶ κινεῖται ὑπὸ τῆς χειρὸς κινουμένης ὑπὸ τοῦ ἀνθρώπου, οὗτος δ' οὐκέτι τῷ ὑπ' ἄλλου κινεῖσθαι.

26. THOMAS D'AQUIN, *I^a^-II^ae^*, q. 6, a. 4 : Quantum igitur ad actus a voluntate imperatos, voluntas violentiam pati potest, inquantum per violentiam exteriora membra impediri possunt ne imperium voluntatis exequantur. Sed quantum ad ipsum proprium actum voluntatis, non potest ei violentia inferri (« Quant aux actes impérés, la volonté peut souffrir violence [*i.e.* peut être contrainte] ; les membres extérieurs peuvent en effet être empêchés par violence d'exécuter le commandement de la volonté. Mais, dans son acte propre [élicité], la volonté ne peut être soumise à une violence ») – q. 6, a. 5 ad 1m : Quantum igitur ad actum qui est immediate ipsius voluntatis [...] violentia voluntati inferri non potest, unde talem actum violentia involuntarium facere non potest. Sed quantum ad actum imperatum, voluntas potest pati violentiam. Et quantum ad hunc actum, violentia involuntarium facit (« Quant à l'acte qui dépend immédiatement d'elle, la volonté ne peut subir de violence ; la violence ne peut donc le rendre involontaire. Mais relativement à l'acte impéré, la volonté peut subir une violence, et c'est quant à cet acte, que la violence est cause d'involontaire »).

27. THOMAS D'AQUIN, *I^a^-II^a^*, q. 74, a. 2 : « ... omne quod est principium voluntarii actus, est subiectum peccati [...] Unde non sola voluntas potest esse subiectum peccati, sed omnes illae potentiae

quae possunt moveri ad suos actus, vel ab eis reprimi, per voluntatem. Et eaedem etiam potentiae sunt subiecta habituum moralium bonorum vel malorum, quia eiusdem est actus et habitus » (« Tout ce qui est principe d'un acte volontaire peut être le sujet du péché – entendez : sujet du péché et sujet au péché – [...] ce n'est donc pas seulement la volonté qui peut être le sujet du péché, mais toutes les puissances que la volonté peut mouvoir à leurs actes ou empêcher d'atteindre leurs actes. Et ces mêmes puissances sont le siège des habitus moraux, bons ou mauvais, parce que c'est du même [sujet] qu'il y a acte et habitus »).

28. R. CHISHOLM, « La liberté humaine... », § 11, p. 49-50 ; « Human Freedom... », § 11, p. 32 : « If we are responsible, and if what I have been trying to say is true, then we have a prerogative which some would attribute only to God: each of us, when we act, is a prime mover unmoved. In doing what we do, we cause certain events to happen, and nothing — or no one — causes us to cause those events to happen. »

29. R. CHISHOLM, *ibid.*, § 12, p. 50 ; « Human... », § 12, p. 32 : « If we are thus prime movers unmoved and if our actions, or those for which we are responsible, are not causally determined, then they are not causally determined by our desires. And this means that the relation between what we want or what we desire, on the one hand, and what it is that we do, on the other, is not as simple as most philosophers would have it. »

30. *Ibid.*, § 12, p. 50 ; « Human... », § 12, p. 32 : « According to Hobbism, if we know, of some man, what his beliefs and desires happen to be and how strong they are, if we know what he feels certain of, what he desires more than anything else, and if we know the state of his body and what stimuli he is being subjected to, then we may deduce, logically, just what it is that he will do – or, more accurately, just what it is that he will try, set out, or undertake to do. »

31. *Ibid.*, § 12, p. 50 ; « Human... », § 12, p. 33 : « ... according to the Kantian approach to our problem, and this is the one that I would take, there is no such logical connection between wanting and doing, nor need there even be a causal connection. No set of statements about a man's desires, beliefs, and stimulus situation at any time implies any statement telling us what the man will try, set out, or undertake to do at that time. »

32. *Cf.* R. CHISHOLM, *ibid.*, § 12, p. 50 ; « Human... », § 12, p. 33 : « As Reid put it, though we may "reason from men's motives to

their actions and, in many cases, with great probability", we can never do so "with absolute certainty". »

33. R. Chisholm, *ibid.*, § 12, p. 51 ; « Human… », § 12, p. 33 : « We cannot say, "It is causally necessary that, given such and such desires and beliefs, and being subject to such and such stimuli, the agent will do so and so". For at times the agent, if he chooses, may rise above his desires and do something else instead. »

34. Thomas d'Aquin, *Scriptum super libros Sententiarum*, II, d. 25, q. 1, a. 2, *ad. 5m* (éd. P. Mandonnet, p. 650) ; trad. J. Ménard, en ligne sur http://docteurangelique.free.fr : « Aussi, même Ptolémée dit que le sage l'emporte sur les astres, car, par sa sagesse, il peut éviter ce à quoi disposent les astres. »

35. Thomas d'Aquin, *Scriptum super libros Sententiarum*, II, d. 25, q. 1, a. 2, *ad. 5m* (éd. P. Mandonnet, p. 651) ; trad. J. Ménard : « … cela ne peut être soutenu selon la foi catholique, qui affirme que les âmes sont créées par Dieu de manière immédiate. Seul Dieu peut donc agir à l'intérieur de la volonté et exercer sur elle une impulsion. C'est pourquoi la diversité de la volonté humaine se ramène à l'uniformité de la volonté divine comme à sa règle première. »

36. R. Chisholm, « La liberté humaine… », § 12, p. 51 ; « Human… », § 12, p. 33.

Cours du 10 février 2015

Première heure

*Leibniz. Lettre à Coste (19 décembre 1707). — Qu'est-ce qu'incliner sans nécessiter ? — Le système de la liberté (*De libertate, *v. 1692). — Définitions. Liberté. Spontanéité. Contingence. Contrainte (coaction). Indifférence. — Toutes les actions sont determinées. Aucune action n'est indifférente, car rien n'est sans raison. — Sur la liberté d'indifférence. — Première référence à l'Âne de Buridan.— L'inclination nécessitante dans les* Nouveaux Essais sur l'entendement humain. *— Retour sur la théorie des « deux agents ».— Leibniz sur la distinction réelle de l'entendement et de la volonté. — Leibniz contre Episcopius : la distinction réelle des facultés psychiques n'implique pas une dualité des agents en l'homme, car, comme le dit Locke, « ce ne sont pas les facultés qui agissent ». — Liberté de droit et liberté de fait. — Analyse de la liberté de fait : liberté de faire et liberté de vouloir. — La liberté d'usage : usage du corps ; usage de l'esprit. — Rappel : la notion de « sujet de la* khrêsis *» (sujet d'usage). — Thomas d'Aquin : droit d'usage et droit de propriété. — Leibniz. L'inclination non nécessitante en question. — Discussion du principe de détermination par le meilleur. — La « prévalence des biens aperçus » n'est-elle pas incompatible avec la liberté ? — Éloge de la raison et des raisons (déterminantes). — « Être déterminé par la raison au meilleur, c'est être le plus libre ». — Analyse d'un cas. — Statut modal de la proposition exprimant un choix dans une situation donnée. — Défense de la contingence et de la détermination. — Retour sur la liberté d'indifférence. — Contre l'indifférence d'équilibre.— Deuxième mention de l'Âne de Buridan. — Intermezzo. Gabriel Naudé, le Mont-d'Or, la chimère et l'Âne de Buridan.*

Le 27 janvier dernier, reprenant le problème de la liberté entendue comme *liberté de vouloir ce que je veux* au-delà de la définition standard de la liberté entendue comme *liberté de faire ce que je veux*, problème dont la théorie leibnizienne de l'inclination non nécessitante discutée par Chisholm dans *Human Freedom and the Self* est censée être la solution, j'ai fait suivre une lettre adressée le 19 décembre 1707 par Leibniz à Pierre Coste, le traducteur de Locke. Depuis, cette lettre est arrivée. Je l'ouvre avec vous. Elle contient l'énoncé du problème de la liberté comme *vouloir vouloir*, ou, si l'on préfère, comme *liberté de choisir ce que l'on veut* :

> Lorsqu'on se propose un choix, par exemple de sortir ou de ne point sortir, c'est une question, si avec toutes les circonstances internes ou externes, motifs, perceptions, dispositions, impressions, passions, inclinations prises ensemble, je suis encore en état de contingence, ou si je suis nécessité de prendre le choix par exemple de sortir. C'est-à-dire si cette proposition véritable et déterminée en effet : « Dans toutes ces circonstances prises ensemble, je choisirai de sortir », est contingente, ou nécessaire [1].

La lettre de Leibniz à Coste contient aussi ce qui, tant pour Leibniz que pour Chisholm, en est la solution. La volonté n'est pas nécessitée absolument par les motifs, car ceux-ci, désirs compris, du moins dit Chisholm à « certains moments », « inclinent sans nécessiter » : « *incline without necessitating* ».

> ... peut-être dans la plupart des cas, les conditions effectives où interviennent nos désirs sont telles qu'elles nous nécessitent à agir. Mais il est aussi possible de dire, avec Leibniz, qu'à d'autres moments, nos désirs «inclinent sans nécessiter».
>
> ... perhaps more often than not, our desires do exist under conditions such that those conditions necessitate us to act. And we may also say, with Leibniz, that at other times our desires may « incline without necessitating ».

En somme, il suffit d'une seule fois pour que nous soyons libres. Si, dans notre vie, ne serait-ce qu'une fois, nous n'avons pas été nécessités à agir, alors c'est que nous sommes libres. C'est assez vraisemblable. Après tout, on ne demande pas l'impossible ; être libre une fois, c'est déjà beaucoup.

Que signifie « incliner sans nécessiter » ? La question n'est pas de simple érudition, elle est centrale. Il y a deux manières d'y répondre. On peut inscrire la formule dans le réseau dense, extraordinairement maîtrisé, que constituent les thèses de Leibniz sur la liberté : en donner une vue structurale, cartographique, en surplomb – c'est possible, et c'est indispensable. On peut aussi descendre dans le détail d'un texte précis, suivre la pensée de Leibniz au travail, avant de l'admirer dans son résultat. Laissant de côté un instant la lettre à Coste, nous ferons ici les deux choses en nous appuyant sur deux textes : le premier, pour poser le paysage d'ensemble, le second pour en visiter certaines parties. Dans les deux cas, nous graviterons autour de la définition que Leibniz donne de la liberté « telle qu'on la demande [entendez par là : telle qu'elle est objet de questionnement, de doute, de dubitation, de *demandes*] dans les Écoles théologiques », dans le § 288 des *Essais de théodicée*, et telle qu'il l'a « fait voir » – je cite :

> Nous avons fait voir que la liberté, telle qu'on la demande dans les Écoles théologiques, consiste dans l'intelligence, qui enveloppe une connaissance distincte de l'objet de délibération ; dans la spontanéité, avec laquelle nous nous déterminons, et dans la contingence, c'est-à-dire dans l'exclusion de la nécessité logique ou métaphysique.

Définition remarquable de ce que le § 302 appelle les « conditions de la liberté », dont les deux premières – intelligence et spontanéité – sont empruntées à Aristote, et la troisième, l'indifférence, est « demandée » par les scolastiques – et doit être admise, « si l'indifférence signifie autant que contingence », ce qui est le cas [2]. Voilà la définition générale autour de laquelle nous graviterons. Je commence maintenant par le premier texte, celui qui va nous donner le paysage d'ensemble, la vue de surplomb.

Il s'agit du système de la liberté que Leibniz a exposé lui-même en deux versions : l'une en latin – le *De libertate* –, vers 1692, l'autre en traduction française (de sa propre plume), enrichie de quelques précisions ou explications supplémentaires. J'en retiens ici les premiers éléments dans leur articulation originale, en latin et en français, que j'indexe et numérote (*e.g.* « L1 » : « *La Liberté*, n° 1 ») pour pouvoir plus facilement m'y référer par la suite (vous retrouvez l'ensemble, sous forme de tableau, dans la monumentale thèse d'Arnaud Lalanne sur le principe de raison chez Leibniz [3]) :

L1 : Libertas *est spontaneitas intelligentis, itaque quod spontaneum est in bruto vel alia substantia intellectus experte, id in homine vel alia substantia intelligente altius assurgit et liberum appellatur*. La Liberté est une spontanéité jointe à l'intelligence. Ainsi ce qu'on appelle spontanéité dans les bestes et dans les autres substances privées d'intelligence, est élevé dans l'homme à un plus haut degré de perfection, et s'appelle liberté [4].

L2 : Spontaneitas *est contingentia sine coactione, seu spontaneum est quod nec necessarium nec coactum est*. La *spontanéité* est une contingence sans coaction, ou bien on appelle spontané ce qui est ny nécessaire ny contraint. [N.B. Ceci, aux yeux de Leibniz, est un principe aristotélicien. C'est d'Aristote que Leibniz tire la définition du spontané : est spontané ce qui a son principe dans l'agent, *« spontaneum est, cujus principium est in agente »*. Ainsi il faut entendre « spontanément » au sens où, pour dire « il a fait cela de lui-même, librement », on dit : « il a fait cela *sua sponte*. »]

L3 : Contingens *seu* Non-Necessarium *est, cujus oppositum non implicat contradictionem*. On appelle *Contingence*, ce qui n'est point nécessaire, ou (ce qui est la même chose) dont l'opposé est possible, n'impliquant aucune contradiction.

L4 : Coactum *est cujus principium est externum*. *Contraint* est ce dont le principe vient de dehors. [N.B. Cet énoncé fonctionne en couple avec la définition que l'on a donnée de « spontané »].

L5 : Indifferens *cum non est major ratio cur hoc potius fiat quam illud. Eique opponitur determinatum. Omnes substantiarum singularium Actiones sunt contingentes. Nam ostendi potest* non implicare contradictionem, *ut res aliter fiant*. Il y a indifférence lorsqu'il n'y a pas plus de raison pour l'un que pour l'autre. Sans cela, il y auroit détermination. Toutes les Actions des Substances singulières sont contingentes. Car on peut monstrer qu'en cas que les choses se fissent autrement, *il n'y auroit aucune contradiction pour cela*. [*N.B.* Dans ces trois lignes on a distingué indifférence et détermination, et l'on a mis en pratique la notion de contingence qui permet de dire que dans toutes les substances singulières, dont nous sommes, les actions que nous accomplissons sont contingentes, au sens où, si nous faisions le contraire, il n'y aurait pas contradiction pour autant].

L6 : *Omnes tamen actiones sunt determinatae et nunquam indifferentes, quia* semper datur ratio inclinans quidem, non tamen necessitans, *ut sic potius quam aliter fiat*. Nihil fit sine ratione. Toutes les Actions sont determinées et jamais indifférentes. Car *il y a toujours une raison qui nous incline plustost à l'un qu'à l'autre, puisque rien n'arrive sans raison*. [*N.B.* C'est le principe absolument fondamental de la philosophie de Leibniz, que chacun connaît : rien n'est sans raison]. Il est vray que *ces raisons inclinantes ne sont point nécessitantes*, et ne détruisent point la contingence ny la liberté [*N.B.* Nous n'agissons jamais sans qu'il y ait une raison qui nous incline à faire ceci plutôt que cela, mais pour autant, nous ne sommes pas nécessités absolument à le faire. La contingence et la liberté demeurent].

L7 : *Libertas indifferentiae* est impossibilis. Adeo ut ne in Deum quidem cadat, nam determinatus ille est ad optimum efficiendum. Et creaturae semper ex rationibus internis externisque determinantur. Une *Liberté d'indifférence* est impossible. De sorte qu'elle ne se scauroit trouver nulle part, pas même en Dieu. [Pourquoi ? Pour une raison qui va avec le principe de raison suffisante, qui est le principe du meilleur :] Car Dieu est determiné par luy même à *faire tousjours le meilleur*. Et les créatures sont tousjours determinées par des raisons internes ou externes.

L8 : *'Quo plus substantiae sunt per se determinatae et ab indifferentia remotae, eo sunt perfectiores'. Cum enim semper sint determinatae, vel habent determinationem ex se ipsis, eoque sunt potentiores et perfectiores, vel determinantur aliunde, et eatenus aliis rebus servire coguntur*. 'Plus les substances sont déterminées par elles mêmes, et éloignées de l'indifférence, plus elles sont parfaites'. Car estant tousjours déterminées, elles auront la détermination ou d'elles mêmes et seront d'autant plus puissantes et parfaites, ou elles l'auront de dehors et alors elles seront obligées de servir à proportion aux choses externes. [N.B. La proposition suivante va nous éclairer sur ce que peut bien être cette détermination, qui fait que, plus nous sommes déterminés à faire ceci plutôt que cela, plus nous sommes libres.]

L9 : '*Eo major est libertas, quo magis agitur ex ratione, et eo major est servitus, quo magis agitur ex animi passionibus*'. *Nam quatenus agimus ex ratione, eo magis sequimur perfectionem nostrae naturae ; quo vero magis ex passionibus agimus, eo magis servimus potentiae rerum extranearum*. 'Plus on agit suivant la raison, plus on est libre, et il y a d'autant plus de servitude qu'on agit plus par les passions'. Car plus nous agissons suivant la raison, plus nous agissons selon les perfections de nostre propre nature, et à mesure que nous nous laissons emporter par les passions, nous sommes esclaves des choses externes qui nous font pâtir.

C'est dans le *Scholion* où Leibniz résume en trois paragraphes l'ensemble des points L1-9, que la traduction française ajoute le plus au texte latin. Je note « S » et numérote chaque point du *Scholion*. Les deux premiers sont :

S1 : Scholion. *Ut ergo rem in summam contrahamus. Nulla est in rebus singularibus necessitas, sed omnia sunt contingentia. Vicissim tamen nulla est in rebus indifferentia, sed omnia sunt determinata. Quatenus quid per se determinatur, eatenus spontaneum vel (si intelligens sit) liberum est ; quatenus determinatur aliunde, eatenus servit seu est coactum. Hinc quo quid magis per se ab indifferentia remotum est, eo est potentius seu perfectius, minusque opus habet aliunde determinari. Deus cum sit perfectissimus adeoque liberrimus, determinatur ex se solo*.

En somme : Toutes les Actions sont contingentes ou sans nécessité. Mais aussi tout est déterminé ou réglé, et il n'y a aucune indifférence. On peut mêmes dire, que les substances sont d'autant plus libres qu'elles sont eloignées de l'indifference et determinées par elles mêmes. Et qu'elles approchent d'autant plus de la perfection divine qu'elles ont moins besoin d'estre déterminées par dehors. De sorte que le Rien, qui est le plus imparfait et le plus éloigné de Dieu, est aussi le plus indifférent et le moins déterminé.

S2 : *Nos vero quo magis cum ratione agimus, eo magis ex nostrae naturae perfectionibus determinamur, hoc est liberi sumus. Quod vero ipsae perfectiones nostrae alienaeque, totaque rerum natura ex Divina voluntate creata est, libertati spontaneitatique rerum nil obest, imo potius ideo res liberae sunt, quod Deus aliquem iis gradum perfectionis seu libertatis suae communicavit*.

Or autant que nous avons des lumières et agissons suivant la raison, autant serons nous déterminés par les perfections de nostre propre nature, et par conséquent nous serons d'autant plus libres que nous serons moins embarrassés du choix. Il est vray que toutes nos perfections et celles de toute la nature viennent de Dieu, mais bien loin que cela soit contraire à la liberté, c'est plustost par là que nous sommes libres, parce que Dieu nous a communiqué un degré de sa perfection et de sa liberté.

La traduction française ajoute un troisième point en faisant entrer en scène l'âne de Buridan :

S3 : Contentons nous donc d'une liberté souhaitable et approchante de celle de Dieu, qui nous rend les plus disposés à bien choisir et à bien faire, et ne prétendons pas la liberté dommageable, pour ne dire chimérique, d'estre dans l'incertitude [N.B. *certitudo*, à l'époque, signifie la détermination ; quelque chose de certain c'est quelque chose de déterminé, ainsi, l'incertitude signifie la non-détermination] et dans un embarras perpétuel, *comme cet Âne de Buridan fameux dans les écoles*, qui estant placé à distance égale entre deux sacs d'avoine et n'ayant rien qui le déterminât d'aller à l'un plustost qu'à l'autre, se laissa mourir de faim.

Laissons l'âne à son aboulie. Il attend. Nous le retrouverons. Ce n'est pas Pégase, il ne risque pas de s'envoler. Passons plutôt à notre second texte. Allons aux détails. Voyons ce que signifie « incliner sans nécessiter ». Ouvrons les *Nouveaux Essais sur l'entendement humain*, cette mise en dialogue critique de L'*Essai sur l'entendement humain* de Locke. Et commençons par relire le § 8 du livre II, chapitre XXI, intitulé : *De la puissance et de la liberté* (titre qui vous rappellera celui des *Lambeth Fragments* d'Anselme : *De potestate et impotentia, possibilitate et impossibilitate, necessitate et libertate*), où Leibniz introduit la formule dans le dialogue serré que tiennent les deux personnages de son dialogue, Philalèthe, porte-parole de Locke, et Théophile, son propre représentant ou son double.

Il y a une liberté qui regarde l'entendement, et une qui regarde la volonté. Cette dernière est ce qu'on appelle la liberté de l'arbitre, qui fait que, quelle que soit la force des mobiles intellectuels ou autres qui pressent la volonté, l'acte volontaire reste contingent. C'est cette contingence qu'est censée expliquer la théorie de l'inclination non nécessitante.

> ... Dieu seul est parfaitement libre, ... les esprits créés ne le sont qu'à mesure qu'ils sont au-dessus des passions ; et cette liberté regarde proprement notre entendement. Mais la liberté de l'esprit, opposée à la nécessité, regarde la volonté nue et en tant qu'elle est distinguée de l'entendement. C'est ce qu'on appelle le franc arbitre, et consiste en ce qu'on veut que les plus fortes raisons ou impressions que l'entendement présente à la volonté n'empêchent point l'acte de la volonté d'être contingent, et ne lui donnent point une nécessité absolue et pour ainsi dire métaphysique [N.B. Pas plus que les passions ne nous submergent ni ne nécessitent notre pauvre esprit à aller dans un sens plutôt que dans l'autre, les raisons que l'entendement présente à la volonté, si fortes soient-elles, ne la nécessitent de manière absolue] ; et c'est dans ce sens que j'ai coutume de dire que l'entendement peut déterminer la volonté, suivant la prévalence des perceptions et raisons d'une manière qui, lors même qu'elle est certaine et infaillible, *incline sans nécessiter* [5].

Il faut s'arrêter sur ce texte, et, avant de l'analyser, en redonner brièvement le contexte, car c'est un véritable cours de philosophie scolastique, que nous offre ici Leibniz.

Au § 6 du dialogue, Philalèthe, le porte-parole de Locke, a rappelé la distinction des deux *facultés de l'âme*, l'entendement et la volonté, en exprimant la crainte – bien utile ou opportune pour nous – que les descriptions ou définitions qu'on en donne « n'aient fait venir à plusieurs personnes l'idée confuse d'*autant d'agents qui agissent distinctement en nous* » – une version de ce que j'ai appelé la « théorie des deux agents », écartée par Locke (rappel : s'il y a en nous deux facultés qui agissent, ce sont elles les agents, il y a donc deux agents en nous – nous ne sommes pas les agents de nos propres actes). Théophile, qui, si j'ose dire, tient le rôle du bibliothécaire omnivore que fut, quarante ans durant, Leibniz, au service de la Maison de Hanovre – fait une mise au point historique. La question des deux facultés a, dit-il, beaucoup occupé les « écoles », qui lui ont consacré deux questions fondamentales : Q1 : le statut de la distinction – réelle ou non – entre l'âme et ses facultés (par exemple l'entendement ou la volonté) ; Q2 : le statut de la distinction – réelle ou non – entre les facultés elles-mêmes (est-ce que l'entendement et la volonté se distinguent l'un de l'autre comme deux choses ?)[6]. Il rappelle que deux sectes se sont opposées sur les deux points : les *réaux*, qui soutenaient la distinction réelle ; les *nominaux*, qui la rejetaient. Nous retrouvons ici, dans un nouveau rôle, les *reales* et les *nominales* du séminaire de 2014. Notez au passage le mot « réaux », utilisé par Leibniz au lieu de « réalistes »[7]. Leibniz fait une discrète allusion à la querelle des universaux – notre sujet de séminaire de l'année dernière – en rappelant que « la même question a été agitée sur la réalité de plusieurs autres *êtres abstraits* » – entendez : les universaux – susceptibles, dit-il, de « suivre la même destinée ». Il n'est pas nécessaire de reprendre ce dossier, ajoute-t-il, même si, certains l'ont fait – en l'occurrence Simon Bischop, plus connu (ou un peu plus connu) sous le nom d'Episcopius (1583-1643), une des figures majeures du courant néerlandais des Remonstrants, lui-même ancien élève d'Arminius (v. 1560-1609), le père spirituel de la *Fraternité Remonstrante*, et, cela va sans dire, de l'arminianisme, cette doctrine anticalviniste de la prédestination – cible de Jonathan Edwards, le théologien américain cité par Chisholm –, à laquelle nous avons fait allusion le 27 janvier.

Le point que Théophile laisse de côté mérite cependant la mention : Episcopius soutient que si les facultés de l'âme sont des êtres réels et distincts, la liberté de l'homme est ruinée, car il y aura en lui deux agents[8]. Lors d'une prochaine leçon nous examinerons le thème célèbre du « Il y a deux hommes en moi ». Pour le moment contentons-nous du problème des deux agents ; Leibniz l'écarte car, précisément, reprenant sur ce point l'argument de Locke, il soutient que deux *êtres réels distincts* ne font pas *deux agents réels distincts*, car « ce ne sont pas les facultés qui agissent », mais les substances au moyen des facultés. Autrement dit : la distinction de l'entendement et de la volonté n'implique pas la *théorie des deux agents*. Vous n'êtes pas double parce que vous disposez de deux facultés.

Comme le laisse entendre Philalèthe au § 8, c'est l'homme qui est libre, aussi longtemps qu'il a « la puissance de penser ou de ne pas penser, de mouvoir ou de ne pas mouvoir, conformément à la préférence ou au choix de son propre esprit » – ce qui reprend la thèse de Locke affirmant que « toutes les actions dont nous avons quelque idée, se réduisent à ces deux, mouvoir, et penser », et l'affirmation centrale de l'*Essai*, évoquée dans le cours du 27 janvier, selon laquelle, c'est l'homme et non la volonté qui est libre. Théophile est d'accord, il ne va pas s'opposer à cela. Mais il répond en élargissant les perspectives, en donnant le contexte, en explicitant les choses. Il répond – et c'est le contexte immédiat de la théorie de l'inclination non nécessitante – que « le terme de liberté est fort ambigu », et propose, pour le désambiguïser, une série de distinctions, dont celle qui nous intéresse le plus ici pour le moment : la distinction entre liberté de faire et liberté de vouloir.

1. Il faut distinguer liberté de droit (entendez : *de jure*) et liberté de/du fait (entendez : *de facto*) : « Le terme de liberté est fort ambigu : il y a liberté de droit et de fait. Suivant celle de droit, un esclave n'est point libre, et un sujet ne l'est pas entièrement, mais un pauvre est aussi libre qu'un riche. »

2. Il y a deux variétés de libertés du fait *(de facto)* : (2.1) la puissance de vouloir comme il faut ; (2.2) la puissance de faire ce qu'on veut [celle-ci étant certainement ce qui vous vient en premier à l'esprit lorsqu'on vous demande ce qu'est la liberté ; c'en est la définition standard].

3. La puissance de faire ce qu'on veut (= 2.2) est ce que l'on appelle la liberté de faire.

4. La liberté de faire a ses degrés, ces degrés sont fonction des moyens dont on dispose : « Généralement, celui qui a plus de moyens est plus libre de faire ce qu'il veut ».

5. La liberté de faire est avant tout une liberté d'usage : elle consiste « ***particulièrement*** » dans (2.2.1) « l'usage des choses qui sont en notre pouvoir », et « ***surtout*** » dans (2.2.2) « l'usage libre de notre corps », lequel est susceptible d'être borné ou entravé par

la prison ou la maladie : « la prison et les maladies, qui nous empêchent de donner à notre corps et à nos membres le mouvement que nous voulons, et que nous pouvons leur donner ordinairement, dérogent à notre liberté : c'est ainsi qu'un prisonnier n'est point libre, et qu'un paralytique n'a pas l'usage libre de ses membres. »

6. La liberté de vouloir – qui correspond au point 2.1 de notre dispositif – se subdivise à son tour en deux selon le type d'opposition dans lequel elle entre : (2.1.1) l'opposition à la « contrainte interne », qui est celle des passions, laquelle s'exerce dans ce que Théophile appelle, derechef, « l'usage de l'esprit » ; (2.1.2) l'opposition à la nécessité, qui est celle qui regarde la volonté nue, le « franc arbitre distinct de l'entendement ».

Dans les deux variétés de « liberté de fait », la liberté de vouloir et la liberté de faire, notez le recours à l'expression « usage », « liberté d'user », d'user de ce qui dépend de nous (ce que nous avons à disposition, en notre pouvoir) et de notre corps. Cela nous rappelle évidemment les pages de l'*Alcibiade*, évoquées l'an dernier lorsque nous avions lu ensemble quelques-uns des commentaires de Michel Foucault sur ce dialogue de Platon. Cette liberté d'user, j'y ai fait allusion quand j'ai rappelé la théorie du sujet, dégagée par Foucault de sa lecture de l'*Alcibiade* : « sujet de l'usage », « sujet de la *khrêsis* ». Cette notion d'usage nous rappelle aussi ce qui a été dit le 6 janvier sur le « sujet de la *khrêsis* » chez Jean de Damas. Un pas de plus et l'on retrouverait ce qui articule *droit d'usage* et *droit de propriété* chez Thomas d'Aquin – comme le rappelle en effet Gilson, reprenant les thèses de la *IIa-IIae* :

Doué de raison et de volonté, l'homme est naturellement capable d'user des choses, et comme il ne saurait subsister sans en user, il a naturellement le droit de le faire. Pouvoir user d'une chose selon ses besoins, c'est en avoir la propriété. On ne peut donc pas concevoir de vie humaine possible sans ce minimum qu'est le droit à la propriété des biens nécessaires pour vivre. Pour autant, le droit de propriété est un droit naturel. À quoi l'on peut ajouter que c'est un droit sacré. L'homme n'est capable d'exercer sa domination sur les choses dont il fait usage, que parce qu'il est doué de raison. Or la raison est en lui l'image de Dieu. Le

> propriétaire suprême et absolu de la nature, c'est Dieu, qui l'a créée ; mais il a fait l'homme à son image et ressemblance, capable, par conséquent, non de changer la nature à son gré, mais du moins d'en exploiter les ressources à son profit. Tenant d'une délégation divine le pouvoir d'user des choses ainsi mises à sa disposition, l'homme a le droit de le faire dans la juste mesure de ses besoins [9].

Vous avez ici un problème d'écologie transcendantale, mais aussi un problème qui pourrait regarder les animaux non humains et l'usage que nous en faisons, selon que vous les placez ou non dans la catégorie de « choses » – ce qu'une disposition légale récente, prise en France il y a quelques semaines, vous interdirait normalement de faire [10].

C'est dans l'analyse de la liberté en tant qu'opposée à la « contrainte interne » (2.1.1) que Leibniz reprend des idées voisines de celles de Thomas : la capacité de s'élever au-dessus des passions, thèse qu'il attribue aux stoïciens.

> Dans le premier sens, les stoïciens disaient que le sage seul est libre ; et, en effet, on n'a point l'esprit libre quand il est occupé d'une grande passion, car on ne peut point vouloir alors comme il faut, c'est-à-dire avec la délibération qui est requise. C'est ainsi que Dieu seul est parfaitement libre, et que les esprits créés ne le sont qu'à mesure qu'ils sont au-dessus des passions ; et cette liberté regarde proprement notre entendement.

Le second sens, est celui de l'extrait dont nous sommes partis : le § 8 du livre II, chapitre XXI. Le problème philosophique qu'il pose est celui qu'il est censé résoudre. Plus exactement, c'est la solution qui est le problème : l'idée même d'inclination non nécessitante. Le contenu ultime – qui vaut pour Dieu et pour l'homme, pour l'homme parce qu'il vaut, à l'évidence, pour Dieu – est le principe de « la détermination par le meilleur » ou de la « détermination au meilleur », qui est une sorte d'effet de la raison, qui phénoménologiquement se présente sous la forme de ce que Théophile appelle la « prévalence des biens aperçus » – sur le mal et les maux. Soutenir que la volonté de l'homme est déterminée par la raison au meilleur n'est-ce pas, d'abord, totalement contrefactuel (mais je laisse ce point de côté), et n'est-ce pas annuler la liberté, soumettre l'homme à la nécessité ? La formule du § 49, où Leibniz reprend la notion d'inclination non nécessitante n'est-elle pas contradictoire ? La distinction qu'elle met en œuvre – entre nécessitant et déterminant – n'est-elle qu'un écran de fumée ?

> ... le choix [de ce qui est bon], quelque déterminée que la volonté y soit [par ce qui est le meilleur], ne doit pas être appelé nécessaire absolument et à la rigueur ; la prévalence des biens aperçus incline sans nécessiter, quoique tout considéré cette inclination soit déterminante et ne manque jamais de faire son effet.

Si l'inclination ne manque « jamais » de faire son effet, en quoi ne nécessite-t-elle pas ? Dire « raison déterminante » n'est-ce pas dire « déterminisme » ? Philalèthe donne la réponse au § 50 : au contraire, être déterminé par la raison, c'est la liberté ; vouloir s'affranchir de la raison serait vouloir la folie, ce que personne ne saurait vouloir à moins d'être déjà fou.

> Être déterminé par la raison au meilleur, c'est être le plus libre. Quelqu'un voudrait-il être imbécile par cette raison qu'un imbécile est moins déterminé par de sages réflexions qu'un homme de bon sens ? Si la liberté consiste à secouer le joug de la raison, les fous et les insensés seront les seuls libres ; mais je ne crois pas que pour l'amour d'une telle liberté personne voulût être fou, hormis celui qui l'est déjà.

La déraison n'est pas la liberté. La folie est malheureusement à la mode. C'est Théophile qui le dit, en quelques lignes qui n'ont, depuis les *Nouveaux Essais*, jamais perdu de leur actualité :

> Il y a des gens aujourd'hui qui croient qu'il est du bel esprit de déclamer contre la raison, et de la traiter de pédante incommode. Je vois de petits livrets, des discours de rien qui s'en font fête, et même je vois quelquefois des vers trop beaux pour être employés à de si fausses pensées. En effet, si ceux qui se moquent de la raison parlaient tout de bon, ce serait une extravagance d'une nouvelle espèce, inconnue aux siècles passés.

> Parler contre la raison, c'est parler contre la vérité ; car la raison est un enchaînement de vérités. C'est parler contre soi-même, contre son bien, puisque le point principal de la raison consiste à la connaître et à la suivre.

Revenons à présent à la lettre à Coste du 19 décembre 1707 et à la question du statut de la proposition à laquelle Leibniz y ramène, d'une certaine façon, toute la discussion sur la nécessité ou la contingence des actions volontaires. Pour savoir, si étant donné un certain ensemble de « circonstances internes ou externes, motifs, perceptions, dispositions, impressions, passions, inclinations », je suis nécessité « à prendre le choix de sortir », autrement dit si dans la situation donnée (où l'on peut imaginer que tout, comme on dit familièrement, me pousse à sortir), « je suis encore en état de contingence », Leibniz passe, il faut bien le noter, au niveau propositionnel, et s'interroge sur le statut modal de la proposition (p) :

> (p) : Dans toutes ces circonstances prises ensemble, je choisirai de sortir [11].

La question est : (p) est-elle nécessaire ou contingente ? La réponse de Leibniz est que (p) est contingente. Pourquoi ? Parce que la négation de (p) n'implique pas contradiction. C'est bien la définition de la contingence que l'on a vue dans le système de la liberté. Le fait que, dans la situation considérée, je choisisse de ne pas sortir n'implique pas contradiction (voyez *supra*, le point L5). C'est la marque de ma liberté : une liberté dite « d'indifférence ». Pour autant, il ne faut pas confondre rejet de la nécessité absolue et absence de détermination : cette indifférence ne saurait être « absolue », jusqu'à cette « indifférence d'équilibre » [12] illustrée par l'exemple de l'âne de Buridan – cette pauvre bête qui meurt de faim faute de s'être décidée pour aller paître dans le pré de gauche ou le pré de droite [13]. La liaison entre une situation donnée, et le choix qui en résulte « n'est point nécessaire absolument parlant, mais ne laisse pas d'être vraie » :

Toutes les fois, que dans toutes les circonstances prises ensemble, la balance de la délibération est plus chargée d'un côté que de l'autre, il est certain et infaillible que ce parti l'emportera.

Un mot sur l'âne de Buridan (1292-1363). C'est le plus célèbre animal de la philosophie. Celui aussi dont le pedigree laisse le plus à désirer. En fait, il n'y a pas d'âne de Buridan chez Buridan. L'expression, et l'exemple, semblent être apparus pour la première fois en 1623 sous la plume de Gabriel Naudé (1600-1653), le bibliothécaire de Mazarin, dans un extraordinaire catalogue d'objets impossibles, dressé contre les Rose-Croix [14], que cite Bayle dans son *Dictionnaire historique*, à l'article *Buridan* [15] (que je complète, entre [ ], pour le *plaisir du texte*, la citation originale étant en italiques) :

> *L'opinion anticipée de ces illuminés frères de la Rose-Croix* [et de leurs effets prodigieux & miracles, que vous fomentez et permettez prendre racine dans le sablon mouvant de vos imaginations, tant s'en faut qu'elle soit plus vraisemblable que les caprices enarrees ci dessus, ou les preceptes des Stoïques, fictions des Poetes, contes des Fabulistes, mensonges des Amadis, niaiseries des Romans, inepties des narrations Lucianiques, ou impostures, iactances, superstitions & ignorances des Chymistes, Astrologues, Magiciens & Ciarlatans ; qu'au contraire elle] *est totalement vaine, fausse et impossible, ne participant autre être que celui de l'abbaye de Thélème dans Rabelais, de la lésine parmi les Italiens, des voix de Rucelin, des universaux d'Occham, de l'âne de Buridan, anges des Saducéens, utopie de Morus, secondes intentions, vide, infinité, équinité, mont-d'or, chimère et ens rationis des philosophes* [16].

Vous voyez ce que peut faire un bibliothécaire qui lit ! Un mot sur certaines de ces expressions. Peut-être n'êtes-vous pas absolument familiers des « mensonges des Amadis ». Il s'agit des exploits imaginaires des Amadis, à commencer par Amadis de Gaule, racontés dans *Amadis de Gaula*, le roman de chevalerie publié en 1508 par Garci Rodríguez de Montalvo, d'après un original en trois livres du XIVe siècle, complété par un quatrième livre, traduit pour la première fois en 1540 par Nicolas Herberay des Essarts († vers 1552). Naudé parle « des » Amadis, car l'œuvre de Rodríguez de Montalvo est le point de départ d'une véritable *saga* consacrée aux « Amadis » issus d'Amadis de Gaule, son fils *Florisando* (6e livre), *Amadis de Grèce*, etc., due à divers auteurs, mais aussi l'Esplandien de *Las sergas de Esplandián* (5e livre) dû à Rodriguez lui-même. Amadis de Gaule, le Chevalier du Lion, dit *Beltenebros* est, semble-t-il, le prototype du beau brun ou beau ténébreux. Quant à la « lésine des Italiens », c'est une allusion à la « Fameuse Compagnie de la lésine », inventée par Francesco Maria Vialardi, dans le *Della famosissima compagnia della Lesina* (parue à Orvieto en 1598), qui a suscité toute une littérature sur la « lésine » (la manière d'épargner, d'acquérir et de conserver) et la « contre-lésine » en Italie, relayée par les traductions françaises et les anonymes – dont on retrouve la trace dans l'*Avare* de Molière [17].

NOTES

1. R. CHISHOLM, « La liberté humaine... », § 12, p. 51 ; « Human Freedom... », § 12, p. 33. *Cf.* G.W. Leibniz, *Lettre à M. Coste de la Nécessité et de la Contingence*, in *Godfredi Guillelmi Leibnitii Opera philosophica quae exstant Latina, Gallica Germanica omnia*, éd. J.E. Erdmann. Berlin, 1839-40; réimpr. Aalen, Scientia Verlag, 1974, p. 448a ; *Die philosophischen Schriften*, Berlin, 1875-1890, reprint Georg Olms, 7 volumes, textes établis par C.I. Gerhardt, 1960 [noté par la suite GP], III, p. 402 ; *Lettre à M. Coste de la Nécessité et de la Contingence* (1707), *in* G.W. LEIBNIZ, *Principes de la nature et de la grâce, Monadologie, et autres textes*, Textes, notes et traductions de CHR. FRÉMONT, Paris, GF-Flammarion, 1996, p. 140. La traduction anglaise utilisée par Chisholm, donne : « When a choice is proposed, for example to go out or not to go out, it is a question whether, with all the circumstances, internal and external, motives,

perceptions, dispositions, impressions, passions, inclinations taken together, I am still in a contingent state, or whether I am necessitated to make the choice, for example, to go out; that is to say, whether this proposition true and determined in fact, in all these circumstances taken together I shall choose to go out, is contingent or necessary. »

2. *Cf.* G.W. LEIBNIZ, *Essais de théodicée*, §. 301, GF-Flammarion, Paris, 1968 ; GP [GERHARDT] VI, p. 296 : « La spontanéité de nos actions ne peut donc plus être révoquée en doute, comme Aristote l'a bien définie, en disant qu'une Action est spontanée, quand son principe est dans celuy qui agit. *Spontaneum est, cujus principium est in agente*. Et c'est ainsi que nos actions et nos volontés dépendent entièrement de nous. Il est vray que nous ne sommes pas les maitres de nostre volonté directement, quoyque nous en soyons la cause ; car *nous ne choisissons pas les volontés, comme nous choisissons nos actions par nos volontés*. Cependant nous avons un certain pouvoir encore sur nostre volonté, parce que nous pouvons contribuer indirectement à vouloir une autre fois ce que nous *voudrions vouloir présentement*, comme j'ay montré cy dessus ; ce qui n'est pourtant pas velléité, à proprement parler : et c'est encor en cela que nous avons un Empire particulier, et sensible même, sur nos actions et sur nos volontés, mais qui résulte de la spontanéité jointe à l'intelligence. »

3. *Cf.* A. LALANNE, *Genèse et évolution du principe de raison suffisante dans l'œuvre de G. W. Leibniz*, thèse pour obtenir le grade de docteur de l'université Paris-Sorbonne, sous la dir. de M. le Pr M. FICHANT, soutenue le 12 décembre 2013, p. 586-588 [en ligne].

4. Pour tout ce qui suit, *Cf.* G.W. LEIBNIZ, *De Libertate*, GP [GERHARDT] VII, p. 108-111 ; A. LALANNE, *Genèse et évolution*..., p. 99-100.

5. G.W. LEIBNIZ, *Nouveaux Essais sur l'entendement humain*, II, XXI, § 8, éd. J. BRUNSCHWIG, Paris, GF-Flammarion, 1990, p. 137-138.

6. Au Moyen Âge, la théorie de la distinction réelle des facultés psychiques qui commande la thèse de la distinction réelle des âmes sensitive et intellectuelle en l'homme est liée au problème de la possibilité ou de l'impossibilité de vouloirs contraires *dans un même sujet*. Le recours au « sub-jectif » est le fait des nominalistes qui, comme Ockham, se servent de PNC, le principe aristotélicien de non-contradiction, pour argumenter la distinction réelle. Dans le *Quodlibet* II, q. 10 : *Utrum anima sensitiva et intellectiva in homine distinguantur realiter* (*OT*, IX, p. 156-161), PNC appliqué au vouloir est à la base du premier argument en faveur de la différence réelle.

Cf. OCKHAM, *Quodl.* II, q. 10 ; *OT* IX, p. 157, 13-19 : « Probo [...] quod distinguuntur realiter primo sic : impossibile est quod in eodem subiecto sint simul contraria ; sed actus appetendi aliquid et actus renuendi idem in eodem subiecto sunt contraria ; igitur si sint simul in rerum natura, non sunt in eodem subiecto ; sed manifestum est quod sunt simul in homine, quia illud idem quod homo appetit per appetitum sensitivum, renuit per appetivum intellectivum. » La base de l'argument est la version *sub*-jective (au sens de la *Subiectität*) onto-logique standard du principe de contradiction (deux contraires ne peuvent coexister dans un même sujet) *transposée* au domaine intentionnel des actes et états psychiques : l'acte de désirer *x* et celui de repousser *x* sont subjectivement des contraires (*i.e.* qui s'excluent mutuellement DANS un même sujet et D'UN même sujet) ; s'ils existent simultanément dans la réalité (s'il est vrai de dire à *t*, il y a un acte de désirer *x* et il y a un acte de repousser *x*), *ce ne peut être dans un même sujet* ; donc s'ils sont simultanément dans un même homme, comme c'est souvent le cas, c'est en deux sujets qui à la fois *sont en lui*, et *sont distincts l'un de l'autre* : deux âmes, l'une sensitive (pour l'appétit sensible qui « me » pousse à désirer et rechercher *x*), l'autre intellectuelle (pour l'appétit intellectuel, qui « me » pousse à rejeter ou à fuir *x*). Ainsi, il y a deux sujets en chaque homme – thèse « nestorienne », qui va de pair, si l'on peut dire, avec la thèse nominaliste (ockhamiste) supposée aristotélicienne de *la pluralité réelle des âmes en chaque individu*. En chaque homme il y a un sujet qui veut « naturellement » et un autre qui veut « librement ». L'argument d'Ockham campe sur le terrain christologique où s'affrontent Sergius Ier et ses adversaires au moment de la querelle du monothélisme, à laquelle est consacrée la première heure du cours du 14 avril 2015. Sur la réception médiévale de l'argument, *cf.* GRÉGOIRE DE RIMINI, *In II Sent. Dist 16 et 17*, q. 2, éd. D. Trapp, *Gregorii Ariminensis OESA Lectura super Primum et Secundum Sententiarum*, vol. V, Berlin, Walter de Gruyter, 1979, p. 341, 22-342, 17 (spéc. p. 341, 23-29). *Cf.*, sur Ockham, V. HIRVONEN, *Passions in William Ockham's Philosophical Psychology*, chap. II, *The passionate human being*, Dordrecht, Kluwer (Studies in the History of Philosophy of Mind, 2), 2004, p. 41, n. 60 et 61 (*cf.* OCKHAM, *Quodl.* II, q. 10, *OT* IX, p. 158, 37-40 : « Praeterea eadem forma numero non elicit simul et semel unum actum appetendi aliquid naturaliter et alium libere ; sed homo libere vult aliquid et appetitus sensitivus naturaliter appetit illud ; igitur etc. »). Noter l'expression « *simul et semel* », évoquée dans le cours du 7 avril (deuxième heure).

7. Sur les « *Reales* », *cf.* A. DE LIBERA, « Nominaux et réaux. *Sophismata* et *consequentiae* dans la logique médiévale », *Rue Descartes*, 1 (1991), p. 139-164 et, du même, *La Querelle des universaux. De Platon à la fin du Moyen Âge*, Paris, Seuil (Des Travaux), 1991 ; 2e éd. (Points), 2014.

8. *Cf.* SIMON BISCHOP [EPISCOPIUS], *De libero arbitrio*, chap. II, *Opera theologica*, vol. I, div. II., p. 198 [London & Rotterdam, 1665-1678, 2 vol.].

9. É. GILSON, *Le Thomisme. Introduction à la philosophie de saint Thomas d'Aquin*, Paris, Vrin, 1997 (6e éd.), p. 384-385, d'après *II*[a]-*II*[ae], q. 66, a.1, *Resp.*

10. *Cf.* L'article 515-14 du code civil, confirmé le 28 janvier 2015, par la Commission des lois de l'Assemblée nationale (et définitivement fixé par la « Loi n° 2015-177 du 16 février 2015 relative à la modernisation et à la simplification du droit et des procédures dans les domaines de la justice et des affaires intérieures » [*sic*], a. 2), reconnaît aux animaux le statut d'*êtres vivants doués de sensibilité* : ils ne sont donc plus considérés comme des biens meubles (tels que les définissait l'article 528 : « Sont meubles par leur nature les animaux et les corps qui peuvent se transporter d'un lieu à un autre, soit qu'ils se meuvent par eux-mêmes, soit qu'ils ne puissent changer de place que par l'effet d'une force étrangère », devenu, toujours par la même loi du 16 février, a. 2 : « Sont meubles par leur nature les biens qui peuvent se transporter d'un lieu à un autre »). La nouvelle loi stipule que « sous réserve des lois qui les protègent, les animaux sont soumis au régime des biens ».

11. *Cf.* G.W. LEIBNIZ, *Lettre à M. Coste de la Nécessité et de la Contingence*, éd. Erdmann, p. 448a. Rappelons le contexte : ayant expliqué dès ses premiers mots qu'« une vérité est nécessaire, lorsque l'opposé implique contradiction » et qu'une vérité qui n'est point nécessaire est dite « contingente », puis distingué deux sortes de nécessité : la nécessité hypothétique ou de conséquence (c'est-à-dire fondée sur la conséquence de l'hypothèse du choix fait), qui « ne détruit point la contingence des choses » et la nécessité absolue, « que la contingence ne souffre point », Leibniz représente à Coste que « quoique tous les faits de l'univers soient maintenant certains par rapport à Dieu, ou (ce qui revient à la même chose) déterminés en eux mêmes, et même liés entre eux, il ne s'ensuit point, que leur liaison soit toujours d'une véritable nécessité, c'est-à-dire que la vérité qui prononce, qu'un fait *suit* de l'autre, soit nécessaire ». C'est, dit-il, « ce qu'il faut appliquer particulièrement aux actions volontaires ». D'où *l'exemple de l'homme face au choix de sortir ou ne pas sortir*.

12. Leibniz ne perd jamais une occasion de dénoncer l'indifférence d'équilibre. En témoignent, par exemple, ces lignes d'une lettre de novembre 1695 à Thomas Burnett de Kemnay, GP [Gerhardt], III, p. 167-168 : « ... je vous dirai que chez moi une chose ou vérité est nécessaire dont l'opposé implique contradiction, que la contingence appartient à tout ce qui n'est point nécessaire en ce sens-là, et que le mot de libre est équivoque. Si on l'oppose au nécessaire, il n'est autre chose que ce qui est contingent, pourvu qu'il se fasse en suite de la délibération. Si on l'oppose à la contrainte, libre est ce qui est une suite de la nature de la chose, autant qu'elle enferme une puissance, et en ce sens on est d'autant plus libre qu'on est plus déterminé de soi-même à bien faire. Je tiens que Dieu et nous sommes libres *suo quisque modo*, de toutes ces deux façons ; entièrement suivant la première, et à mesure de notre perfection suivant la seconde ; mais nous ne saurions être libres, ni aucune autre substance de la manière que quelques philosophes s'imaginent, comme s'il était possible de se déterminer lorsque tout est égal. *Tous les événements sont prédéterminés à mon avis, parce qu'il y a toujours une cause ou raison qui fait que les choses se font plutôt ainsi qu'autrement, quoique cette raison soit plutôt inclinante que nécessitante. Dieu même ne choisit que pour la raison du plus grand bien, et ceux qui soutiennent le contraire (car, à la honte du christianisme, il y a des théologiens et philosophes graves qui le font) font tort aux plus grands principes de la piété. La parfaite indifférence équilibrée, qui est le cas de l'âne de Buridan, ne se trouve pas dans la nature et ne se saurait trouver*. Au reste, je tiens que nous sommes plus libres que nous croyons. Nos déterminations primitives ne viennent point du dehors, et comme je crois vous l'avoir déjà dit, il y a de la différence entre les âmes humaines prises en elles-mêmes, au lieu que bien des gens s'imaginent que leur différence ne vient que du corps. » Et de conclure : « Mais ces pensées abstraites ne sont pas trop convenables lorsqu'on est incommodé par des maux de têtes ! »

13. Variante : l'âne, à la fois assoiffé et affamé, est placé en un point équidistant d'un seau d'eau et d'une botte de foin. Il meurt faute d'avoir su jamais décider s'il commencerait par boire ou par manger.

14. Cf. *Instruction à la France sur la vérité de l'histoire des Frères de la Roze-Croix* par G. Naudé, parisien. *O quantum est in rebus inane*, *Pers. Sat. I*, Paris, François Iulliot, 1623 [réimpr. Introd., éd. et annotation par D. Kahn, Paris, Champion, 2009]. Le texte évoquant l'âne figure chap. III, *Histoire des Frères de la R.C. plus absurde que*

toutes les precedentes & par quel moyen elle a été cognuë en France, § 2, p. 19. Le sous-titre du livre est tiré de la *Satire* 1, de PERSE, *Inscriptor ineptos* (*Contre les mauvais écrivains*), qui s'ouvre sur : *O curas hominum ! O quantum est in rebus inane !* (Ô mortels ! Ô néant des choses d'ici-bas ! dans la traduction de JULES LACROIS, Paris, Firmin Didot, 1846) – *Ô les soucis des hommes ! Ô quel vide règne dans les choses !*). C'est une variation sur l'Ecclésiaste, *Vanitas vanitatum*. À l'exclamation de Perse l'Ami répond : « *Quis leget haec ?* », « Qui lira ces grands mots ? » ; Perse répond : « *Min tu istud ais ?* », Ne me parlez-vous pas ? L'Ami rétorque : « personne », « *Nemo, hercule* ». Perse proteste : « *Nemo ? Vel duo, vel...* » « Personne ? oh ! Deux ou trois... » L'Ami insiste : *Nemo. Turpe et miserabile*. « Vous serez sans lecteurs. C'est honteux ! C'est fort triste ». Le jeu de mots sur NEMO, fonde l'abondante littérature médiévale puis baroque sur *Nemo / Niemand /Personne* décrite dans H. FRICKE, « *Niemand wird lesen, was ich hier schreibe* ». *Über den Niemand in der Literatur*, Göttingen, Wallstein, 1998 ; G. CALMANN, « The Picture of Nobody », *Journal of the Warburg and Courtauld Institutes*, Vol. 23, No. 1/2 (Jan. - Jun., 1960), p. 60-104 ; M. BAYLESS, *Parody in the Middle Ages*, Ann Arbor, 1996 ; J. KOOPMANS & P. VERHUYCK, *Sermon joyeux et truanderie. Villon, Nemo, Ulespiègle*, Amsterdam, Rodopi (Faux titre, 29), 1987 et J.-C. MARGOLIN, « Le *"Nemo"* d'Ulrich von Hutten : crise du langage, crise de conscience, crise de société ? », *in* J. P. STRELKA & J. JUNGMAYR (éd.), *Virtus et Fortuna: zur deutschen Literatur zwischen 1400 und 1720*. Festschrift für Hans-Gert Roloff zu seinem 50. Geburtstag, Bern, 1983, p. 118-163. Le jeu de mots sur « Nemo » hérité du vieil Οὖτις homérique (« Mon nom est Οὖτις [Personne] : c'est Οὖτις que m'appellent et mon père et ma mère, et tous mes fidèles compagnons », *Od*. 9. 364-365) a inspiré des auteurs aussi divers que Lewis Caroll, Jules Verne, Winsor McCay (1867-1934), Tonino Valerii et Sergio Leone. Le thème satirique du « scripteur inepte » de Perse est repris dans l'*Ineptus orator* de Johann Balthasar SCHUPP (SCHUPPIUS, 1610-1661), où il constitue la deuxième des *IV Orationes* (Hagae Comitis, apud Petrum à Thol, 1705), dont l'*oratio* 4, *Xenium, sive de usu et praestantia nihili*, est un des classiques de la littérature sur NIHIL (RIEN). Sur tout cela, *cf.* C. OSSOLA, « Elogio del Nulla », *in* C. OSSOLA (éd.), *Le Antiche Memorie del Nulla*, Roma, Edizioni di Storia e Letteratura (Temi e Testi 38), 2007 (3ª ed., con un Saggio di J.A. VALENTE). L'anthologie d'Ossola, avec la collaboration de L. BISELLO, est le texte de référence pour l'ensemble du dossier *de nihilo et nemine*.

15. *Cf.* P. Bayle, *Dictionnaire historique et critique*, Paris, Desoer, 1820, p. 256b-263b. Le projet ARTFL met en ligne une transcription de l'édition de 1740 [Amsterdam, chez P. Brunel, 5e éd. reprint Genève, Slatkine, 1995)]. *Cf.* artfl-project.uchicago.edu/content/dictionnaire-de-bayle. On notera l'extraordinaire hypothèse du *Dictionnaire* sur l'origine de l'âne : une confusion entre « âne » et... le latin « *an* », synonyme d' « *utrum* » (si, est-ce que), ouvrant chaque question scolastique ! Dans l'hypothèse, le « Pont aux ânes » devenant une « mer d'*an* », l'âne de Buridan devient... l'*an* ou plutôt les « *an* » – les recueils de sophismes – de Buridan ! Cf. *Dictionnaire*, p. 258a-b : « En ce qui concerne le sophisme appelé *l'âne de Buridan*, ce pourrait bien n'être autre chose que le *pont aux ânes* de logique, mentionné par Rabelais [...]. On veut que *l'âne de Buridan* soit proprement l'état d'un âne situé entre deux picotins d'avoine, dont rien ne le détermine à entamer l'un plutôt que l'autre ; mais peut-être n'a-t-on pas pris garde à l'équivoque d'*âne* à l'adverbe *an*, synonyme du fameux *utrum* des philosophes [...]. *Pont aux ânes*, signifie aussi, tantôt une mer de ces *an* ou de ces *utrum* dont on ne sait comment sortir ; tantôt un répertoire de ces mêmes *an* ou *utrum*, avec des solutions, ou les moyens de passer par dessus en tremblant, comme les *ânes* sur un pont dont les ais mal joints laissent entrevoir l'eau qui passe par dessous. »

Au chapitre des reprises farcesques, la palme d'or revient sans conteste à un cinéaste qui n'en aura guère mérité d'autre au long de sa carrière – l'auteur de *La Famille Cucuroux* (1953), de *Mon curé*

champion du régiment (1956) et du *Congrès des belles-mères* (1954), l'inventeur du slogan : « On y rit, on ira » : Émile Couzinet (1896-1964). Dans son *Buridan, héros de la Tour de Nesle,* la figure de l'âne fusionne avec celle du hareng d'avril, subrepticement accroché au dos d'un pompeux personnage. L'Âne de Buridan : L'Âne d'avril !

Sophisme pour sophisme, on ne peut manquer d'évoquer ici le célèbre « *Nullus homo legit Parisius, nisi ipse sit asinus* », un des plus populaires *sophismata* de la *Logica Modernorum*, massivement attesté au XIIIe et XIVe siècle, de Roger Bacon à Albert de Saxe. Sur ce *sophisma*, *cf.* S. EBBESEN & F. GOUBIER, *A Catalogue of 13th-Century Sophismata. Part II. Catalogue*, Paris, Vrin (Sic et Non), 2010, p. 206-211, qui, à l'entrée n° 447, en listent les 26 témoins actuellement connus (dont le buridanien Albert de Saxe). Nous avons nous-même édité l'un d'eux dans « Les *Abstractiones* d'Hervé le Sophiste », *AHDLMA*, 52 (1986), p. 204 (où il porte le numéro 130).

16. P. BAYLE, *Dictionnaire historique et critique*, p. 261b. Sur le « mont-d'or » (la Montagne d'Or) et la Chimère, voir les séminaires du 19 et du 26 juin 2014, dans A. DE LIBERA, *L'Archéologie philosophique*. Séminaire du Collège de France, 2013-2014, Paris, Vrin, 2016. Sur l'équinité – maître mot de la théorie avicennienne de l'indifférence de l'essence (« *equinitas est tantum equinitas* »), *cf.* A. DE LIBERA, *L'Art des généralités. Théories de l'abstraction*, Paris, Aubier, 1999, p. 499-607 et P. PORRO, « Universaux et *esse essentiae* : Avicenne, Henri de Gand et le 'Troisième Reich' », *in* S. CHAUVIER (éd.), *Le Réalisme des universaux. Philosophie analytique et philosophie médiévale.* Actes du colloque de Caen, 28 février-2 mars 2001, *Cahiers de philosophie de l'université de Caen*, 38-39 (2002), p. 9-51.

17. Parmi les traductions françaises, on peut citer *Les Noces d'Antilésine, de Vialardi, Comédie nouvelle, extraite des discours de la contre-lésine. Par le pasteur monapolitain. Et traduite nouvellement de l'italien, par le pasteur Philandre*, Paris, chez Abraham Saugrain, 1604 et l'Anonyme, *Continuation des canons et statuts de la fameuse Compagnie de la Lésine, contenant la manière qu'on pratique à la réception des novices et la punition de ceux qui transgressent les articles d'icelle. Ensemble les Requêtes et consultes des femmes pour être admises en la Confrérie de l'Épargne et deux discours contre les manants et habitants des villages.* Traduction nouvelle de l'italien, Paris, A. Saugrain, 1604. Sur tout cela voir les travaux de l'Équipe Molière 21, de l'université de Paris-Sorbonne, notamment la notice Littérature facétieuse de la lésine, sur http://moliere.paris-sorbonne.fr

Cours du 10 février 2015

Deuxième heure

*Le Principe de Naudé : le principe de plénitude appliquée à la sottise. — Trois figures de l'indifférence d'équilibre. L'âne de Buridan. Le chien de Buridan. Les dattes de Ghazālī. — L'âne de Buridan chez Leibniz. — Chez Bayle. — Chez Schopenhauer. — Variantes du problème de l'âne. — Chez Dante. — Chez Aristote (*De caelo*, II, 13, 295b29-35). — Chez Buridan. — Schopenhauer critique de Leibniz. — Chisholm critique de Leibniz. — Solution de Chisholm au problème de l'inclination non nécessitante. — Pouvoir d'agir ; pouvoir de s'abstenir. — Sommes-nous libres de résister à la tentation ? Deux questions : sommes-nous libres de vouloir ce que nous voulons au moment où nous le voulons ? Sommes-nous libres de ne pas vouloir ce que nous voulons au moment où nous le voulons ?. — Exposé de la « stratégie de Moore ». — La thèse de Moore sur les conditions de l'action volontaire. — Le principe des « possibilités alternatives » (*Principle of alternative possibilities, *PAP) : « A person is morally responsible for what she has done only if she could have done otherwise ». — Trois formules du libertarianisme. — Deux formules connexes de PAP : j'aurais pu faire autrement (*I could have done otherwise*) ; il aurait pu en être autrement (*It could have been otherwise*). — Hobbes jette les bases d'une critique du principe des « possibilités alternatives ». — La définition ordinaire d'un agent libre – celui qui, quand toutes les conditions requises pour produire l'effet sont réunies, peut néanmoins ne pas le produire –, implique une contradiction.*

Je reviens un instant sur Naudé. On lui doit, dans cette *Instruction à la France sur la vérité de l'histoire des Frères de la Roze-Croix*, la formulation de ce qu'il appelle lui-même un « axiome », que l'on pourrait appeler plus simplement un principe, le Principe de Naudé, dont voici l'énoncé : « Il n'y a iamais eu opinion si absurde, proposition si erronée, maxime tant ridicule, qu'elle n'ait trouvé place dans la creuse cervelle de quelques esprits fantasques & disloquez, par l'obstination desquels elle se glisse plus facilement entre les bras de ceux qui reçoivent toutes sortes d'extravagances sous le passeport des nouveautés »[1]. Le Principe de Naudé est une variante du principe de plénitude, PP, appliqué à la sottise.

Si « chimérique » soit aux yeux de Naudé l'âne de Buridan, la *créature historiographique* que l'on appelle « le problème de l'âne de Buridan » n'en a pas moins un riche passé, chargé et équivoque. Voyons. On y parle d'une situation symétrique (l'agent, quel qu'il soit, est à égale distance de deux objets), tantôt, cependant, avec des termes identiques (deux prés, deux bottes de foin, « deux mesures d'avoine de même force »), tantôt avec des termes différents (un aliment, une boisson, « une mesure d'avoine, un seau d'eau ») ; quant aux protagonistes, ce sont tantôt des hommes, tantôt d'autres animaux, principalement des chiens, jamais des ânes – y compris chez Buridan[2].

Création historiographique, le problème de Buridan a eu un rival, authentique, lui, qu'il a su éclipser : le « problème des dattes » de Ghazālī, rapporté par Averroès, dans le *Tahafut at-Tahafut*, la *Destructio Destructionis* – en français *Réfutation de la Réfutation,* en anglais *The Incoherence of the Incoherence*. L'âne a eu du succès. Pas les dattes. L'âne aurait-il mangé les dattes ? Pas nécessairement. Je crois plutôt que, si le problème des dattes n'a pas eu le succès de l'âne de Buridan, c'est parce que Ghazālī nous propose un *happy end*, et que l'on n'aime pas cela en philosophie : l'homme qui désire à la fois deux dattes, qui semblent parfaitement identiques, et ne peut les prendre toutes deux ensemble, finit par en prendre une, alors que l'âne de Buridan meurt d'inanition[3]. En fait, il faut distinguer le *problème du chien de Buridan* – la version canine d'un vieux problème d'Aristote, sur lequel je reviendrai dans un instant ; le *problème de l'âne de Buridan*, création postmédiévale, et le *problème des dattes d'Algazel* : les deux derniers, pris à la lettre, ayant en commun de proposer une alternative entre termes identiques.

Leibniz évoque à plusieurs reprises l'âne de Buridan. Dans les *Nouveaux Essais*, livre II, § 15, il critique ceux qui « parlant de la liberté, ne prennent pas garde aux impressions insensibles », aux *petites perceptions* « capables de faire pencher la balance », et « s'imaginent une entière indifférence dans les actions morales, comme celle de l'âne de Buridan mi-parti entre deux prés »[4]. Dans la *Théodicée*, Première partie, § 49, il explique, contre Bayle, que « le cas de l'âne de Buridan entre deux prés, également porté à l'un et à l'autre, est une fiction qui ne sauroit avoir lieu dans l'Univers, dans l'ordre de la nature ». Cette phrase est remarquable : ce n'est pas l'âne, en tant que tel, qui pose un problème, mais *l'univers*, qui ne saurait être divisé en deux : « car l'univers ne saurait être mi parti par un plan tiré par le milieu de l'âne, coupé verticalement suivant sa longueur, en sorte que tout soit égal et semblable de part et d'autre », des parties de l'univers aux viscères du pauvre animal. Selon Nicholas Rescher, l'argument n'a aucun rapport avec le problème de l'identité des indiscernables[5]. Pour Concha Roldan Panadero, au contraire, ce que « en réalité, Leibniz considère une chimère impossible – opposée au principe d'individuation ou des indiscernables – est l'existence de deux êtres absolument identiques dans la réalité »[6], de deux plans de la réalité absolument identiques, entre lesquels je serais, littéralement, divisé, par le milieu de mon être. C'est ce qui rapproche le problème de l'âne de Buridan du problème des dattes d'Algazel, supposées semblables (maximalement ou parfaitement – l'histoire ne le dit pas) et le distingue du problème du chien de Buridan (qui a le choix entre pâtée et boisson). Et Leibniz de conclure : « Il y aura donc toujours bien des choses dans l'âne et hors de l'âne, qui le détermineront à aller d'un côté plutôt que de l'autre », « quoiqu'elles ne nous paraissent pas ». Dans la IIIe partie, il évoque l'article *Buridan* du *Dictionnaire* de Bayle, qu'il cite au

§ 304 de la *Théodicée*, avant de reprocher à Bayle de n'avoir pas trouvé « la véritable réponse qui satisfait au sophisme de Buridan », qui est que le cas du parfait équilibre est impossible, l'Univers ne pouvant jamais être mi parti, « en sorte que toutes les impressions soient équivalentes de part et d'autre. »

Ce n'est pas ce reproche que Schopenhauer adresse à Bayle. C'est celui de parler sans avoir lu, ce qui est assurément excessif. L'*Essai sur le libre arbitre* n'en contient pas moins une intéressante leçon de philologie. Schopenhauer, on l'a vu, soutient, avec « tous les penseurs vraiment profonds de toutes les époques », « la nécessité des volitions sous l'influence de motifs » et le rejet du libre arbitre [7]. Il soutient donc que la volonté est *nécessitée* par les motifs (rappelez-vous l'« homme de 18 heures »). Le symbole de « cette grande vérité » est, dit-il, l'âne de Buridan, que l'on « cherche toujours en vain, depuis environ un siècle, dans les ouvrages qui nous restent sous le nom de ce sophiste » [8].

Schopenhauer fait deux reproches à Bayle, « dont l'article Buridan dans le *Dictionnaire historique* est la base de tout ce qui a été écrit sur cette question » (et sur ce point il a raison ; il est vrai que tout le monde a pioché dans Bayle des informations sur l'âne de Buridan pendant des décennies) : « il dit très inexactement qu'on ne connaît de Buridan que ce sophisme » de l'âne, que personne n'a vu, alors que « tout un *inquarto* en est rempli » (de sophismes) ; il ignore manifestement (« ce qui d'ailleurs ne paraît pas non plus avoir été remarqué depuis ») que le supposé « âne de Buridan », qui, « dans une certaine mesure, est devenu l'expression typique et symbolique de la grande vérité pour laquelle » Schopenhauer « combat », « est beaucoup plus ancien que Buridan » [9]. Schopenhauer va alors nous donner une petite leçon d'histoire :

> Il se trouve déjà dans le Dante, qui concentrait en lui toute la science de son époque, et qui vivait avant Buridan. Le poète, qui ne parle pas d'ânes, mais d'hommes, commence le 4e livre de son *Paradiso* par le tercet suivant : « Entre deux mets placés à pareille distance/ Tous deux d'égal attrait, l'homme libre balance/ Mourant de faim avant de mordre à l'un des deux [10]. »

Avant Dante, poursuit Schopenhauer, « il y a Aristote lui-même, qui exprime déjà cette pensée, lorsqu'il dit (*De caelo*, II, 13) : "Il en est comme d'un homme ayant très faim et très soif, mais se trouvant à une distance égale d'un aliment et d'une boisson : nécessairement, il restera immobile." » Buridan, qui « a emprunté son exemple à cette source n'a rien inventé » (Schopenhauer ne manque pas une occasion de lancer une pointe) : « il s'est contenté de mettre un âne à la place de l'homme », « simplement parce que c'était l'habitude de ce pauvre scolastique de prendre pour exemples Socrate, Platon, ou *asinus* » [11].

La référence à Dante est exacte. On voit en effet, au début du chant IV du *Paradis*, paraître un homme et deux aliments, un agneau et deux hurlements de loups, un chien et deux daims :

Intra due cibi, distanti e moventi
d'un modo, prima si morria di fame,
che liber'omo l'un recasse ai denti ;

Entre deux mets également distants
Et attirants, un homme libre mourrait de faim,
Avant de porter l'un des deux à ses dents ;

sì si starebbe un agno intra due brame
di fieri lupi, igualmente temendo ;
sì si starebbe un cane intra due dame :

De même, entre deux rages de loups féroces,
L'agneau resterait coi, craignant également,
Et de même un chien entre deux daims ;

per che, s'i' mi tacea, me non riprendo,
da li miei dubbi d'un modo sospinto,
poi ch'era necessario, né commendo.

Donc si je me taisais, je ne peux m'en blâmer,
Ni m'en louer, en suspens comme j'étais
Entre mes doutes, puisque c'était chose nécessaire [12].

Dante, face à Béatrice, surgie au chant Ier du *Paradis*, est partagé entre deux questions, deux « doutes », en langage scolastique, qu'il n'arrive pas à formuler, ne sachant par lequel commencer – nous les connaîtrons grâce à Béatrice, qui lisant dans les yeux de Dante, nous les révèle, en les lui représentant. Avant cela, Dante se peint lui-même, clivé, muet par nécessité, figé entre deux désirs qu'il ne peut réaliser en même temps – je cite, parce que j'aime bien les vieilles choses, la traduction de Lamennais (1782-1854) dans l'édition Didier de 1863, accessible en ligne, mais bien sûr vous avez aussi la traduction moderne, philologiquement plus précise, elle aussi non sans beauté, due à la regrettée Jacqueline Risset.

1. Entre deux aliments à même distance et de même attrait, l'homme libre mourrait de faim, avant de porter les dents sur l'un d'eux.

2. Ainsi resterait immobile un agneau entre deux loups affamés, qu'il craindrait également ; ainsi un chien entre deux daims.

3. Si donc je me taisais, suspendu entre des doutes égaux, je ne m'en accuse ni ne m'en loue, puisque c'était une nécessité.

4. Je me taisais ; mais mon désir était peint dans mes yeux, et par eux je demandais plus ardemment que par des paroles.

Io mi tacea, ma 'l mio disir dipinto / m'era nel viso, e 'l dimandar con ello, /più caldo assai che per parlar distinto.

Béatrice répond à ce regard.

6. « Je vois, » dit-elle, « comment t'attire l'un et l'autre désir, de sorte que, se liant lui-même, ton souci ne peut s'exhaler au dehors.

7. « Ainsi tu argumentes : si le bon vouloir dure, par quelle raison la violence d'autrui diminuerait-elle la mesure de mon mérite ? » [N.B. Voilà le premier doute, la première question que voudrait poser Dante, et que Béatrice lit dans ses yeux : si je suis contraint par l'extérieur à faire ce que je ne veux point, est-ce que mon mérite en est diminué ? Rappelez-vous l'affaire des *deux tireurs* chez Chisholm].

8. « Te donne encore sujet de douter, l'apparent retour des âmes aux étoiles, selon la doctrine de Platon.

9. Ce sont là les questions qui poussent également ton vouloir ».

Et d'annoncer : « je traiterai premièrement de celle qui a le plus de fiel », entendons, celle qui a donné lieu aux erreurs les plus dangereuses – la doctrine platonicienne du retour des âmes aux « étoiles amies », exposée dans le *Timée*, avec les prolongements cosmologiques et eschatologiques que connaissent tous les lecteurs d'Albert le Grand – dont Dante lui-même [13].

La référence à Aristote est également juste. Le *De caelo* II, 13, 295b29-35 est à coup sûr la source du dilemme de l'âne – comme il l'est, en tout cas, du premier tercet du chant IV du *Paradis*. Pour illustrer la thèse de ceux qui soutenant que « l'endroit où nous sommes n'est pas le lieu naturel de la terre » et que « celle-ci demeure immobile en vertu de la nécessité qui résulte de son équilibre par indifférence », on trouve en effet l'exemple – zoologiquement neutre : un affamé et un assoiffé – τοῦ πεινῶντος καὶ διψῶντος – « mi-parti » entre un aliment salvateur et une boisson réparatrice, qui pourtant demeure immobile, au côté de celui – saint patron des exemples capillotractés – de « ce célèbre cheveu très fortement tendu, qui, l'étant partout d'une manière égale, ne peut plus se rompre jamais » (Barthélemy-Saint-Hilaire). Voyez dans la version de Paul Moraux…

> … celui qui, affligé d'une faim et d'une soif très vives, mais également intenses, se trouve à égale distance des aliments et des boissons : lui aussi demeurera nécessairement immobile… [14].

À ces deux sources, alléguées par Schopenhauer, et qui sont parfaitement exactes, ne manque que le seul texte où Buridan (rendons à César ce qui est à César) pose – au nom du chien – le problème d'Aristote qui deviendra le « problème de Buridan » : le passage du troisième traité, chapitre 11, du livre II de l'*Expositio* du *De caelo*, éditée par Benoît Patar en 1996, où Buridan reprend et commente le texte d'Aristote, le cheveu étant devenu entre-temps « fil », et « celui qui est affligé d'une faim et d'une soif très vives mais également intenses », s'étant fait « chien » :

> … dire que la terre demeure ainsi au milieu par nécessité […], à savoir parce qu'il n'y a pas de raison pour qu'elle se meuve plus

> vers une partie que vers une autre, c'est comme dire que tu ne pourrais pas rompre un mince fil, si celui-ci était en tout point semblable et d'égale force, parce qu'il serait rompu en un endroit pour la même raison qu'il le serait en un autre : dans ce cas, ou bien il serait rompu en tout point, ce qui est impossible, ou bien il ne le serait en aucun, et ainsi tu ne pourrais pas le rompre. Cela revient également à dire ceci : à supposer qu'un chien ait très faim et très soif, et que l'on pose de part et d'autre de celui-ci et à une distance tout à fait égale et dans le même rapport une nourriture et un breuvage, le chien mourra là de faim et de soif, car il se dirigera vers un autre côté pour la même raison qu'il se dirigera vers l'autre. Dès lors, ou bien il ira en même temps vers les deux côtés, ce qui est impossible, ou bien il restera là et mourra [d'inanition]. ... puisque ces raisonnements paraissent faux, il en va de même de ce que ces gens disaient à propos de la terre [15].

Âne ou pas, Schopenhauer n'apprécie pas la position de Leibniz. Il y a au fond, dit-il, trois solutions au problème du libre-arbitre : la première consiste à le rejeter, c'est la bonne, celle des « esprits profonds », qui soutiennent « la nécessité des volitions sous l'influence de motifs » ; la deuxième consiste à l'admettre, c'est celle de « la grande et incalculable majorité de la multitude, incapable de penser et livrée tout entière à l'apparence et au préjugé » ; mais il y a une troisième qui consiste à finasser, c'est celle des esprits timides, en l'occurrence celle de Leibniz, dont l'*Essai* brosse un portrait philosophiquement peu flatteur :

> Il existe encore un parti moyen, celui des esprits timides, qui, se sentant embarrassés, louvoient de côté et d'autre, reculent le but pour eux-mêmes et pour autrui, se réfugient derrière des mots et des phrases, ou tournent et retournent la question si longtemps, qu'on finit par ne plus savoir de quoi il s'agit. Tel a été autrefois le procédé de Leibniz, qui était bien plutôt un mathématicien et un polygraphe qu'un philosophe [16].

Et de préciser dans une note pour le moins « pointue » :

> C'est la correspondance de Leibniz avec Coste (*Opera Phil*, éd. Erdmann, p. 447), qui nous montre le plus clairement combien ses idées étaient peu arrêtées à ce sujet. On en trouvera une autre preuve dans la *Théodicée*, § 45-53 [17].

Certaines rencontres philosophiques sont inattendues. On n'imagine pas celle de Schopenhauer et de Chisholm. Mais cela confirme l'importance de la *Lettre à Coste*. Schopenhauer y lit l'indécision théorique de Leibniz. Chisholm y trouve la proposition test – un sophisme meilleur que l'introuvable sophisme de l'âne – pour tester la validité de la théorie de la nécessitation des volitions, la proposition (p) :

(p) Dans toutes ces circonstances prises ensemble, je choisirai de sortir.

Considérons un instant l'analyse de Chisholm. Telle que l'entend Chisholm, la solution de Leibniz au problème posé à l'aide de (p) consiste à dire que, « en un certain sens des termes "nécessaire" et "contingent" », la proposition "Dans toutes ces circonstances prises ensemble, je choisirai de sortir" peut être dite contingente et non nécessaire, mais qu'en un autre sens de ces termes, elle peut être dite nécessaire et non contingente. » Cela veut donc dire qu'il y a deux sens de *nécessaire* et de *contingent*. Leibniz distingue nécessité *logique* et nécessité *causale* : en un sens (p) peut être dite contingente, dans l'autre, nécessaire. Le sens où la proposition peut être dite contingente « ne réside, pour Leibniz, que dans le seul fait que *sa négation n'implique pas de contradiction* logique » [voir *supra* L5] ; le sens où elle peut être dite nécessaire consiste dans le fait que, puisque «rien n'arrive jamais *sans cause ou raison déterminante* » [voir *supra* L6], « cette proposition est causalement nécessaire ». Et de citer : «Toutes les fois que dans toutes les circonstances prises ensemble la balance de la délibération est plus chargée d'un côté que de l'autre, il est certain et infaillible que ce parti l'emportera. »

Chisholm rejette cette solution – qui, de fait, dans les termes de Schopenhauer, est « moyenne ». Pour Chisholm, (p) peut en effet être *dans deux les* cas considérée comme contingente, au niveau logique comme au niveau causal : « si ce que nous avons dit est vrai, la proposition "dans toutes ces circonstances prises ensemble, je choisirai de sortir" *peut être contingente aussi bien causalement que logiquement*. » Il faut donc trouver une justification plus satisfaisante de la théorie de l'inclination non nécessitante que celle qu'en donne Leibniz, son inventeur. C'est ce que fait Chisholm, en proposant sa propre analyse.

« Incliner » signifie apparemment « causer » ; « ne pas nécessiter », « ne pas causer ». La formule « incliner sans nécessiter » paraît bel et bien contradictoire, puisqu'elle revient à *causer sans causer*. Comment échapper à la contradiction ? C'est pour résoudre ce problème et argumenter efficacement la thèse de l'inclination non nécessitante que Chisholm prend l'exemple du fonctionnaire induit en tentation. On se rappelle que, dans la situation dépeinte le 6 janvier, digne d'un scandale dans le milieu du football (pensez à l'affaire O.M.-Valenciennes de 1993), le fonctionnaire était supposé capable de résister à la tentation de tout faire pour que le pot-de-vin soit versé (dissimulé derrière son garage), mais incapable de résister à la tentation de ne rien faire qui puisse l'empêcher d'être versé. La solution de Chisholm consiste à traduire la situation en termes leibniziens. Soit les propositions :

> 1 / X peut résister à la tentation de faire quelque chose pour que A (la remise du pot-de-vin) arrive
>
> 2 / X peut résister à la tentation de permettre que A arrive, c'est-à-dire de ne rien faire qui puisse empêcher l'arrivée de A.

Si l'on suppose que X a le désir que A arrive, et a ainsi un motif *m* pour faire que A arrive, on peut, on *doit* dire que ce motif *nécessite* X à agir, si en raison dudit motif *m*, 1/ est faux ; en revanche le motif *m* peut être dit *incliner*, si en raison de *m*, 2/ est faux.

Le motif *m* sera, en revanche, dit « incliner X à agir sans le nécessiter à agir », bref « incliner sans nécessiter », si en raison de *m*, 1/ est vérifié (vrai), et 2/ falsifié (faux).

Quelques remarques sur cette solution de Chisholm. L'expression « en raison de *m* » ne paraît pas très heureuse. Il faut sans doute comprendre que le motif *m* sera dit « incliner sans nécessiter » si *m* ne suffit pas à *falsifier* 1/ (*i.e.* s'il n'est pas assez attrayant, assez fort pour que en raison de *m*, 1/ soit faux), et si *m* suffit à *vérifier* 2/ (*i.e.* s'il est d'une nature telle que – ou suffisamment faible ou peu attrayant pour que – en raison de *m*, 2/ soit vrai).

La thèse n'a d'intérêt que si 1/ vaut pour tous les motifs : autrement dit si l'homme a *toujours* le pouvoir de résister à la tentation de faire qu'un évènement arrive. Si nous n'avons pas toujours ce pouvoir, alors ce n'est pas la peine de continuer à discuter. Ce pouvoir n'est pas celui de pouvoir agir autrement, c'est plutôt celui de s'abstenir d'agir : de ne pas consentir à ce que le désir ou la situation implique. Je n'ai pas toujours la possibilité de faire autre chose, mais j'ai au moins la possibilité de ne pas faire quelque chose, de m'abstenir, de « résister à la tentation ». Ce pouvoir ne réclame pas que je sois maître de mes désirs – ils peuvent bien me submerger ; il ne réclame pas que j'aie le choix de mes désirs – qui a le choix de ses désirs ? – mais seulement que j'aie le pouvoir de leur résister, sans avoir celui de les empêcher de naître. Cette capacité de résistance au désir est la seule chose qui compte pour définir l'agent comme responsable. Il y a une gradation sur l'échelle des « capacités », définie à l'aide du quadrangle du faire : la tentation de ne rien faire pour que quelque chose n'arrive pas n'est pas la tentation de ne rien faire pour que quelque chose arrive.

D'où une double question. La première est : Q1. Sommes-nous libres de résister à la tentation ?, qui revient à : sommes-nous libres de ne pas vouloir ce que nous voulons au moment où nous le voulons ? La seconde est : Q2. Peut-on mettre sur le même plan désirs, croyances et volontés ?, ce qui, notons-le au passage, renvoie au problème de la distinction des activités et fonctions psychiques, abordé dans le séminaire. Je reviendrai par la suite – ici et ailleurs – sur la seconde question, et m'en tiens, pour l'instant et ici, à la première.

Sommes-nous libres de résister à la tentation ? (Q1). Cette question s'entend de deux façons. Q1.1 : Sommes-nous libres de vouloir ce que nous voulons au moment où nous le voulons ? et Q1.2 : Sommes-nous libres de ne pas vouloir ce que nous voulons au moment où nous le voulons ? Les deux questions sont distinctes. La première demande si l'on veut vouloir au moment où l'on veut (« est-ce *vraiment* ce que tu veux ? »), la seconde si l'on peut ne pas vouloir ce qu'on veut au moment où on le veut.

On peut ramener les deux à celle de la compatibilité entre le déterminisme et la responsabilité. Chisholm donne un instrument pour la traiter dans le § 3 de *La Liberté humaine et le Moi*, en reprenant une « stratégie visant à montrer que le déterminisme et la Providence divine » – je souligne cette équivalence – « sont compatibles avec la responsabilité humaine », stratégie introduite par Jonathan Edwards, et reprise « par bien des philosophes contemporains, en particulier par G.E. Moore ». Il faut consulter le texte de George Edward Moore (1873-1958) – car c'est avant tout sa formulation, qui a fait époque. On verra aussi que la stratégie qu'il emploie ne vise pas *prima facie* à régler le problème posé par Chisholm. Moore est un utilitariste. Son problème est de définir en termes de « plaisir causé » ce qui est bon (correct) ou mauvais (incorrect) en matière d'action. Pour ce faire, il pose un certain nombre de principes. C'est le premier, jugé « très simple » (et qui n'est pas le dernier mot de sa pensée), qui nous concerne ici. Il consiste en deux affirmations :

> M1 : une action volontaire est bonne, chaque fois que et seulement quand l'agent n'aurait pu, même s'il l'avait choisi, accomplir plutôt une autre action, qui eût causé plus de plaisir que celle qu'il a effectivement accomplie.
>
> M2 : une action volontaire est mauvaise chaque fois que et seulement quand l'agent aurait pu, s'il l'avait choisi, accomplir plutôt une autre action qui eût causé plus de plaisir que celle qu'il a effectivement accomplie [18].

La théorie de Moore ne dit pas que l'agent en question aurait pu choisir une autre action que celle qu'il a accomplie, mais seulement que, dans tous les cas d'action volontaire, il aurait pu agir différemment, *s'il l'avait choisi*. La théorie ne concerne pas le fait qu'il aurait pu faire ou ne pas faire ce choix, ni surtout le fait qu'il pouvait effectivement le faire – que le choix était à sa portée ou en son pouvoir.

Moore ne s'intéresse pas, à ce stade, au choix effectif, aux possibilités réelles qui s'offraient à l'agent au moment où il a effectué son choix, ni à la signification éthique réelle du choix effectué, il n'affirme rien, il s'intéresse seulement à ce qui permet de poser une action comme volontaire, en l'occurrence, et simplement, le fait que pour qu'une action soit regardée comme volontaire, son agent a ou plutôt ait eu la possibilité d'agir autrement, s'il l'avait choisi. Voilà ce que retient Chisholm de la thèse de Moore, qui était parti, je vous le rappelle, de la caractérisation de l'action bonne ou mauvaise. Mais Moore donne ces précisions – j'insiste : « notre théorie » (et c'est ce qui explique que Chisholm s'y intéresse) « ne soutient pas qu'un agent n'aurait jamais pu choisir une autre action que celle qu'il a effectivement accomplie. Elle soutient seulement que dans toutes les actions volontaires il aurait pu agir différemment s'il avait choisi de le faire »[19]. Rien n'est dit sur la possibilité réelle ou le bien-fondé pratique ou la valeur éthique du choix lui-même. Le caractère éthique – bon ou mauvais, correct ou incorrect – de l'acte ne dépend pas de ce qu'il pouvait choisir. Il s'agit seulement de bien définir les conditions de l'action volontaire, pour ensuite, sur cette base, définir et distinguer, en termes de quantité de plaisir, la bonne et la mauvaise.

> It does not assert, therefore, that right and wrong depend upon what he could choose. As to this, it makes no assertion at all: it neither affirms nor denies that they do so depend. It only asserts that they do depend upon what he could have done or could do, if he chose[20].

Quant à la référence temporelle – Moore vise à l'évidence l'instant précédant immédiatement l'action : le moment du choix, celui, t_{-1} où, si le choix avait été autre, c'est une autre action qui eût été accomplie à t[21].

Bref, la « stratégie de Moore », consiste à formuler les conditions de l'action volontaire pour justifier M1 et M2, les conditions de l'action volontaire bonne (ou mauvaise).

Voici maintenant l'argument – allégué « mooréen » – en faveur de la compatibilité de la responsabilité morale avec le déterminisme, tel que le formule Chisholm, reprenant son exemple du tireur :

> Supposons que le meurtrier ait été causé à tirer par ce qu'il a perçu, concurremment avec ses croyances et désirs ; il avait

> cependant encore la possibilité suivante : si, exactement à ce moment, il avait choisi ou décidé de ne pas tirer, alors il n'aurait pas tiré. [...] par conséquent, si *b)* est compatible avec le déterminisme, et si *a)* et *b)* ont le même sens, il en résulte que *a)* doit également l'être ; l'objection conclut donc que l'agent eût pu agir autrement même s'il était causalement déterminé à faire ce qu'il a fait, d'où il résulte que le déterminisme et la responsabilité morale sont compatibles (trad. p. 42-43).

Telle que la reconstruit Chisholm, la « stratégie de Moore » consiste à poser que la proposition :

> (a) *He could have done otherwise* (il aurait pu faire / agir autrement)

signifie la même chose que la proposition :

> (b) *If he had chosen to do otherwise, then he would have done otherwise* (s'il avait choisi de faire / agir autrement, il aurait fait / agi autrement)

Vu sous cet angle, l'argument de Moore est que, étant donné que (b) = (a), et que (b) est clairement compatible avec le déterminisme, (a) est également compatible avec le déterminisme. Donc, comme (a) est une des conditions de la responsabilité, le déterminisme est compatible avec la responsabilité (je ne dis pas que l'argument est valable). Chisholm note que le même argument est censé valoir si l'on remplace *choisir* par *tenter*, *établir*, *décider*, *entreprendre* ou *vouloir* – ce qui se connecte à notre deuxième question générale : la mise sur le même plan des désirs, des croyances et des volontés.

L'argument est donc économique : il permet de traiter les deux questions générales à la fois – au moins au niveau de la forme logique de l'argument ; peut-être pas au-delà. Il a eu, en tout cas, dans la version de Chisholm, une fortune considérable. Il est à la base de la formulation de ce que Chisholm appelle le « *Principle of alternative possibilities* », PAP, en vertu duquel s'opposent libertariens, compatibilistes et déterministes :

> $\text{PAP}_{\text{déf.}}$: A person is morally responsible for what he / she has done only if he / she could have done otherwise.

PAP est considéré comme une des trois grandes formes de libertarianisme par Eleonor Stump, dans son étude sur la liberté de la volonté chez Augustin – à savoir Lib2 :

> (Lib_1) an agent acts with free will, or is morally responsible for an act, only if the act is not causally determined by anything outside the agent ;
>
> (Lib_2) an agent acts with free will, or is morally responsible for an act, only if he could have done otherwise ;
>
> (Lib_3) an agent acts with free will, or is morally responsible for an act, only if her own intellect and will are the sole ultimate source or first cause of her act [22].

PAP n'est pas adéquatement rendu par « principe des partis contraires » selon lequel « on n'est moralement responsable d'un acte que si on avait pu agir autrement » (trad. fr., p. 55). Mais il a des formules collatérales : *I could have done otherwise / It could have been otherwise*, qui en étendent l'histoire sur toute la frise du temps philosophique, en le faisant courir du Moyen Âge tardif à Chisholm et Frankfurt, l'inventeur du Principe des possibilités alternatives [23], via Hobbes, Bramhall, Leibniz, Hume, Moore, et bien d'autres [24]. Tous ont traité cette question : *il aurait pu en être autrement, il aurait pu en aller autrement*. Un exemple : *Of Liberty and Necessity* de Hobbes [25], souvent considéré comme le premier compatibiliste moderne. Hobbes est le plus acharné adversaire de ce qu'il appelle la « définition ordinaire d'un agent libre », qui fonde le principe des possibilités alternatives de Frankfurt, repris par Chisholm.

> I hold that ordinary definition of a free agent, namely that a free agent is that which, when all things are present which are needful to produce the effect, can nevertheless not produce it, implies a contradiction and is nonsense; being as much as to say the cause may be sufficient, that is necessary, and yet the effect shall not follow.
>
> Enfin, je soutiens que cette définition courante d'un *libre agent*, qu'« un libre agent est ce qui, quand toutes choses sont présentes qui sont indispensables pour produire l'effet, peut néanmoins ne pas le produire », implique une contradiction et

> n'est qu'absurdité, puisqu'elle équivaut à dire que la cause peut être *suffisante*, c'est-à-dire *nécessaire* et que, pourtant, l'*effet* ne s'ensuivra pas [26].

Pourquoi Hobbes dit-il ce qu'il dit ? Parce qu'il s'appuie sur un principe philosophique, qui peut vous paraître tout à fait discutable, à savoir que « toute cause suffisante produit nécessairement son effet ». Hobbes pense avoir démontré cela dans la septième et avant dernière de ses opinions sur la nécessité et la liberté, en identifiant cause suffisante et cause nécessaire, pour la raison que, si une cause suffisante ne produit pas son effet, c'est qu'il lui manque quelque chose pour le produire, donc qu'elle n'est pas suffisante – de quoi il infère que les actions volontaires sont nécessitées, faute de quoi, elles ne seraient jamais produites – la même condition s'appliquant au suffisant et au nécessaire : ne manquer de rien de ce que requiert la production de l'effet.

> En septième lieu, je tiens pour *cause suffisante* ce à quoi rien ne manque qui soit indispensable à la production de l'*effet*. Une cause *nécessaire* est identique à cela, car s'il est possible qu'une cause *suffisante* ne suscite pas l'effet, alors, il manque quelque chose d'indispensable à la production de celui-ci, et la cause n'était donc pas *suffisante* ; mais s'il est impossible qu'une cause *suffisante* ne produise pas l'effet, alors, une cause *suffisante* est une cause *nécessaire*, puisque, par définition, produit un effet *nécessairement* ce qui ne peut que le produire. Il est ainsi manifeste que tout ce qui est produit, est produit *nécessairement* ; car tout ce qui est produit a eu une cause *suffisante* pour le produire, ou bien n'eût pas été ; et les actions *volontaires*, par conséquent, sont accomplies par *nécessité* [27].

NOTES

1. *Cf.* G. NAUDÉ, *Instruction à la France sur la vérité de l'histoire des Frères de la Roze-Croix*, cap. III, § 2, éd. cit., p. 19.

2. Voir sur ce point la thèse de B. MICHAEL, *Johannes Buridan: Studien zu seinem Leben, seinen Werken und zur Rezeption seiner Theorien im Europa des späten Mittelalters*, Phd. FU Berlin, 1985, 2 vol., p. 297-300 ; cité par B. PATAR, « Introduction » à *Joannis Buridani Expositio et quaestiones in Aristotelis De caelo*, Leuven, Peeters (Philosophes médiévaux, 33), 1996, p. 22* -29*.

3. *Cf.* AVERROES, *Tahâfut al-Tahâfut. The Incoherence of the Incoherence*. Trad. S. VAN DEN BERGH, London, Gibb Memorial Trust, 2008, vol. I, p. 18-23, spéc., p. 21 : « Suppose two similar dates in front of a man who has a strong desire for them, but who is unable to take them both. Surely he will take one of them through a quality in him, the nature of which is to differentiate between two similar things. All the distinguishing qualities... like beauty or nearness or facility in taking, we can assume to be absent, but still the possibility of the taking remains ». Sur ce texte, *cf.* N. RESCHER, « Choice without Preference. A Study of the History and of the Logic of the Problem of "Buridan's Ass"», *Kant Studien*, 51 (1959), p. 146-150 [p.142-175 pour l'ensemble de l'article ; repris dans *Scholastic Meditations*, The Catholic University of America Press (*Studies in Philosophy and the History of Philosophy*, 44), 2005, p. 1-48].

4. La même formule figure dans la *Conversation sur la liberté et le destin* (*Œuvres complètes*, éd. CH. FRÉMONT, GF-Flammarion, 1996, t. III, p. 45-56 ; *Textes inédits d'après des manuscrits de la Bibliothèque provinciale d'Hanovre*, éd. G. GRUA, 2 vol., Paris, 1948 ; réimpr. PUF, Paris, 1998, p. 478-486) à propos de l'inclination non nécessitante (GRUA, II, p. 479), cité par A. LALANNE, *Genèse et évolution...*, p. 135 : « ... nous suivons toujours le parti où il y a le plus d'inclination ou de

disposition ; car le cas d'une parfaite indifférence qui est celle de l'âne de Buridan entre deux prés qui se laisse mourir, est imaginaire, la parfaite égalité de part et d'autre ne se pouvant jamais rencontrer. Autrement il faudrait que l'univers qui donne des impulsions à tout fût miparti aussi [et se trouvât fait] d'une manière semblable [et équivalente ou balancée] de part et d'autre, comme le cercle est miparti par son diamètre [ou le carré par la diagonale], ce qui ne saurait être. » Et Leibniz d'approuver, au nom du principe de bivalence, les thèses thomistes sur la prédétermination : « [De sorte que les Ecoles Chrestiennes [et surtout les Thomistes après leur chef] ont eu raison de soutenir que la vérité des futurs contingents est déterminée [en eux-mêmes]. Ce qui n'est autre chose que de leur appliquer la règle générale de la contradiction qui est le principe de toutes nos connaissances universelles, savoir que toute énonciation intelligible est vraie ou fausse, soit qu'on parle du présent et passé, soit qu'on parle de l'avenir ; quoique nous ne sachions pas toujours de quel côté est la vérité. »

5. N. Rescher, « Choice without Preference... », p. 142 : « It should at once be noted that the problem of the identity of indiscernibles, famous because of its prominent role in the philosophy of Leibniz, *has no bearing upon the matter here in discussion* », à savoir : le problème du « choix sans préférence », dont la question principale est : « Can a reasonable agent choose a course of action, or an object, without a preference ». À première vue, une réponse négative au problème semble aller de soi : « It certainly appears on first view that this question must be answered in the negative. By the very concept of a « reasonable agent » it is requisite that such a person have reasons for his actions » ; or : « Where there is no preference, it would seem that no reason for a selection can exist, so that there apparently cannot be a reasonable way of making a choice. » L'âne de Buridan est censé montrer au contraire que, même s'il n'y a aucune raison de préférer telle botte de foin à l'autre, il faut bien choisir l'une des deux, pour ne pas mourir de faim – ce qui implique qu'*il puisse y avoir choix raisonnable là où il n'y a pas de préférence*.

6. *Cf.* C. Roldan Panadero, « Le fil d'Ariane de la détermination rationnelle », *in* F. Nef & D. Berlioz (éd.), *L'Actualité de Leibniz : les deux labyrinthes, décade de Cerisy la Salle, 15-22 juin 1995*, Stuttgart, Franz Steiner Verlag, 1999, p. 58, n. 7 (p. 55-68, pour l'ensemble).

7. A. Schopenhauer, *Essai sur le libre arbitre*, trad. cit., p. 118.

8. Une parenthèse sur les « sophismes ». L'âne est l'animal favori des logiciens médiévaux. Les auteurs de *sophismata*, les logiciens qu'on appelle au Moyen âge les *sophistae*, ce qui n'a rien à l'époque de péjoratif – un sophisme n'étant pas un paralogisme, mais une proposition formulée pour tester une règle ou une distinction de logique – parlent beaucoup d'ânes ou de chevaux. Le cheval de sophisme a même un nom : « *Brunellus* », en français « Brunel » ou « Bruneau », et quelques rivaux, tels « *Morellus* » (« Moreau ») et « *Favellus* » (« Fauve ») – le tiercé gagnant de ce genre littéraire. Si *Morellus* et *Favellus* sont des noms de couleur de robe (sombre), il n'en va pas de même de *Brunellus*, qui est aussi, j'y insiste, un authentique nom d'âne. C'est même le nom de l'âne par antonomase – autrement dit celui d'un complet imbécile –, puisque c'est le nom du héros du *Miroir des fous*, le *Speculum Stultorum* de Nigel de Longchamps (Nigel Wireker, fl. 1180), autrement dit : celui de la pauvre bête qui, cherchant un moyen d'allonger sa queue, passe en vain huit ans à étudier à Paris – en fait, une terrible satire du *mauvais philosophe*, comme Nigel l'explique lui-même en termes exprès dans sa lettre au dédicataire du *Miroir*, Guillaume de Longchamps (Lord chancelier, puis *Chief Justiciar* d'Angleterre, † 1197) : « ... l'âne qui à Paris a donné sa peine et ses dépens dans la fréquentation des écoles et l'apprentissage des lettres, parce qu'en partant il n'a pu retenir le nom de la ville où il était demeuré sept ans, signifie ceux qui, n'ayant pas les sens exercés ou aptes à saisir les pointes des lettres, cependant afin d'avoir l'air et qu'on les croie instruits dans les deux Testaments, lisent des livres qu'ils ne comprennent pas, dont ils ne se souviennent même pas des titres après les avoir entièrement lus, préférant qu'on les croie savants en beaucoup de grandes choses par une fréquentation assidue des livres que d'en savoir une en vérité », trad. F. Hudry, « II. — Le *Speculum stultorum* de Nigel de Longchamp », in *Alain de Lille (?). Lettres familières (1167-1170)*, éd. et comm., Paris, Vrin-École des chartes (Études et rencontres de l'École des chartes, 14), 2003, p. 69. Les Anglais raffolent de *Daun Burnel the Ass*. Ont-ils forgé le *topos* de l'âne parisien ? Le sophisme vedette au XIIIe siècle, « *Nullus homo legit Parisius nisi ipse sit asinus* », « Personne n'enseigne à Paris à moins d'être un âne », étant *aussi populaire chez les Parisiens que chez les Oxoniens*, comme en témoigne le *Catalogue* d'Ebbesen & Goubier, on ne peut qu'être prudent sur l'origine du trait. L'origine anglaise est possible, elle n'est pas certaine. Sa plausibilité tient à la capacité d'autodérision des *Académiques*. Il ne faut pas oublier que, dans les

années 1200-1230, au moment où la logique s'installe en discipline rectrice des arts du langage à l'université de Paris, les Anglais représentent *plus du tiers* des personnels enseignant les arts. Sur ce point, *cf.* N. GOROCHOV, « Les maîtres parisiens et la genèse de l'Université (1200-1231) », *Cahiers de recherches médiévales*, 18 (2009), p. 53-73. N'oublions pas non plus que, dans son poème, Nigel de Longchamps a soin de préciser que son Burnellus choisit à Paris de fréquenter l'école des Anglais ! Cf. *Speculum Stultorum*, vv. 1513-1516, éd. J.H. MOZLEY & R.R. RAYMO, Berkeley, 1960, p. 64: « Inde scholas adiens secum deliberat utrum / Expediat potius ista vel illa sibi. / Et quia subtiles sensu considerat Anglos, / Pluribus ex causis se sociavit eis » (trad. F. HUDRY, *op. cit.*, p. 69, n. 2 : « Ensuite arrivant aux écoles, il délibère en lui-même si / plutôt celle-ci ou celle-là lui convient. / Et parce qu'il considère les Anglais comme subtils de jugement, / Pour plusieurs raisons il les rejoignit »).

Au XIVe siècle, le plus important des « *Calculatores* » d'Oxford, Guillaume de Heytesbury (av. 1313-1372/73), compose un recueil de sophismes de l'âne : les *Sophismata asinina*, édités critiquement par F. PIRONET en 1994. *Cf.* GUILLAUME HEYTESBURY, *Sophismata asinina. Une introduction aux disputes médiévales*. Présentation, éd. critique et analyse, Paris, Vrin (Sic et Non), 1994. On doit également à F. PIRONET l'article *Sophismata* de la *Stanford encyclopedia of Philosophy* (plato.stanford.edu/entries/sophismata/). Buridan a composé son propre recueil de sophismes – un des sommets de la logique médiévale. Ce texte a été édité par T.K. SCOTT, *Johannes Buridanus. 'Sophismata'*. Critical Ed. with an Introd. Stuttgart-Bad Cannstatt, Frommann-Holzboog (Grammatica Speculativa, 1), 1977, puis par F. PIRONET, *Iohanni Buridani Summularum Tractatus nonus : De practica sophismatum (Sophismata)*. Critical Ed. and Introd. Turnhout, Brepols, 2004, et soigneusement traduit par J. Biard : JEAN BURIDAN, *Sophismes*, Paris, Vrin (Sic et Non), 1993. On y trouve des ânes et des chevaux – comme dans le *sophisma* « *Debeo tibi equum* », « Je te dois un cheval », analysé par Biard en 1988 [*cf.* J. BIARD, « Le cheval de Buridan. Logique et philosophie du langage dans l'analyse d'un verbe intentionnel », *in* O. PLUTA, (éd.), *Die Philosophie im 14. und 15. Jahrhundert: In memoriam Konstanty Michalski (1879–1947)*, Amsterdam, John Benjamins Publishing Company, 1988, p. 119–137] – *on n'y trouve pas l'âne de Buridan*. C'est ce que note SCHOPENHAUER, *Essai sur le libre arbitre*, p. 119, qui l'a cherché vainement dans une « une édition des *Sophismata*, imprimée apparemment au XVe siècle, sans indication de lieu, ni de date, ni même de pagination », qu'il a, dit-il, « souvent, mais inutilement, feuilletée à cet effet, bien que presque à chaque page l'auteur prenne pour exemples des ânes ».

9. A. Schopenhauer, *Essai sur le libre arbitre*, p. 119.

10. A. Schopenhauer, *ibid.*, p. 119-120.

11. A. Schopenhauer, *ibid.*, p. 120.

12. Dante, *La Divine comédie*. III, *Le Paradis*, trad. J. Risset, GF-Flammarion, 2004, p. 47, 1-9.

13. Sur les « étoiles amies » chez Albert, l'exégèse du *Timée* et la métempsycose, *cf.* A. de Libera, « Albert le Grand ou l'antiplatonisme sans Platon », *in* M. Dixsaut (éd.), *Contre Platon,* t. I *: Le Platonisme dévoilé*, Paris, Vrin, 1993 (Tradition de la pensée classique), p. 247-271, et, du même, *Métaphysique et noétique. Albert le Grand*, Paris, J. Vrin (Problèmes et controverses), 2005, p. 230 *sq.* et 273 *sq.* Sur la relation entre Dante et Albert le Grand, voir les interventions au Colloque *Dante et l'averroïsme*, tenu au Collège de France les 12 et 13 mai 2015, dans le cadre de la chaire d'Histoire de la philosophie médiévale (disponibles en audio et video sur le site du CDF). Voir également B. Nardi, « La posizione di Alberto Magno di fronte all'averroismo », in *Studi di filosofia medievale*, Roma, Edizioni di Storia e Letteratura, 1979, p. 119-150 ; C. Vasoli, « Dante, Alberto Magno e la scienza dei peripatetici », in *Dante e la scienza*, Ravenna, Longo, 1995, p. 55-70 ; du même, « Su alcuni riscontri albertini nel *Convivio* », in *Otto saggi per Dante*, Firenze, Le Lettere, 1995, p. 103-116 ; G. Fioravanti, « Dante e Alberto Magno », *in* A. Ghisalberti (éd.), *Il pensiero filosofico e teologico di Dante Alighieri*, Milano, Vita e Pensiero, 2001, p. 93-102 et, *last but not least*, L. Bianchi, « L'averroismo di Dante : qualche osservazione critica », *Le Tre corone. Rivista internazionale di studi su Dante, Petrarca, Boccaccio*, 2 (2015), Pisa-Roma, Fabrizio Serra editore, p. 71-109.

14. Aristote, *Du ciel*, trad. P. Moraux, Paris, Belles Lettres (CUF), p. 94. ὥσπερ ὁ περὶ τῆς τριχὸς λόγος τῆς ἰσχυρῶς μὲν ὁμοίως δὲ πάντῃ τεινομένης, ὅτι οὐ διαρραγήσεται, καὶ τοῦ πεινῶντος καὶ διψῶντος σφόδρα μέν, ὁμοίως δέ, καὶ τῶν ἐδωδίμων καὶ ποτῶν ἴσον ἀπέχοντος· καὶ γὰρ τοῦτον ἠρεμεῖν ἀναγκαῖον. J. Barthélemy Saint-Hilaire (Paris, Ladrange & Durand, 1866), traduit (http://remacle.org/bl) : « ... cet homme qu'on suppose avoir tout ensemble une soif et une faim très vives, mais qui, éprouvant ces deux besoins avec une intensité égale, s'abstiendrait également de boire et de manger, parce qu'il serait nécessairement forcé de rester immobile et en repos entre ses deux besoins. »

15. BURIDAN, *Expositio in Aristotelis De caelo*, L. II, *tractatus* III, chap. II, p. 149, 42-150, 55 ; trad. B. PATAR, *Joannis Buridani Expositio et quaestiones in Aristotelis De caelo*, « Introduction », p. 26*.

16. A. SCHOPENHAUER, *Essai sur le libre arbitre*, p. 121.

17. A. SCHOPENHAUER, *ibid.*, p. 121, n. 1.

18. G.E. MOORE, *Ethics*, New York, Henry Holt & Co. – London, Williams & Norgate (Home University Library of Modern Knowledge series, 52), 1912, chap. I, « Utilitarianism », p. 27-28 : « ... we may express as follows the first principle, which the theory I wish to state lays down with regard to right and wrong, as applied to voluntary actions. This first principle is a very simple one ; for it merely asserts : *That a voluntary action is right, whenever and only when the agent could not even if he had chosen, have done any other action instead, which would have caused more pleasure than the one he did do* ; and *that a voluntary action is wrong, whenever and only when the agent could, if he had chosen, have done some other action instead, which would have caused more pleasure than the one he did do*. »

19. G.E. MOORE, *Ethics*, chap. I, p. 28 : « It must be remembered that our theory does not assert that any agent ever could have chosen any other action than the one he actually performed. It only asserts, that, in the case of all voluntary actions, *he could have acted differently, if he had chosen* : *not that he could have made the choice*. »

20. G.E. MOORE, *ibid.*, p. 28. Moore reprend clairement l'ensemble du propos au chap. VI, « Free Will », p. 197-198 : « ... the reader must now be reminded that all along we have been using the words "can," "could," and "possible" in a *special sense*. It was explained in Chapter I (pp. 29-31), that we proposed, purely for the sake of brevity, to say that an agent could have done a given action, which he didn't do, wherever it is true that he *could* have done it, *if* he had chosen ; and similarly by what he *can* do, or what is *possible*, we have always meant merely what is possible, *if* he chooses. Our theory, therefore, has not been maintaining, after all, that right and wrong depend upon what the agent absolutely *can* do, but only on what he can do, if he chooses. And this makes an immense difference. For, by confining itself in this way, our theory avoids a controversy, which cannot be avoided by those who assert that right and wrong depend upon what the agent absolutely can do. »

21. G.E. MOORE, *ibid.*, p. 28-29 : « In every case of voluntary action, a man could, if he had so chosen just before, have done at least one other action instead. That was the definition of a voluntary action : and it seems quite certain that many actions are

voluntary in this sense ». Cela posé, après quelques remarques et précisions qu'il est inutile de reprendre ici, Moore peut redonner une formulation synthétique du principe qui l'intéresse, qui ne concerne pas *prima facie* la compatibilité du déterminisme avec la responsabilité morale, mais la détermination des caractéristiques de toute action volontaire bonne (correcte) comme de toute action volontaire mauvaise (incorrecte). *Cf.* MOORE, *Ethics*, chap. 1, p. 31 : « Understanding this, then, we may state the first principle which our theory lays down quite briefly by saying: "A voluntary action is right, whenever and only when no other action possible to the agent under the circumstances would have caused more pleasure; in all other cases, it is wrong." »

22. *Cf.* E. STUMP, « Augustine on Free Will », *in* EAD. & N. KRETZMANN (éd.), *The Cambridge Companion to Augustine*, CUP, 2001, p. 125-126. *Cf.* K.A. ROGERS, « The Augustinian legacy », *Anselm on Freedom*, Oxford, OUP, 2008, p. 3 (qui renvoie à STUMP, p. 130-133, pour « Augustine as a Libertarian ») et 40.

23. H. Frankfurt, « Alternate Possibilities and Moral Responsibility », *Journal of Philosophy*, 66 (1969), p. 829-839.

24. Pour la période médiévale, l'ouvrage de référence est le beau livre d'H.G. GELBER, *It Could Have Been Otherwise : Contingency and Necessity in Dominican Theology at Oxford, 1300-1350*, Leiden-Boston, Brill (Studien und Texte zur Geistesgeschichte des Mittelalters), 2004.

25. *Cf.*, pour ce texte, TH. HOBBES, *Of Liberty and Necessity*, in *The English Works of Thomas Hobbes*, 11 vol., éd. W. MOLESWORTH, London, John Bohn, 1840 [réimpr. Aalen, 1966], vol. IV [noté désormais EW IV], p. 229-278 ; *De la liberté et de la nécessité*, trad. et notes par F. LESSAY, *in* TH. HOBBES, *Œuvres*, t. XI-1 : *De la liberté et de la nécessité* (Controverse avec Bramhall I), Paris, Vrin, 1993, p. 29-118.

26. TH. HOBBES, *De la liberté et de la nécessité,* § 32, trad. F. LESSAY, p. 110. On peut également se référer à la traduction de PH. FOLLIOT (2009), accessible en ligne depuis le site de l'UQAC, *Les Classiques des sciences sociales*, fondé et dirigé par J.-M. TREMBLAY (classiques.uqac.ca). C'est cette traduction qui a été utilisée dans les cours (et figure dans les présentations *PowerPoint*) : « Enfin, je soutiens que la définition ordinaire d'un agent libre – à savoir qu'un agent libre est celui qui, quand toutes les choses sont présentes qui sont requises pour produire l'effet – peut néanmoins ne pas le produire, implique une contradiction et une absurdité car autant

dire que la cause peut être “suffisante”, c'est-à-dire “nécessaire” et que pourtant l'effet ne s'ensuive pas. »

27. TH. HOBBES, *On Liberty*..., § 31, EW IV, p. 274-275 ; *De la liberté*..., trad. LESSAY, p. 110 ; trad. FOLLIOT : « Septièmement, je soutiens qu'une cause suffisante est une cause où rien ne manque de ce qui est requis pour produire l'effet. C'est la même chose pour une cause nécessaire car, s'il est possible qu'une cause suffisante ne produise pas l'effet, alors il manquait quelque chose qui était requis pour le produire et la cause, ainsi, n'était pas suffisante. Mais, s'il est impossible qu'une cause suffisante ne produise pas l'effet, une cause suffisante est alors une cause nécessaire car ce qui est dit produire un effet nécessairement ne peut que le produire. Il est donc manifeste que tout ce qui est produit est produit nécessairement car tout ce qui est produit avait une cause suffisante pour le produire ou, sinon, n'aurait pas été. Donc, les actions volontaires sont aussi nécessitées. »

Cours du 10 mars 2015

Première heure

« Je n'ai pas voulu cela ». – Reprise et orientation. — Remettre l'agent et le sujet *– l'ὑποκείμενον et l'ὑπόστασις, le sujet de la* khrêsis, *le « sujet d'usage »,* κεχρημένος *– au centre du problème de l'agence, c'est déterminer comment le sujet d'attribution devient suppôt d'actions : le problème directeur de l'archéologie du sujet. — Archéologie du sujet pensant et archéologie du sujet agent. — Pensée et action. — Deux modèles concurrents : augustinien (périchorèse) et aristotélicien (subjectité). — Centrage du cours sur le modèle d'Aristote. — Retour sur la source syriaque : Némésius d'Émèse (Homs). Le* Περὶ φύσεως ἀνθρώπου, *synthèse de l'anthropologie antique et médiateur des* Éthiques *d'Aristote. — La version latine de Burgundio de Pise :* De natura hominis. *— La définition némésienne de l'action :* Πρᾶξίς ἐστιν ἐνέργεια λογική *et ses traductions latines, françaises et anglaises. — Le volontaire et l'involontaire. — La postérité de Némésius : Jean de Damas. — Action, acte et gestion. — Rationalité de l'action humaine. — L'éthique aristotélicienne et le fondement de l'ascription (imputabilité). — Némésius : on ne peut attribuer les actions humaines ni à Dieu, ni à la nécessité, ni au destin, ni à la nature, ni à la fortune, ni au hasard. — On ne peut attribuer les actes de l'homme qu'à lui seul : il en est le principe et les accomplit librement. — De l'agent responsable au sujet responsable. — Le principe d'immanence causale : ce dont le principe est* en nous, *il est* en notre pouvoir *de le faire ou de ne pas le faire. — Immanence et sub-jectité. — Introduction du sujet dans le dispositif de l'agence. — Immanence du pouvoir, sub-jection des facultés.*

Il avait le choix. La guerre ou la paix. Il a choisi la guerre. Il ne peut dire : « *Ich habe es nicht gewollt* ». C'est mensonge ou dénégation. Voilà ce que nous pensons, à première réflexion, de Guillaume de Hohenzollern, et de cette protestation de carte postale qui, avec le temps, depuis 1941, et la mort de l'ex-empereur, est devenue son épitaphe. Mais a-t-on jamais le choix ? Si je ne puis choisir que ce que je choisis, en quoi ai-je le choix ?

La situation s'est singulièrement compliquée depuis le 6 janvier et le début de notre parcours. Nous avions dit que pour comprendre cette phrase, « *Je n'ai pas voulu cela* », nous pouvions combiner de nombreuses façons chacun de ces termes : *faire, vouloir, pouvoir* – puis y ajouter : *savoir* et *croire* – « avec un ou plusieurs autres termes », et que nous obtiendrions « autant de problèmes philosophiques ». C'est fait. Il nous faut même ajouter : *choisir*. Quant aux problèmes : ils passent nos attentes, partent en tout sens, ou nous aurons bientôt submergés. Comment calmer le jeu ?

Deux pistes s'offrent à nous : approfondir la notion même de choix, construire son réseau, voire ses réseaux, et nous y perdre ; ou bien reprendre de la hauteur, pour revenir par la suite au problème du choix, de manière plus ciblée, en ayant une vue à la fois plus large et plus nette du ou des dispositifs dans lesquels s'inscrivent son ou ses réseaux. Je choisis la deuxième.

Prenons de la hauteur, donc. Le thème de notre enquête est « la volonté et l'action » ; notre objectif n'a pas changé : une archéologie du sujet-agent. Nous devons archéologiquement remettre le *sujet* au centre du problème de l'agence. Le sujet : autrement dit l'ὑποκείμενον et l'ὑπόστασις, le sujet de la *khrêsis*, le « sujet d'usage » ou « usager », κεχρημένος, en tant qu'il se donne à penser comme « sujet d'acquisition » – de quoi découle notre notion commune de « sujet propriétaire » (de ses actes, de ses pensées). Mais aussi l'agent : et d'abord le problème des « deux agents », en lui-même, puis, en tant que, à un certain moment de l'histoire, et peut-être d'emblée, il se donne à entendre comme problème des « deux sujets » : qu'il s'agisse des deux sujets de l'action ou des deux sujets de la pensée. C'est dans ce cadre, celui du sujet, autrement dit aussi celui de l'homme, et du moi, remis au centre de l'agence, que nous pourrons retrouver, sur un théâtre d'opération circonscrit, la question de la liberté du choix. Cela veut dire, revenir à la question directrice : déterminer comment le sujet d'attribution devient suppôt d'actions.

Vue de haut, vue sur le long cours, vue sur la durée longue, vue sur le temps archéologique, la geste du sujet-agent en tant que sujet d'action est marquée, comme l'est celle du sujet de la pensée, par la rencontre de deux dispositifs à la fois porteurs et structurants : l'un hérité d'Aristote, l'autre hérité d'Augustin. Rencontre veut dire : confrontation, contamination, tissage, synthèse de l'un avec l'autre, absorption de l'un dans l'autre ou bien dépassement de l'un par l'autre. Le récit n'en peut être que compliqué, l'intrigue embrouillée, le travail de clarification, long et difficile.

Mettons en parallèle l'archéologie du sujet pensant et l'archéologie du sujet agent. Je l'ai dit à plusieurs reprises, dans des livres et ici même, l'archéologie du sujet pensant est marquée par la confrontation du modèle périchorétique de l'âme, hérité d'Augustin, avec le modèle attributiviste* de l'âme, hérité d'Aristote. L'un rejette la subjectité *(Subiectität)*, autrement dit le rapport οὐσία-ὑποκείμενον, hors du mental, l'autre, au contraire, l'accueille et en fait la clef de voûte de toute la psychologie, jusqu'à ce que s'imposent les diverses figures issues de leur *double contamination*, du Moyen Âge tardif aux divers stades de la modernité. Il y a des doctrines augustiniennes contaminées par l'aristotélisme et des doctrines aristotéliciennes contaminées par l'augustinisme. L'archéologie du sujet de l'action est, elle aussi, marquée par la confrontation de deux modèles de la volonté et du vouloir, solidaires des deux précédents. L'un, derechef, est « aristotélicien », il fait explicitement référence au « sujet » ; l'autre, derechef, est « augustinien », il est axé sur le « je » et l'homme, il refuse la notion de subjectité et se passe du *subiectum*.

Augustin est proche, Aristote est loin. Le modèle augustinien nous est familier : c'est celui des *Confessions*. L'aristotélicien ne parle guère qu'aux philosophes, lecteurs de l'*Éthique à Nicomaque* et de l'*Éthique à Eudème*. C'est un de ces lecteurs qui nous servira ici de guide : Némésius d'Émèse, chrétien de Syrie, évêque d'Emesa, l'actuelle Homs, et quelques autres, qui l'ont lu. L'œuvre de référence est le Περὶ φύσεως ἀνθρώπου, traduite sous le titre *De natura hominis*, par Alfano de Salerne dans la seconde moitié du XIe siècle [1], puis par Burgundio de Pise, vers 1165, qui la met sous le nom de Grégoire de Nysse [2] (un des grands théologiens de l'Orient, qui est le frère d'un autre très grand théologien de l'Orient : Basile de Césarée, l'auteur de la règle de saint Basile). C'est donc sous le nom de Grégoire de Nysse que le *De natura hominis* a circulé au Moyen Âge ; c'est sous ce nom qu'on le retrouve sur la table de travail de Thomas d'Aquin ou d'Albert le Grand, qui le citent abondamment. L'œuvre majeure de Némésius, le Περὶ φύσεως ἀνθρώπου [3] est « la » référence principale des traditions grecque et latine pour tout ce qui concerne l'anthropologie antique [4]. Il a également été traduit en arabe [5]. Le chapitre 29 de *La Nature de l'homme* : « Le volontaire et l'involontaire » (Περὶ ἑκουσίου καὶ ἀκουσίου) définit ce qu'est une action, en grec une πρᾶξίς :

> Πρᾶξίς$_{\text{déf.}}$: Πρᾶξίς ἐστιν ἐνέργεια λογική

« La praxis est une énergie logique ». Ce pourrait être le nom d'une boisson énergétique, favorisant la réflexion – « buvez Πρᾶξίς ! »... Cette définition « époquale » articule les deux termes fondamentaux du lexique grec de l'action/acte : πρᾶξίς et ἐνέργεια, rendus en latin scolastique par *actio* ou *operatio* et *actus* – à quoi s'ajoute, ici ou là, le terme *factio* pour l'ἐνέργεια mobilisée dans la ποιήσις – le « faire » de la production ou fabrication technique. Dire que la πρᾶξίς est un certain type d'ἐνέργεια s'entend au Moyen Âge dans l'articulation du théorème affirmant qu'il n'y a pas d'*actio* sans *actus*, que toute action dépend de la mise en acte d'un agent : *Nihil agit nisi secundum quod est in actu*, aucune chose n'agit sans être elle-même en acte. Il y a une série de corollaires à ce théorème, par exemple le principe thomasien de la détermination de l'action par l'acte : « L'action suit le mode de l'acte dans l'agent » *(Actio consequitur modum actus in agente)* [6].

Reste encore à comprendre ce que l'on entend par « agent » : nous y reviendrons. Mais nous avons là un énoncé de type absolument général : l'action est une fonction de la mise en acte de ce qui agit. En 1844, Thibault traduit Πρᾶξίς ἐστιν ἐνέργεια λογική par « l'acte est l'exercice intelligent d'une fonction ». C'est assez étonnant comme traduction, cela paraît bien lointain. Burgundio, par ailleurs traducteur de l'*Éthique à Nicomaque*, rend πρᾶξίς par *gestio*, et donne :

Gestio déf. : *Gestio est actus rationalis*

Mais c'est encore une autre traduction qu'il avait adoptée en 1153-1154 dans sa version latine du chapitre 38 du *De fide orthodoxa* de Jean de Damas[7], qui reprend la définition némésienne de la Πρᾶξίς, rendue alors par *actus*, à savoir :

Actus déf. : *Actus est operatio rationalis*

Le sens de la définition est évident : une action est une activité rationnelle, une opération guidée par la raison – c'est le sens obvie adopté par la traduction anglaise :

ACTION déf. : *Action is rational activity*[8].

On peut se demander à quoi correspond l'étonnante traduction française de Thibault. D'où vient cette formule d'apparence « fonctionnaliste » ? En fait, elle me paraît proche de la version de la Renaissance, reproduite dans l'édition bilingue publiée à Oxford en 1671 :

Actus déf. : Actio est muneris alicujus functio cum ratione[9]

'munus efficere' signifiant : « remplir une mission » ou une « fonction ». Je pense que c'est quelque chose de ce genre que traduit Thibault ; il est influencé par la compréhension que l'on a de cette phrase à l'Âge classique. Dans sa traduction française de Jean de Damas, Ponsoye donne :

ACTION déf. : l'action est une opération de raison[10].

Quelle que soit la portée de ces différences, c'est l'ἐνέργεια λογική qui constitue le cœur du modèle aristotélicien de l'action présenté par Némésius.

En voici les grandes lignes.

L'homme est doué de raison, de *logos* ; il est donc capable de délibérer ; il est donc en état de choisir et de décider. Comme l'écrit Verbeke, dans sa magistrale étude sur *L'anthropologie de Némésius*, l'homme est ainsi « maître de ses actes, responsable de sa conduite morale, et auteur de sa propre destinée » [11], et ce grâce à l'intellect. L'intellect, selon Némésius, est le « principe de la conduite humaine », « l'origine de nos décisions ». Ce thème, sans figurer explicitement chez Aristote, est « nettement suggéré » par *Eth. Nic.*, IX, 8 et X, 7, qui « enseigne que le véritable moi s'identifie avec l'intellect » [12]. Le « vrai moi », autrement dit le νοῦς, est, « selon cette théorie », « l'auteur de toute initiative libre ». Pour Némésius, le champ de « notre libre initiative » est constitué par celui des actes dits « volontaires », ceux que « nous accomplissons de notre plein gré » (ἑκών). En plus des actions « dont toutes les substances sont par nature les principes » – comme la génération d'êtres semblables à soi, la capacité d'engendrement – l'homme est pour lui, comme le dit l'*Éthique à Eudème*, « le seul des vivants à être principe [...] de certaines actions » : l'homme est même, en rigueur des termes, *le seul dont on puisse dire qu'il « agit »* [13]. Comme l'écrit Aristote, que Némésius suit ici : « ... les actions dont l'homme est le principe et le maître » ou, comme le suggère Décarie, pour conserver le double sens de κύριος, le « principe-*maître* » [14], « il est clair qu'elles peuvent se produire ou non, et qu'il est en son pouvoir qu'elles se produisent ou non, celles du moins dont l'existence et la non-existence dépendent de lui. » Et Aristote de préciser, ce qui vaudra pour Némésius quasiment comme un théorème : « Ce dont il est en son pouvoir qu'il le fasse ou non, il en est lui-même la cause, et ce dont il est la cause est en son pouvoir. » On reviendra sur ce genre de phrases étranges, qui ont l'air de dire deux fois la même chose, alors qu'en réalité elles ne le font pas.

Un être qui est principe et maître de ses actes, principe et cause de « ses actions volontaires et conformes à son choix délibéré, mais non des actions involontaires » ; un être qui est principe et cause des actions « qu'il fait après les avoir délibérément choisies » [15], voilà l'homme aristotélicien, l'homme du « modèle aristotélicien », en ce qu'il a d'unique et de plus propre. Voilà le fondement aristotélicien de toute *attribution / imputation* morale, le fondement de ce que Ricœur appelle l'*ascription*, ayant pour foyer le Soi (un QUI), distinguée de l'*attribution*, ayant pour foyer une chose (un QUOI).

Ascription : Actes → QUI /Soi *(quis)*
Attribution : Propriétés → QUOI /Chose *(quid)*

Ce qui fait l'homme, c'est que l'on puisse lui imputer des actes, et c'est sa capacité de s'attribuer à lui-même un certain nombre d'actes – de se les attribuer, non comme à un QUOI, mais comme à un QUI : comme à un être vivant capable d'exercer un pouvoir causal d'agir, en fonction d'un certain nombre d'activités commençant par la délibération et se terminant par le choix. Ce qui fait l'homme, c'est cette capacité d'« ascription » qui fait de moi (comme de tout homme) « quelqu'un capable d'ascription à soi-même », un *Self-ascriber* dans le langage de Strawson [16], capable d'attribution d'« expériences » à « quelqu'un », que ce *soit à soi-même* ou bien à *un autre lui-même*. Les définitions d'Aristote et de Némésius sont, en outre, l'horizon anthropologique de tous les débats christologiques sur l'unicité du vouloir ou de l'opération dans le Christ, *vrai homme* et vrai Dieu, qui ont à la fois mobilisé et dynamisé l'anthropologie tardo-antique, puis médiévale et postmédiévale.

C'est cet horizon aristotélicien qu'élabore Némésius. Pour lui, il ne fait aucun doute que « l'homme est cause et principe de ses actions », car, comme le dit le chapitre 38 : à qui les *attribuerait*-on autrement [17] ? Pas à *Dieu* (θεῷ, *Deo*), car il ne saurait être l'auteur des « actions honteuses et injustes » (or, l'homme en accomplit beaucoup). Pas à la *nécessité* (ἀνάγκῃ, *necessitati*), car les actions humaines « ne sont pas du nombre des choses qui ont lieu toujours de la même manière ». Pas au *destin* ou à la *fatalité* (εἱμαρμένῃ, *fortunae*) [18], car celle-ci porte sur « les choses nécessaires » et non sur les affaires humaines, qui sont contingentes. Parenthèse pour ceux que cela intéresse : ce magnifique mot d'εἱμαρμένη est rendu dans la traduction de Burgundio par « *fortuna* », et c'est ce que vous retrouverez au Moyen Âge sous le titre d'*implexio* ou *amplexio causarum*. On trouve ce terme, et également le mot latin beaucoup plus courant de *fatum*, sous la plume d'Albert le Grand, spécialement dans un grand texte, très important, son commentaire de la *Physique* d'Aristote (II, 2, 19). Albert le Grand propose une réflexion d'ensemble sur le destin, le *fatum*, qu'il entend en ayant en tête la notion d'εἱμαρμένη, mais aussi les deux occurrences du destin dans la théologie médiévale inspirée par la pensée antique : le destin, en tant qu'il se rapporte à la Providence divine, c'est ce qu'Albert le Grand appelle « le destin selon les philosophes » ; le destin en tant qu'il se rapporte aux étoiles, c'est ce qu'Albert le Grand appelle « le destin selon les mathématiciens » – *mathematici*, à l'époque l'autre nom des astrologues [19]. Le destin rapporté à la Providence est un couple que l'on connaît au Moyen Âge essentiellement par Boèce. Dans la *Consolation de Philosophie*, au livre IV, vous trouvez tout un développement sur la Providence et le destin, avec des précisions de cette nature : « la Providence est la divine intelligence, qui est placée au faîte de toutes choses et qui les règle toutes. Le destin n'est qu'une certaine disposition nécessaire des choses variables » [20]. Le destin est un certain ordre du monde – des choses variables et périssables – mais qui est réglé par la Providence divine, à tel point qu'il est le moyen dont la Providence se sert pour assigner à chaque chose la place qui lui convient.

Revenons à Némésius : on ne peut attribuer les actions humaines ni à Dieu, ni à la nécessité ni au destin ; on ne peut non plus les attribuer à la *nature* (φύσει, *naturae*), car elle ne produit aucune action. « Elle ne produit que les animaux et les plantes ». À la *fortune* (τύχῃ, *eventui*) [21] alors ? Non plus, car les actions des hommes « ne sont pas des choses rares et inattendues », des « événements exceptionnels ». Enfin, on ne peut les attribuer au *hasard* ou à la *chance* (οὔτε τῷ αὐτομάτῳ, *neque casui*), car l'œuvre du hasard ne concerne que les êtres inanimés et les animaux non doués de raison. Toutes ces affirmations sont belles et bonnes – je ne les cite que pour que vous voyiez la démarche et le raisonnement de Némésius, consistant à éliminer tous les faux principes ou les faux candidats à la principauté dans le domaine de la causalité et de la régulation des actions humaines : ni Dieu, ni la nécessité, ni le destin, ni la nature, ni la fortune, ni le hasard, mais l'homme lui-même. « L'on ne peut attribuer les actes de l'homme qu'à lui seul : c'est donc bien lui qui en est le principe, et il les fait librement » (Λείπεται δὴ αὐτὸν τὸν πράττοντα καὶ ποιοῦντα ἄνθρωπον ἀρχὴν εἶναι τῶν ἰδίων ἔργων καὶ αὐτεξούσιον) [22].

Voilà de quoi faire de l'homme un agent responsable. Est-ce assez pour en faire un sujet responsable – un sujet-agent ? En un mot : l'homme némésien, autrement dit : l'homme d'Aristote vu par Némésius, est-il *sujet* d'actions ?

Revenons sur l'énoncé de la question du chapitre 38 à laquelle réponse vient d'être donnée. Le grec dit : Τίνι τοίνυν τούτων ὑπαγάγωμεν τὰ διὰ τῶν ἀνθρώπων, εἴπερ ὁ ἄνθρωπος οὐκ ἔστιν αἴτιος καὶ ἀρχὴ πράξεων. Thibault traduit : « À laquelle de ces causes ATTRIBUERONS-nous donc les actions des hommes, si l'homme n'est pas la cause et le principe de ce qu'il fait ? » Burgundio préfère rendre plus littéralement : « Cui igitur horum SUBICIEMUS ea quae fiunt per homines, si nempe homo non est causa et principium gestionum ? » [23]. Étant donné une action quelconque, l'action de *φ-ier* :

> À quoi (ou : à qui) ASSUJETTIRONS-nous ou EN QUOI SUBJECTERONS-nous ce qui se fait (ou : a lieu, advient) du fait des hommes, *i.e.* À QUEL SUJET rapporterons nous l'action de *φ-ier* ?, si l'homme n'est pas cause et principe de ses actes (ou : de ce qu'il fait) ?

Le verbe ὑπάγω rendu par le latin '*subicio*' [24] implique-t-il l'idée de subjection de l'agir dans l'agent ou de l'agent à l'agir ? La notion de « sujet » ne figure ni dans le titre du chapitre (περὶ τοῦ ἐφ' ἡμῖν ὅ ἐστι περὶ τοῦ αὐτεξουσίου, *De eo quod est in nobis quod est de libero arbitrio*, rendu par Thibault : *Du libre arbitre, ou de ce qui dépend de nous*) ni dans l'énoncé de la question sur laquelle s'ouvre celle du libre arbitre, qui en contient « plusieurs », trois en l'occurrence — on peut donc parler de CQR.

Q1 Y a-t-il quelque chose qui dépende de nous ?

Q2 Quelles sont les choses qui dépendent de nous, et qui sont soumises à notre pouvoir ?

Q3 Pour quelle raison Dieu, notre créateur, nous a-t-il doués du libre arbitre ?

La tournure τά ἐφ' ἡμῖν, sur laquelle s'ouvre le questionnaire : πρώτην μὲν ἔχει ζήτησιν εἰ ἔστι τι ἐφ' ἡμῖν, est traduite en latin par « *si est quid in nobis* » : *primam habet quaestionem si est quid in nobis*, « s'il y a quelque chose en nous ». Décidément on n'arrive pas à traduire cette expression ! La première question est donc : y a-t-il quelque chose « en nous », au sens de : « en notre pouvoir ». Cela renvoie aux choses que nous pouvons « faire nous-mêmes », celles que nous sommes « maîtres de faire », aux « choses contingentes que l'on peut faire, et *dont on peut faire aussi le contraire* », aux choses dont le « choix dépend de notre âme, qui est ainsi le principe de l'action ». Tout cela est décrit en détail dans le chapitre XL [39], intitulé : « De ce qu'il y a en nous », entendez « De ce qui dépend de nous » (περὶ τοῦ ὅτι ἐστὶν ἐφ' ἡμῖν τινά, *De eo quod sunt quaedam in nobis*). Qu'est-ce qui dépend de nous ? C'est, par exemple, se mouvoir ou rester en repos, entreprendre ou ne pas entreprendre, désirer ce qui n'est pas nécessaire ou ne pas le désirer, mentir ou ne pas mentir, donner ou ne pas donner, nous réjouir de ce qui convient ou ne pas nous en réjouir, et toutes autres formes d'actions « dans lesquelles paraît l'exercice du vice ou celui de la vertu » [25].

La référence aux « choses qui dépendent de nous » en tant qu'elles « sont en nous » est authentiquement aristotélicienne, c'est la mise en œuvre de la définition de l'acte accompli « de plein gré », culminant dans la formulation d'un principe que j'appelle *principe d'immanence causale* (PIC).

PIC$_{\text{déf.}}$: ce dont le principe est *en nous*, il est *en notre pouvoir* de le faire ou de ne pas le faire.

Le *principe d'immanence causale* (PIC) est aussi *principe de l'immanence du principe causal*, puisque, comme le rappelle en effet R.-A. Gauthier, un des grands commentateurs modernes de l'*Éthique à Nicomaque* :

> Pour que nous fassions un acte de plein gré, il suffit [...] pour Aristote que le principe de cet acte soit *en nous,* et que nous n'en ignorions pas les conditions concrètes ; car il admet [...] que ce dont le principe est *en nous,* il est aussi *en notre pouvoir* de le faire ou de ne pas le faire [26].

PIC est donc une prémisse fondamentale de la *théorie aristotélicienne de l'action*. Le caractère « subjectif » de ce principe est lié à une interprétation sub-jective de l'immanence, soulignée surtout en latin – *quod est in nobis* – peut-être plus encore qu'en grec. C'est dans la description némésienne du dispositif des puissances d'agir que les deux lexiques du *pouvoir* et du *sujet* se rencontrent sous l'égide de la *substance*. Il faut comparer le grec, le latin et le français, pour bien voir tout cela, pour voir comment le schème de la sub-jectité permet au sujet de s'introduire dans le dispositif de l'agence – ici du *pouvoir* et du *faire* [27].

> (1) On appelle facultés les moyens que nous avons de faire quelque chose
> Δυνάμεις λέγονται καθ' ἃς δυνάμεθά τι ποιεῖν·
> *Virtutes dicuntur secundum quas possumus quid facere*
>
> (1.1) Car nous avons la faculté de faire tout ce que nous faisons :
> παντὸς γὰρ οὗ ποιοῦμεν δύναμιν ἔχομεν,
> *omnino enim eius quod facimus, virtutem habemus* ;
>
> (1.2) et lorsque nous n'avons pas la faculté de faire une chose, nous ne la faisons pas.
> ὧν δὲ δύναμιν οὐκ ἔχομεν, τούτων οὐδὲ τὰς πράξεις.
> *quorum vero non virtutem habemus, horum neque gestiones.*

Ici Thibault ne rend pas exactement le balancement. Il faudrait dire : « (1.1) Car tout ce que nous faisons, nous en avons le pouvoir, (1.2) et ce dont nous n'avons pas le pouvoir, nous ne le faisons pas ». Quelle différence entre les deux traductions, me direz-vous ? C'est simple. Pensez à *Chaque fois que nous gagnons, nous avons joué*, et *Chaque fois que nous jouons, nous gagnons*. Tout client de la Française des jeux sait que la deuxième phrase n'est pas synonyme de la première. Pourtant tout le monde n'en a pas pleine conscience, comme l'a montré l'étude d'une brillante campagne publicitaire de la *FdJ*. Peut-être vous rappelez-vous ce slogan : « Aujourd'hui,

100 % de ceux qui ont gagné ont joué ! » On demandait à des victimes prises au hasard dans la rue ce qu'elles entendaient par là. La quasi totalité entendait quelque chose comme : « À ce jeu, il y a 100 % de gagnants ». En analysant les réponses, on voyait que le raisonnement était : *si tous ceux qui ont gagné ont joué, cela prouve que, si l'on joue, on gagne*. Vous voyez comment fonctionne la persuasion clandestine : tout repose sur la difficulté à distinguer le sens des phrases et à bâtir des inférences valides – faute de quoi l'on confond « on ne peut gagner sans jouer » et « il suffit de jouer pour gagner ». Némésius poursuit.

(2) L'action est donc unie à la faculté,
Ἔχεται οὖν ἡ μὲν πρᾶξις δυνάμεως,
Copulatur igitur gestio quidem virtuti,
et celle-ci à la substance :
ἡ δὲ δύναμις οὐσίας·
virtus autem substantiae ;

(3.1) car l'action procède de la faculté ;
ἥ τε γὰρ πρᾶξις ἀπὸ δυνάμεως
gestio enim a virtute est,

(3.2) et la faculté procède de la substance,
καὶ ἡ δύναμις ἀπὸ τῆς οὐσίας
et virtus a substantia

(3.3) et elle se trouve dans la substance.
καὶ ἐν οὐσίᾳ.
et in substantia est.

(4) Il existe donc une liaison entre les trois choses dont nous venons de parler [N.B. C'est là que nous allons voir le *sujet* s'insinuer dans un dispositif où il ne figure pas] :
Τρία οὖν ταῦτά ἐστιν, ὡς ἔφαμεν, ἀλλήλων ἐχόμενα·
Tria igitur haec sunt, ut diximus, sibi invicem cohaerentia :

(4.1) le sujet en qui se trouve la faculté,
δυνάμενον,
quod potens,

(4.2) la faculté elle-même,
δύναμις,
potentia,

(4.3) et le produit de la faculté.
δυνατόν.
possibile.

Il est vertigineux de constater qu'un axe lexical clair – δυνάμενον, δύναμις, δυνατόν – explose en français, avec « sujet », « faculté », « produit de la faculté ». On a perdu la séquence, que le latin, lui, essaie de préserver tant bien que mal : *quod potens, potentia, possibile.*

(5.1) Le sujet est la substance ;
Δυνάμενον μὲν ἡ οὐσία·
Potens quidem est substantia,
[N.B. Si vous n'avez ni le grec ni le latin, vous penserez toute votre vie que Némésius est quelqu'un qui a dit que le sujet de l'action est la substance. En réalité il a écrit : Δυνάμενον, que Burgundio rend par *potens*].

(5.2) la faculté est le moyen d'agir ;
δύναμις δὲ ἀφ' ἧς ἔχομεν τὸ δύνασθαι·
potentia vero est a qua habemus posse,

(5.3) et le produit est ce qui résulte de l'application de la faculté
δυνατὸν δὲ τὸ κατὰ δύναμιν πεφυκὸς γίγνεσθαι.
possibile vero est quod secundum potentiam aptum natum fieri [28].

Le texte original de Némésius tout comme la traduction de Burgundio ne parlent pas de *sujet*, mais de Δυνάμενον (quod *potens*), « quelque chose de puissant » *(potent* n'existant pas, même comme adjectif, contrairement à *impotent).* Tous deux cependant parlent de substance (l'οὐσία, entendue par Burgundio comme *substantia*) : la δύναμις est ἀπὸ τῆς οὐσίας καὶ ἐν οὐσίᾳ *(a substantia et in substantia).* En introduisant le « sujet », Thibault ne fait qu'accentuer le schème *sub-jectif* engagé par l'interprétation *sub-stantive* de l'*ousia*. Le pouvoir d'agir *est dans* la substance qui *a* ce pouvoir : cette thèse est une lecture de PIC, qui a une portée « historiale », une véritable valeur archéologique pour l'archéologie du sujet-agent. Ce n'est rien de moins que le fondement de toutes les théories médiévales de la connaissance de soi, articulées sur la « connaissance de l'âme par ses actes » [29].

Notes

1. Cf. *Nemesii Premnon Physicon a N. Alfano in Latinum translatus*, éd. K. Burkhard, Leipzig, Teubner [BT], 1917.

2. *Cf.* Némésius d'Émèse, *De natura hominis,* éd. G. Verbeke & J.R. Moncho, trad. de Burgundio de Pise, édition critique avec une introduction sur « L'anthropologie de Némésius » par G. Verbeke, Leyde, Brill (Corpus Latinorum commentariorum in Aristotelem Graecorum, suppl. 1), 1975. Auparavant le texte avait fait l'objet de nombreuses éditions, bilingues grec-latin, parmi lesquelles Anvers, 1575 et Oxford, 1671. Pour l'édition d'Anvers, cf. *Nemesiou episkopou kai philosophou peri phuseōs anthrōpou, biblion en. Nemesii episcopi et philosophi de natura hominis, lib. unus, nunc primùm & in lucem editus, & latinè conversus à Nicasio Ellebodio Casletano*, Antverpiæ, ex officina Christophori Plantini. Pour l'édition d'Oxford, cf. *Nemesii... de natura hominis liber unus, denuo recognitus et Ms. codicum collatione in integrum restitutus annotationibus illustratus*, Oxonii : e theatro Sheldoniano.

3. Le texte grec du *De natura hominis* (Περὶ φύσεως ἀνθρώπου) figure dans la *Patrologie* de Migne : PG 40. Il est édité critiquement par M. Morani, dans *Nemesii Emeseni De natura hominis*, Leipzig, Teubner *(Bibliotheca scriptorum Graecorum et Romanorum teubneriana)*, 1987. Il a été traduit en français en 1844 par M.J.B. Thibault, Paris, Hachette, sous le titre : *De la nature de l'homme*. Il est traduit en anglais par R.W. Sharples & Ph.J. Van Der Eijk *: Nemesius. On the Nature of Man*. Transl. with an introd. and notes, Liverpool University Press (Translated texts for historians, 49), 2008.

4. S. Knuuttila, *Emotions in Ancient and Medieval Philosophy*, Oxford, OUP, 2004, p. 104, souligne à juste titre que l'œuvre de l'évêque d'Émèse, présentant « an acquaintance with the basic ideas of Aristotelianism, Stoicism, and Platonism, as well as with some

Christian works and Galen's medical treatises », offre une « synthetisizing approach », qui en fait « a valuable historical source for *late ancient philosophical commonplaces* ». C'était clairement son rôle pour les scolastiques tout comme pour les penseurs arabes médiévaux.

5. *Cf.* M. HAJI-ATHANASIOU, *Le Traité de Némésius d'Émèse 'De natura hominis' dans la tradition arabe*, thèse de doctorat inédite, Paris (18 octobre 1985). Sur ce point, *cf.* P. THILLET, « Remarques sur les traductions de textes philosophiques du grec en arabe », *in* J. MOUTAUX & O. BLOCH (éd.), *Traduire les philosophes. Actes des Journées d'étude organisées en 1992 par le Centre d'histoire des systèmes de pensée moderne de l'université de Paris I*, Publications de la Sorbonne, série Philosophie, 6, 2000, p. 279 [271-286].

6. *Cf.* THOMAS D'AQUIN, *Contra Gentiles*, lib. 1 cap. 28 n. 7 : « Amplius. *Nihil agit nisi secundum quod est in actu*. Actio igitur consequitur modum actus in agente » ; trad. C. MICHON, *Somme contre les Gentils*, I, Paris, GF-Flammarion, 1999, p. 216 : « Qui plus est. *Rien n'agit que dans la mesure où il est en acte*. L'action suit donc le mode de l'acte dans l'agent. »

7. *Cf.* JEAN DE DAMAS, *De fide orthodoxa, Versio Burgundionis*, § 1, cap. 38 [PG, II, 24], éd. E.M. BUYTAERT, St. Bonaventure (N.Y.) Louvain-Paderborn, 1955, p. 144, 3-145, 6 : « "Quia vero voluntarium in actu aliquo est, sed et id quod non existimatur involuntarium in actu est, multi autem et quod vere et involuntarium non solum in patiendo, sed agendo ponunt ; oportet scire quoniam actus est operatio rationalis". » L'ensemble du § 1 de JEAN est adapté de NÉMÉSIUS (PG 40, 717B-720A), éd. cit., p. 118, 63-119, 77 – y compris la définition de l'acte reproduite ici, pour cette raison, entre guillemets " ". Ponsoye traduit ainsi le texte de Jean : « Comme le volontaire concerne une certaine action et que ce qui est estimé involontaire concerne aussi une certaine action, il y en a beaucoup qui placent ce qui est réellement involontaire non seulement dans le domaine du subir mais aussi du faire. Notons que *l'action est une opération de raison*. » La traduction Thibault de Némésius donne : « Puis donc que la volonté se manifeste toujours par un acte, aussi bien que ce qu'on croit involontaire, comme nous le ferons voir bientôt ; et que certaines personnes comprennent dans les choses tout-à-fait involontaires, non-seulement celles que l'on endure, mais encore quelques-unes de celles que l'on fait ; nous allons, avant tout, donner la définition de l'acte : *L'acte est l'exercice intelligent d'une fonction*. »

8. NÉMÉSIUS, *On the Nature of Man*, trad. SHARPLES & VAN DER EIJK, p. 169.

9. Némésius, *De natura hominis*, *De eo quod sponte et invite fit*, éd. Oxford, 1671, p. 231.

10. *Cf.* Jean de Damas, *La Foi orthodoxe* suivie de *Défense des icônes*, Préface de Mgr Jean Kovalevsky, Trad., introd. et notes par E. Ponsoye, Paris 1966, Éd. Cahiers Saint-Irénée. En ligne : http://eglise-orthodoxe-de-france.fr/la_foi_damascene.htm

11. *Cf.* G. Verbeke, « L'anthropologie de Némésius », p. lxxxiv.

12. *Cf.* Aristote, *Eth. Nic.*, IX, 8 [1168b35-1169a2] et X, 7 [1178a2]

13. *Cf.* Aristote, *Éthique à Eudème*, II, 6 [Responsabilité de l'homme], 1122b18-20 : πρὸς δὲ τούτοις ὅ γ᾽ἄνθρωπος καὶ πράξεών τινών ἐστιν ἀρχὴ μόνον τῶν ζῴωνῥ τῶν γὰρ ἄλλων οὐθὲν εἴποιμεν ἂν πράττειν ; trad. V. Décarie, Paris, Vrin, 1997, p. 120.

14. *Cf.* V. Décarie, *Éthique à Eudème*, p. 120, n. 88, commentant 1222b21, sur la notion de principes « propres » (κύριαι).

15. Aristote, *Éthique à Eudème*, II, 6, 1123a14-19 : δῆλον ὅτι καὶ ἡ ἀρετὴ καὶ ἡ κακία περὶ ταῦτ᾽ ἐστιν ὧν αὐτὸς αἴτιος καὶ ἀρχὴ πράξεων ; trad. V. Décarie, p. 122, spéc. : « ... il est évident que la vertu aussi bien que le vice porte sur ces actions *dont l'homme est lui-même la cause et le principe* ».

16. P. Ricœur, *Soi-même comme un autre*, p. 53, qui renvoie à P. Strawson, *Les Individus,* trad. fr. A. Shalom, P. Drong, Paris, Seuil, 1973, p. 120-129 [*Individuals*, Londres, Methuen & C°, 1959, p. 108].

17. *Cf.*, pour l'ensemble de la discussion, Némésius, *De nat. hom.*, chap. xxxviii, éd. Verbeke-Moncho, p. 143, 88-144, 8.

18. Cette notion est reprise au Moyen Âge sous le nom *d'implexio*. Des synonymes sont *complexio*, *contexio*, ou *amplexio causarum*. Sur l'εἱμαρμένη, *cf.* L. Sturlese, « Saints et magiciens : Albert le Grand en face d'Hermès Trismégiste », *Archives de philosophie*, 43 (1980), p. 615-634.

19. *Cf.* Albert le Grand, *Physica*, II 2, 19, éd. P. Hoßfeld (*Alberti Magni Opera Omnia*, Tomus IV, pars 1), p. 126, 47-50.

20. *Cf.* Boèce, *De consol. phil.*, 4, *prosa* 6 ; éd. R. Peiper, in *Anicii Manlii Torquati Severini Boetii Philosophiae Consolationis libri quinque. Accedunt eiusdem atque incertorum Opuscula Sacra.* Recensuit Rudolfus Peiper, Leipzig, 1871, p. 108, 32-34.

21. Le terme figure dans la paire *apo tukhês*, *apo dianoias*, chez les commentateurs d'Aristote à propos de l'homonymie. *Cf.* Porphyre, *In Cat.*, p. 65, 18-20, avec les remarques de C. Luna,

« Commentaire », *in* Simplicius, *Commentaire sur les Catégories*, trad. commentée sous la dir. de I. Hadot, fasc. III, *Préambule aux Catégories*, trad. Ph. Hoffmann, comment. C. Luna, Leyde - New York - Copenhague - Cologne, Brill (Philosophia Antiqua, 51/3), 1990, p. 82-100. On traduit en général *apo tukhês* par « by chance ». *cf.* M. Chase, *Simplicius, On Aristotle's Categories* 1-4, London, Duckworth, 2003, p. 119, n. 337-339 : « ... *apo tukhes*, literally "derive from chance" [...] *apo dianoias*, literally "derive from the discursive intellect". »

22. Némésius, *De natura hominis*, éd. Verbeke-Moncho, p. 144, 9-10 : « Relinquitur ergo ipsum gerentem et facientem hominem principium esse propriorum operum et arbitrio liberum. »

23. Némésius, *ibid.*, p. 143, 1-2.

24. Némésius, *ibid.*, p. 122, 43 et 143, 1.

25. Némésius, chap. XL [39], περὶ τοῦ ὅτι ἐστὶν ἐφ' ἡμῖν τινά, éd. Verbeke-Moncho, *De eo quod sunt quaedam in nobis*, p. 146, 50-61.

26. R.-A. Gauthier, *Commentaire, in* Aristote, *L'Éthique à Nicomaque*. Introd., trad. et comm. par R.A. Gauthier, o.p., et J.Y. Jolif, o.p., Louvain, Publications universitaires - Paris, Béatrice-Nauwelaerts (coll. « Aristote » publiée par l'Institut supérieur de philosophie de l'Université de Louvain), II, 1, 1959, p. 219.

27. La traduction française de M.J.B. Thibault fait clairement référence au « sujet », là où le grec a οὐσία et le latin *substantia*. Elle impose un schème d'*immanence sub-jective de la puissance à la substance* à une structure ESSENCE/PUISSANCE/OPÉRATION, attestée chez d'autres auteurs hellénophones, comme le Pseudo-Denys l'Aréopagite, que l'on retrouve, interprétée de manière non-subjective, chez certains latins. Ce point est délicat, et réclamerait une longue enquête, car il joue un rôle crucial dans les débats de Thomas d'Aquin avec les averroïstes parisiens. En ce qui nous concerne, il est important de voir comment, une fois de plus, le schème de la sub-jectité permet au SUJET de s'introduire dans le dispositif de l'agence – ici du POUVOIR et du FAIRE.

28. Némésius, *De natura hominis*, cap. XXXIII, éd. Verbeke-Moncho, p. 131, 32-132, 39

29. Une des deux théories de l'autoconnaissance de l'âme (ou du moi), aux prises au Moyen Âge, dont l'affrontement se confond avec celui de la psychologie aristotélicienne et d'une psychologie augustinienne, fondée sur l'idée d'une autoconnaissance de l'âme par « intuition directe ». *Cf.*, sur ce point, le cours du 12 juin 2014, *L'Invention du sujet moderne*, p. 175-177.

Cours du 10 mars 2015

Deuxième heure

Comment le δυνάμενον, *le « puissant », qui a « puissance d'agir », pris comme substance – sujet d'attribution de la* δύναμις *– devient « sujet de l'agir ». — Thomas d'Aquin. Le « principe de la connaissance de l'âme par ses actes ». — Sur le sens de l'expression* ἐν οὐσίᾳ *(dans la substance). Inhérence physique et immanence psychique. — Retour au principe des « possibilités alternatives » et à la critique hobbesienne de la « définition ordinaire d'un agent libre ». — La controverse avec Bramhall. — L'argument de Hobbes : la « définition ordinaire » enveloppe une contradiction, à savoir qu'une cause pourrait être dite « suffisante » sans produire son effet. — Schopenhauer lecteur de Hobbes. — La pointe de l'argument : si une cause suffit à produire un effet, elle ne peut pas ne pas le produire, puisque si elle ne le produit pas, c'est qu'elle ne suffisait pas à le produire. En tant que produites les actions volontaires sont donc nécessitées, car, si tel n'était pas le cas, elles ne (se) seraient jamais produites. — La réponse de Bramhall : l'argument de la suspension. La volonté peut vouloir, elle peut ne pas vouloir, elle peut s'abstenir de vouloir. — Exégèse de Mt 22, 2-4. — Pas de liberté de faire, sans liberté de ne pas faire ; pas de liberté de faire sans liberté de différer. — [Un parallèle inattendu. Hobbes et Olivi. — Sources de l'argument de Hobbes. Aristote. Avicenne. Thomas d'Aquin].*

Le point (5.1) du dispositif némésien, Δυνάμενον μὲν ἡ οὐσία, a reçu une lecture sub-jective (au sens heideggérien de la *Subiectität*), grâce à une lecture attributiviste du rapport acte-substance, médiatisé par la puissance. Vous le voyez, la subjectité est vraiment inséparable de l'attributivisme ; le δυνάμενον (qu'on aurait dû entendre comme « ce qui a puissance d'agir », l'agent capable d'agir, le « puissant » [1]) devient « sujet », et ce, non pas seulement en 1844 chez Thibault, mais dès le Moyen Âge. Certes, les termes n'apparaissent pas ici, puisque nous n'avons que le grec et le latin de Burgundio, mais ils vont apparaître chez les théologiens et les philosophes médiévaux du XIIe et surtout du XIIIe siècle. L'agent va devenir le sujet en qui se trouve la faculté, le pouvoir, la puissance d'agir (la δύναμις). Ce sujet c'est l'οὐσία, la substance à laquelle s'attribue la faculté. Ainsi compris, le texte de Némésius – qui ne parlait pas de sujet – apparaît comme un des fondement du « Principe de la connaissance » et « de l'autoconnaissance » de l'âme « par ses actes », PCAA :

> PCAA$_{\text{déf.}}$: *Anima cognoscitur per actus suos* ; l'âme est connue / se connaît par ses actes.

Ce principe de psychologie, que vous retrouvez chez Thomas d'Aquin, où il joue un rôle absolument fondamental, s'inscrit lui-même dans une séquence épistémique où l'οὐσία reste lisible soit comme « essence » soit comme « substance ». On sait quelle est l'importance de cette ambiguïté native du terme (et du concept) grec d'οὐσία et de la traduction alternée : *substantia* vs *essentia* qu'en donnent les Latins, d'Augustin à Boèce, et la tradition médiévale qui en dépend.

Cette séquence épistémique peut être représentée par la formule suivante (où *Ka*-[...] signifie « l'âme connaît ... ») :

> *Ka*-[objet] → *Ka*-[acte] → *Ka*-[puissance] → *Ka*-[essence]

Cette séquence retrace la genèse par laquelle l'âme prend connaissance de sa propre essence. Elle connaît d'abord son objet ; de là elle connaît son acte de connaître ; connaissant son acte de connaître elle peut remonter jusqu'à la faculté ou puissance d'accomplir cet acte ; enfin, de cette puissance, elle remonte jusqu'à son essence [2]. C'est la démarche typique des aristotéliciens, qui considèrent que l'âme accède à la connaissance d'elle-même en partant de ses actes, c'est-à-dire d'abord de ses objets de connaissance. Selon que ce qui est connu est intelligible ou sensible, selon que ce qui est sensible est audible ou visible, etc., il y a des actes de connaissance différents. L'articulation du « sujet » (le « puissant » : Δυνάμενον) et du « produit » (δυνατὸν) par la puissance – où le possible désigne ce que *peut* la puissance, et, de là, ce qui a la puissance : ce en quoi est la puissance, à savoir le Δυνάμενον qui est l'οὐσία – ouvre la possibilité conceptuelle d'*une définition de l'agence en termes de subjectité et d'attributivisme*, autrement dit la possibilité d'*entendre le sujet comme agent*.

Outre la distinction entre les deux sens d'οὐσία, qui engendre une série de problèmes et génère ses propres CQR, un autre facteur intervient, qui, d'une part, complique la question du sens et de la fonction que l'historien archéologue doit accorder au principe de la connaissance de l'âme par ses actes (PCAA), et, d'autre part, engendre une série de difficultés relatives à la nature et à la portée de l'opposition entre le modèle aristotélicien et le modèle augustinien de la relation entre l'essence ou la substance de l'âme et ses puissances. Ce facteur tient en une question simple : que signifie l'expression *ἐν οὐσίᾳ* ? Que veut-on dire lorsqu'on dit que la faculté, la puissance, le pouvoir, la capacité est « dans » l'οὐσία ? Autrement dit : quel est le mode d'immanence, d'inhérence de la puissance dans la substance, *in substantia* ? On retrouve les deux modèles, dont on ne peut se débarrasser. La première réponse est, en effet, celle de l'attributivisme* : les puissances inhèrent à la substance *comme des accidents à un sujet* – sur le mode d'être de l'*esse in subiecto* (ἐν ὑποκειμένῳ εἶναι) décrit dans le chapitre 2 des *Catégories* [3], explicitement rejeté par Augustin dans *La Trinité*, IX, IV, 5, pour les actes et les états mentaux [4]. La seconde réponse est le mode d'immanence dit par Augustin « substantiel » ou « essentiel » précisément opposé, dans le même passage, à l'inhérence sub-jective, mode d'immanence dont le modèle « périchorétique » exposé en IX, v, 8 est l'expression achevée : « ... chacun [des trois] est en soi, et cependant ils sont mutuellement chacun tout entier dans les autres tout entiers, chacun dans les deux autres, et les deux autres en chacun. Et ainsi, ils sont *tout en tous* [5]. »

Nous avons souffert la semaine passée sur cette structure d'interconnexion, d'interpénétration, d'entremêlement, d'enchevêtrement – rappelez-vous tous ces termes que nous avons utilisés dans le séminaire sur les fonctions psychiques, en nous appuyant sur Brentano et sur un certain nombre de lecteurs d'Aristote et d'Augustin. Vous voyez que, à partir du moment où la faculté qui nous permet de rendre compte de l'action est perçue comme *inhérente* à la substance de l'âme, on se retrouve, en plein cœur de la théorie de l'action, confrontés au problème autour duquel on n'a cessé de tourner à propos de la pensée. On doit rendre compte de la dimension sub-jective de l'action dans l'un des deux langages (l'aristotélicien ou l'augustinien) qui nous permettaient de rendre compte de la dimension subjective de la pensée. Nous sommes toujours confrontés à la même offre, à la même alternative, aux deux mêmes possibilités de développer un discours théorique sur ces choses qui paraissent pourtant toutes simples : penser *(thinking)*, agir *(willing)*.

Cela étant, je crois qu'à présent nous sommes allés aussi loin que nous pouvions dans la mise en place des fondements. On pourrait sans doute continuer indéfiniment, mais je pense que ce serait inutile. Nous avons, je crois, suffisamment posé les premières pierres grecques d'un édifice qui va devenir aussi baroque que le palais de justice de Bruxelles, où par couches superposées on voit se sédimenter toutes les étapes de l'histoire de l'architecture ancienne. Nous avons les fondements grecs, un peu de latin, maintenant il faut passer à autre chose. Nous savons désormais qu'il y a derrière nous, en sous-main, deux modèles, un aristotélicien et un augustinien ; nous avons, je crois, suffisamment défini le modèle attributiviste* et le modèle périchorétique. Maintenant, avançons, et retrouvons nos auteurs anglophones de l'âge classique. Renouons avec notre propos du 10 février dernier, car le détour que nous avons fait par le vocabulaire grec va nous permettre de mieux comprendre la nature, la portée, la signification et surtout les sources du grand débat qui agite le monde anglophone dans les années 1640-1650 : la controverse entre Hobbes et un auteur dont nous allons parler dans quelques minutes : John Bramhall.

Je repars de Chisholm et de PAP, le « principe des possibilités alternatives ». Nous avons vu ce que pouvaient être les conditions de la responsabilité, telles que les définit Aristote dans l'*Éthique à Eudème* et les reprend Némésius d'Émèse dans *La Nature de l'homme*. Voyons maintenant, à l'autre bout de l'histoire, de nos jours, le « principe des possibilités alternatives » tel que le formule Chisholm, sur les pas de Frankfurt :

> PAP $_{\text{déf.}}$: A person is morally responsible for what she has done only if she could have done otherwise (une personne est moralement responsable de ce qu'elle a fait seulement si elle aurait pu faire autrement).

Nous en avions évoqué la fine pointe, en citant un extrait du texte des *Questions sur la liberté et la nécessité* de Thomas Hobbes datant de 1645, publié pour la première fois, sans l'accord de l'intéressé en 1654.

> Enfin, je soutiens que cette définition courante d'un *libre agent*, qu'« un libre agent est ce qui, quand toutes choses sont présentes qui sont indispensables pour produire l'effet, peut néanmoins ne pas le produire », implique une contradiction et n'est qu'absurdité, puisqu'elle équivaut à dire que la cause peut être *suffisante*, c'est-à-dire *nécessaire* et que, pourtant, l'*effet* ne s'ensuivra pas [6].

Hobbes soutient : 1° que la définition ordinaire d'un agent libre est inacceptable et même *absurde*, parce qu'*elle enveloppe une contradiction*, à savoir : 2° qu'*une cause peut être dite « suffisante » sans produire son effet*. C'est là qu'il affronte Bramhall.

Je ne suis pas le premier à attirer l'attention sur la controverse de Hobbes avec Bramhall. Une fois de plus, c'est Schopenhauer qui, chez les Modernes, en a saisi toute l'importance, en partant de la « sixième opinion », exposée dans les *Questions sur la liberté et la nécessité*.

> … le premier qui toucha au cœur même de la question est, à ce qu'il me semble, Thomas Hobbes, qui publia en 1656 un ouvrage spécial sur ce sujet, intitulé : *Quaestiones de libertate et necessitate, contra Doctorem Branhallum* [sic] : ce livre est rare aujourd'hui. Il se trouve transcrit en anglais dans les *Œuvres morales et politiques*

de Th. Hobbes (1 vol. in-folio, Londres, 1750, p. 469, et *sq*.). J'en extrais le passage capital que l'on va lire (p. 483) : « (6) Rien ne tire son origine de soi-même, mais de l'action de quelque autre agent immédiat. Donc, lorsque pour la première fois l'appétit ou la volonté d'un homme se porte vers quelque chose, pour laquelle il n'éprouvait précédemment ni appétit ni volonté ; la cause de ce mouvement de la volonté n'est pas la volonté même, mais quelque autre chose qui n'est pas en sa puissance. Donc, puisqu'il est hors de doute que la volonté est la cause nécessitante des actes volontaires, et que d'après ce que je viens de dire la volonté est nécessairement causée par d'autres choses indépendantes d'elle ; il s'ensuit que tous les actes volontaires ont des causes nécessaires, et par suite sont nécessités »[7].

La thèse de Hobbes repose sur un principe apparemment discutable, à savoir que « toute cause suffisante produit nécessairement son effet », ce qu'il pense avoir démontré dans la septième et avant dernière de ses opinions sur la nécessité et la liberté, *en identifiant cause suffisante et cause nécessaire*. Cette identification des deux causes ne va pas de soi[8]. Que dit Hobbes ? Très exactement que, si une cause suffisante ne produit pas son effet, c'est qu'il lui manque quelque chose pour le produire, donc qu'elle n'est pas suffisante. De là, étant constant que si une cause suffit à produire un effet, elle ne peut pas ne pas le produire – puisque si elle ne le produit pas, c'est qu'elle ne suffisait pas à le produire –, il infère que, en tant que produites, les actions volontaires sont nécessitées, car, si tel n'était pas le cas, elles ne (se) seraient jamais produites. Ce qui vaut d'une cause suffisante vaut d'une cause nécessaire. C'est la fameuse « septième opinion » :

En septième lieu, je tiens pour *cause suffisante* ce à quoi rien ne manque qui soit indispensable à la production de l'*effet*. Une cause *nécessaire* est identique à cela, car s'il est possible qu'une cause *suffisante* ne suscite pas l'effet, alors, il manque quelque chose d'indispensable à la production de celui-ci, et la cause n'était donc pas *suffisante* ; mais s'il est impossible qu'une cause *suffisante* ne produise pas l'effet, alors, une cause *suffisante* est une cause *nécessaire*, puisque, par définition, produit un effet *nécessairement* ce qui ne peut que le produire. Il est ainsi manifeste que tout ce qui est produit, est produit *nécessairement* ; car

> tout ce qui est produit a eu une cause *suffisante* pour le produire, ou bien n'eût pas été ; et les actions *volontaires*, par conséquent, sont accomplies par *nécessité*[9].

Le théologien anglican John Bramhall (1594-1663), évêque de Derry, grand adversaire de Hobbes – il est l'auteur de *La Capture de Léviathan*[10] –, ne voit ni non-sens ni contradiction dans la « définition ordinaire d'un agent libre ». Dans sa cinglante réponse au traité sur *La Liberté et la Nécessité*[11], il commence par souligner que « le dernier point », autrement dit : le rejet de la définition, n'est que « le corollaire de la précédente opinion », entendons : la « septième opinion », ou « une inférence qui en est tirée », à savoir que « toute cause suffisante produit nécessairement son effet », « lequel pilier étant supprimé, la superstructure doit nécessairement s'écrouler sur le sol, n'ayant plus rien pour la soutenir ». Il n'y a rien ni personne pour *soutenir* la thèse de Hobbes. À part Hobbes lui-même. Ne dit-il pas : « Enfin, je soutiens » ? La belle affaire ! ironise l'évêque : « Ce qu'il soutient le concerne, lui, pas les autres. » Et que soutient-il ? « Je soutiens, dit-il que la définition ordinaire d'un agent libre implique contradiction et est absurde. » Il ne manque pas d'aplomb. Ce qu'il appelle la « définition ordinaire » est la même définition que celle qui est donnée par la plupart des philosophes et des scolastiques. Pense-t-il que tous disent une « absurdité » ou ont si peu de jugement qu'ils se contredisent dans une simple définition ? Il ferait mieux de se soupçonner lui-même au lieu de critiquer tant de gens.

Passé l'ironie, Bramhall argumente :

> Let us see the definition itself : — « A free agent is that, which, when all things are present that are needful to produce the effect, can nevertheless not produce it. » I acknowledge the old definition of liberty, with little variation[12].

Il reconnaît « la vieille définition de la liberté » (« l'agent libre est celui qui, quand toutes les choses sont présentes qui sont *requises pour produire l'effet* – peut néanmoins ne pas le produire »), mais il n'y trouve rien à redire : « I cannot see this nonsense, poursuit-il, nor discover this contradiction. » Et d'invoquer trois exemples. Le premier : l'acte d'écrire, qui, pour toutes sortes de problèmes, de théories ou de domaines, du vouloir à la perception, court de Théophraste à Hegel ou Hamilton, sans oublier Derrida ; le second, propre à faire tinter les oreilles de Guillaume II : la déclaration de guerre ; le troisième, tiré de l'Évangile selon Matthieu : un mariage et (au bas mot) quatre enterrements.

L'argument est simple : dans la *définition ordinaire,* « rien ne manque de ce qui est requis pour produire l'effet » ne vise pas la « détermination actuelle de la volonté », mais seulement l'ensemble des conditions requises pour y parvenir, qu'elles soient extérieures ou intérieures à l'agent [13]. La réunion de toutes les choses requises pour écrire (plume, encre, papier, table, écritoire, loisir, art de l'écriture, libre usage de la main, etc.) n'implique pas qu'on ne puisse s'en abstenir, *si on le veut* ; celle de toutes les choses requises pour faire la guerre (hommes, argent, armes, munitions, bateaux – nous sommes en Grande-Bretagne – et juste cause) n'implique pas que le roi ne puisse pas « choisir la paix *s'il le veut* ». La réunion des conditions n'empêche pas plus l'agent de différer ou de rejeter qu'elle ne l'oblige à agir positivement.

> I cannot see this « nonsense » nor discover this « contradiction ». For in these words, « all things needful » or « all things requisite », the actual determination of the will is not included. But by « all things needful or requisite », all necessary power either operative or elective, all necessary instruments and adjuments extrinsical and intrinsical, and all conditions, are intended. As he that has pen and ink and paper, a table, a desk, and leisure, the art of writing, and the free use of his hand, has all things requisite to write if he will; and yet he may forbear if he will. Or as he that hath men, and money, and arms, and munition, and ships, and a just cause, hath all things requisite for war, yet he may make peace if he will [14].

Quant au mariage, l'argument roule sur Mt 22, 2-4, en l'occurrence sur l'accueil fait par les invités à la formule d'invitation transmise par les serviteurs mandés par le roi en Mt 22, 4 pour les convier au repas de noces de son fils :

> Ἰδοὺ τὸ ἄριστόν μου ἡτοίμακα, οἱ ταῦροί μου καὶ τὰ σιτιστὰ τεθυμένα, καὶ πάντα ἕτοιμα· δεῦτε εἰς τοὺς γάμους. Vulgate : *Ecce prandium meum paravi tauri mei et altilia occisa et* omnia parata, *venite ad nuptias* ; King James Bible : I have prepared My dinner, My oxen and My fatlings are killed, *all things are ready*, come unto the marriage ; David Martin, 1707 : Voici, j'ai apprêté mon dîner ; mes taureaux et mes bêtes grasses sont tuées, et *tout est prêt*; venez aux noces [15].

Le roi, qui les a invités une première fois en vain, les invite derechef en disant que « tout est prêt ». Les invités, relapses, ne viennent pas. Le roi, outragé, les fait assassiner. Si l'on suivait Hobbes, dit Bramhall, « les invités », qui, semble-t-il, n'aimaient vraiment pas sa cuisine, « auraient pu » lui répondre, « qu'il ne disait pas la vérité car leurs propres volontés n'étaient pas prêtes » : « According to his doctrine, the guests might have told him, that he said not truly, for their own wills were not ready. » C'est faux. Qu'ils le voulussent ou non ils étaient invités. L'invitation royale (autrement dit : la volonté du roi, exprimée dans l'invitation transmise par les serviteurs) ne dépendait pas de la volonté des invités d'être invités. Qu'ils y fussent disposés ou non, le roi avait le pouvoir de les inviter ou de ne pas les inviter, autrement dit : celui de les vouloir ou non aux noces.

En résumé : la volonté n'est pas « nécessitée » extrinsèquement à *vouloir tout acte* de vouloir. Elle peut vouloir, elle peut ne pas vouloir, elle peut s'abstenir de vouloir. Si elle n'avait pas le pouvoir *de reporter le vouloir* de ce qu'elle veut ni le pouvoir de *ne pas vouloir* ce qu'elle ne veut pas, la volonté n'aurait pas le pouvoir de produire l'effet qu'elle veut : quelque chose de requis à la production de l'effet ferait défaut, à savoir... la volonté elle-même ! La volonté ferait défaut. Le vouloir serait en manque... de vouloir. Autrement dit, mais ce sont mes termes, *pas de liberté de faire, sans liberté de ne pas faire ; pas de liberté de faire sans liberté de différer*.

> And indeed if the will were (as he conceives it is) necessitated extrinsically to every act of willing, if it had no power to forbear willing what it does will, nor to will what it does not will, then if

> the will were wanting, something requisite to the producing of the effect was wanting [16].

La volonté peut d'elle-même et par elle-même vouloir *(will)* ce qu'elle veut et nouloir *(nill)* ce qu'elle ne veut pas : science et conscience, raison et religion, toute l'expérience humaine, la mienne comme celle d'autrui, enseignent que la volonté a sur ses propres actes « empire » *(dominion)* de vouloir ou de ne pas vouloir sans « nécessitation extrinsèque » et que, pour parler le langage de l'École, si le pouvoir de vouloir est présent chez quelqu'un *en acte premier*, déterminable par lui, aucun pouvoir nécessaire ne lui fait défaut *sous ce rapport* pour produire un effet.

Rappelez-vous ce que je disais tout à l'heure de l'action et de l'acte. On pourrait développer ces notions d'*acte premier* et d'*acte second* : l'acte second est, dans le langage scolastique, la mise en œuvre de la capacité actuelle de faire ce que je peux faire. Il y a la puissance nue : un petit enfant qui vient de naître est, en puissance, capable de lire. À un moment, il apprend à lire, il est donc en puissance seconde, disent les médiévaux, et cette puissance seconde est un acte premier : il est vraiment capable de lire et d'écrire. Mais au moment où il ne lit ni n'écrit, par exemple quand il dort, il n'exerce pas cette capacité. Quand en revanche, les yeux grand ouverts, il lit ou écrit, il exerce cette aptitude, qui a été décrite aussi bien comme une puissance seconde que comme un acte premier, et cette activité-là, c'est précisément l'énergie seconde, ou l'acte second. Ce que dit Bramhall, c'est que si vous avez en acte premier, déterminable, susceptible d'être actualisé en acte second, le pouvoir de vouloir, cela suffit pour que vous soyez à même de vouloir ce que vous voulez, de ne pas vouloir ce que vous ne voulez pas ou de différer.

Je laisse de côté les notions aristotélicienne et scolastiques d'acte premier (ou puissance d'agir) et d'acte second (l'exercice de la puissance, sa « détermination »), héritées du texte du *De anima* (II, 5, 417 b 2-16) où Aristote explique en ces termes le passage de la science possédée (puissance « seconde » ou « entéléchie première [17] ») à son exercice actuel (ou « entéléchie seconde »), pour relever deux problèmes :

P1 : Le fond de l'argument de Hobbes, la thèse que « toute cause suffisante produit nécessairement son effet » – d'où il tire que « tous les effets sont nécessaires » — sont-ils si discutables que semble le dire Bramhall ? Peut-être pas : c'est le premier problème.

P2 : Le deuxième, à l'inverse, est que si évident qu'il ait l'air, PAP, le principe des « possibilités alternatives », est peut-être plus discutable que semble le dire Chisholm.

[Partie du cours non prononcée]

Nous reviendrons sur P2. Concernant P1, on se bornera à rappeler que ce n'est pas une trouvaille, ni *a fortiori* une extravagance de Hobbes. Ce l'est si peu qu'on rencontre quasiment la même formule et le même raisonnement dans de nombreux textes médiévaux. C'est le cas, par exemple, chez le franciscain Pierre de Jean-Olieu (Olivi), qui en indique la source : « Avicenne et les autres philosophes qui suivent Aristote ».

> Et hoc est quod Avicenna et alii philosophi Aristotelem sequentes dicunt quod *posita causa sufficienti semper necessario sequitur effectus*, et quod *quandocunque effectus non sequitur seu non efficitur, tunc non erat causa sufficiens ad ipsum agendum* [18].

Les sources en question sont Avicenne [19], Averroès, al-Ghazālī et, naturellement, Aristote lui-même [20]. Le passage d'Aristote le plus pertinent est *Métaph.* Θ, 5, 1048a5 *sq.*, où Aristote expose la différence entre les modes d'actualisation des puissances irrationnelles (qui résident indifféremment dans un être animé ou dans un être inanimé) et ceux des puissances rationnelles (qui résident nécessairement dans un être animé) :

> La puissance rationnelle ne produit pas nécessairement ses effets, car si tel était le cas elles produirait simultanément des contraires ; elle produit en fonction d'un désir et d'un choix de tel contraire à l'exclusion de l'autre ; choix qui détermine l'agent à agir en opérant le rapprochement avec le patient, qui si rien ne l'empêche par ailleurs, suffit *[mais le mot n'est pas prononcé – on*

> *peut aussi bien comprendre, 'fait nécessairement que']* pour que l'agent accomplisse ce qu'il désire / a choisi [21].

Olivi lui-même n'a rien d'original. Thomas d'Aquin cite l'adage dans la *I*ª *Pars* à propos de l'éternité du monde [22], dans unc formulation assez proche de l'argument de Hobbes.

> Praeterea, posita causa sufficienti, ponitur effectus : causa enim ad quam non sequitur effectus, est causa imperfecta, indigens alio ad hoc quod effectus sequatur [23].

> Poser la cause suffisante, c'est en poser du même coup l'effet. Toute cause dont l'effet ne résulte pas immédiatement est une cause non suffisante [littéralement : imparfaite, qui n'est pas complètement cause de ce qu'elle est censée causer] parce qu'il lui manque quelque chose [ou plutôt : *qui a besoin* d'autre chose, d'un autre, de quelque chose d'autre : *alio*] pour qu'elle puisse produire son effet [pour qu'effet s'ensuive] [24].

L'adage figure, toujours dans le même contexte (l'éternité du monde), dans le chapitre 32, du livre II de la *Summa contra Gentiles* :

> Qui plus est. Une fois posée la cause suffisante, il est nécessaire que l'effet soit posé. Car, si la cause une fois posée il n'est pas nécessaire que l'effet le soit, il sera possible, la cause étant posée, que l'effet soit et qu'il ne soit pas. La consécution de la cause par l'effet sera donc seulement possible [25].

Le *fond de l'argument* de Hobbes n'a donc rien d'extraordinaire. C'est un lieu commun scolastique. En tant que défenseur de l'École, Bramhall peut en contester l'utilisation, pas le contenu.

Notes

1. Il n'y a pas de terme pour rendre directement δυνάμενον. On a en français « potence » (support), on a « potentat » (tiré de « *potentatus* », lui-même dérivé de « *potens* », adj.), on a l'adjectif substantivé « impotent ». On n'a pas « potent », ni adjectif, ni adjectif substantivé ; on a seulement « puissant », qui ne s'emploie guère qu'au pluriel : « les puissants », au sens de « ceux qui ont le pouvoir et la richesse », selon le *TLF*.

2. Sur PCAA et la séquence épistémique *Ka*-[objet] → *Ka*-[acte] → *Ka*-[puissance] → *Ka*-[essence], voir *La Double Révolution*, p. 538-539. Sur l'utilisation de PCAA par THOMAS, *Summa theol., I^a Pars*, 87, 3, *resp.*, et *passim*, voir les analyses d'É. GILSON, *Le Thomisme*, p. 278-279.

3. Voir ARISTOTE, *Cat.*, 2, 1a20-b9, où les relations ἐν ὑποκειμένῳ εἶναι (« être dans un sujet ») et καθ' ὑποκειμένου λέγεσθαι (« être dit d'un sujet », *i.e.* en être prédiqué univoquement selon le nom et la définition) permettent de distinguer ontologiquement les choses qui, comme *Socrate*, ne sont ni dites d'un sujet ni dans un sujet (les substances premières ou particulières) ; celles qui, comme *homme*, sont dites d'un sujet sans être dans un sujet (les substances secondes ou universelles) ; celles qui, comme *une blancheur particulière*, sont dans un sujet sans être dites d'un sujet (les accidents particuliers) ; celles qui, comme *Science*, *sont dans un sujet, l'âme*, et dites d'un autre sujet, la *grammaire* (les accidents universels). Sur tout cela, *cf.* ARISTOTE *[Catégories]*, texte établi et traduit par R. BODÉÜS, Paris, Belles Lettres (CUF), 2001, p. 3 ; ARISTOTE, *Catégories*, Présentation, trad. et comm. par F. ILDEFONSE et J. LALLOT, Paris, Seuil (Points Essais, 484), 2002, p. 59-61. Voir en outre le cours du 13 mars 2014, *L'Invention du sujet moderne*, p. 43-44.

4. Augustin, *De Trinitate*, IX, iv, 5: « Simul etiam admonemur si utcumque uidere possumus haec in anima exsistere et tamquam inuoluta euolui ut sentiantur et dinumerentur substantialiter uel, ut ita dicam, essentialiter, *non tamquam in subiecto ut color aut figura in corpore aut ulla alia qualitas aut quantitas* »; BA 16, p. 82-85 : « Et nous remarquons en même temps, s'il est vraiment possible de le voir, qu'ils [la connaissance et l'amour] existent dans l'âme et s'y développent dans une sorte d'involution mutuelle, de sorte qu'ils s'y laissent percevoir et dénombrer substantiellement ou, pour le dire autrement, essentiellement, *non comme dans un sujet, telles la couleur ou la figure dans le corps, ou quelque autre qualité ou quantité.* » Cf. *L'Invention du sujet moderne*, p. 41-42.

5. Augustin, *De Trinitate*, IX, v, 8 : « ...quamvis et singula sint in se ipsis, et invicem tota in totis, sive singula in binis, sive bina in singulis. Itaque omnia in omnibus ». Cf. *L'Invention du sujet moderne*, p. 179-181.

6. Th. Hobbes, *Of Liberty...*, § 31, EW IV, p. 274-275 : « I hold that ordinary definition of a free agent, namely that a free agent is that which, when all things are present which are needful to produce the effect, can nevertheless not produce it, implies a contradiction and is nonsense; being as much as to say the cause may be sufficient, that is necessary, and yet the effect shall not follow » ; *De la liberté...*, trad. Lessay, p. 110.

7. Schopenhauer, *Essai sur le libre arbitre*, trad. cit., p. 148.

8. Sur la distinction entre conditions nécessaire et suffisante : on considère en général que, étant donné deux états de chose, x et y, x est une *condition nécessaire* de y, si l'existence (ou la factualité, ou la subsistance) de y implique nécessairement celle de x (l'existence de x n'impliquant pas celle de y, autrement dit que y se produira), tandis que x est une *condition suffisante* de y, si c'est l'existence (ou la factualité, ou la subsistance) de x qui implique nécessairement celle de y (l'existence de y n'impliquant pas celle de x, autrement dit que x s'est produit – car y peut avoir [eu] une autre cause, telle que z). Au niveau propositionnel, étant donnée l'implication $p \Rightarrow q$ (si p alors q, ou p implique q), on considère que « pour que p soit vraie, il *faut* que q soit vraie », signifie que q est une condition *nécessaire* pour que p, tandis que dire que « pour que q soit vraie il *suffit* que p soit vraie », signifie que p est une condition *suffisante* pour que q.

9. Th. Hobbes, *On Liberty...*, § 31, EW IV, p. 274-275 ; *De la liberté...*, trad. Lessay, p. 110 ; voir *supra*, la fin du cours du 10 février 2015.

10. Sur Bramhall, voir *Naissance du sujet*, p. 106 et 417 et *La Quête de l'identité*, p. 380, 381, 385, 386, 476, 485, 488. Sur la réponse de Hobbes à Bramhall, *cf.* TH. HOBBES, *Réponse à un livre publié par le Docteur Bramhall, feu l'Évêque de Derry, intitulé « La Capture de Léviathan »*, trad. LESSAY, *in* TH. HOBBES, *Œuvres*, t. XI-1, p. 155-261.

11. Pour cette réponse, *cf.* J. BRAMHALL, *Defence of True Liberty From Antecedent and Extrinsecal Necessity. Against Mr. Hobbes. Discourse I. A Vindication of True Liberty From Antecedent and Extrinsecal Necessity (first printed at London, A.D. 1655)*, in *The works of the most reverend Father in God John Bramhall, D.D., Sometime Lord archbishop of Armagh, Primate and Metropolitan of all Ireland, With a Life of the Author, and a Collection of his Letters*, volume IV, Oxford, John Henry Parker, MDCCCXLIV, p. 24-196.

12. J. BRAMHALL, *A Vindication of True Liberty...*, N° XXXII, p. 174.

13. Le terme « requis », les notions de « conditions requises » ou de « réquisits » ont un sens technique qu'il ne faut pas laisser échapper. Le « réquisit » est un terme hobbesien dont le sens et la portée apparaissent clairement dans la définition de la cause donnée par Hobbes au chapitre IX *(De causa et effectu)*, § 3, de la *Pars II^a^* du *De corpore* ; éd. Karl SCHUHMANN, Vrin, 1999, p. 96, 4-10 : « Causa [...] effectuum omnium in certis consistit agentium et patientis accidentibus, quae cum adsint omni, effectus producituer, si aliquod eorum desit, non producitur. Accidens autem sive agentis sive patientis, *sine quo* effectus *non* potest produci, vocatur *causa sine qua non* et *necessarium per hypothesin* et *requisitum* ad effectum producendum » (« La cause de tous les effets consiste dans les accidents déterminés des agents et des patients : lorsqu'ils sont tous présents, l'effet est produit ; si l'un d'eux manque, il n'est pas produit. L'accident, soit de l'agent, soit du patient, *sans lequel* l'effet *ne peut* être produit, est appelé *causa sine qua non* et *nécessaire par hypothèse* et *réquisit* pour la production de l'effet »). Dans *Genèse et évolution...*, p. 10, invoquant certaines interprétations italiennes (F. PIRO, S. DI BELLA) des sources hobbesiennes du principe de raison, A. LALANNE rappelle le rôle joué par cette notion dans la genèse du « principe de raison » : « Leibniz connaît très tôt le problème de la "nécessitation", hérité de la notion de "cause suffisante" chez Avicenne, que reprennent Hobbes et indirectement Sforza Pallavicino. Or c'est à ces sources que Leibniz puise peut-être sa première conception "nécessitariste" du principe de raison. Et c'est ce qui expliquerait également le recours à la notion de "réquisit", pour définir la raison

suffisante... ». Sur la définition de Hobbes, *cf.* V. Carraud, *Causa sive ratio. La raison de la cause, de Suárez à Leibniz*, Paris, PUF (Épiméthée), 2002, p. 82, n.

14. J. Bramhall, *A Vindication of True Liberty*..., p. 174.

15. Voir, pour le contexte, Mt 22, 2-7, dans la séquence sur le Royaume de Dieu (Mt 22,1-14). La *King James Bible* utilisée par Bramhall et Hobbes donne : « 2. The kingdom of heaven is like unto a certain king, which made a marriage for his son, 3. And sent forth his servants to call them that were bidden to the wedding: and they would not come. 4. Again, he sent forth other servants, saying, Tell them which are bidden, *Behold, I have prepared my dinner: my oxen and my fatlings are killed, and all things are ready: come unto the marriage*. 5. But they made light of it, and went their ways, one to his farm, another to his merchandise: 6. And the remnant took his servants, and entreated them spitefully, and slew them. 7. But when the king heard thereof, he was wroth: and he sent forth his armies, and destroyed those murderers, and burned up their city. » David Martin (1707) choisit : « 2. Le Royaume des cieux est semblable à un Roi qui fit les noces de son fils. 3. Et il envoya ses serviteurs pour appeler ceux qui avaient été conviés aux noces ; mais ils n'y voulurent point venir. 4. Il envoya encore d'autres serviteurs, disant : dites à ceux qui étaient conviés : *voici, j'ai apprêté mon dîner ; mes taureaux et mes bêtes grasses sont tuées, et tout est prêt; venez aux noces*. 5. Mais eux n'en tenant point de compte, s'en allèrent l'un à sa métairie, et l'autre à son trafic. 6. Et les autres prirent ses serviteurs, et les outragèrent, et les tuèrent. 7. Quand le Roi l'entendit, il se mit en colère, et y ayant envoyé ses troupes, il fit périr ces meurtriers-là, et brûla leur ville. »

16. J. Bramhall, *A Vindication of True Liberty*..., p. 174.

17. Puissance seconde par opposition à la puissance pure, dite « puissance première ». On a de fait *trois* niveaux : *p1 : puissance première* (indéterminée, comme celle de l'enfant qui est en puissance chef d'armée) ; *p2 : puissance seconde = a1 : acte premier* (entéléchie première, comme l'adulte qui est en âge d'être chef d'armée ; la faculté sensitive en tant que capable de sentir ; le sensible en puissance ; la possession de la science) ; *a2 : acte second* (entéléchie seconde, comme le sentir en acte ; l'exercice de la science ; la pensée en acte ; l'acte de penser). Sur tout cela, *cf.* A. de Libera, *L'Unité de l'intellect. Commentaire du 'De unitate intellectus contra averroistas' de Thomas d'Aquin*, Paris, Vrin (Études et Commentaires), 2004, p. 205-206 (schéma) et, du même, *La Double Révolution*..., p. 199-201.

18. Fr. Petrus Iohannis Olivi, o.f.m., *Quaestiones In Secundum librum Sententiarum*, q. 57, a. 3 (*Tertio quaeritur an in homine sit liberum arbitrium, hoc est, an in homine sit dare aliquid per quod possit agere aliqua libere*), arg. 7, éd. B. Jansen, s.j., volumen II, *Quaestiones 49-71*, Ad Claras Aquas (Quaracchi), Ex Typographia Collegii S. Bonaventurae, 1924, p. 307.

19. *Cf.* Avicenne, *Metaphysique*, IX, 1, éd. S. Van Riet, *Liber de philosophia prima sive scientia divina*. Éd. critique de la traduction latine médiévale. Introd. doctrinale par G. Verbeke, *Tractatus V-X*, *Avicenna Latinus* 1.4, Peeters, 1980, p. 435, 26-28 : « Et adhuc etiam patuit tibi quod *causa, quantum in se est, facit necessario esse causatum* ; quae, si fuerit semper, facit causatum necessario esse semper » ; trad. it. O. Lizzini, *in* Avicenna. *Metafisica*, a cura di P. Porro e O. Lizzini. Con testo arabo e latino, Milano, Bompiani (Il Pensiero Occidentale), 2002, p. 861 : « ... come ti è chiaro con cio che *la causa per sé rende necessario il causato* e che, dunque, se essa perdura continuamente, continuamente rende necessario il causato » ; *Métaphysique*, IV, 1, éd. S. Van Riet, *Liber de philosophia prima sive scientia divina...*, *Tractatus* I-IV, *Avicenna Latinus* 1.3, Peeters, 1977, p. 189, 98-05 : « Igitur esse omnis causati necessario est cum esse suae causae, et propter esse suae causae necessario est esse sui causati, et sunt simul in tempore vel in intellectu vel in aliis, sed non sunt simul in respectu habendi esse ; esse enim illius non provenit ex isto, quia illud habet acquisitionem essendi quae non est ex esse istius, et huic est acquisitio essendi quae est ex esse illius. Illud igitur est prius comparatione acquisitionis essendi » ; trad. Lizzini, p. 375 : « L'esistenza di un causato è dunque sempre necessaria insieme all'esistenza della sua causa e dall'esistenza della sua causa viene necesseriamente l'esistenza del causato. I due sono insieme nel tempo o nella durata o altro, ma non insieme in rapporto all'ottenimento dell'esistenza. Questo perché l'esistenza di quella non si dà a partire dall'esistenza di questo : alla [causa], infatti, appartiene di ottenere un'esistenza che non dipende del fatto che [il causato] ottenga l'esistenza, mentre a quest'ultimo appartiene d'ottenere un'esistenza che dipende dal fatto che quella abbia ottenuta l'esistenza ; la [causa], dunque, è anteriore riguardo all'ottenimento dell'esistenza. » « *Durata* » rend l'arabe *dahr*, le latin a *intellectus*, qui correspond à *'aql*. *Dahr* désigne « la stabilità degli enti », *cf.* P. Porro, *Forme e modelli di durato nel pensiero medievale. L'*aevum, *il tempo discreto, la categoria 'quando'*, Leuven, LUP, 1996, p. 92, n. 108, cité par Lizzini, p. 1130, n. 31. *Cf.* « Avicenna on Causal

Priority », *in* P. MOREWEDGE (éd.), *Islamic Philosophy and Mysticism*, Delmar (N.-Y.), Caravan Books, 1981, p. 65-83.

20. Selon JANSEN, l'éditeur d'Olivi, il s'agit : (1) d'AVICENNE, *Metaph.*, tract. IX, cap. 1 (f° 101va) ; tract. IV, cap. 1 (f° 84rb) ; (2) d'AVERROÈS, *Metaph.*, lib. IX, *summa* 1, cap. 6 (vol. VIII, f° 234vb ; et de GHAZÂLÎ (ALGAZEL), *Metaph.*, lib. I, tract. I, cap. 12 (f° d. 4ra, ed. Petrus Liechtenstein, Venetiis 1506). La référence à Avicenne est la référence centrale et décisive. C'est elle qui porte la réflexion de Thomas d'Aquin aboutissant à la formation d'une notion de « principe de raison » comme « principe de nécessitation de la cause suffisante » qui est l'*a priori* historique des thèses de Hobbes, puis de Leibniz. On se reportera une fois de plus sur ce point aux analyses d'A. LALANNE, *Genèse et évolution...*, p. 119-120, pour « l'exposé le plus précis de la "cause suffisante" selon Avicenne chez Thomas ». On croirait lire Hobbes lui-même. *Cf.* THOMAS D'AQUIN, *Questions disputées sur la Vérité*, q. 23, art. 5, arg. 1 : « *Dès que la cause suffisante est posée, il est nécessaire que l'effet le soit* ; Avicenne le prouve, dans sa *Métaphysique*, de la façon suivante. Si, une fois la cause posée, l'effet n'est pas nécessairement posé, c'est donc qu'après la position de la cause il est encore ouvert à l'un et l'autre, c'est-à-dire à l'être et au non-être. Or, ce qui est en puissance à deux choses, n'est déterminé à l'une d'elles que s'il y a quelque chose qui détermine. Donc, après la position de la cause, il faut encore poser quelque chose qui fasse que l'effet existe ; et ainsi, cette cause n'était pas suffisante. *Si donc la cause est suffisante, il faut qu'il soit nécessaire, dès qu'elle est posée, que l'effet le soit.* Or la volonté divine est une cause suffisante ; et ce n'est pas une cause contingente, mais nécessaire. Les réalités voulues par Dieu sont donc nécessaires. »

21. *Cf.* ARISTOTE, *Metaph.*, Θ, 5, 1047b35-1048a13, trad. TRICOT, *Métaphysique*, vol. II, *livres H-N*, Paris, Vrin, 2002, p. 35-36. Dans « La "définition" aristotélicienne de l'âme », *Le Philosophoire*, 2003/3 (n° 21), p. 65-85, D. DEMANGE propose : « ... toute puissance irrationnelle étant productrice d'un seul effet, alors que toute puissance rationnelle étant productrice des contraires, il en résulterait que la puissance rationnelle produirait simultanément les contraires, ce qui est impossible. Il est donc nécessaire qu'il y ait quelque autre élément déterminant, je veux dire le désir ou le choix rationnel : *quelle que soit celle des deux choses que l'agent désire de manière décisive, il l'accomplira dès qu'il y aura présence et rapprochement avec le patient, d'une façon appropriée à la puissance dont il s'agit* » (en ligne sur http://www.cairn.info).

22. *Cf.* Thomas d'Aquin, *Iª Pars*, *quaestio* 46, art. 1, arg. 9. La suite de l'argument 9 précise : « Sed *Deus est sufficiens causa mundi* ; et finalis, ratione suae bonitatis ; et exemplaris, ratione suae sapientiae ; et effectiva, ratione suae potentiae ; ut ex superioribus patet. Cum ergo Deus sit ab aeterno, et mundus fuit ab aeterno. »

23. La traduction anglaise de la *Summa* par les Dominicains de la Province d'Angleterre (*Fathers of the English Dominican Province*, Benziger Bros. Edition, 1947) est très proche du texte de Hobbes : « Further, if there is a sufficient cause, there is an effect ; for a cause to which there is no effect is an imperfect cause, requiring something else to make the effect follow. »

24. C'est ainsi que traduit É. Gilson, dans *Le Thomisme*, p. 193.

25. Thomas d'Aquin, *SCG* II, 32, § 3, Rationes volentium probare aeternitatem mundi ex parte Dei acceptae : « Amplius. Posita causa sufficienti, necesse est effectum poni. Si enim adhuc, posita causa, non necesse est effectum poni, possibile igitur erit, causa posita, effectum esse et non esse ; consecutio igitur effectus ad causam erit possibilis tantum » ; trad. C. Michon, p. 151.

Cours du 24 mars 2015

Première heure

La controverse Hobbes-Bramhall vue par Leibniz : les « Réflexions sur l'ouvrage que M. Hobbes a publié en Anglois de la liberté, de la nécessité et du hazard ». — Mise en argument d'une préface à Hobbes de John Davies de Kiwelly. — Quatre thèses « hobbesiennes ». Cinq thèses « bramhalliennes ». — Il n'est pas dans le pouvoir présent *de l'homme de se choisir la volonté qu'il doit avoir (Hobbes, approuvé par Leibniz). — On n'est pas maître absolu de sa volonté, pour la changer sur le champ. — Reprise des trois questions de Locke, plus une (Quand ?). — Spinoza et « l'ânesse de Buridan »* (Asina Buridani). *— La topique de Bramhall :* WILL, NILL, FORBEAR, *vouloir (V), nouloir (VN), différer (NV). — «* Forbear thy bloody hand *» : Marlowe,* Edward II. *— Les condamnations parisiennes de 1277. — Censure de la thèse affirmant que la volonté ne peut pas ne pas suivre ce que la raison lui présente, ni même s'en abstenir* (« Voluntas non potest abstinere ab eo quod ratio dictat »).

Sommes-nous libres de vouloir ce que nous voulons au moment où nous le voulons ? Sommes-nous libres de choisir ce que nous choisissons ? Ces deux questions qui sont au cœur du débat entre Bramhall et Hobbes ont été évoquées ici à propos de Chisholm et de sa lecture de la théorie leibnizienne de l'inclination non nécessitante. Avant de les reprendre d'un point de vue archéologique, je voudrais rappeler que Leibniz lui-même les a, si j'ose dire, *réorchestrées* dans un des deux petits traités qu'il a composés, l'un, contre le déterminisme absolu, l'autre, contre l'indifférence d'équilibre – le premier, contre Hobbes, intitulé *Réflexions sur l'ouvrage que M. Hobbes a publié en Anglois de la liberté, de la nécessité et du hazard*[1] ; le second, contre King, intitulé *Remarques sur le livre de l'origine du mal publié depuis peu en Angleterre*. Ces deux textes sont annexés aux *Essais* composant la *Théodicée*. Je laisse de côté la discussion du *De origine mali*, de l'archevêque de Dublin William King (1650-1729), rédigé en 1702, traduit en anglais par le disciple de Locke, Edmund Law (1703-1787), sous le titre *An Essay on the Origin of Evil*, en 1731. J'ai traité de certaines thèses de Law, capitales pour l'histoire du sujet et la réception de Locke, dans *La Quête de l'identité* – notamment de l'affirmation que « tout être quel qu'il soit n'est rien d'autre que l'agrégat de ses propriétés » (« the aggregate of the properties of any being is the being itself »)[2]. Il est l'un des philosophes à avoir renoncé au schème de la substance et des attributs, pour constituer les individus à partir de la réunion de propriétés singulières. C'est un des grands textes où l'on se débarrasse de la notion de substance en ontologie. Mais ce n'est pas ce qui nous occupe aujourd'hui. Ce qui nous occupe est le texte que Leibniz consacre à la controverse entre Hobbes et Bramhall. Leibniz y fait l'historique de la controverse, de ses circonstances et de ses enjeux immédiats, brosse un bref éloge de Hobbes et de sa théorie des conditions suffisantes qui, selon lui, revient jusqu'à un certain point à sa propre théorie pour laquelle « tout arrive par des raisons déterminantes, dont la connaissance, si nous l'avions, ferait connaître en même temps pourquoi la chose est arrivée, et pourquoi elle n'est pas allée autrement ». Mais l'éloge tourne court. De fait, poursuit Leibniz, « l'humeur de cet Auteur », Hobbes, « qui le porte aux paradoxes et le fait chercher à contrarier les autres, lui en a fait tirer des conséquences et des expressions outrées et odieuses, comme si tout arrivait par une nécessité absolue ». La thèse la plus générale de Hobbes est que nos actions sont en notre pouvoir, « en sorte que nous faisons ce que nous voulons, quand nous en avons le pouvoir, et quand il n'y a point d'empêchement », mais pas nos volitions, « en telle sorte que nous puissions nous donner sans difficulté et suivant notre bon-plaisir, des inclinations et des volontés que nous pourrions désirer ». Nous ne pouvons nous donner à nous-mêmes, quand nous le voulons, nos inclinations et nos volontés. Bramhall n'a « pris garde à cette réflexion », que, de son côté, Hobbes, « n'a pas assez développée ». Les deux compères ont manqué l'essentiel, la « vérité, qui est que nous avons quelque pouvoir [...] sur nos volitions ; mais d'une manière oblique, et non pas absolument et indifféremment ». Nous n'avons certes pas tout pouvoir sur nos volitions, mais il n'est pas vrai que nous n'ayons aucun pouvoir sur elles. C'est cela que Leibniz veut mettre en évidence, en arbitrant point par point, entre deux points de vue, présentés, à partir de la *Préface* (qu'il présente comme la Préface de Hobbes, mais qui, en réalité, n'est pas de Hobbes mais de John Davies de Kiwelly qui a publié le texte de Hobbes à son insu [3]), sous forme de *quaestio, ad utramque partem*. Le débat vu par Davies, repris et sanctionné par Leibniz, est un véritable CQR, auquel Hobbes et Bramhall sont censés apporter leurs propres réponses, arguments et contre-arguments [4]. Ce CQR, qui est en quelque sorte un champ de présence, au sens foucaldien du terme, oppose une première thèse, en quatre points, à une seconde thèse, ramenée elle-même à cinq points. La première thèse soutient que :

> T1. Il n'est pas dans le pouvoir présent de l'homme de se choisir la volonté qu'il doit avoir
>
> T2. Le hasard (« *chance* en Anglois », « *casus* en latin ») ne produit rien
>
> T3. Tous les événements ont leurs causes nécessaires
>
> T4. La volonté de Dieu fait la nécessité de toutes choses.

La seconde thèse, en revanche, maintient que :

> *T1. Non seulement l'homme est libre (absolument) pour choisir ce qu'il veut faire, mais encore pour choisir ce qu'il veut vouloir
>
> *T2. Quand l'homme veut une bonne action la volonté de Dieu concourt avec la sienne, autrement (à savoir quand il veut une mauvaise action) non

*T3. La volonté peut choisir si elle veut vouloir, ou non

*T4. Les choses arrivent sans nécessité, par hasard

*T5. Nonobstant que Dieu prévoie qu'un événement arrivera, il n'est pas nécessaire qu'il arrive, Dieu prévoyant les choses, non pas comme futures et comme dans leurs causes, mais comme présentes.

Au-delà des thèses de Hobbes et de Bramhall, le système formé par T1-4 et *T1-5 dessine pour nous la carte des questions en litige au sortir du Moyen Âge, dans la première modernité et au-delà, à l'Âge classique (où j'inclus les Lumières). Ou plutôt il en marque le cœur, il pointe le centre du dispositif : T1 (« Il n'est pas dans le pouvoir présent de l'homme de se choisir la volonté qu'il doit avoir ») et, en sens contraire, *T1 (« Non seulement l'homme est libre [absolument] pour choisir ce qu'il veut faire, mais encore pour choisir ce qu'il veut vouloir ») pris avec *T3 (« La volonté peut choisir si elle veut vouloir, ou non »). Vous aurez noté en effet qu'il n'est pas question ici seulement de la volonté, mais bien, comme chez Locke, comme chez Chisholm, de l'*homme* – le débat où se rencontrent Hobbes et Bramhall est une des figures majeures de la « Question de l'homme » évoquée l'an dernier avec Kant et Foucault. Ce questionnaire est une des étapes décisives dans l'histoire de la subjecti(vi)té, un élément essentiel, capital – les mots me manquent – de l'archive de et pour l'archéologie du sujet, une pièce incontournable de la confrontation entre psychologie, métaphysique et anthropologie.

Je laisse ici le détail de la controverse Hobbes-Bramhall et retiens l'appréciation, le diagnostic posé par Leibniz sur chaque élément du dossier, chaque appréciation étant portée en termes de « bien dit » ou « mal dit ». Je m'en tiens à ce que je considère comme central : T1, *T1 et *T3 [5].

T1 (« Il n'est pas dans le pouvoir *présent* de l'homme de se choisir la volonté qu'il doit avoir ») est « bien dit ». Mais il faut souligner la référence *au présent*. On ne peut à l'instant t choisir sa volonté, car celle-ci est la résultante de raisons et dispositions antérieures, acquises à t_{-1} ou t_{-n}, et elle en découle. On peut en revanche, avec le temps, acquérir de nouvelles dispositions, de manière à acquérir une volonté nouvelle, à $t+1$ ou $t+n$. Telle est la « vérité » que j'évoquais tout à l'heure, que Bramhall n'a pas su remarquer et que Hobbes n'a pas su développer : nous avons un *pouvoir « oblique »* sur nos volontés.

> Cela est bien dit, surtout par rapport à la volonté présente : les hommes choisissent les objets par la volonté, mais ils ne choisissent point leurs volontés présentes ; elles viennent des raisons et des dispositions. Il est vrai cependant qu'on se peut chercher de nouvelles raisons, et se donner avec le temps de nouvelles dispositions ; et par ce moyen on se peut encore procurer une volonté qu'on n'avait pas, et qu'on ne pouvait pas se donner sur-le-champ.

Je ne peux changer de volonté à volonté, « sur-le-champ » ; cela prend du temps. Je passe sur les autres thèses de Hobbes, car précisément nous manquons de temps.

S'agissant des thèses de Bramhall, on peut bien imaginer que si Leibniz a dit oui à T1, il ne dira pas oui à *T1 (que l'homme peut non seulement librement choisir ce qu'il veut faire, mais encore librement choisir ce qu'il veut vouloir). De fait, Leibniz déclare :

> C'est mal dit : on n'est pas maître absolu de sa volonté, pour la changer sur le champ, sans se servir de quelque moyen ou adresse pour cela.

Si l'on veut changer sa volonté, il faut changer ses dispositions, acquérir de nouvelles raisons, trouver de nouveaux motifs d'agir, afin d'agir et de vouloir *autrement* ; mais tout cela réclame du temps. C'est ce que l'on appelle « le temps de la réflexion »[6].

*T3 est rejeté, comme *T1. Il faut souligner, une fois de plus, la référence au présent. Dire que « la volonté peut *choisir* si elle *veut vouloir* ou non », c'est mal dire « par rapport à la *volition présente* ». Au moment où je veux, je ne peux plus choisir de vouloir ou ne pas vouloir ce que je veux. À l'instant *t*, les jeux sont faits, les dés sont jetés. Vouloir, c'est avoir choisi[7].

On le voit, ce à quoi Leibniz est confronté, à travers T1 et *T1 et *T3, c'est très exactement à la thèse de Schopenhauer affirmant que je ne puis vouloir *à volonté*, que je n'ai pas le pouvoir de *vouloir* ce que je veux, car *au moment où je le veux je n'ai pas le pouvoir de vouloir autre chose que ce que je veux*. Le rapport à la « volition présente » est la clef de tout le dispositif, où s'articulent les quatre questions évoquées à la suite de Locke, dans le cours du 27 janvier – les trois questions de Locke à laquelle j'ajoutais celle du temps :

Q1 L'homme est-il libre de *vouloir* les choses qu'il *veut* effectivement faire ?

Q2 L'homme est-il libre de *ne pas vouloir* telle d'entre les choses qu'il *veut* faire ?

Q3 L'homme est-il libre de *vouloir* telle d'entre les choses qu'il *ne veut pas* faire ?

Q4 Et QUAND ?

Cette batterie de questions ne se réduit pas à Q1 : *sommes-nous libres de vouloir ce que nous voulons ?* Ni même à Q2 et Q3, prises ensemble ou séparément. Sinon, il serait inutile d'ajouter une référence « au moment où nous voulons » ou « ne voulons pas ». La référence au temps fait toute la différence. Mais qu'ajoute cette référence ? Je laisse de côté un instant, si j'ose dire, cette question, pour me concentrer sur la position de Bramhall, qui mérite qu'on la défende un peu.

Dans sa critique de Hobbes, l'évêque Bramhall, qui, comme lui, parle de la volonté, soutient que, au moment où elle veut ce qu'elle veut, la volonté a le pouvoir de ne le pas vouloir – au sens de nouloir – ou de différer l'acte de volition. Vouloir le contraire ou m'abstenir de vouloir ce que je veux : ces deux pouvoirs doivent exister au moment où je veux, car s'ils n'existaient pas, je n'aurais pas le pouvoir de vouloir ce que je veux. On peut évidemment banaliser la chose : remonter d'un cran, de t à t_{-1}, et se contenter de dire que la volonté, qui à l'instant t veut ce qu'elle veut, pouvait ou aurait pu à t_{-1} vouloir autre chose ou autrement. Mais on n'aura pas tout réglé : il faudra encore savoir si la volonté qui, à t_{-1}, a choisi p

plutôt que *non-p* ou *p* plutôt que *q* ou *r*, avait le pouvoir de choisir autre chose ou autrement. Et ainsi de suite. Ce qu'on appelle un *regressus in infinitum*. C'est un problème intéressant, lié au précédent, et qui a entraîné beaucoup de discussions. Mais ce qui, à l'instant, nous intéresse n'est pas la liberté du choix au sens de la dépendance ou de l'indépendance de la volonté par rapport aux raisons qui la déterminent (qu'elles la nécessitent ou l'inclinent sans la nécessiter), c'est la question de la « volition présente » *en tant que présente*. Ne sortons pas de *t*. Ce qui nous intéresse, c'est ce qui se passe à *t* ; pas à t_{-1} ni, d'ailleurs, à t_{+1}, mais bel et bien ce qui se passe au moment où je veux ou ne veux pas – qu'il s'agisse de vouloir ce que je veux, de ne pas vouloir ce que je ne veux pas, de vouloir ce que je ne veux pas ou de ne pas vouloir ce que je veux. Ce qui nous intéresse, c'est la possibilité que des volontés contraires ou incompossibles existent à *t*, dans un sujet donné. Ce qui nous intéresse, c'est de savoir quelle sorte d'âne ou d'ânesse nous sommes ou, ce qui revient au même, ce qu'est un humain, au moment de choisir – de choisir d'agir ou de ne pas agir. Je dis « ânesse » par respect de la parité, mais aussi par spinozisme, car, c'est en évoquant l'*asina Buridani*, que dans les *Pensées métaphysiques (Cogitata metaphysica)*, annexées aux *Principes de la philosophie de Descartes démontrés selon la méthode géométrique*, Spinoza prouve *qu'il existe une volonté* :

> *Dari voluntatem*. – Quod autem anima talem potentiam habeat, quamvis à nullis rebus externis determinetur, commodissime explicari potest exemplo asinae Buridani. Si enim hominem loco asinae ponamus in tali aequilibrio positum, homo, non pro re cogitante, sed pro turpissimo asino erit habendus, si fame, et siti pereat.

Que d'ailleurs l'âme a une telle puissance, bien que n'étant déterminée par aucunes choses extérieures, cela se peut très commodément expliquer par l'exemple de l'ânesse de Buridan. Si en effet on suppose un homme au lieu d'une ânesse dans cette position d'équilibre, cet homme devra être tenu non pour une chose pensante, mais pour l'âne le plus stupide, s'il périt de faim et de soif[8].

Cartésien, Spinoza ne se laissait pas mourir. Spinoziste, il réhabilite l'ânesse en naturalisant l'homme. Comme l'atteste le célèbre scholie de l'*Éthique*, IIe partie, prop. 49 :

> Quod denique ad quartam objectionem (de Buridani asina) attinet, dico, me omino concedere, quod homo in tali aequilibrio positus (nempe qui nihil aliud percipit quam sitim et famem, talem cibum et talem potum, qui aeque ab eo distant) fame et siti peribit

> Quant à la quatrième objection, j'ai à dire que j'accorde parfaitement qu'un homme, placé dans cet équilibre absolu qu'on suppose (c'est-à-dire qui, n'ayant d'autre appétit que la faim et la soif, ne perçoit que deux objets, la nourriture et la boisson, également éloignées de lui) ; j'accorde, dis-je, que cet homme périrait de faim et de soif.

Qu'est-ce que l'homme ? L'âne ? L'ânesse ? Schopenhauer, qui, dans l'*Essai sur le libre arbitre*, cite le texte de l' *Éthique* [9] et les *Cogitata* [10] se plaît à souligner l'évolution de Spinoza, « arrivé » à la bonne « opinion dans les dernières années de sa vie, c'est-à-dire après avoir passé la quarantaine (1672) » – exemple de progrès philosophique bien rare, où ne le rejoignent qu'un Joseph Priestley (1733-1804), dans sa *Doctrine of Philosophical Necessity Illustrated* (1777), et un Voltaire, dans *Le Philosophe ignorant* (1766), publié à 72 ans [11].

Mais je reviens à Bramhall. *Will, nill, forbear* : vouloir, nouloir, différer – les trois termes utilisés par Bramhall méritent qu'on s'y attarde, en eux-mêmes et dans leur articulation. *Forbear* : s'abstenir, remettre, retenir – c'est le mot qu'emploie Édouard II, s'adressant à Lightborn, le tueur professionnel venu l'assassiner, dans *The troublesome raigne and lamentable death of Edward the second, King of England, with the tragicall fall of proud Mortimer* (*Le Règne difficile et la mort lamentable d'Édouard II, roi d'Angleterre, ainsi que la chute tragique de l'orgueilleux Mortimer*), l'une des dernières pièces de Marlowe, publiée pour la première fois, semble-t-il, en 1594 : « ... stay a while; forbear thy bloody hand », « ... *attends un peu — retiens ta main sanglante* ».

K. Edw. — These looks of thine can harbour naught but death; I see my tragedy written in thy brows. Yet stay a while; forbear thy bloody hand, And let me see the stroke before it comes, That even then when I shall lose my life, My mind may be more steadfast on my God.

Le Roi. — Des yeux comme les tiens ne peuvent héberger que la mort. Je lis ma tragédie écrite sur ton front. Toutefois, attends un peu. Retire ta main sanglante. Avant de frapper accorde-moi de me préparer au coup fatal pour que, au moment de perdre la vie, mon âme se repose avec plus de fermeté sur son Dieu [12] !

Will, nill, forbear, « vouloir », « nouloir », « différer » correspondent logiquement à *velle*, *nolle*, *non velle* : V, VN, NV dans le quadrilatère du vouloir, tiré des *Lambeth Fragments* d'Anselme de Cantorbéry. Différer, en effet, c'est « ne pas vouloir que » (NV), c'est s'abstenir de vouloir, ce n'est pas « vouloir que ne pas » (VN). Ce trio, V, VN, NV, s'entend de plusieurs façons et, sur la longue durée, se connecte à toutes sortes de doctrines, de problèmes et de distinctions, mais d'abord et avant tout à la question psychologique de la liberté, à l'état naissant.

Flaubert disait : « Madame Bovary, c'est moi. » Buridan ne dit pas : « Je suis mon âne. » Tout se joue chez lui sur l'articulation du jugement et de la volonté. C'est la marque de son aristotélisme et le terrain où se mesure l'impact des condamnations parisiennes de 1277 sur la philosophie en général et la psychologie en particulier. Vous savez que, le 7 mars 1277, l'évêque de Paris, Étienne Tempier, sur l'avis d'une commission qu'il avait réunie afin d'examiner une série de textes, de publications, probablement aussi de reportations de cours, interdit l'enseignement de 219 thèses à l'université de Paris, sous peine d'excommunication. Ce *syllabus* est le document de base pour comprendre ce qui se joue, dans le Moyen Âge tardif, autour de la question de la liberté, comprise comme la question du rapport entre nécessitarisme et liberté, mais aussi du rapport entre intellectualisme et volontarisme. C'est sur ce terrain que se joue la réception par l'Église de l'aristotélisme en psychologie et en éthique. Psychologie ou anthropologie : ces deux disciplines, qui ne sont pas encore constituées comme telles, forment une science *bifrons*. Quand elle émerge au début de l'âge classique – Foucault l'a bien montré – l'anthropologie s'énonce souvent dans des textes qui portent le nom de *psychologia* [13] et, ajouterai-je, le texte qui introduit académiquement une notion « moderne » de psychologie porte, remarquablement, un titre qui combine les deux : l'*Anthropologia* ou *Psychologia anthropologica* d'Otto Casmann (1562-1607) [14].

Quoi qu'il en soit, la question qui apparaît de la manière la plus nette dans les condamnations parisiennes de 1277 par l'évêque Étienne Tempier est celle de l'articulation entre le jugement et la volonté. Y répondre c'est répondre en même temps à la question « qu'est-ce que l'homme ? » - pour autant que cette question porte sur le fait de savoir si l'homme est libre ou pas. Qu'est-ce donc que « vouloir » ? Allons lire ces condamnations.

Ces condamnations prennent la forme d'une liste de thèses interdites, que l'on n'a pas le droit d'enseigner. Pourtant, et c'est ce qui est drôle dans cette histoire, il a bien fallu que l'on fasse circuler cette liste, afin que l'on sache précisément ce que l'on n'a pas le droit d'enseigner. Or, à l'époque, il n'y a pas encore de photocopies, on copie tout à la main. Mais quand on copie, on peut se tromper, et ainsi, a pu circuler dans une liste de proscriptions, une thèse qui au contraire était prescrite, simplement parce que le copiste a oublié un petit mot, par exemple « *non* ». Ces textes ont beaucoup circulé ; les condamnations de 1277 sont imprimées encore au XVIIe siècle en appendice aux *Sentences* de Pierre Lombard, qui restait encore le grand manuel de théologie.

J'ai dit que le legs de ces condamnations était l'articulation entre jugement et volonté, or cette question est présentée avec des caractéristiques tout à fait remarquables : le point de vue recopié comme interdit est un point de vue aristotélicien. Il s'agit d'une condamnation des thèses d'Aristote. Qu'est-ce que vouloir ? *Vouloir*, c'est, à grands traits – mais nous y reviendrons – *assentir* à un *jugement*. Pour nombre de médiévaux, le problème de la volonté, s'il n'y en avait qu'un (ce qui, rassurez-vous, n'est pas le cas), est ce qu'on appelle le « problème de l'assentiment » : en latin *assensus* ou *assensio*. Une des 219 thèses interdites d'enseignement à l'université de Paris par Étienne Tempier, l'évêque de Paris et sa commission de spécialistes, le 7 mars 1277 – *point de fracture* OU *non-événement* allégués, selon leurs convictions ou leur école, par tous les médiévistes depuis au moins Pierre Duhem (1861-1916), qui considérait que cette condamnation de l'aristotélisme était véritablement la naissance de l'esprit moderne [15] –, énonce que « la volonté poursuit nécessairement ce qui est cru fermement par la raison (« necessario prosequitur quod firmiter creditum est a ratione ») et qu'elle ne peut pas s'abstenir de ce que la raison lui dicte » (« et quod non potest abstinere ab eo quod ratio dictat ») [16]. La volonté ne peut pas ne pas suivre ce que la raison lui présente, ce à quoi la raison adhère par un acte de croyance ferme. Elle ne peut pas même sans abstenir : *la volonté est entièrement sous le pouvoir de la raison*. Voilà une des thèses condamnées. On est pour, on est contre ; certains condamnent, d'autres se taisent.

Voluntas non potest abstinere ab eo quod ratio dictat. Il faudrait pouvoir méditer des heures cette phrase. C'est le *credo* du nécessitarisme dit « aristotélicien ». La volonté ne peut pas ne pas vouloir ce que l'intellect – l'entendement –, et son bras armé : le *jugement*, lui proposent. Elle ne peut pas même le « remettre » : le suspendre, s'abstenir. Jugement « ferme », croyance « ferme ». L'entendement fournit le « jugement ferme ». Il n'y a plus qu'à vouloir pour agir. À vouloir agir. Et l'on ne peut vouloir que ce qu'on veut.

La « fermeté » ou la « certitude » ? L'un ou l'autre. Peu importe. Dans tous les cas, l'intellect *propose*, l'intellect *dispose*. L'adage dit : « *l'homme* propose, Dieu dispose ». Ce que dit Buridan, c'est non seulement que l'intellect propose, et qu'il faut déterminer jusqu'où la volonté *dispose*, mais d'abord, et aussi, jusqu'où l'intellect qui, censément, ne fait que *proposer*, en proposant – autrement dit : en jugeant – lui aussi *dispose*. Cela fait au moins deux questions, et un beau problème philosophique pour historien et pour archéologue.

Notes

1. *Cf.* G.W. Leibniz, *Réflexions sur l'ouvrage que M. Hobbes a publié en Anglois de la liberté, de la nécessité et du hazard*, GP [Gerhardt], p. 388-389 ; Erdmann, p. 631a-631b. Sur la connaissance et l'utilisation du dossier Hobbes-Bramhall par Leibniz, voir A. Lalanne, *Genèse et évolution...*, p. 285 *sq.* (*II.5.1.2. L'usage du principe de raison dans les Appendices des Essais de Théodicée*). La même section de cette magnifique somme offre des aperçus nouveaux et décisifs sur les *Remarques sur le De origine mali* de W. King. Comme le souligne Lalanne, p. 285, « c'est, en effet, dans ce texte que Leibniz définit l'usage du principe de raison suffisante dans les vérités contingentes *et* nécessaires, moyennant la recherche d'un nouveau "Criterion " de la vérité ».

2. Cette thèse, que je note Law2, tirée de la note 7 de Law à sa traduction du *De origine mali* de King est critiquée par C. Cockburn, dans *Remarks upon some Writers in the Controversy concerning the Foundation of Moral Virtue and Moral Obligation ; particularly the translator of Archbishop King's Origin of Evil and the author of The Divine Legation of Moses. To which are prefixed, Some Cursory Thoughts on the controversies concerning necessity, existence, the reality and infinity of space, the extension and place of spirits, and on Dr. Watts's Notion of substance. First printed in the year 1743*, in *Catharine Trotter Cockburn, Philosophical Writings*, éd. P. Sheridan, Broadview Ed., 2006, p. 100. La thèse antisubstantialiste de Law2 a une traduction en psychologie dans Law1 qui pose que « La substance de l'esprit consiste dans les facultés de penser et d'agir ». Cockburn qui s'en prend à Law à travers sa critique de Watts dénonce la « philosophie nouvelle », qui faisant de la pensée la substance de l'esprit (= Law1), « accroche les propriétés et les

actions les unes aux autres » (= LAW2), « sans les subjecter en quoi que ce soit » (p. 101). Sur tout cela, cf. *La Quête*..., p. 280 *sq*.

3. F. LESSAY, « Introduction générale... », *in* TH. HOBBES, *De la liberté et de la nécessité*..., p. 10.

4. Voici comment le disciple de Leibniz, Christian WOLFF, présente le dossier Leibniz-Hobbes-Bramhall, dans sa *Recension des Essais de théodicée,* parue dans les *Acta eruditorum*, en mars-avril 1711, trad. A. LALANNE, *Genèse et évolution*..., p. 1052 : « On trouve ensuite [en appendice des *Essais de Théodicée*] des *Reflexions sur l'ouvrage que M. Hobbes a publié en Anglois, de la Liberté, de la Necessité et du Hazard*, et enfin d'autres sur l'œuvre de King intitulée *De origine mali*. L'œuvre de Thomas Hobbes dont il s'agit ici n'est accessible jusqu'à présent qu'en langue anglaise. Le différend lui-même fut agité au sujet du même argument avec John Bramhall, évêque de Derry, et dans quelques échanges mutuels qui ont été édités dans un seul volume in quarto. Le très ingénieux Auteur des *Essais* que nous recensons a reconnu que Hobbes avait exposé toutes ces choses élégamment et ingénieusement, et n'avait pas mal débrouillé les notions confuses de certains philosophes et théologiens, mais qu'il avait dépassé la mesure en assignant les événements à la nécessité absolue, et que ce n'était pas avec justesse qu'il avait confondu ce qui n'a pas été, ce qui n'est pas, et ce qui ne sera pas avec ce qui est impossible. »

5. Concernant T2-T4, *cf.* G.W. LEIBNIZ, *Réflexions sur l'ouvrage que M. Hobbes a publié*..., § 5, ERDMANN, p. 631a-b. À T2 (« Le hasard – « chance en anglais », « casus en latin » – ne produit rien »), Leibniz consent « si l'on entend parler d'un hasard réel », car « la fortune et le hasard ne sont que des apparences qui viennent de l'ignorance des causes ou de l'abstraction qu'on en fait » : sinon, principe de raison oblige, il soutient évidemment que rien « n'arrive sans cause ni raison ». En rigueur de termes il faudrait reformuler T2, mais le sens de l'argument est suffisamment clair : il n'y a pas de hasard. Leibniz rejette en revanche T3, en opposant aux causes nécessaires, ses « raisons déterminantes », avec, en filigrane, la notion de contingence, telle que nous l'avons rencontrée le 10 février dans la thèse L3 du *De Libertate* (est contingent « ce qui n'est point nécessaire, ou (ce qui est la même chose) dont l'opposé est possible, n'impliquant aucune contradiction »), et les thèses sur l'indifférence (L5) et l'inclination (L6) qui en dépendent. « Que tous les événements ont leurs causes nécessaires. Mal : ils ont leurs causes déterminantes, par lesquelles on en peut rendre raison ; mais ce ne sont point des

causes néessaires. Le contraire pourrait arriver, sans impliquer contradiction ». En partie pour le même motif, il rejette également T4 (« La volonté de Dieu fait la nécessité de toutes choses ») : « Mal : la volonté de Dieu ne produit que des choses contingentes, qui pouvaient aller autrement, le temps, l'espace et la matière étant indifférents à toute sorte de figures et de mouvements. »

6. Leibniz admet *T2, la théorie du concours divin, à condition, toutefois, là aussi de distinguer entre vouloir (positivement) et permettre – distinction indispensable à la théodicée, dans l'horizon ouvert par le « principe du meilleur » : « C'est bien dit : pourvu qu'on l'entende que Dieu ne veut pas les mauvaises actions, quoiqu'il les veuille permettre, afin qu'il n'arrive point quelque chose qui serait pire que ces péchés. »

7. *T4 est également rejeté, pour le même motif qui a conduit au rejet partiel de T2 : la référence au principe de raison. « Mal : ce qui arrive sans nécessité, n'arrive pas pour cela par hasard, c'est-à-dire sans causes et raisons. » Quant à *T5, Leibniz explique que si l'inférence est bonne, qui pose que, « bien que Dieu prévoie qu'un événement arrivera, il n'est pas nécessaire qu'il arrive »), la question de savoir comment l'avenir est présent à Dieu (« Dieu prévoyant les choses, non pas comme futures et comme dans leurs causes, mais comme présentes ») n'y joue aucun rôle. En revanche, le logicien Leibniz mobilise une distinction entre nécessité de la conséquence et contingence du conséquent : « Ici on commence bien, et l'on finit mal. On a raison d'admettre la nécessité de la conséquence, mais on n'a point sujet ici de recourir à la question comment l'avenir est présent à Dieu : car la nécessité de la conséquence n'empêche point que l'événement ou le conséquent ne soit contingent en soi. »

8. Spinoza, *Pensées métaphysiques*, in *Traité de la réforme de l'entendement*, *Appendice contenant les « Pensées métaphysiques »*, Partie II, trad. Ch. Appuhn, GF-Flammarion, Paris, 1964, p. 388.

9. Schopenhauer, *Essai sur le libre arbitre*, p. 151. À dire vrai Schopenhauer ne cite pas tout le texte. L'objection qu'affronte Spinoza dans le scolie de la prop. 49 de la deuxième partie de l'*Éthique* est la suivante : « On peut [...] objecter que, si l'homme n'opère pas par la liberté de la volonté, qu'arrivera-t-il donc s'il est en équilibre, comme l'ânesse de Buridan ? Mourra-t-il de faim et de soif ? Que si je l'accorde, j'aurai l'air de concevoir une ânesse, ou une statue d'homme, non un homme ; et si je le nie, c'est donc qu'il se déterminera lui-même, et par conséquent c'est qu'il a la faculté d'aller, et de faire tout ce qu'il veut. » La réponse est : « J'accorde

tout à fait qu'un homme placé dans un tel équilibre (j'entends, qui ne perçoit rien d'autre que la soif et la faim, tel aliment et telle boisson à égale distance de lui) mourra de faim et de soif. » Mais Spinoza poursuit : « S'ils me demandent s'il ne faut pas tenir un tel homme pour un âne plutôt que pour un homme ? Je dis que je ne sais pas, pas plus que je ne sais à combien estimer celui qui se pend, et à combien les enfants, les sots, les déments, etc. » (*cf.* sur tout cela SPINOZA, *Éthique*, trad. B. PAUTRAT, Paris, Seuil, 2010, p. 191 et 195).

10. *Cf.* SCHOPENHAUER, *Essai sur le Libre arbitre*, p. 152-153.

11. Sur Voltaire, *cf.* SCHOPENHAUER, *Essai sur le libre arbitre*, p. 156 : « [L'autre] grand homme [...] est Voltaire ; il nous l'apprend lui-même avec cette grâce et cette naïveté qui n'appartiennent qu'à lui. Dans son *Traité de Métaphysique* (chap. VII), il avait défendu longuement et avec vivacité la vieille doctrine du libre arbitre. Mais dans un ouvrage écrit plus de quarante ans après, *Le Philosophe ignorant*, il proclame la nécessité rigoureuse des volitions, au chapitre XIII, qu'il termine ainsi : "Archimède est également nécessité de rester dans sa chambre, quand on l'y enferme, et quand il est si fortement occupé d'un problème qu'il ne reçoit pas l'idée d'en sortir : *Ducunt volentem fata, nolentem trahunt* (Sénèque). L'ignorant qui pense ainsi n'a pas toujours pensé de même, mais il est enfin contraint de se rendre." » Le sens de la citation de Sénèque (*Lettres à Lucilius*, 107, 11 : « Les destins guident ceux qui acquiescent ; ils entraînent ceux qui résistent ») est que le destin nous entraîne bon gré, mal gré (comme dans la locution : *volens nolens*) : que nous le sachions ou non, que nous le voulions ou non, en tout ce que nous faisons nous sommes *nécessités*. Sur son origine, *cf.* M. MARCOVICH, « On the Origin of Seneca's "*Ducunt Volentem Fata, Nolentem Trahunt*" », *Classical Philology*, Vol. 54, No. 2 (Apr., 1959), p. 119-121. Sur sa portée philosophique générale, *cf.* R. SHARPLES, « *Ducunt volentem fata, nolentem trahunt* », *in* C. NATALI & S. MASO (éd.), *La catena delle cause : Determinismo e antideterminismo nel pensiero antico e contemporaneo*, Amsterdam, Adolf M. Hakkert, 2005, p. 197 - 214.

12. C. MARLOWE, *Édouard II*, trad., adaptation et présentation de G. EEKHOUD, préf. L. MIRANDE, postf. CH. ADAM (hommage à Derek Jarman), Lille, Gaykitschcamp, 1994, p. 100.

13. La psychologie empirique est la première figure de l'anthropologie, comme Foucault le note, en rappelant les sources *psychologiques* de l'*Anthropologie* de Kant : *de la Psychologia empirica* d'Alexander Gottlieb BAUMGARTEN (1749) à l'*Empirische Psychologie* de Carl Erhard Christian SCHMID (1791). Sur ce point, voir l'*Introduction* de Foucault

à I. KANT, *Anthropologie d'un point de vue pragmatique*, trad. fr. M. FOUCAULT, Paris, Vrin, 1984, et A. DE LIBERA, *L'Invention du sujet...*, p. 251.

14. Comme le rappelle J. SCHMUTZ dans la notice qu'il lui consacre dans *Scholasticon* (scholasticon.ish-lyon.cnrs.fr), l'*Anthropologia* ou *Psychologia anthropologica* de CASMANN, calviniste allemand, élève de GOCLENIUS, est considérée comme *le moment fondateur de la discipline dans les universités modernes*. *Cf.*, sur ce point, P. MENGAL, « La constitution de la psychologie... », p. 5-27. Pour les textes, voir *Psychologia anthropologica, sive animae humanae doctrina, methodice informata*, Hanoviae [Hanau], Apud Guilielmum Antonium, 1594, et *Secunda pars anthropologiae : hoc est fabrica humani corporis*, Hanoviae [Hanau], 1596. Sur la psychologie et l'anthropologie, voir également le *Lexicon* de Micraelius, cité dans le cours du 6 janvier.

15. Sur la signification et la portée de la mesure de 1277, voir R. HISSETTE, *Enquête sur les 219 articles condamnés à Paris le 7 mars 1277*, Louvain, Publications Universitaires (Philosophes médiévaux, 22), 1977 ; J.M.M.H. THIJSSEN, « What really happened on 7 March 1277 ? Bishop Tempier's Condemnation and its Institutional Context », *in* E. SYLLA, M. MCVAUGH (éd.), *Texts and Contexts in Ancient and Medieval Science. Studies on the Occasion of John E. Murdoch's Seventieth Birthday*, Leiden, Brill (Brill's Studies in Intellectual history, 78), 1997, p. 84-114 et, du même, « 1277 Revisited: A New Interpretation of the Doctrinal Investigations of Thomas Aquinas and Gilles of Rome », *Vivarium*, 35 (1997), p. 72-102, ainsi que L. BIANCHI, « Censure, liberté et progrès intellectuel à l'université de Paris au XIIIe siècle », *AHDLMA*, 63 (1996), p. 45-93 et, du même, *Censure et liberté intellectuelle à l'Université de Paris (XIIIe-XIVe siècle)*, Paris, Les Belles Lettres, 1999 ; J.A. AERTSEN, K. EMERY JR, A. SPEER (éd.), *Nach der Verurteilung von 1277. Philosophie und Theologie an der Universität von Paris im letzten Viertel des 13. Jahrhunderts. Studien und Texte*, Berlin-New York, de Gruyter (Miscellanea Mediaevalia, 28), 2001.

16. *Cf.* ÉTIENNE TEMPIER, *Syllabus (Articuli condempnati a Stephano episcopo Parisiensi anno 1277)*, prop. 163 (163), in *La Condamnation parisienne de 1277*, nouv. éd., trad., introd. et comm. par D. PICHÉ avec la collab. de CL. LAFLEUR, Paris, Vrin (Sic et Non), 1999, p. 128-129.

Cours du 24 mars 2015

Deuxième heure

Droiture de la volonté et rectitude du jugement. — Longue durée de la crise pélagienne. Raison et liberté. — « Responsable donc coupable » : Le Crépuscule des idoles. *— Nietzsche et la superstition de la conscience. — Les Condamnations de 1277 et l'erreur de Pélage. — Dans les* Questions sur la Métaphysique, *Buridan prend une position voisine de la « définition d'un agent libre », attaquée par Hobbes et défendue par Bramhall. — Excursus : Eckhart sur le fruit défendu. — Buridan : qu'est-ce qu'une action ? Estimation, conseil, plaisances* (complacentia) *et déplaisances* (displacentia). *— La question centrale : la volonté poursuit-elle nécessairement ce que la raison pratique a conclu ?— Une position médiévale, l'internalisme fort : Si un agent juge qu'il doit faire une action x et est libre et capable de faire x, il fera x. — Rapport de l'internalisme fort avec l'aristotélisme. — Critique du nécessitarisme intellectualiste. — L'internalisme fort vaut pour les plaisances et les déplaisances, vaut-il pour le second acte de la volonté : l'acceptation ? — Buridan : la volonté « accepte nécessairement » le bien que lui propose à titre de fin un « jugement absolument certain »* (« certum omnino »). *— Y a-t-il une certitude pratique ?... — La théorie de la « croyance ferme » et l'absence de crainte* (« exclusio formidinis »). *— Science et vie : les modes de la certitude. — La notion d'assentiment* (assensus). *— Indécidabilité, indécision, hésitation, évidence. —* « Dàr tiempo al tiempo », *donner du temps au temps, ou plutôt à l'intellect. — Une autodétermination complète de la volonté est-elle possible ? — Doutes. — Nécessitarisme et intellectualisme. — Buridan : la volonté n'est pas seule avec l'intellect.*

Si l'on parlait en termes contemporains, on pourrait dire que Buridan est le plus grand philosophe français du XIVe siècle. En fait, c'est un Picard, donc pas tout à fait un *Français* – du moins au sens des « nations » universitaires. La relation de Buridan à la censure est complexe. Il enseigne à Paris dans les années 1330-1350. À l'époque, la mesure de 1277 n'a rien perdu de son actualité. Aristotélicien, commentateur d'Aristote, *recteur* de l'université, ou, plutôt, de la faculté des lettres de l'université de Paris, en 1328 et 1340, chaque fois, et statutairement, pour de courtes périodes (renouvelables tous les trois mois), il doit accorder les thèses intellectualistes du Stagirite avec les exigences volontaristes de la commission parisiano-épiscopale. Un mot sur ce « volontarisme ». Il faut d'une manière générale se méfier des « -ismes », tout le monde le sait et le dit, mais ce n'est pas ce lieu commun que je souhaite souligner. Un des paradoxes du dossier de 1277 est que, en un sens, la liberté campe sous la tente du censeur. J'ai en 1991, dans un livre intitulé *Penser au Moyen Âge*, célébré, en termes mesurés, la fonction *heuristique* – et, c'était un point essentiel, *productive et contre-productive* – de la censure, ouvrant par là un débat qui dure encore [1]. Cet éloge historique du censeur n'était pas un éloge philosophique de la censure. C'était tenter d'en relever, sans les mesurer (ce qui restera longtemps encore à faire), les effets imprévus, d'en apprécier positivement le rôle, d'en saisir la contribution *indirecte* à la vie philosophique. Dans l'histoire de la pensée, il est très intéressant de regarder les condamnations, et je dirai la même chose des hérésies.

Voulez-vous comprendre la relation du vouloir et du faire sur le long terme ? Ouvrez un manuel de théologie. Apprenez les « mots » du passé révolu. Trouvez ce qu'on oublie. Décelez ce qu'on a fui. Ranimez ce qu'on a étouffé. Renouez avec l'histoire. Réapprenez le BA-BA. L'obsession antipélagienne qui travaille conceptuellement le christianisme s'efforce de détacher rectitude du jugement et droiture de la volonté. Dans l'état d'extrême inculture théologique, voire d'inculture tout court, qui est le nôtre, la crise pélagienne n'a plus de sens. Pour les médiévaux, elle n'était pas révolue. Les pélagiens

– ceux qu'on taxe de pélagianisme – tiennent pour la raison. Leurs adversaires tiennent pour la liberté, qui seule rend *responsable*, donc *coupable*, eût dit Nietzsche : « La doctrine de la volonté a été principalement inventée *à fin de punir*, c'est-à-dire *avec l'intention de trouver coupable* » (« Die Lehre vom Willen ist wesentlich erfunden zum Zweck der Strafe, das heißt *des Schuldigfinden-wollens* »)[2]. Rappelez-vous le *Crépuscule des idoles* :

> Toute l'ancienne psychologie, la psychologie de la volonté n'existe que par le fait que ses inventeurs, les prêtres, chefs des communautés anciennes, voulurent se créer le *droit* d'infliger une peine – ou plutôt qu'ils voulurent créer ce droit pour Dieu... Les hommes ont été considérés comme « libres » pour pouvoir être jugés et punis, pour pouvoir être *coupables* : par conséquent toute action *devait* être regardée comme voulue, l'origine de toute action comme se trouvant dans la conscience (par quoi le faux-monnayage *in psychologis*, par principe, était fait principe de la psychologie même...)[3].

Mais la chose mérite qu'on y revienne. C'est le point d'orgue de l'histoire de la « triple superstition » – *Seelen-, Subjekt- und Ich-Aberglaube*, superstition de l'âme, du sujet, et du moi – par laquelle nous avons inauguré, le 6 mars 2014, cet enseignement. À cela il faut ajouter la « superstition de la conscience », qui est en quelque sorte forgée pour que l'homme, considéré comme libre, puisse être jugé et puni : libre pour être coupable. Nous y reviendrons. En attendant, notons cela : s'en prendre à la raison, pour libérer la volonté – le choix est là, sur la table. La *volonté* doit-elle *obéir à l'intellect* ? La question est ancienne. En 1277, elle est brûlante. En 1330 elle est tranchée... *magistériellement*. Ce qui ne veut pas dire « résolue » philosophiquement ou théologiquement.

Écoutons le censeur. D'aucuns subordonnent la rectitude de la volonté à celle du jugement. Cela paraît raisonnable : « si la raison est droite, dit-on, la volonté est droite ». Pourtant, c'est une erreur, et cela donne la proposition condamnée 130 (166) de la liste de Tempier, car, « selon ce principe, la grâce ne serait pas nécessaire à la rectitude de la volonté, mais seulement la science, ce qui fut l'erreur de Pélage. » Aristote ou la grâce, Pélage (v. 350-v. 420) ou la vérité : beau sujet de cartel, auquel ne manque que le troisième larron : Augustin. Pourtant, il faut faire face quand on explique Aristote. Et c'est ce que fait le *philosophe Buridan*, maître ès arts de l'université de Paris, avant que d'être recteur – et même, contrairement à d'autres, *pendant* qu'il l'est : il fait face.

Dans son double rejet de *T1 et de *T3, Leibniz soutient qu'on ne peut *au présent* vouloir « à volonté », que l'on ne peut « changer sa volonté sur le champ », mais que l'on peut, à force de temps, acquérir de quoi en changer. Buridan, en un sens, ne dit pas autre chose, mais il dit plus, et peut-être mieux.

Entendons-nous bien : ce que nous allons dire de Buridan ne touche pas directement au statut de PAP, le principe des possibilités alternatives, et à sa triple mise en crise sur le terrain de la psychologie, de l'ontologie et de la logique, qu'elle soit générale, temporelle ou modale. Il n'y va pas de la question de savoir si à l'instant t où je veux que p, je puis à la fois vouloir que p et vouloir que *non-p* ; si à l'instant t où je veux que p, je pourrais encore vouloir ou aurais pu vouloir que *non-p*. Ce que dit Buridan n'est pas sans rapport avec ces questions, mais ce n'est pas sur ce terrain qu'il intervient directement. Nous verrons des philosophes et des théologiens qui interviennent sur ce terrain précis – ce sera le cas dans une séance prochaine, essentiellement consacrée à Duns Scot – mais la question que traite Buridan n'est pas celle-ci.

Quel est donc son CQR ? Pour le savoir finissons-en avec l'âne. Contrairement à ce que dit Cervantès, je crains en effet que l'âne souffre plus la surcharge que la charge[4] : on en a assez vu avec l'âne, il frise la surcharge, laissons-le et tournons-nous plutôt vers l'animal familier de Buridan : le chien. Dans les *Questions sur la Métaphysique*, Buridan prend une position assez voisine de la « définition d'un agent libre », attaquée par Hobbes et défendue par Bramhall : « A free agent is that, which, when all things are present that are needful to produce the effect, can nevertheless not produce it. »

« En admettant, dit-il, que soient posées toutes les conditions suffisantes qui sont *requises* pour que je veuille aller à droite, il est possible que je ne le veuille pas, bien plus je peux vouloir aller à l'opposé, à savoir à gauche. » Ce vouloir est en mon pouvoir. Aller à droite ou à gauche, cela dépend de ma volonté : aucune raison ne me fera aller dans une direction plutôt que dans l'autre, *sans le concours de ma volonté*. Je n'irai jamais d'un côté ou de l'autre simplement parce qu'une somme d'argent m'attend à droite, et à gauche « des prunes », comme le traduit Christophe Grellard, ou un simple fruit mou *(pomum)* – Eckhart eût dit une « figue » (un point d'histoire de l'exégèse, au passage : selon un certain nombre d'exégètes médiévaux, le fruit défendu était un fruit mou, et non une pomme. Ceux qui ont un peu voyagé disent : c'est une figue. Au paragraphe 97 de son commentaire du *Livre de la Genèse*, Eckhart, qui a voyagé en lisant, écrit : « ... beaucoup pensent que ledit fruit n'était pas proprement une "pomme" au sens usuel, mais bien une figue, puisque bientôt après qu'ils eurent commis leur péché, nos ancêtres "cousirent des feuilles de figuier et s'en firent des pagnes" ainsi qu'il est dit plus bas, au chapitre troisième, comme s'il s'agissait de l'arbre le plus proche. D'où quelqu'un a pu dire : "C'est par la figue que l'Ennemi nous a blessés, l'atteste le vêtement cousu [de feuilles] de figuier" » [5]). « Ce n'est pas pour cette raison », pour l'idée de l'argent, dit Buridan, « à moins qu'un autre facteur déterminant n'y concoure, à savoir un acte de volonté » :

> ... possum ire ad dexteram et possum ire ad sinistram et cum vado ad dexteram *lucrabor denarium* et si vado ad sinistram *lucrabor pomum*. Tamen propter hoc nunquam ibo ad unam partem vel ad aliam nisi aliud determinans concurrat, scilicet actus volendi...

La simple représentation du meilleur bien accessible ne suffit pas. D'où une thèse claire (qui correspond à celle de Bramhall) :

> ... omnibus positis preter actum volendi, voluntas est sufficiens ad producendum actum volendi ire ad dexteram sine alio determinante, et similiter est sufficiens ad producendum actum volendi ire ad sinistram. Et est etiam sufficiens ad eliciendum quod neutrum actum producat, sed differat. Nec ad ista indiget

alio determinante nisi ipsamet aliter non esset plus liberi arbitrii quam canis [6].

Posées toutes les conditions requises, sauf l'acte de vouloir, la volonté est suffisante pour produire un acte de vouloir aller à droite, sans qu'autre chose l'y détermine, et de la même façon, elle est suffisante pour produire un acte de vouloir aller à gauche. Et elle est suffisante pour choisir de ne produire aucun des deux actes, mais de les différer. Et pour cela elle n'a besoin d'aucun autre déterminant qu'elle même, sinon elle n'aurait pas plus de libre arbitre qu'un chien.

V, VN, NV, *will, nill, forbear* : les trois possibilités de Bramhall sont là. Mais cette attribution de compétences à la volonté : *vouloir*, *vouloir que ne pas*, *ne pas vouloir* (s'abstenir), ne fait pas une théorie complète de l'action. Elle ne signe pas davantage le ralliement de l'aristotélicien Buridan à une quelconque forme de « volontarisme » anti-intellectualiste. Elle ne prend sens et portée réelle qu'à s'articuler à une théorie du jugement, donc, aussi, à s'avancer et à s'exposer – dans tous les sens du terme – sur le terrain miné des condamnations de 1277.

Voici, maintenant, plus précisément, la manière dont Buridan traite les choses [7]. Une action s'analyse comme le résultat d'une double « information » de l'âme, répartie sur deux séries d'actes mentaux réalisant un double mouvement – l'âme se meut en vertu de deux mises en acte, de deux mises en forme, de deux informations : jugement, volition, puis... exécution. Les *Questions sur l'Éthique*, que nous suivrons ici, le disent clairement :

> ... sicut anima informata iudicio potest se movere ad volitionem, ita ipsa informata volitione potest se movere ad executionem (« ... de même que l'âme informée par un jugement peut s'orienter vers une volition, de même, informée par une volition, elle peut se porter à l'action » [8]).

Les actes intellectuels sont, d'abord, l'estimation droite *(recta estimatio)*, qui juge de la fin et du principe de l'action, ensuite le conseil *(consilium)*, qui juge des moyens à mettre en œuvre pour parvenir à cette fin et conclut la délibération. Les actes de la volonté, qui s'articulent à ces actes de l'intellect, sont le plaisir *(complacentia, actus complacentiae)* ou le déplaisir *(displacentia, actus displacentiae)* pris face à l'objet proposé par le jugement de l'intellect. La décision, l'élection *(electio)*, peut revêtir trois formes bien distinctes : l'acceptation *(acceptatio)*, le rejet *(refutatio)* ou la suspension *(in suspenso manere)*, le *ni... ni...*, où nous reconnaissons V, VN et NV. Enfin, et troisièmement, la séquence se termine par une action proprement dite, par la faction, dit Buridan *(actio, factio)*, la « mise en mouvement » de l'animal, la motion des « membres de l'être animé » *(movere, motio)*. La grande question – et d'abord celle que nous pose la mesure de 1277 – est de savoir si la volonté se porte nécessairement ou plutôt est nécessairement portée sur ce que le jugement de l'intellect lui propose à titre d'objet, d'un mot : si la volonté est *nécessitée* par l'intellect. C'est la seule question qui compte. Buridan y consacre la question 8 sur le livre VII de l'*Éthique à Nicomaque*, dont l'intitulé est *Utrum voluntas necessario feratur in id quod per rationem practicam conclusum est* : « La volonté poursuit-elle nécessairement ce que la raison pratique a conclu » au terme de sa délibération ?

Parmi les arguments du *Quod non*, nous trouvons celui de la liberté : « ... voluntas non esset simpliciter libera neque domina sui actus », et une allusion sans équivoque aux condamnations de 1277 : « Arguitur etiam per articulos parisienses pluries superius allegatos. » La position de Buridan est épelée en onze thèses, dont plusieurs ont été déjà établies dans les questions sur le livre III. Elle apporte un certain nombre de nuances à ce qu'on appelle aujourd'hui l'« internalisme fort », ainsi défini par Fabienne Pironet et Christine Tappolet :

> Internalisme fort$_{\text{déf.}}$: Si un agent juge qu'il doit faire une action *x* et est libre et capable de faire *x*, il fera *x* [9].

Voyons quelques-unes des onze thèses : (B1) La volonté n'est portée sur un objet que si l'intellect l'a jugé bon selon le concept commun du bien/bon ou l'une de ses trois espèces : ce qui est source de plaisir, ce qui est utile, ce qui est honorable (*i.e.* conforme à la morale, digne d'estime) [10]. (B2) La volonté ne peut se porter nécessairement sur ce qui a été jugé bon si cela n'a pas aussi été jugé bon pour elle [11] [Remarque : si nécessitation de la volonté il doit y avoir, il ne suffit pas de juger que quelque chose est bon, il faut juger que cela est bon *pour moi*, sinon ma volonté ne s'y portera pas nécessairement] (B3) Étant donné qu'il y a trois actes de la volonté, le plaisir, l'acceptation et la motion, si l'on juge qu'une chose est bonne pour soi, la volonté se portera nécessairement sur elle sous le rapport du plaisir (comme cela a été établi dans le commentaire du livre III). Le plaisir est ici le grand maître, le grand discriminant, le grand facteur de détermination.

> Deinde, prout aliqualiter visum fuit in tertio libro, supposita distinctione inter diversos actus voluntatis, puta inter actum complacentiae, actum acceptationis et actum motionis aliarum potentiarum ad prosequendum acceptatum, videtur mihi dicendum esse tertio quod si quis judicaverit aliquid esse sibi bonum, voluntas necessario fertur in illud quoad actum complacentiae, et haec sit tertia conclusio, quae declarata fuit in tertia quaestione tertii libri [12].

> Comme on l'a vu dans le IIIe livre, posée la distinction entre divers actes de volonté, en l'occurrence l'acte de plaisir, l'acte d'acceptation et l'acte de mouvoir les autres facultés pour poursuivre ce qui est accepté, il me semble qu'il faut dire que, étant donné ces trois actes, si quelqu'un a jugé que telle chose était bonne pour lui, la volonté se porte nécessairement sur elle quant à [pour ce qui est de, pour ce qui concerne] l'acte de plaisir.

Le nécessitarisme « intellectualiste » – l'internalisme fort – vaut pour le premier acte de la volonté, le déterminisme ne résidant pas ici dans ce que la volonté serait nécessitée par l'objet, mais plutôt dans sa propre nature qui est de rechercher ou de tendre vers le plaisir (et de fuir le déplaisir) – on pourrait alléguer en ce sens la fin de la proposition 163 (163) condamnée par Tempier : « cette nécessité n'est pas une contrainte, c'est la nature de la volonté. » La volonté est poussée par sa propre nature, qui est de rechercher le plaisir et fuir le déplaisir, et c'est pour cela qu'elle se laisse dicter un comportement qu'impose la représentation de l'objet par l'intellect.

L'internalisme fort vaut pour le plaisir et le déplaisir, mais il ne vaut pas, en revanche, comme tel, autrement dit sans qualification ou restriction, pour le second acte de la volonté, le plus important : l'acceptation. (B4) Si le jugement propose un objet qui n'est que partiellement bon, la volonté n'est pas nécessairement portée sur lui selon l'acte d'acceptation. Si tel était le cas, sa « liberté ne lui servirait à rien » (ce qui a été prouvé dans le commentaire du IIIe livre) [13]. (B6) Il en va de même si, bien que l'objet proposé *paraisse* bon sous tous rapports, le jugement qui l'a proposé n'est pas certain [14]. Notez que B4 désigne un défaut dans l'objet, B6 un défaut du jugement ; dans les deux cas, la volonté n'est pas obligée de suivre. Quand donc doit-elle suivre ? Reportons-nous à B7 : outre que cet objet soit accessible, et non d'accès impossible, comme vouloir être roi ou incorruptible (B9) [15], et que son acquisition ne coûte pas plus en difficulté, travail ou dépenses qu'elle n'apporterait (B10) [16], la volonté n'est nécessitée que si le jugement de l'intellect – la conclusion de la *raison pratique* – quant à la parfaite « bonté » de l'objet proposé est absolument certain (B7).

> Septimo, si praedictum judicium fuerit certum omnino, videlicet quod homo credat firmiter sufficienter vidisse omnes circumstantias et combinasse et secundum earum combinationem credat firmiter illud esse sibi bonum secundum omnem rationem bonitatis et nullo modo malum, puto quod voluntas necessario acceptaret illud.
>
> Si le jugement est (a été) absolument certain, si donc quelqu'un croit fermement qu'il a suffisamment regardé toutes les circonstances et les a combinées, et si en fonction de leur combinaison, il croit fermement que telle chose est bonne pour lui, dans la pleine raison (définition) du bien, et n'est en aucune façon (un) mal, je pense que la volonté l'acceptera nécessairement.

J'introduis l'expression « raison pratique » parce qu'elle figure dans l'énoncé de la question 8 : *Utrum voluntas necessario feratur in id quod per rationem practicam conclusum est*, et parce que, précisément, c'est de la différence entre savoir théorique et savoir pratique et, plus radicalement, de la différence entre les formes d'acceptation ou comme on pourrait aussi le dire de consentement ou d'assentiment qui caractérisent d'un côté la science (la théorie), de l'autre, l'action (la *praxis*, l'éthique, la morale), bref la raison théorique (la connaissance scientifique) et la raison pratique, qu'il s'agit ici. Il faut être attentif aux termes, au vocabulaire, aux concepts. Buridan nous dit que la volonté « accepte nécessairement » le bien que lui propose à titre de fin un « jugement absolument certain », *certum omnino*.

Mais il s'agit de faire, non de connaître. Il s'agit d'agir, non de savoir. D'un mot : il s'agit de vivre. Que veut dire « certain » ? « Jugement certain » ? Comment un jugement pourrait-il être « absolument certain » et même « certain » tout court dans le monde changeant, incertain, divisé des affaires humaines ? Buridan répond, en en appelant aux fondements de sa théorie de la connaissance. Il explique qu'il y a deux façons d'entendre « jugement certain », car il y a deux modes d'acceptation : celui qui caractérise le jugement scientifique, qui est vrai ; celui qui caractérise la « croyance ferme », qu'elle soit vraie... ou fausse. Le jugement scientifique porte sur le vrai, et c'est bien pour cela qu'il est dit *scientifique*, alors qu'une croyance peut parfaitement être vraie ou bien fausse et rester une croyance. C'est ce que dit la suite du texte :

> Et non intelligo hic per 'certum judicium' idem quod judicium verum vel scientificum, sed idem quod firmiter creditum omni exclusa formidine. Sic enim contingit opinionem veram vel etiam falsam esse certam...
>
> Et je n'entends pas ici par jugement certain la même chose que le jugement vrai et scientifique, mais la même chose que ce qui est cru fermement, toute hésitation étant exclue. C'est en effet ainsi qu'il arrive qu'une opinion vraie, ou même fausse, soit certaine...

Ce qui caractérise la « croyance ferme », c'est ce qu'il y a dans cette magnifique petite phrase : *omni exclusa formidine* qui, si nous avions le temps, nous ferait voyager jusque chez Avicenne. Malheureusement nous ne l'avons pas ; retenons donc seulement que ce qui caractérise la croyance ferme c'est l'*exclusio formidinis*, l'« absence de crainte ». Le sens de l'expression est obvie : c'est l'absence d'hésitation. Mais il y a un sens plus technique, un sens propositionnel, qui fonde ou explicite le sens obvie : *sine formidine ad oppositum*, « sans crainte de l'opposé », plus précisément : « sans crainte que l'opposé », la *proposition opposée*, « ne soit vrai(e) ». On le sait, depuis les premières études de L.M. De Rijk sur la certitude, l'évidence et l'assentiment chez Buridan, prolongées par les livres et les articles de Joël Biard [17], Christophe Grellard [18] ou Fabienne Pironet [19], Buridan distingue deux choses dans la certitude de la *scientia* considérée comme « vrai savoir » : du côté du connu, « la stabilité d'une thèse inébranlable » – la *proposition* –, parce que vraie et connue comme vraie ; et du côté du connaissant, une *attitude propositionnelle*, « une conviction inébranlable, exclusive de tout doute, sans crainte que la thèse opposée ne soit vraie ». *Formido* : la crainte, l'hésitation. L'incertitude qu'on ne dit pas encore « subjective », voilà ce qui, à grands traits, distingue la science de l'opinion : elle est *ex parte nostra*, « de notre côté » ou « de notre part », comme on disait au XVIIe siècle. Dans le cas de la connaissance scientifique, le mode du consentement ou de l'assentiment donné par l'intellect est, de notre part, « ferme, sans doute ni crainte de l'opposé », dans le cas de l'opinion, en revanche, « l'assentiment est dubitatif et hésitant » ou « craintif » : on a toujours peur que ce ne soit pas vrai [20]. Voyez ce texte de la *Somme de logique* de Buridan :

> Certitudo requirit duo. Unum ex parte propositionis cui assentitur, scilicet quod sit vera ; non enim est certa credulitas qua falso assentimus, sed incerta et fallax ; et manifestum est quod hoc modo certitudo requiritur ad scientiam, quia falsum non scimus. Aliud est ex parte nostra, scilicet quod assensus noster sit firmus, sine dubitatione seu formidine de opposito ; et hoc requiritur ad scientiam, quia assensus dubitativus et formidinalis non transcendit metas opinionis. Si quis enim assenserit propositioni cum formidine ad oppositum, numquam dicit se scire quod ita sit, sed quod credit vel putat ita esse [21].

> La certitude requiert deux choses. La première du côté de la proposition à laquelle l'assentiment est donné, à savoir qu'elle

> soit vraie ; en effet la croyance par laquelle nous donnons notre assentiment au faux n'est pas certaine, mais incertaine et fallacieuse. Ce mode de certitude est requis pour la science, car il n'y a pas connaissance (savoir authentique) du faux. La seconde chose est de notre part. C'est que notre assentiment soit ferme, exempt de doute et de crainte de l'opposé. Et cela aussi est requis pour qu'il y ait science, car un assentiment dubitatif et craintif reste confiné dans les limites de l'opinion. Si quelqu'un assentit à une proposition avec la crainte que l'opposé ne soit vrai, il ne dira jamais qu'il sait qu'il en va ainsi [que le dit la proposition], mais qu'il croit ou est de l'opinion qu'il en est ainsi.

Le mot *assensus*, traduit par « consentement » ou « assentiment » ne figure pas dans le texte des *Questions sur l'Éthique*, où il est question d'*acceptatio*. Mais cette théorie de l'assentiment, appelée à un formidable avenir – elle court du Moyen Âge tardif à la modernité, de Descartes à Brentano –, et riche d'un non moins formidable passé – qui va d'Alexandre d'Aphrodise à Augustin, sans oublier le stoïcisme – est bien présente dans les *Questions sur l'Éthique*, notamment celles sur le livre VII. La question 6 donne une véritable théorie de l'*assensus* en termes d'*acceptatio* :

> ... notre intellect, ayant formé en lui une proposition, peut se rapporter au jugement sur sa vérité de quatre façons [N.B. C'est pour cela que je parlais tout à l'heure d'*attitude propositionnelle*, qui est le terme dont on se sert aujourd'hui pour décrire ce « rapport »]. *Premièrement*, d'une façon telle qu'il manque de raison (argument) ou d'apparence pour l'un et l'autre parti, comme ce serait le cas du problème de savoir si les astres sont en nombre pair. *Deuxièmement*, d'une façon telle qu'il ait des raisons probables pour l'un et l'autre parti, mais pas assez (fortes) pour le déterminer en faveur de l'un ou de l'autre, comme ce serait le cas du problème de savoir si les formes substantielles des éléments subsistent dans le mixte [N.B. Problème qui, j'en suis sûr, vous travaille et ne cessera plus de vous hanter à partir de maintenant, mais qui fut débattu de manière extraordinaire au XIVe siècle, opposant tous les camps, avec chaque fois des raisons probables pour répondre par oui ou par non, mais dont aucune n'est assez forte pour que le jugement soit contraint]. *Troisièmement*, d'une façon telle que, par des arguments concluants

pour un parti, il soit déterminé à un jugement en sa faveur, mais pas sans crainte que l'opposé ne soit vrai. [...] *Quatrièmement*, d'une façon telle que l'intellect soit tout entier déterminé à un parti, toute crainte étant éloignée.

... intellectus noster habens in se formatam propositionem potest ad judicium de veritate ipsius se habere quadrupliciter. Uno modo quod ratione vel apparentia careat ad utramque partem, sicut forte esset de probleumate an astra sint paria. Alio modo quod habeat ad utramque partem rationes probabiles, sed tamen nondum determinantes ipsum ad unam partem vel ad aliam, sicut esset forte de probleumate an formae substantiales elementorum maneant substantialiter in mixto. Tertio modo quod per rationes ex una parte vincentes determinetur ad judicium unius partis, sed tamen non sine formidine ad oppositum [...]. Quarto modo quod intellectus ex toto sit ad unam partem determinatus omni formidine remota [22].

Indécidabilité, indécision, hésitation, évidence : quatre cas, quatre situations où l'assentiment suit toujours (dans le dernier cas), ne suit jamais (dans le premier), pourrait éventuellement suivre (dans le deuxième), ou suit généralement (dans le troisième). Le deuxième et le troisième cas sont ceux qui concernent l'agent. Indécision (on dirait aujourd'hui : objective) et hésitation (on dirait aujourd'hui : subjective) ont en commun que l'on peut, le cas échéant, et si on le veut, tenter de minorer, d'affaiblir la force du jugement optant pour *x* plutôt que pour *y* ou *non-x*, de *renverser*, de *faire basculer* le jugement en faveur de *x*, en apportant des contre-arguments, de nouveaux exemples, de nouveaux contre-exemples. On ne le dira jamais assez : la maxime de l'intellectualiste à la Buridan, du supposé « nécessitariste » partisan de l'internalisme fort, atténué ou pas, est celle du *Quixote*, indûment attribuée à François Mitterrand : *Dàr tiempo al tiempo*, « donner du temps au temps », ou plutôt à l'intellect.

Nous savons tous où est notre devoir. « J'ai fait ce que j'ai dû, je fais ce que je dois. » Ainsi parle Rodrigue à Chimène, d'un devoir l'autre, dans notre mémoire de lycéens, une fois qu'il s'est acquitté de ce qu'il devait au Père :

> Je t'ai fait une offense, et j'ai dû m'y porter,
> Pour effacer ma honte et pour te mériter,
> Mais quitte envers l'honneur, et quitte envers mon père,
> C'est maintenant à toi que je viens satisfaire,
> C'est pour t'offrir mon sang qu'en ce lieu tu me vois,
> *J'ai fait ce que j'ai dû, je fais ce que je dois* [23].

Mais s'il y a un doute ? La solution existe : surseoir, suspendre, différer, remettre. *Forbear*. Le nécessitarisme de Buridan n'est pas un nécessitarisme absolu, son « intellectualisme strict » n'est pas si « strict » qu'il y paraît : il est seulement, comme l'écrivent Tappolet et Pironet, « quasi nécessaire ». Un doute existe ? Cela signifie seulement que l'intellect reconnaît ses limites, et le dit, et que, dès lors, la volonté exige de lui un *supplément d'enquête*. Prendre du temps pour délibérer plus, pour délibérer mieux, et revenir avec un objet éligible. « Quasi nécessaire », parce que *encore en délibéré*. Tant que c'est en délibéré, la volonté dit : *je ne suis pas*. Et cela restera en délibéré le temps qu'il faudra.

> « Quasi nécessaire » parce que lorsque l'intellect lui propose un jugement non absolu, la volonté peut toujours suspendre sa décision d'agir et ordonner à l'intellect, à la suggestion de celui-ci, de continuer sa délibération [24].

Si l'on tient à parler en *-ismes*, disons que la théorie buridanienne de l'assentiment, de la suspension de l'assentiment, prend rang dans une longue histoire, qui va au-delà d'un simple « probabilisme moral ». Buridan flirte avec le nécessitarisme absolu, donc aussi avec la censure – *liaison fatale*. Cela expliquant ceci.

La volonté, pourtant, ne peut pas tout. Une autodétermination complète de la volonté, un volontarisme radical, pour ne pas dire *juvénal – hoc volo sic jubeo, sit pro ratione voluntas (« je le veux, je l'ordonne, que ma volonté tienne lieu de raison »)* –, est difficile à imaginer, et ce n'est certes pas ce qu'imagine Buridan : la volonté sans ou au-dessus de l'intellect, la volonté toute-puissante, la volonté sans frein. Une volonté seule face à l'intellect, engagée dans un bras de fer « hors sol », n'est pas, cela dit, plus vraisemblable. Et c'est cette fiction qu'il faut balayer d'abord.

Notes

1. *Cf.* A. de Libera, *Penser au Moyen Âge*, Paris, Seuil (Chemins de pensée), 1991 ; Seuil (Points), 1996, 2015 ; L. Bianchi, « Students, Masters, and "Heterodox" Doctrines at the Parisian Faculty of Arts in the 1270s », *Recherches de théologie et philosophie médiévales*, 76 (2009), p. 75-109 ; S. Piron, « Le plan de l'évêque. Pour une critique interne de la condamnation du 7 mars 1277 », *Recherches de théologie et philosophie médiévale*, 78, 2 (2011), p. 383-415.

2. Sur tout cela, *cf.* F. Nietzsche, *Le Crépuscule des idoles ou Comment on philosophe au marteau*, trad. H. Albert, *Œuvres complètes de Frédéric Nietzsche*, vol. XII, Paris, Mercure de France, 71908, p. 103-238.

3. Nietzsche, *Le Crépuscule des idoles...*, 7. « L'erreur du libre arbitre », trad. Albert, p. 154 ; « Die ganze alte Psychologie, die Willens-Psychologie hat ihre Voraussetzung darin, daß deren Urheber, die Priester an der Spitze alter Gemeinwesen, sich ein *Recht* schaffen wollten, Strafen zu verhängen – oder Gott dazu ein Recht schaffen wollten... Die Menschen wurden "frei" gedacht, um gerichtet, um gestraft werden zu können – um *schuldig* werden zu können : folglich *mußte* jede Handlung als gewollt, der Ursprung jeder Handlung im Bewußtsein liegend gedacht werden (– womit die grundsätzlichste Falschmünzerei *in psychologicis* zum Prinzip der Psychologie selbst gemacht war...) » (en ligne http://www.zeno.org).

4. M. de Cervantès, *Vida y hechos del ingenioso cavallero don Quixote de la Mancha*, Segunda parte, Capítulo LXXI (en ligne) : « ... el asno (hablando à lo grossero) sufre la carga, mas no la sobrecarga. »

5. *Cf.* ECKHART, *In Genesim*, § 97, trad. *Maître Eckhart : Le Commentaire de la Genèse,* Introd., trad. et notes A. DE LIBERA, É. WÉBER & É. ZUM BRUNN, *L'Œuvre latine de Maître Eckhart*, I, Paris, Cerf, 1984, p. 360-361 : « ... tamen putetur a nonnullis fructus ille non fuisse proprie pomum usualiter dictum, sed ficus, ex eo quod mox peracto peccato primi parentes "consuerunt folia ficus et fecerunt sibi perizomata", ut dicitur infra tertio capitulo, tamquam de arbore sibi, proxima. Unde quidam ait : "quod fuerit ficus fructus, quo nos inimicus laesit adest testis de ficu consuta vestis." »

6. JEAN BURIDAN, *Quaestiones super libros Metaphysicorum*, VI, q. 5, Parisiis, 1518 (réimpr. Frankfurt, Minerva, 1964), f. 36vb. *Cf.* J. ZUPKO, *John Buridan. Portrait of a Fourteenth-Century Arts Master*, Notre Dame, University of Notre Dame Press, 2003, p. 406, n. 107.

7. *Cf.* C. GRELLARD, « L'âne et les petites vieilles : psychologie de l'action et logique de l'assentiment chez Jean Buridan », *in* L. JAFFRO (dir.), *Croit-on comme on veut ? Histoire d'une controverse*, Paris, Vrin, 2013.

8. JEAN BURIDAN, *Quaestiones super decem libros Ethicorum Aristotelis*, Parisiis, 1513 (réimpr. Frankfurt, Minerva, 1968), III, q. 6, f. 45rb ; C. GRELLARD, « L'âne et les petites vieilles... », p. 92.

9. F. PIRONET & C. TAPPOLET, « Faiblesse de la raison ou faiblesse de volonté : peut-on choisir ? », *Dialogue* XLII (2003), p. 627-644.

10. JEAN BURIDAN, *Quaestiones super decem libros Ethicorum Aristotelis*, VII, q. 8 (*Utrum voluntas necessario feratur in id quod per rationem practicam conclusum est*), f° 145 ra (transcription de F. PIRONET) : « Et videtur mihi primo quod voluntas secundum quod dicitur voluntas in nullum objectum fertur quod non sit judicatum per intellectum esse bonum vel secundum communem rationem bonitatis vel secundum aliquam specialem, puta delectabilem vel utile vel honestum. »

11. JEAN BURIDAN, *Quaestiones*..., q. 8, *ibid.* : « Secundo, videtur mihi quod voluntas non fertur necessario in id quod judicatum est esse bonum si non judicatum sit sibi esse bonum. »

12. JEAN BURIDAN, *Quaestiones*..., q. 8, f. 145ra-b.

13. JEAN BURIDAN, *Quaestiones*..., q. 8, f. 145rb : « Quarto, dico quod si quis judicaverit aliquid esse sibi bonum secundum aliquam partialem rationem bonitatis solum, quae scilicet in eodem compati possit aliquam rationem malitiae, non est necesse voluntatem ferri

in illud secundum actum acceptationis, quoniam sua libertas de nihilo sibi deserviret, et ista etiam conclusio satis declarata fuit in tertio libro »

14. JEAN BURIDAN, *Quaestiones*…, q. 8, f. 145rb : « Sexto, si quis judicaverit aliquid esse sibi bonum secundum rationem integrae bonitatis, ita scilicet quod illud appareat bonum secundum omnem rationem bonitatis sic quod omnis ratio malitiae excludatur, videtur mihi, si judicium fuerit dubium, quod nondum voluntas necessario acceptabit illud, et credo quod hoc sit expertum. »

15. JEAN BURIDAN, *Quaestiones*…, q. 8, f. 145va : « Nono dico quod acceptatione alicujus praesupposita non est necesse voluntatem movere ad prosecutionem ipsius nisi illud fuerit judicatum esse possibile et sibi possibile. Sic enim tu velles esse rex vel incorruptibilis, sed nihil movereris ad hoc prosequendum. »

16. JEAN BURIDAN, *Quaestiones*…, q. 8, f. 145va : « Iterum, decimo manifestum est quod licet illud appareat sibi possibile tamen si apparuerit in mediis aliqua ratio malitiae, puta difficultas, labor, expensae vel hujusmodi, voluntas non necessario movebit ad prosequendum ipsum. Sic enim pigri multa perdunt et prudens antequam etiam prosequatur finem volitum bene considerat an bonitas finis sit praeferenda labori et ex[p]ensis. »

17. J. BIARD, *Science et nature : la théorie buridanienne du savoir*, Paris, Vrin (Études de philosophie médiévale), 2012.

18. CHR. GRELLARD (éd.), *Méthodes et statut des sciences à la fin du Moyen Âge*, Lille, Presses universitaires du Septentrion, 2004 ; *Croire et savoir : les principes de la connaissance selon Nicolas d'Autrécourt*, Paris, Vrin (Études de philosophie médiévale), 2005.

19. F. PIRONET, « The Notion of *Non-velle* in Buridan's Ethics », *in* J.M.M.H. THIJSSEN & J. ZUPKO (éd.), *The Metaphysics and Natural Philosophy of John Buridan*, Leiden, Brill (Medieval and Early Modern Science, 2), 2001, p. 199-219.

20. Sur la distinction entre « assentiment ferme », « assentiment incertain », la « relecture épistémique des critères ontologiques chez Buridan » et le problème de la possibilité d'une coexistence entre « sentiments contradictoires », *cf.* C. GRELLARD, « Science et opinion dans les *Quaestiones super Analyticorum Posteriorum* de Jean Buridan », *in* J. BIARD (éd.), *Raison et démonstration. Les commentaires médiévaux sur les* Seconds Analytiques, Brepols, Turnhout (Studia Artistarum, 40), 2015, p. 131-150, spéc. p. 138-143.

21. JEAN BURIDAN, *Summulae* VIII, 4, éd. L.M. DE RIJK, « Foi chrétienne et savoir humain : la lutte de Buridan contre les *theologizantes* », *in* A. DE LIBERA, A. ELAMRANI-JAMAL, A. GALONNIER (éd.), *Langages et philosophie, Hommage à Jean Jolivet*, Paris, Vrin (Études de philosophie médiévale, LXXIV), 1997, p. 394, n. 3.

22. JEAN BURIDAN,..., VII, q. 6, f. 143ra.

23. P. CORNEILLE, *Le Cid*, acte III, scène 4, v. 905-910.

24. F. PIRONET & C. TAPPOLET, « Faiblesse de la raison... », p. 637.

Cours du 31 mars 2015

Première heure

Volonté, intellect et appétit. — Raisonnement pratique et enthymème. — L'exemple du cogito. *— Jugement et désir. — Le conflit des désirs et sa gestion enthymématique. — Le rôle du temps. — Reprise buridanienne de la distinction entre « vouloir »,* velle, *« vouloir que ne pas »,* nolle, *et « ne pas vouloir »,* non velle *: V, VN, NV. — Que puis-je vouloir ? Que puis-je nouloir ? Que puis-je différer ? — La « raison du 'voulable' »,* ratio volibilis, *est le bien ou bon. — Conséquences : La volonté ne peut pas ne pas vouloir un bien, réel ou apparent, mais peut ne pas refuser un mal apparent. — La volonté ne peut nouloir quelque chose de bon comme tel, mais elle peut ne pas accepter un bien apparent. — La volonté ne peut jamais choisir un bien moindre au détriment d'un bien supérieur, si celui-ci est accessible, car un bien moindre est mauvais comparé à un bien plus grand. — Huit possibilités de choix pour la volonté avec V, VN et NV. — Une seule combinaison est exclue : V & VN : vouloir et nouloir à la fois un objet. — La liberté en situation : cinq carrés logiques de détermination du vouloir en fonction du statut axiologique du voulu. — Volonté et jugement. — Le problème fondamental : peut-on vouloir et nouloir à la fois ? — Une étude de cas : l'adultère. — « La Ballade des dames du temps jadis » et la légende de la Tour de Nesle. — Buridan sur l'adultère : rationalité, irrationalité, transgression. — Un être rationnel ne peut raisonnablement vouloir ce qui n'est pas « voulable ». — La théorie abélardienne de l'adultère. — Le «* casus *» médiéval et les « scénarios de Frankfurt ». — La morale du « consentement ». — Abélard distingue deux sortes d'adultère, volontaire et* *involontaire, mais, dans les deux cas, sans coexistence ou contradiction assumée du vouloir et du nouloir.*

Je le disais la semaine passée : une volonté seule face à l'intellect, engagée avec lui dans un bras de fer « hors sol », n'est qu'une fiction qu'il faut balayer d'emblée. J'y reviens, et ce faisant je reviens à Buridan. Il n'y a pas de volonté et d'intellect sans *appétit*. N'oublions jamais ce tiers. Une volonté *« seule » avec l'intellect* correspondrait à un monde sans circonstances extérieures, une situation idéale – peut-être même une expérience de pensée –, où rien d'extrinsèque ne viendrait influer sur l'action. Mais ce monde n'est pas le nôtre. Dans le monde où nous vivons, celui de la Tour de Nesle, celui des Dames du temps jadis, la volonté n'est pas seulement (si elle l'est) contrainte par le jugement de l'intellect, elle est aussi et d'abord sollicitée par le désir – l'appétit sensible – et court-circuitée par lui, quand le raisonnement pratique cède la place à l'enthymème. C'est du moins ce que dit Buridan.

Un enthymème est, comme on sait, un « syllogisme incomplet » : un raisonnement syllogistique où l'une des deux prémisses, la mineure ou la majeure, est sous-entendue ou, en tout cas, reste non exprimée. C'est ce qui arrive, par exemple, en philosophie avec « le *cogito* de Descartes ». Comme le soutient Gassendi dans sa *Disquisitio metaphysica*, « le *cogito* est un enthymème qui a besoin de la prémisse majeure "celui qui pense est" ». Descartes, en effet, passe, en *deux temps*, du « Je pense » au « je suis », là où il faudrait *trois mouvements* :

M[ajeure] Celui qui pense est ;
m[ineure] je pense,
c[onclusion] donc je suis [1].

Ce que fait Descartes, c'est ce qui nous arrive tous les jours avec l'appétit. Désir, raisonnement, réaction, *raccourci*. Tout a trait au *temps*. Précisons.

Qu'est-ce qui distingue l'homme de l'animal ? L'animal humain de l'animal non humain ? Certains diront : pas grand-chose. Tous deux sont « nécessités », l'un dans sa volonté, l'autre dans son appétit. C'est ce que suggère la proposition nécessitariste « intellectualiste » 159 (164) du *syllabus* de Tempier arguant que :

> 159. La volonté de l'homme est nécessitée par sa connaissance comme l'appétit de la bête [est nécessité]. Quod voluntas hominis necessitatur per suam cognitionem, sicut appetitus bruti [2].

Aristote répond : ce qui distingue l'homme de l'animal, c'est le désir, la gestion humaine du désir, la différence entre désir humain et appétit animal, la gestion humaine de l'appétit – tout cela. Mais tout cela tient en un mot : *temps*, et une expression : « rapport au temps ». Je parle en aristotélicien, comme peut le faire Buridan. Le désir est cette « puissance de l'âme qui est principe du mouvement ». Il peut mouvoir « hors du raisonnement », en tant qu'appétit, « car l'appétit est une espèce de désir » ; et il meut, « selon le raisonnement », dans l'action raisonnable, car « l'intellect ne meut pas sans le désir », « et quand on se meut selon le raisonnement, on se meut aussi par la volition », et « la volition est une forme de désir ». Le désir est donc partout. Mais souvent les désirs se contredisent, et souvent aussi l'appétit contredit la raison. La première contrariété est chez tous les animaux « sensibles », les bêtes et les hommes. La seconde est seulement chez l'homme, car elle suppose la conscience du temps. Comme l'écrit Aristote dans le *De anima* :

> ... les désirs naissent en lutte les uns contre les autres, et cela se produit quand raison et appétits militent en sens contraires : c'est le propre des êtres qui ont la perception du temps – l'intellect nous pousse à résister en considération de l'avenir, l'appétit nous entraîne dans la seule vue de l'immédiat : car le plaisir du moment paraît être agréable absolument et bon absolument, du fait qu'on ne voit pas l'avenir [3].

Il y a ceux qui voient l'avenir et ceux qui ne le voient pas. La fourmi et la cigale humaines. Et puis, il y a l'homme pressé, qui ne suit pas le principe de précaution. Plus le désir est fort, plus le temps manque. La force du désir raccourcit le temps de réponse. Pourquoi ? Voici la réponse de Buridan : parce que, dans le syllogisme mental qui sépare l'attente de l'accomplissement, le désir prend la place de la mineure. Le péché n'attend pas la ratiocination complète ; il abrège. *Je vois le verre. Je le vide*. L'action est directe, elle est non délibérée. *La logique du désir, c'est la suppression de l'intermédiaire*.

> Sicut [...] propter notitiam alicuius premisse intellectus speculativus relinquit eam et ex alia premissa sola infert conclusionem, ita est de intellectu pratico. Et dicit Aristoteles quod tunc sunt nobis veloces operationes et non sunt consiliative. Et dicit Aristoteles quod sepe appetitus, cum ad aliquid fuerit inclinatus, supplet premissam et non expectat iudicium neque consilium intellectus, ut si mihi fortiter concupiscentia ad vinum potandum, statim sensu iudicante quod hoc est vinum bibante, absque iudicio an sit bonum vinum biber[e]. Et in hoc sepe contingunt peccata, quia appetitus inclinatus non expectat ratiocinationes intellectus.

> De même que l'intellect théorique au fait de la connaissance d'une certaine prémisse l'abandonne et tire seulement sa conclusion de l'autre, de même aussi l'intellect pratique. Aristote dit que, dans ce cas, nos opérations sont rapides et qu'elles ne sont pas délibératives. Et il dit aussi que souvent l'appétit, quand il a été incliné vers quelque chose, supplée la prémisse, et n'attend ni le jugement ni le conseil [le résultat de la délibération] de l'intellect, comme lorsque j'ai une terrible envie de boire du vin, et qu'ayant jugé par les sens qu'il y a là du vin à boire, je le bois, sans me demander [juger] s'il est bon de boire du vin. Et c'est en cela que souvent se produisent des péchés, parce que l'appétit incliné n'attend pas les raisonnements de l'intellect.

Le désir efface la mineure, il se met à sa place, il en tient lieu. Pourquoi trois phrases, quand deux suffisent ? Le péché n'attend pas ; il ne lit pas les sous-titres de la loi du 10 janvier 1991, dite « Loi Évin » ; il ne « consomme pas avec modération » ; il consomme vite, enthymématiquement, *per processum in syllogismo enthymematico* : il abandonne une prémisse (« le vin », l'abus du vin, « est dangereux pour la santé ») et tire seulement sa conclusion de l'autre (« il fait grand soif »), laquelle, tacitement itérée, dans un temps insensible à l'âme, tient lieu de prémisse sous entendue. D'où deux formules, M1 et M2 :

M1. J'ai soif. m. l'abus d'alcool est dangereux. C. Je consomme avec modération.

M2. J'ai soif. [m. sous-entendue : *je dois boire*]. C. Je bois.

Face aux raccourcis du désir, l'intellect, quand et si il résiste, cherche à gagner du temps. L'*intellectus* buridanien n'est pas une prison mentale, c'est une cellule de dégrisement préventif. Quand l'appétit sensible prend la place de la délibération en « ne présentant que le bon aspect » de la chose désirée, il fait sauter ce qui sépare l'homme de l'animal : le temps de la réflexion, qui permet de différer l'action, d'attendre un jugement plus complet, meilleur, plus informé, plus équilibré, ou comme on dit aujourd'hui « un meilleur jugement ». Comme l'écrit Christophe Grellard, ce qui fait l'homme, c'est, par son âme intellective, spécifiée en intellect théorique, en intellect pratique et en volonté, « de s'abstraire des circonstances de l'action et dans une certaine mesure de choisir *contre* ce que dicte la nature »[4]. Le suspens, la capacité de demeurer « en suspens » est ce qui distingue l'homme de l'animal : non pas l'indifférence d'équilibre stupide, quasi minéralisée, de l'âne, mais la capacité proprement humaine OU de *ne pas vouloir* ce que tout, au dedans comme au dehors, vous pousse à vouloir ; OU de *vouloir* ce que tout, au-dedans comme au-dehors, vous pousse à ne pas vouloir ; OU – et cette troisième possibilité est celle qui fait vraiment l'homme – de prendre, provisoirement, jusqu'à plus ample informé, congé des deux.

Cela dit, ce que réclame l'archéologie du sujet n'est pas seulement de pointer la différence (supposée) entre l'homme et l'animal, dit aujourd'hui « non humain », à savoir la possibilité (alléguée) de suspendre tout assentiment et la capacité (attestée) de réclamer un surcroît d'informations à l'intellect à l'instant du choix (l'un n'impliquant pas obligatoirement l'autre) ; ce que réclame l'archéologie du sujet c'est d'explorer, de tracer et de structurer, en partant de Buridan et de cette théorie remarquable, l'archive du « vouloir », *velle*, du « vouloir que ne pas », *nolle*, et du « ne pas vouloir », *non velle* : V, VN, NV.

Que puis-je vouloir ? Que puis-je nouloir ? Que puis-je différer ?

Il y a des limites aux actes de la volonté, deux au moins. La première limite vous laissera peut-être perplexes, mais souvenez-vous que nous sommes dans une théorie rationaliste du comportement humain, aristotélicienne, donc encore « grecque » d'une certaine manière, tout à fait en dehors de ce que nous vivons aujourd'hui.

1. Selon Buridan la volonté ne peut vouloir quelque chose de mauvais comme tel, elle ne peut vouloir ce que l'intellect n'a pas jugé bon d'une manière ou d'une autre, car c'est cela qui constitue la « raison du 'voulable' », *ratio* volibilis, la raison de ce qui peut être voulu. La volonté peut, en revanche, ne pas refuser un mal apparent. De même, la volonté ne peut nouloir quelque chose de bon comme tel, mais elle peut ne pas accepter un bien apparent [5].

Explication. La liberté, dit Buridan, « n'est pas donnée à l'homme pour lui nuire, si elle est bien ordonnée » (« libertas non est data nobis ut nocere possit homini ordinata, saltem bene ») [6]. Elle n'est donc pas donnée à la volonté pour vouloir le mal sous la raison du mal ni refuser le bien sous la raison du bien [7] – en ce cas en effet ce serait « une condition à la fois utile et mauvaise », dit Buridan, d'une formule qui mérite un éclaircissement.

> Ad primam, dicendum est quod voluntas non dicitur libera quia possit velle malum sub ratione mali vel nolle bonum sub ratione boni (sic enim libertas per se disponeret ad peccandum et esset conditio utilis et mala) [8].

Le langage est celui de ce qu'un moderne appellerait le *droit des donations entre vifs et des testaments* : c'est un langage juridique repris en théologie morale. Qu'est-ce qu'une *condition* dans le langage juridique ? C'est « la détermination d'un événement futur duquel le disposant fait dépendre la disposition ». À partir de là, le raisonnement de Buridan se déploie : si le fait que je pécherai était la condition mise par Dieu au don de la liberté à la volonté (ou au don d'une volonté libre à l'homme) – une condition utile étant « celle qui est capable de produire son effet » – la liberté serait une condition utile, mais « mauvaise » *(mala conditio)*. Comme le dit Nietzsche, à propos de l'invention théologienne du libre arbitre, elle ne me serait donnée que pour mon mal, pour me rendre coupable, pour me punir. Pour un médiéval, ce n'est pas le cas.

2. Enfin, seconde limite, la volonté ne peut jamais choisir un *bien moindre* au détriment d'un *bien supérieur* si celui-ci est accessible et peut entrer en ligne de compte, car *un bien moindre est mauvais en comparaison d'un bien plus grand*[9].

En résumé, les possibilités de la volonté sont donc au nombre de huit :

V(r) : vouloir un bien réel (un bien réel étant pour Buridan, un vrai bien, mais aussi un bien *connu* : un bien *connu comme bon*).
VN(r) : nouloir un mal réel
V(a) : vouloir un bien apparent
VN(a) : nouloir un mal apparent
NV(a) : ne pas vouloir un bien apparent
NVN(a) : ne pas nouloir un mal apparent
V *ou* VN : vouloir OU nouloir *ce qui se présente à la fois comme bon et mauvais* (face à une chose qui se présente à nous de telle manière que nous nous disions : « il y a du bon et du mauvais », mêlés, notre volonté peut vouloir ou nouloir).
Ni V *ni* VN : NI vouloir NI nouloir (c'est ce qui *fait l'homme* : notre volonté peut rester en suspens, différer, attendre, réclamer un supplément d'enquête, prolonger la délibération).

Dans ce dispositif, ce qui est hors jeu, ce qui ne peut être, c'est la conjonction de V & VN : vouloir *et* nouloir à la fois, que ce soit un bien apparent, un mal apparent ou ce qui se présente à la fois comme bon et mauvais. Nous aurons l'occasion de revenir sur ce point, car tout cela est vite dit, et la situation, plus compliquée. Mais gardons bien ce point à l'esprit.

Buridan valorise le *non-velle* (NV) et le *non-nolle* (NVN) : il en fait des actes positifs, dont la conjonction ouvre la dimension du différer, du tiers état entre *will* et *nill*, *willing* et *nilling*. C'est dans cette capacité d'en demander plus à l'intellect que réside la meilleure preuve de la liberté de la volonté relativement à la détermination censée lui imposer l'intellect [10].

En combinant notre quadrilatère anselmien du vouloir avec les analyses de Fabienne Pironet sur le « *non-velle* » chez Buridan, qui n'ont rien perdu de leur intérêt, on obtient le dispositif suivant, articulé sur la base des cinq situations dans lesquelles un individu doué de volonté peut se trouver relativement à l'objet *x* que lui propose l'intellect :

1. Si *x* est parfaitement, entièrement, absolument bon, la volonté est nécessairement portée à le vouloir (V), elle ne peut pas le nouloir (*VN), mais elle peut ne le pas vouloir (NV). Cette situation peut sembler purement « théorique » : si le jugement qui propose *x* est absolument certain, on ne voit pas pourquoi la volonté requerrait une délibération plus poussée. Mais c'est que l'on ignore l'oblomovisme ou plutôt l'oblomoverie – l'*oblomovchtchina* –, l'insipide décoction d'apathie aboulique, de paresse et de procrastination qui finit par coûter la vie à Oblomov, le héros du roman d'Ivan Gontcharov. L'internalisme fort se heurte ici au problème de l'akrasie, de la faiblesse de la volonté – dans lequel je ne veux pas pour le moment entrer ici. On a ainsi (les actions possibles/licites sont soulignées une fois ; les illicites, marquées d'un astérisque) :

<u>V</u>	*VN
NVN	<u>NV</u>

2. Si *x* est entièrement mauvais, la volonté ne peut le vouloir (*V), car, on l'a vu, le mal n'a pas la *ratio volibilis*, mais elle peut le nouloir (VN) ou ne le pas vouloir (NV). Autre cas symétrique d'akrasie.

*V	<u>VN</u>
NVN	<u>NV</u>

Restent les trois cas suivants, que Fabienne Pironet juge les plus factuels, car fondés sur des « apparences » de bien ou de mal, sur des apparences et des ambiguïtés, et non sur une certitude absolue, rarement atteinte dans la vie réelle :

3. Si *x* apparaît comme bon, la volonté peut naturellement le vouloir (V), mais aussi ne le pas vouloir (NV). Pourquoi diable ? Parce que l'agent peut penser que *x* recèle un mal caché, un *vice de forme*, ou qu'un mal pourrait résulter de *x*. En revanche, je ne peux pas nouloir *x*, car les seules apparences de *x* sont des apparences de bien, et le bon est, on l'a vu, la « raison du volible ». Dans le cas où j'opte pour NV, si après examen, avec l'expérience, aucune apparence de mal ne se fait jour dans *x*, on en revient à la situation 1 (d'où le même schéma général pour 3 que pour 1), dans le cas contraire on est conduit à la situation 5 (au mélange, à l'ambiguïté).

<u>V</u>	*VN
NVN	<u>NV</u>

4. Si *x* apparaît comme mauvais, la volonté peut le nouloir ou ne le pas vouloir, si l'agent pense que *x* recèle un bien caché ou qu'un bien pourrait résulter de *x*, mais je ne peux le vouloir, car les seules apparences de *x* sont des apparences de mal, et le mal n'a pas, on l'a vu, la « raison du volible ». Dans le cas où j'opte pour NV, si après examen, avec l'expérience, aucune apparence de bien ne se fait jour, on en revient à la situation 2 (d'où le même schéma général que pour 2), dans le cas contraire on sera conduit à la situation 5.

*V	<u>VN</u>
NVN	<u>NV</u>

5. Il s'agit sans doute de la situation la plus commune dans nos vies. Si *x* apparaît comme à la fois bon et mauvais – bon sous un rapport, mauvais sous un autre, partiellement bon et partiellement mauvais – alors il n'y a pas de restriction : V,

VN et NV, sont tous trois possibles. C'est ce qui fait le prix de la vie humaine ; on peut vouloir, nouloir ou ne pas vouloir. Dans ce cas, OU je veux *x* parce qu'il est jugé bon d'une certaine manière (ou en partie), OU je neux *x* parce qu'il est jugé mauvais d'une certaine manière (ou en partie), OU je ne veux pas *x* tant que l'intellect n'a pas délibéré à fond.

V	<u>VN</u>
NVN	<u>NV</u>

La cinquième situation est celle qui nous intéresse au premier chef – elle est une partie de notre cœur de cible théorique et archéologique : celle du conflit de volontés, qui concerne aussi bien la question de l'akrasie, autrement dit le problème de la faiblesse de la volonté et, le cas échéant, la faiblesse de la raison, que celle que nous suivons obstinément depuis les dernières séances : *Sommes-nous libres de vouloir ce que nous voulons au moment où nous le voulons ?* – avec les développements que nous lui avons donnés, et les premiers chemins que nous avons commencé de frayer avec les trois questions tirées de Locke, et notre question à valeur temporelle ajoutée.

Q1. – L'homme est-il libre de *vouloir* les choses qu'il *veut* effectivement faire ?

Q2. – L'homme est-il libre de *ne pas vouloir* telle d'entre les choses qu'il *veut* faire ?

Q3. – L'homme est-il libre de *vouloir* telle d'entre les choses qu'il *ne veut pas* faire ?

Q4. – Et à quel moment ?

Peut-on à la fois vouloir et nouloir ? Peut-on à l'instant *t* vouloir et nouloir une même chose : *x* ? Deux choses diverses : *x* et *y* ? Deux choses qui s'excluent mutuellement : *x* et *non-x* ? Cette question, ce nœud de questions, est focal : il fait converger les théories, les problèmes, les concepts, les noue et les dénoue sur la longue durée, par-delà les siècles et les écoles, en philosophie et en théologie, sur la ligne de crête ou s'affrontent Aristote et Augustin, ou si l'on préfère péripatétisme, platonisme et stoïcisme [11].

C'est une archéologie de la question titre : *peut-on à la fois vouloir et nouloir ?* que nous allons esquisser dans les séances qui viennent, pour compléter l'enquête entamée l'an dernier sur la manière dont le sujet est entré en philosophie comme agent de pensée et de volonté, et pour faire avancer le « traçage » de la notion de sujet comme « sujet de la *khrêsis* », mis en place au début du semestre avec Jean de Damas.

Avant de nous lancer dans ce que j'appellerai une *archéologie de la volonté et de la nolonté*, je propose de jeter un dernier coup d'œil sur la théorie buridanienne de la volonté et de l'action en considérant l'exemple qui lui sert à illustrer le conflit de volontés tel qu'il l'appréhende dans les *Questions sur l'Éthique* : l'adultère.

L'adultère est une des cinq espèces de luxure distinguées dans la tradition chrétienne, avec la fornication simple, l'inceste, le stupre et le rapt, auxquels le Moyen Âge a ajouté le *vicium contra naturam*. L'adultère, Buridan, *il* connaît – notez l'anaphore. Ou plutôt, il est censé connaître : la légende lui attribue une liaison avec – au choix – l'une des trois brus de Philippe le Bel : Marguerite, fille du duc de Bourgogne, épouse du futur Louis X, Hutin (le colérique) ; Blanche, épouse du futur Charles IV ; ou sa sœur Jeanne, épouse du futur Philippe V – toutes deux (Blanche et Jeanne) filles de Mahaut d'Artois – en cette tour de Nesle où, dit-on, les deux premières (Marguerite et Blanche) recevaient leurs amants. Miraculeusement échappé du sac, où sa maîtresse putative l'avait fait jeter au fleuve après inspection, Buridan, Dantès médiéval, a inspiré à Villon ces vers célèbres, où il rejoint un autre spécialiste de la luxure : Pierre Abélard.

> Où est la très sage Helloïs,
> Pour qui fut chastré et puis moyne
> Pierre Esbaillart à Saint-Denis ?
> Pour son amour ot cest essoyne.
>
> Semblablement, où est la royne
> Qui commanda que Buridan
> Fust gecté en ung sac en Saine ?
> Mais où sont les neiges d'antan !

Un mot sur *essoyne* : une « essoyne » c'est une peine, mais ce terme désigne aussi les parties sexuelles féminines, par extension d'*essoine* : plaie ou coupure ; le verbe *essoiner* signifie même mutiler [12].

Outre *La Ballade des dames du temps jadis*, le malheureux Buridan a fait les frais d'un drame de Frédéric Gaillardet et Alexandre Dumas : *La Tour de Nesle* (1832) [13] et d'un roman de Michel Zévaco, l'auteur du *Capitan*, cher à tous les amoureux de Jean Marais : *Buridan, le héros de la tour de Nesle*, publié en feuilleton dans *La Petite République socialiste* (entre le 11 mai et le 11 décembre 1905) [14], avant d'être porté à l'écran à huit reprises, dont une fois, en 1954, par Abel Gance sous les traits de Pierre Brasseur [15].

Beau couple. Il faudrait un jour travailler sur l'iconographie, la représentation du Moyen Âge au cinéma. Ici Gance s'est surpassé. Monsieur a l'air d'un traître d'opérette espagnole ; madame, Silvana Pampanini, *Miss Italia* 1946, l'air de Dalila.

Ce que Buridan nous dit de l'adultère est, en revanche, proprement médiéval. La première chose est que, tout en apparaissant à la fois comme malhonnête et délectable, l'adultère peut être voulu, car la volonté peut vouloir contre une partie du jugement, qui représente la chose sous deux aspects antagonistes :

... voluntas potest velle illud quod aliquo modo iudicatum est esse malum et nolle illud quod aliquo modo iudicatum est esse bonum. Sicut si adulterium apparuit inhonestum et delectabile, voluntas non obstante inhonestate potest velle adulterium ratione delectationis [...] Sic igitur patet quod voluntas potest velle contra partem iudicii....

... la volonté peut vouloir ce qui d'une certaine façon a été jugé mauvais, et rejeter ce qui d'une certaine façon a été jugé bon. Par exemple, si l'adultère était apparu malhonnête et délectable à la fois, la volonté, malgré la malhonnêteté peut vouloir l'adultère en raison de la délectation qu'il procure [...] ainsi il est donc évident que la volonté peut vouloir contre une partie du jugement.... [16]

On dira : et ensuite ? Ensuite... *rien*. Je ne peux vouloir l'adultère. Il suffit de peser le poids respectif du plaisir et de l'honneur. Le plaisir est un bien. L'honneur est un bien. Je ne puis vouloir l'adultère que si, après réflexion, et comparaison des deux biens, l'intellect juge que le plaisir est un bien plus grand que l'honneur. Dans le cas contraire, je ne puis que le nouloir. Qui doutera du résultat ? Le châtiment de Gauthier et Philippe d'Aunay, les amants allégués de Marguerite et Blanche, la mort de Marguerite et le long châtiment de Blanche suffiraient à rappeler le plus intempérant à la hiérarchie des valeurs : je vous épargne les détails anatomiques des supplices infligés aux frères d'Aunay [17], et vous laisse la conclusion.

Je parle de conclusion, une chose est sûre : si l'on sait, dit Buridan, que l'adultère est mal, et on le sait, on ne peut aller contre, passer outre, sous peine, précisément, et c'est ce qui nous importe ici, d'*avoir deux jugements contraires*. Quand on a une science actuelle et particulière, complète, où rien n'est laissé dans l'ignorance ni en suspens quant à ce qu'il faut faire ou ne pas faire, on ne peut agir *contre* ce savoir, car « ce serait porter à la fois deux jugements contraires » : *quia oporteret simul habere judicia contraria* [18] – or, on l'a vu, Buridan n'admet pas la conjonction de V & VN.

On peut suivre en détail l'argument de Buridan :

1. *si actu judices non esse moechandum cum ista* : si tu juges en acte qu'il ne faut pas pratiquer l'adultère avec cette femme.

2. *et cum hoc actu judices quod coire cum illa est moechari cum illa* : et qu'en même temps (avec cela) tu juges en acte qu'avoir un rapport sexuel avec cette femme, c'est pratiquer l'adultère avec elle.

3. *oporteret te actu judicare quod non est coeundum cum ea* : tu devrais nécessairement juger en acte qu'il ne faut pas avoir de rapport sexuel avec elle.

Nous allons voir la justification, mais marquons un temps d'arrêt sur le mot *moechandum*, traduit par « pratiquer l'adultère ». *Moechor, -aris, ari, atus sum,* c'est être adultère ou vivre en concubinage. Or, je vous signale une curiosité : au Moyen Âge, la science mécanique est qualifiée d'« adultère » *(adulterina)* – le verbe grec μηχανάομαι (faire des machines, jouer au *Meccano*), ayant été fâcheusement rendu en latin par *moechari*. Dès lors, on présente toujours les arts mécaniques comme des arts adultérins. Et l'on trouve ensuite toutes sortes de justification à cette présentation : on dit par exemple qu'ils sont engagés dans la matière, contrairement aux arts libéraux, qui, eux, sont pratiqués par des gens libres, libérent l'esprit, n'ont aucun rapport avec la matière et sont, de ce point de vue, tout le contraire d'un « travail »[19]. Mais revenons à notre raisonnement :

4. *quia, sicut apparet primo Posteriorum, inducens sub maiori minorem simul cognovit conclusionem* : car comme on le voit dans le premier livre des *Seconds Analytiques*, en plaçant la mineure sous la majeure, on connaît *ipso facto* (simultanément) la conclusion,

5. *hoc autem stante non coibis nisi simul judices coeundum et non coeundum esse* : donc s'il en est ainsi, tu n'auras pas de rapport sexuel sans juger en même temps que tu dois avoir ce rapport et que tu ne dois pas avoir ce rapport.

La conclusion est posée à partir du moment où l'on a les prémisses. Elle l'est instantanément, sans le moindre doute ; donc si tu choisis d'avoir quand même ce rapport sexuel, tu ne pourras pas dire que tu ne savais pas. Tu transgresses en connaissance de cause ? Oui. Mais est-ce bien être un homme que d'agir, *en te disant que tu dois et que tu ne dois pas* ? Non. Pour Buridan c'est irrationnel, ça n'a pas de sens. Pourtant, certains diront : c'est bien là le problème ; c'est justement cela qu'il faudrait expliquer.

De fait, c'est le problème depuis Paul de Tarse ; c'est le problème depuis Augustin – mais j'ajouterai, et ce sera un élément essentiel de notre enquête archéologique dans les semaines qui viennent, c'est un problème aussi vieux que la prière d'agonie du Christ. Je l'appelle le « problème de Gethsémani ». Nous en reparlerons.

Dans l'immédiat, un mot sur Abélard, compagnon d'infortune – partiel, pour ne pas dire plus – de Buridan dans la *Ballade des dames du temps jadis*. Une des thèses fondamentales de l'*Éthique* d'Abélard [20] est que l'acte du péché n'ajoute rien à la culpabilité du pécheur, ni à sa condamnation par la justice divine (« operationem peccati nichil addere ad reatum uel ad dampnationem apud deum » [21]). C'est le fondement de ce qu'on appelle la « morale de l'intention », que l'on ferait mieux d'appeler morale du « consentement », exposée dans ce grand traité d'éthique, à la fois philosophique et théologique, qui a pour titre le précepte même de l'Oracle de Delphes, *Scito te ipsum*, *Connais-toi toi-même*. Cette thèse est dans une large mesure formulée à l'occasion d'une méditation sur le statut du plaisir sexuel. Le point de départ est clair : ni l'acte sexuel ni le plaisir qu'on y goûte ne sauraient être regardés comme des péchés, sinon, dit Abélard, il faudrait rigoureusement prohiber toute relation sexuelle dans le mariage. À ceux qui objectent que Dieu a permis les relations conjugales, « à condition que tout plaisir en soit exclu », il répond que, si tel était le cas, en autorisant les relations conjugales, Dieu les aurait autorisées de telle façon que cette autorisation rendît leur existence impossible. Ce qui est irrationnel, absurde, on pourrait même dire impie. Il ne dépend pas de nous, en effet, d'éprouver ou non du plaisir [22]. Ce qui compte donc, ce n'est pas la *delectatio*, c'est le *consensus* : non pas le plaisir que l'on prend, mais le consentement qu'on lui donne. Et Abélard d'invoquer un exemple qui, avec celui du malheureux qui, chez Locke [23], choisit librement de rester dans une pièce – la chambre de sa maîtresse selon Joseph de Maistre [24] –, dont il ignore qu'on a condamné les issues est le prototype des

Frankfurt's Cases, ou « scénarios de Frankfurt », du nom de Harry Gordon Frankfurt, l'immortel auteur de *On Bullshit*[25], et l'inventeur de PAP, le principe des « possibilités alternatives » ou « alternées », introduit le 10 février dernier. L'exemple d'Abélard est, à mon sens, le prototype de ces scénarios dont raffolent les philosophes américains d'aujourd'hui, qui mobilisent le « démon de Frankfurt » *(Frankfurt's Demon)* : ce démon logé au plus profond de mon esprit qui, tel un deuxième décideur (que l'on appelle aussi le *Frankfurt controller*, à présent : le *copilote*) bloque toutes les issues mentales, en dehors de celles qu'il veut me voir emprunter. L'exemple d'Abélard est celui d'un religieux enchaîné sur un lit au milieu de femmes nues. Ici, outre le mauvais plaisant qui l'a placé dans cette situation (et sur lequel Abélard ne nous donne aucun détail), le démon, qui n'est pas plus de Frankfurt que de Francfort, est la nature elle-même, la nature qui « impose le plaisir de façon nécessaire » à ce malheureux homme[26]. Désir et plaisir naissent et meurent sans que nous y ayons part. C'est pourquoi, deux ou trois siècles plus tard, la supposée « scandaleuse » doctrine d'Abélard, « stigmatisée », comme on dit aujourd'hui, par Guillaume de Saint-Thierry et l'anonyme compilateur des *Capitula Haeresum*, sera devenue standard, grâce à Buridan, à ses disciples ou dépendants des années 1490 comme Bartholomaeus Arnoldi von Usingen ou Jodocus Trutfetter, et à la distinction buridanienne entre première et deuxième opération de la *volonté*. Je vous signale que Usingen a été le maître de logique et de dialectique de Martin Luther à l'université d'Erfurt : ce n'est pas n'importe qui[27]. L'éthique qu'a apprise Luther est celle dont il trouvait des exemples dans la logique ou dans les écrits de philosophie naturelle de Usingen ou de son collègue Trutfetter. Ces deux buridaniens, expliquent très bien, à la fin du Moyen Âge, en suivant Buridan, que « *complacentia* » et « *displacentia* », les « complaisances » et les « déplaisances »[28], c'est-à-dire les actes premiers, naturels, de la volonté, qui sont inévitables et, à ce titre, sans évaluation ni qualification morales, se distinguent des actes seconds, l'acceptation ou le refus de ce qui se présente comme un plaisir annoncé, et se vit comme un plaisir éprouvé, qui, seuls, fondent responsabilité et culpabilité [29]. Cette *acceptation* est l'équivalent de ce qu'Abélard, deux siècles plus tôt, appelait le « consentement ».

Reste l'adultère. Abélard n'est pas adultère. Il a séduit la nièce du chanoine Fulbert dont il était censé assurer l'éducation : on pourrait à la rigueur l'accuser de stupre (défloration illicite d'une vierge). Dans l'*Ethica* ou *Scito te ipsum*, il donne en tout cas une analyse fine du fonctionnement ou de la structure de l'acte de la volonté dans l'adultère, et compare ce dernier à la fornication.

Voici son analyse. Il y a dans le désir adultère – entendez *le désir d'un homme pour une femme mariée* (la réciproque n'étant pas – pour ne pas dire jamais – évoquée), un attrait naturel pour la beauté, auquel on ne peut rien, et *deux* actes de volonté. Il y a ce qui dépend de la volonté : vouloir ou nouloir, et ce qui n'en dépend pas : d'un mot, les « circonstances ». Sur cette base on pose deux actes. « Souvent, écrit Abélard, il arrive que, attirés par sa beauté, nous voulions coucher avec une femme dont nous savons qu'elle est mariée » : la volonté est nôtre, l'état de la femme désirée est circonstanciel. Nous avons un vouloir, nous voulons un rapport sexuel, en latin : *coire*. C'est le premier acte de volonté.

Mais il y en a un second. Celui-ci ne dit pas « je veux ». Il porte sur les circonstances, les « conditions extérieures » et ne dépend pas de la volonté. Il dit donc « je voudrais ». Non pas « je voudrais commettre l'adultère avec elle » : mais « je voudrais qu'elle ne fût pas mariée ».

La volonté dans l'adultère, que l'on pourrait dire « normal », se déploie donc en deux énoncés : « je veux un rapport avec elle » et « je voudrais qu'elle ne fût pas mariée », V + VN, *velle* + *nolle*, en deux modes, l'un catégorique, « je veux », l'autre optatif, « je voudrais que ne pas » (VN) – ce qui, dans la réalité (que la femme soit ou non mariée) équivaut à un non-vouloir de l'adultère (NV), car ce n'est pas *l'adultère pour l'adultère* que nous cherchons.

> Sepe [...] contingit ut cum uelimus concumbere cum ea quam scimus coniugatam, specie illius illecti, nequaquam tamen adulterari cum ea uellemus *quam esse coniugatam nollemus*.

Souvent il arrive que, attirés par sa beauté, nous *voulions* coucher avec une femme dont nous savons qu'elle est mariée : pour autant nous ne *voudrions* pas tant commettre avec elle l'adultère que nous *voudrions qu'elle ne fût pas* mariée [30].

Pour Abélard, l'homme adultère n'est donc pas agent de deux actes mentaux qui s'excluent, sujet d'un vouloir de *x* et d'un nouloir de *x en acte. Il ne porte pas en même temps et, si j'ose dire, sous le même rapport, deux jugements contraires.* L'analyse d'Abélard permet donc d'échapper à la contradiction qui arrêtera Buridan. Mais ce n'est pas ce qui l'intéresse *prima facie*. À ses yeux, l'analyse qu'il propose permet surtout de distinguer deux sortes d'adultères :

1. ceux qui sont *adultères sans le vouloir*, et donc – même contrefactuellement (ou si vous préférez dans leur esprit) – simples fornicateurs, la fornication étant le rapport sexuel de deux célibataires, sans attaches (*soluti cum soluta*), dont le modèle médiéval, hérité des Romains, est le rapport avec une prostituée. En effet, la prostituée est celle que l'on n'arrache à personne, ni père, ni mari, ni frère.

2. ceux qui sont *adultères en le voulant*, comme ceux qui couchent avec la femme d'un grand personnage parce qu'elle est la femme d'un grand personnage, et que le rang du mari fait le prestige de l'amant. Ce sont les adultères *people*. Ceux là dit Abélard sont les *vrais adultères*, car leur vouloir s'articule en une conjonction d'énoncés qui est antithétique de : « je veux un rapport avec elle » (V) et « je voudrais qu'elle ne fût pas mariée » (VN) ; la loi de leur comportement est : « je veux un rapport avec elle » (V) et « je ne voudrais surtout pas qu'elle ne fût pas mariée » (NVN).

Multi e contrario sunt qui uxores potentum ad gloriam suam eo magis appetunt quia talium uxores sunt quam si essent innuptae, et magis adulterari quam fornicari cupiunt, hoc est, magis quam minus excedere.

Beaucoup au contraire pour leur propre gloriole désirent davantage les femmes des puissants parce qu'elles sont femmes de puissants qu'ils ne le feraient si elles n'étaient pas mariées, et ils ont plus envie d'être adultères que de forniquer, ils préfèrent plus à moins de transgression [ma traduction] [31].

Dans le cas de *l'adultère sans le vouloir*, V (catégorique) + VN (optatif) ne font pas un conflit de volontés. V et VN ne se situent pas sur le même plan. V est factuel, VN contrefactuel. Au moment où *x* « veut » la femme de *y*, il n'est pas le cas que, à la fois, il la veut et ne la veut pas, ni *a fortiori* que, à la fois, il veut et ne veut pas commettre l'adultère. Il veut « *coire* » et voudrait ne pas « *moechari* », il ne veut pas à la fois l'un et l'autre : *coire* et ne pas *coire* ou *moechari* et ne pas *moechari*. Il n'y a pas là de *réel conflit de volontés*, ni de *coexistence de désirs incompatibles,* ou de *volontés incompossibles*, ou d'*actes mutuellement exclusifs*. Il n'y a pas à l'instant *t*, vouloir que *p* et nouloir que *p*, ou vouloir que *p* et vouloir que *non-p*.

Dans le cas de *l'adultère par gloriole*, V (catégorique) + NVN (optatif) ne font pas davantage un conflit de volontés.

Pour en trouver un, il faut sortir de l'archive fouillée jusqu'ici et reprendre les choses par un autre biais.

NOTES

1. GASSENDI, *Disquisitio Metaphysica*, dans *In Meditationem* II, *Dubitatio* I, art. 6, éd. B. ROCHOT, *Disquisitio metaphysica : seu Dubitationes et instantiae adversus Renati Cartesii metaphysicam et responsa. Recherches métaphysiques ou doutes et instances contre la métaphysique de R. Descartes et ses réponses*, Paris, Vrin, 1962, p. 84. *Cf.* R. AREW, « Critiques scolastiques de Descartes », *Laval Th. & Phil.* 53/3 (1997) [p. 587-603], p. 593, n. 19. Sur l'enthymème, voir A. BOYER, « Cela va sans le dire. Éloge de l'enthymème », *Hermès*, 15

(1995) [p. 73-90] p. 77 : « Un cas célèbre de principe dont le statut d'enthymème est en question n'est autre que le *Cogito*. La difficulté que l'on éprouve à fixer un statut logique univoque à cette proposition si claire n'est pas sans effet sur la fascination qu'elle exerce à juste titre. Descartes la tient, semble-t-il, à la fois comme une inférence et comme une évidence immédiate. Si on la reconstruit comme une déduction en forme, il paraît nécessaire de lui adjoindre une prémisse indolore, à savoir que quelque chose qui pense (ou plus généralement agit) ne peut pas ne pas être : par contraposition, ce qui n'est pas ne peut pas penser, ou, plus généralement, "le néant n'a pas de propriétés", comme le diront Descartes et Malebranche ». Boyer explique la réticence légitime de Descartes à l'égard de cette reconstruction.

2. Étienne Tempier, *Syllabus*, prop. 159 (164), éd. D. Piché, p. 126-127.

3. Aristote, *De an.* III, 10, 433b4-10 ; trad. E. Barbotin, *De l'âme*, texte établi par A. Janone, Paris, Belles Lettres (CUF), 1966, p. 91 : ἐπεὶ δ' ὀρέξεις γίνονται ἐναντίαι ἀλλήλαις, τοῦτο δὲ συμβαίνει ὅταν ὁ λόγος καὶ αἱ ἐπιθυμίαι ἐναντίαι ὦσι, γίνεται δ' ἐν τοῖς χρόνου αἴσθησιν ἔχουσιν (ὁ μὲν γὰρ νοῦς διὰ τὸ μέλλον ἀνθέλκειν κελεύει, ἡ δ' ἐπιθυμία διὰ τὸ ἤδηῥ φαίνεται γὰρ τὸ ἤδη ἡδὺ καὶ ἁπλῶς ἡδὺ καὶ ἀγαθὸν ἁπλῶς, διὰ τὸ μὴ ὁρᾶν τὸ μέλλον.

4. C. Grellard, « L'âne et les petites vieilles... », p. 101.

5. Jean Buridan, *Quaestiones super decem libros Ethicorum Aristotelis*, III, q. 3, f. 42va : « ... est sciendum quod libertas secundum quod voluntas potest non acceptare quod sibi praesentatum fuerit sub ratione boni vel non refutare quod praesentatum fuerit sub ratione mali, prodest valde nobis ad vitae directionem pro tanto quia in multis in quibus prima facie sunt aliquae rationes bonitatis apparentes, latent semper mille maliciae vel annexae vel consequentes... »

6. Jean Buridan, *Quaestiones*..., III, q. 3, f° 42vb, et de préciser : « ... sed ipsa noceret si contingeret hominem nullam in bonis vel malis sibi apparentibus habere complacentiam vel displicentiam : quia tunc nullam haberet occasionem amplius inquirendi de eis an essent bona vel mala simpliciter aut acceptanda aut refutanda, propter quod saepe acceptandorum acceptatione et refutandorum refutatione privaretur. »

7. La volonté est dite libre au sens de la « liberté d'opposition », en ce qu'ayant « pouvoir sur les contraires », elle peut « faire

opposition », se porter sur l'opposé, soit en ne voulant pas ce qui à première vue apparaît comme un bien, soit en ne noulant pas ce qui a première vue apparaît comme un mal soit encore en voulant ou en noulant ce en quoi les raisons de bien et de mal sont données simultanément : « ... sed dicitur libera loquendo de libertate oppositionis : quia ipsa potest in opposito : quia ipsa potest non velle quod prima facie apparet bonum et non nolle quod prima facie apparet malum et quia potest illud velle aut nolle in quo simul apparent rationes boni et mali. »

8. JEAN BURIDAN, *Quaestiones*..., III, q. 5 f. 44vb.

9. JEAN BURIDAN, *Quaestiones*..., III, q. 4, f° 44ra-rb : « Tertia conclusio : si voluntas debeat eligere, ipsa necessario eliget majus bonum : quia aut majus bonum aut minus, sed non potest minus pro tunc ; igitur oportet quod majus. »

10. JEAN BURIDAN, *Quaestiones super libros Metaphysicorum*, IX, q. 4, f° 58ra : « ... voluntas sine alio determinante potest velle accipere ex eo quod judicatum est utile vel etiam potest nolle accipere quia judicatum est inhonestum et injustum vel etiam potest differre ita quod nullum actum volendi aut nolendi producat, sed differat et prolonget donec intellectus magis consideravit et magis deliberavit ita quod intellectus non est sufficiens ad determinandum voluntatem, sed hoc habet voluntas de sua libertate. »

11. Le problème de la synchronicité ou coexistence possible du vouloir et du nouloir est un des problèmes les plus endurants de toute l'histoire de la philosophie et de la théologie, puisqu'il court, comme on le verra, de l'Antiquité à la première modernité et, de là, jusqu'à nos jours. Il revêt au long du temps toutes sortes de formes, mais se déploie dans un certain nombre de CQR archéologiquement assignables, parce que étroitement corrélés. Un des plus centraux pour notre intrigue est l'ensemble de questions noués dans l'intitulé *Utrum voluntas in quo temporis puncto aliquid vult libera sit ad illum idem non volendum nolendumve et e contrario* – qui correspond exactement à notre archive. Cette question est traitée dans la *disputatio* 24 de la *Quaestio* 14, art. 13, de la *Concordia* de Luis de Molina. Cf. *Ludovici Molina. Liberi arbitrii cum gratiae donis, divina praescientia, providentia, praedestinatione et reprobatione Concordia*, éd. crit. J. RABENECK, Oniae, Collegius Maximum S.I.-Matriti, Soc. edit. « Sapientia », 1953, p. 155-158. Molina y part d'Ockham (*In I Sent.*, dist. 38, q. 1), de Gabriel Biel et des autres « docteurs nominalistes », qui soutenaient que, à l'instant où elle élicitait une volition, la volonté n'était pas libre de ne pas l'éliciter ou d'éliciter

l'acte contraire, et, réciproquement, à l'instant où elle ne voulait pas [un certain objet] ou élicitait une nolition, n'était pas libre de vouloir ledit objet. Dans le traité sur la *Prédestination*, *Tractatus*, q. 3, OCKHAM expose clairement les trois dimensions du problème de la nécessité et de la contingence – autre façon de poser celui du déterminisme et de la responsabilité – en les connectant à la fois au principe de contradiction et aux trois dimensions du temps, pour Dieu et pour l'homme, plus exactement pour la volonté divine en tant qu'elle s'extériorise dans la création, et pour la volonté créée de l'homme : « Respondeo quod voluntas Dei ad extra et voluntas creata in illo instanti in quo agit contingenter agit. Sed hoc potest intelligi tripliciter : uno modo quod ipsa prius duratione existens ante a instans in quo causat, potest libere et contingenter causare vel non causare in a ; et iste intellectus est verus si voluntas sic praeexistat. Secundo modo potest intelligi quod in eodem instanti in quo causat sit verum dicere quod non causat ; et iste intellectus non est possibilis propter contradictoria quae sequuntur, scilicet quod *causat in a et non causat in a*. Tertio modo potest intelligi "contingenter causare in *a*", quia libere sine omni variatione et mutatione adveniente sibi vel alteri causae, et sine cessatione alterius causae potest cessare in alio instanti post *a* ab actu suo, ita quod in *a* instanti sit haec vera "voluntas causat," et in alio instanti post *a* sit haec vera "voluntas non causat"; et sic voluntas contingenter causat in *a*, non sic autem naturalis causa contingenter causat. » *Cf.* OCKHAM, *Tractatus de praedestinatione et de praescientia Dei respectu futurorum contingentium*, PH. BOEHNER & S. BROWN (éd.), in Venerabilis Inceptoris Guillelmi de Ockham, Opera philosophica, II, St. Bonaventure, N.Y., 1978, p. 536, 84-98. Parallèle dans *Sent. I*, d. 38, q. 1, in *Opera theologica*, IV, p. 579, 10-21 et 586, 1-11. D.W. CLARK, « Ockham on Human and Divine Freedom », *Franciscan Studies*, 38 (1978) p. 147 (p. 122-160) résume bien le « test des trois moments ». Ockham divise « ... the process of causing freely into three moments— before, during and after— and claims this division is germaine to both divine and human liberty ». Et de préciser : « Before a definite volition is elicited, the will's posture is undetermined to either produce or not produce that volition. At the moment of choice, the will is self-determined and incapable of producing the contrary act simultaneously. Then, after eliciting its act, the will regains its indifference to continue or terminate its decision. [...] actions freely produced but then conserved through necessity would not be free acts by Ockham's standards... And *it follows from Ockham's three-part test that God's ordained laws might change*. Creation would not be a free exercise of divine will if the world's conservation were necessary. » Sur tout cela, voir H.G. GELBER, *It Could Have Been Otherwise...*, p. 321-322 et, surtout, GUILLAUME D'OCKHAM, *Traité sur la prédestination et la prescience divine des futurs contingents*. Textes latins avec traduction française en regard par C. MICHON. En appendice, choix d'extraits d'œuvres de Guillaume d'Ockham, Paris, Vrin, 2007.

12. Sur cette strophe, et le triple sens d'essoyne, voir D. MUS, *La Poétique de François Villon*, Éd. Champ Vallon, 1992, p. 82-83.

13. Sur cette œuvre et les démêlés des deux auteurs (qui se sont trouvés pas moins de *six fois* en procès à son sujet !), *cf.* F. BASSAN, « Histoire de "La Tour de Nesle" de Dumas père et Gaillardet », *Nineteenth-Century French Studies*, vol. III, n° 1/2 (Fall-Winter 1974-1975), p. 40-57.

14. Le Buridan de Zévaco n'a, faut-il le préciser ? que peu de chose à voir avec le philosophe. Fils du « comte de Valois, oncle du roi », et d'une « jeune fille de la cour de Bourgogne, Anne de Dramans », il livre bataille à la tête des truands de la Cour des Miracles contre les archers d'Enguerrand de Marigny, avant d'épouser sa fille, Myrtille ! Extravagant épisode parmi bien d'autres. Le philosophe pointe le bout de l'oreille dans la conclusion de *La Reine sanglante*, suite du *Héros de la Tour de Nesles*, quand Buridan évoque pour Gauthier d'Aulnay (!) « la thèse » qu'il voulait « jadis soutenir en Sorbonne » : *Licitum est occidere reginam*. La figure du « Capitaine Buridan », bâtard de Valois, remonte à la pièce de Dumas et Gaillardet, qui font de lui un reître et un débauché aux deux noms : « un de naissance qui est le [s]ien et qu'[il] ne porte pas ; un de guerre qui n'est pas le [s]ien et qu'[il] porte » – « Buridan » étant le « nom de guerre ». L'homme se présente lui-même en ces termes à la scène 3 de l'acte 1 : « J'ai fait vingt ans la guerre aux Italiens, les plus mauvais coquins que je connaisse ; j'ai fait vingt ans l'amour aux Italiennes, les plus rusées ribaudes que je sache... et je n'ai jamais refusé ni combat ni rendez-vous, pourvu que l'homme eût droit de porter des éperons et une chaîne d'or,... pourvu que la femme fût jeune et jolie. » On retrouve le même type de personnage chez Léon Beauvallet (1828-1885), et ses *Secrets du capitaine Buridan (deuxième époque) : Suite des Pendus de Montfaucon*, publiés à Paris, Bureau du Roger-Bontemps, en 1871.

15. Le *casting* de Gance est pour le reste remarquable, qui confie à Paul Guers et Jacques Toja le rôle des frères Gauthier et Philippe

d'Aunay, à Michel Etcheverry celui d'Enguerrand de Marigny, à Michel Bouquet celui du colérique roi Louis et à Nelly Kaplan, celui (fantasmé) d'« Alice ». En dehors de celle d'Abel Gance (1954), les autres versions de *La Tour de Nesle* sont dues à André Calmettes (1909, muet), Pierre Marodon (1923/1924), Febo Mari (*La torre di Nesle*, 1925), Gaston Roudès (1937), Émile Couzinet (1952) – évoqué plus haut –, Jean-Marie Coldefy (1966 – pour la télévision, avec Bernard Noël dans le rôle de Buridan et Nelly Benedetti, dans celui de Marguerite de Bourgogne) et « François Legrand » (1968/1969) – pseudonyme du cinéaste viennois Franz Josef Antel (1913-2007) – sorti sous trois titres différents en Allemagne (*Der Turm der verbotenen Liebe*), en Italie (*Le dolcezze del peccato*) et en France (*La Tour de Nesle* et / ou... *Mieux vaut faire l'amour*). On y reconnaît Jean Piat (Buridan), Teri Tordai (Marguerite), et Uschi Glas (Blanche). Buridan ne figure pas dans l'intrigue d'*Anatole à la Tour de Nesle* (1947), dessin animé d'Albert Dubout.

16. C. Grellard, « L'âne et les petites vieilles... », p. 91.

17. Voir, sur ce point, la *Chronique* de Guillaume de Nangis (ark:/12148/bpt6k946086, Gallica, Edition/traduction 1825, p. 302), dont j'extraie ces quelques lignes : « C'est pourquoi, expiant par un genre de mort et un supplice ignominieux un si infâme forfait, ils furent à la vue de tous écorchés tout vivans sur la place publique. On leur coupa les parties viriles et génitales, et leur tranchant la tête, on les traîna au gibet public où, dépouillés de toute leur peau, ils furent pendus par les épaules et les jointures des bras. »

18. « Scientiam actualem et particularem potest aliquis habere dupliciter, unam perfectam ubi nihil remanet ignorantum nec inconsiderantum nec injudicatum pertinens ad operandum vel non operandum, et tunc non est possibile agere contra scientiam : quia oporteret simul habere judicia contraria. »

19. *Cf.* Cl. Lafleur, *Quatre introductions à la philosophie au XIIIe siècle. Textes critiques et étude historique*, Montréal-Paris, Vrin (Publ. de l'Institut d'études médiévales, XXIII), 1988, p. 317-321.

20. L'*Ethica* d'Abélard, connue sous le titre de *Scito te ipsum*, est éditée par D. Luscombe. *Cf. Peter Abelard's Ethics. An Edition with Introduction, English Translation and Notes by D.E. Luscombe*, Oxford, OUP, 1971.

21. Abélard, *Ethica*, éd. Luscombe, p. 16, 33-18, 6 : « Sunt qui non mediocriter moueantur cum audiant nos dicere operationem peccati nichil addere ad reatum uel ad dampnationem apud deum. Obiciunt quippe quod in actione peccati quaedam delectatio

sequatur quae peccatum augeat, ut in coitu uel esu illo quem diximus. Quod quidem non absurde dicerent, a si carnalem huiusmodi delectationem peccatum esse conuincerent, nec tale quid committi posse nisi peccando » ; trad. *ibid.*, p. 17-19 : « There are people who may be considerably disturbed when they hear us say that the doing of sin adds nothing to guilt or to damnation before God. They object that in the action of sin a certain pleasure may follow which increases the sin, as in sexual intercourse, or in that eating which we mentioned. They would not in fact say this absurdly if they were to prove that carnal pleasure of this sort is sin and that such a thing cannot be committed except by sinning. »

22. ABÉLARD, *Ethica*, éd. LUSCOMBE, p. 20, 1-6 : Sed rursum inquiunt quia coniugalis quidem coitus et delectabilis cibi esus ita concessus est ut delectatio ipsa non concedatur, sed ut ista omnino sine delectatione agantur. Sed profecto si ita est, sicb fieri sunt concessa quomodo eac nullatenus fieri possunt, nec racionabilis fuit permissio quae ita fieri concessit quomodo eae certum est non posse fieri » ; trad. *ibid.*, p. 21 : « Yet again they say that marital intercourse and the eating of delicious food are in fact conceded in such a way that the pleasure itself is not conceded; they should be performed wholly without pleasure. But assuredly if this is so, they are allowed to be done in a way in which they cannot be done at all and it was an unreasonable permission which allowed them to be done in a way in which it is certain that they cannot be done. »

23. C'est un des exemples utilisés par Locke pour prouver que la liberté n'appartient pas à la volonté. *Cf.* LOCKE, *An Essay concerning Human Understanding*, II, chap. XXI (Of power), § 10 : « Again: suppose a man be carried, whilst fast asleep, into a room where is a person he longs to see and speak with; and be there locked fast in, beyond his power to get out: he awakes, and is glad to find himself in so desirable company, which he stays willingly in, i.e. prefers his stay to going away. I ask, is not this stay voluntary? I think nobody will doubt it: and yet, being locked fast in, it is evident he is not at liberty not to stay, he has not freedom to be gone. So that liberty is not an idea belonging to volition, or preferring; but to the person having the power of doing, or forbearing to do, according as the mind shall choose or direct. Our idea of liberty reaches as far as that power, and no farther. For wherever restraint comes to check that power, or compulsion takes away that indifferency of ability to act, or to forbear acting, there liberty, and our notion of it, presently

ceases » ; J. LOCKE, *Essai philosophique...*, II, 21, § 10, trad. COSTE : « Supposons qu'on porte un Homme, pendant qu'il est dans un profond sommeil, dans une chambre où il y ait une personne qu'il lui tarde fort de voir et d'entretenir, et que l'on ferme à clef la porte sur lui, de sorte qu'il ne soit pas en son pouvoir de sortir. Cet homme s'éveille, et est charmé de se trouver avec une personne dont il souhaitait si fort la compagnie, et avec qui il demeure avec plaisir, aimant mieux être là avec elle dans cette chambre que d'en sortir pour aller ailleurs : je demande s'il ne reste pas volontairement dans ce lieu là ? Je ne pense pas que personne s'avise d'en douter. Cependant, comme cet homme est enfermé à clef, il est évident qu'il n'est pas en liberté de ne pas demeurer dans cette chambre, et d'en sortir s'il veut. Et par conséquent, la liberté n'est pas une idée qui appartienne à la *volition*, ou à la *préférence* que notre esprit donne à une action plutôt qu'à une autre, mais à la *personne* qui a la puissance d'agir ou de s'empêcher d'agir, selon que son esprit se déterminera à l'un ou à l'autre de ces deux partis. Notre idée de la liberté s'étend aussi loin que cette puissance, mais elle ne va point au-delà. Car toutes les fois que quelque obstacle arrête cette puissance d'agir ou de ne pas agir, ou que quelque force vient à détruire l'indifférence de cette puissance, il n'y a plus de liberté ; et la notion que nous en avons disparaît aussitôt. »

24. Joseph de Maistre l'évoque dans la sixième des *Soirées de Saint-Pétersbourg*, et voit dans la pièce fermée la chambre de la maîtresse du personnage qu'on a transporté là dans son sommeil. Voir J. DE MAISTRE, *Les Soirées de Saint-Pétersbourg ou Entretiens sur le Gouvernement temporel de la Providence, suivies d'un Traité sur les sacrifices*, t. I, Lyon-Paris, J.B. Pélagaud, [7]1854, *Sixième Soirée*, p. 389 : « Un homme endormi est transporté chez sa maîtresse, ou, comme dit Locke avec l'élégante précision qui le distingue, dans une chambre où il y a une personne qu'il meurt d'envie de voir et d'entretenir. Au moment où il s'éveille, sa volonté est aussi contente que la vôtre l'était peu tout à l'heure lorsqu'elle tombait sous le pont. Or, il se trouve que cet homme, ainsi transporté, ne peut sortir de cette chambre où il y a une personne etc., parce qu'on a fermé la porte à clef ; à ce que dit Locke : *donc la liberté n'a rien de commun avec la volonté.* » L'allusion au « pont » concerne un autre argument lockéen, présenté en termes encore plus ironiques par Maistre : « Vous traversez un pont ; il s'écroule : au moment où vous le sentez s'abîmer sous vos pieds, l'effort de votre volonté, si elle était libre, vous porterait, sans doute, sur le bord opposé ; mais son

élan est inutile : les lois sacrées de la gravitation doivent être exécutées dans l'univers ; il faut tomber et périr : donc *la liberté n'a rien de commun avec la volonté*. J'espère que vous êtes convaincus ; cependant l'inépuisable génie de Locke peut vous présenter la démonstration sous une face encore plus lumineuse »... celle de l'homme endormi.

25. H. Frankfurt, *On Bullshit*, Princeton, Princeton University Press, 2005 ; *De l'art de dire des conneries*, trad. fr. D. Sénécal, Paris, 10/18, 2006.

26. Abélard, *Ethica*, éd. Luscombe, p. 20, 12-19 : « Ex his, ut arbitror, liquidum est nullam naturalem carnis delectationem peccato asscribendam esse, nee culpae tribuendum in eo nos delectari, quo cum peruentum sit 15 delectationem necesse est sentiri.2 Veluti siquis religiosum aliquem uinculis constrictum inter feminas iacere compellat, et ille molliciae lecti, et circumstantium feminarum contactu in delectationem, non in consensum, trahatur, quis hanc delectationem quam natura fecit necessariam culpam appellare presumat ? » ; trad. *ibid*., p. 21 : « It is clear, I think, from all this that no natural pleasure of the flesh should be imputed to sin nor should it be considered a fault for us to have pleasure in something in which when it has happened the feeling of pleasure is unavoidable. For example, if someone compels a religious who is bound in chains to lie between women and if he is brought to pleasure, not to consent, by the softness of the bed and through the contact of the women beside him, who may presume to call this pleasure, made necessary by nature, a fault ? »

27. Sur Usingen et Trutfetter, *cf.* R. Saarinen, *Weakness of the Will in Renaissance and Reformation Thought*, Oxford, OUP, 2011.

28. Les termes « complaisances » et, surtout, « déplaisances » sont peu usités, mais indispensables ici. Le *TLF* les définit ainsi : « Déplaisance. Sentiment d'insatisfaction, d'antipathie (en particulier à l'égard de soi-même) (*cf.* complaire B). Avoir en grande déplaisance (*cf.* Barante, *Hist. ducs Bourg.*, t. I, 1821-24, p. 256). Prendre déplaisance de / envers. Mon goût ou mes déplaisances importaient peu (Chateaubr., *Mémoires d'Outre-Tombe*, t. IV, 1848, p. 558). *cf.* Complaisance : **B.** – [Avec une idée d'intérêt porté à soi] Délectation, contentement, satisfaction : **2.** 1616 « action de se complaire à quelque chose » (saint François de Sales, *Amour de Dieu,* V, 7). »

29. *Cf.* R. Saarinen, *Weakness of the Will*..., p. 109 : « For Buridan as for Usingen, the first act of the will is accompanied by a preliminary judgement, but it is only the second act of the will which

corresponds to the Augustinian notion of consent. The first act is morally irrelevant and occurs without the controlling powers of the will and intellect. The end result of this action theory is a model in which *the initial desires remain inevitable and morally irrelevant, whereas free will pertains to the second act of acceptance or refusal.* »

30. ABÉLARD, *Ethica*, éd. LUSCOMBE, p. 16, 16-18 (ma traduction) ; la traduction anglaise ne fait pas complètement apparaître le jeu sur *velle* et *nolle* : « Moreover, it often happens that when we want to lie with a woman whom we know to be married and whose looks have enticed us, yet we by no means want to be adulterous with her ; we would prefer that she was unmarried. »

31. ABÉLARD, *Ethica*, éd. LUSCOMBE, p. 16, 19-22 : « There are, on the other hand, many men who for their own renown desire the wives of the mighty more keenly because they are married to such men than they would if they were unmarried; they want to commit adultery rather than fornication, that is, to transgress by more rather than by less. »

Cours du 31 mars 2015

Deuxième heure

Pause lexicographique. — Brève histoire de « vouloir », « nouloir », « volonté » et « nolonté ». — La « nolonté » : Charles Renouvier et Louis Prat. — La liberté comme pouvoir de dire « Non ! »... — Mirabeau : la nolonté comme absence de volonté. — Nouloir et noloir. – Examen d'un principe de droit coutumier : « Femme mariée n'a ni vouloir ni noloir » (Coutume d'Arras, art. 10). — Excursus : sur la nécessité de l'autorisation maritale pour contracter, s'obliger ou ester en jugement. — La noluntas *dans la théologie scolastique. — Anthropologie philosophique et christologie. — Analyse d'un texte de Cajétan sur la Passion. — Exégèse de Mt 26, 38 :* ἐστιν ἡ ψυχή μου ἕως θανάτου, *« Mon âme est triste jusqu'à la mort » — Exposé de la thèse de Duns Scot : « La raison supérieure dans le Christ a souffert de la Passion ». — Les causes de la tristesse, et les quatre raisons du nouloir. — La nolléité* (nolleitas), *ou « vouloir conditionné ». — La nolléité est à la velléité ce que le nouloir est au vouloir . — Le Christ a-t-il eu* « nolleitatem mortis », *« nolléité de mort » ?. — Le problème de Gethsémani (Mt 26, 39) :* « transeat a me calix ! »... *— Position du problème de la liberté en termes d'articulation du vouloir et du nouloir : peut-on à un instant t, vouloir que p et nouloir que p ? Peut-on à un instant t vouloir que p et vouloir que non-p ? — Sommes-nous encore libres de vouloir ce que nous noulons à l'instant où nous le noulons ? Sommes-nous encore libres de nouloir ce que nous voulons à l'instant où nous le voulons ? — Thème des prochaines leçons : le principe des possibilités alternatives et l'instant de la décision.*

Je repartirai, d'abord, comme certains et certaines d'entre vous me l'ont demandé, d'une mise au point terminologique. J'ai employé les verbes « vouloir » et « nouloir ». Peut-on « tracer » ces expressions ? Assurément. On peut même faire davantage, en leur adjoignant les termes – que je n'ai pas encore employés – de « volonté » et de « nolonté », et le cas échéant, de leurs sources antiques ou médiévales. Je commence par le plus simple : le mot « nolonté » et ce à quoi il s'applique. On attribue souvent l'invention de la nolonté – la description de la chose et l'imposition du mot – à Charles Renouvier. On ne prête qu'aux riches. Le grand philosophe républicain, rationaliste et néokantien qu'était Renouvier était aussi un formidable faiseur de mots : il est l'inventeur de l'Uchronie, ce que l'on appelle aujourd'hui « histoire alternative », *What if? history* ou *Alternate history*. Il a inventé le mot et la chose en 1876, avec la publication d'*Uchronie* (*l'Utopie dans l'histoire*), « esquisse historique apocryphe du développement de la civilisation européenne tel qu'il n'a pas été, tel qu'il aurait pu être » si les Antonins avaient banni les chrétiens en Orient[1]. À ce titre, Renouvier est le candidat idéal pour l'invention de la nolonté. De fait, le mot figure dans *La Nouvelle Monadologie* publiée en 1899, qui définit la nolonté, le « vouloir ne pas », comme une sorte de droit de veto aux actes réflexes que l'intelligence et la passion déterminent dans la volonté. C'est le *forbear* de Bramhall, le pouvoir de remettre ou de différer. C'est même plus : c'est le pouvoir de « dire NON ! ». La nolonté, dit-il dans une phrase magnifique, « définit mieux la liberté qu'une volonté courbée dans l'obéissance ».

> Le vertige du *vouloir* [...] déterminé [par l'intelligence et la passion] a pour correctif la puissance du *vouloir ne pas* ou nolonté ; d'où il suit que la nolonté est à vrai dire le pouvoir le plus caractéristique de ce que l'on entend et doit entendre par la volonté considérée chez l'homme. C'est le pouvoir d'opposer un veto à l'acte suggéré, à l'acte réflexe de l'imagination ou du désir, à ne lui donner carrière qu'après avoir pensé et comparé, vu les raisons, prévu les conséquences. L'activité ainsi tenue en suspens démontre la volonté par le refus de vouloir, plus indéniablement que par la décision, qui n'est jamais que le choix dans l'obéissance.

Cela étant, *La Nouvelle Monadologie* est une œuvre à quatre mains, cosignée par Renouvier (1815-1903) avec son disciple et ami Louis Prat (1861-1942). Et c'est à Prat que Renouvier lui-même attribue l'invention de (la) nolonté [2]. Prat aimait les néologismes ; on lui doit celui de « noérgie », définie comme « l'énergie propre de la raison », qui va précisément de pair avec la « nolonté ». Le terme figure dans le titre de la plus célèbre œuvre de Prat : *Le caractère empirique et la personne : du rôle de la nolonté en psychologie et en morale*, paru en 1905, chez Félix Alcan. C'est sur le couple « nolonté »/« noérgie », que l'ensemble du livre est construit [3]. C'est donc Prat qui a lancé le terme « nolonté », explicitement défini comme « puissance de vouloir ne pas », « puissance de nouloir » [4]. Il a lancé le terme. Il ne l'a pas inventé. Il en a défini un usage, qu'on voudrait dire « libertaire » s'il ne comportait pas d'équivoque. Mais enfin, c'est bien le pouvoir de « *dire Non !* » qui définit la liberté selon Prat : la liberté est « essentiellement nolonté ».

Cela étant, je dis qu'il n'a pas inventé le mot, car il ne faut pas attendre la fin du XIXe siècle pour entendre parler de « nolonté ». Le mot, le couple même volonté-nolonté, figure déjà dans une page meurtrière de la correspondance de Mirabeau sur Versailles et la cour dans les premiers temps de la Révolution, de cette cour où l'on ne « suit aucun de ses conseils », l'on ne « profite d'aucune de ses conquêtes », l'on ne « met à profit aucune de ses opérations », et où, pourtant, l'on « se lamente », en disant qu'il « ne change rien », et « qu'on ne peut pas trop compter sur lui » :

> Du côté de la cour, oh ! quelles balles de coton ! quels tâtonnements ! quelle pusillanimité ! quelle insouciance ! quel assemblage grotesque de vieilles idées et de nouveaux projets, de petites répugnances et de désirs d'enfants, de volontés et de nolontés, d'amours et de haines avortées [5] !

La nolonté selon Mirabeau, c'est l'absence de volonté, la « faiblesse », dit Thibaudet dans son *Histoire littéraire de la France* [6], la faiblesse ou l'abstention [7]. Ce n'est pas opposition ou refus. Mais ce pourrait l'être. Et rien n'exclut que ce le soit.

On le voit, la « nolonté » est aussi vieille que la Révolution. Mais « nouloir » ? Le mot est ancien lui aussi, et assurément d'Ancien Régime. « Nouloir » ou « noloir » : l'un et l'autre se disent. C'est le moment de vous donner des nouvelles de nos départements, et tout particulièrement de la région Nord-Pas-de-Calais. Une des plus intéressantes attestations du « noloir » se trouve dans l'article 10 de la *Coutume d'Arras* – ou *Coutume d'Artois* – qui énonce que : « Femme mariée n'a ni vouloir ni noloir ». Cela veut dire que selon les principes du droit coutumier, « les femmes mariées ne peuvent contracter, s'obliger ni ester en jugement (à savoir soutenir une action en justice, soit en demandeur, soit en défendeur), sans y être autorisées par leurs maris ». C'est ce qu'on appelle la « nécessité de l'autorisation maritale »[8]. Je ne puis entrer ici dans le détail, mais qui veut penser à la fois, liberté, volonté et action, pouvoir, capacité et puissance, doit certainement, passant de la philosophie au droit, méditer les discussions sur ce qu'on appelle le « principe de la nécessité de l'autorisation », et la justification des diverses thèses en présence – notamment de la première qui veut que la *puissance maritale* soit l'unique principe de la nécessité de l'autorisation (la seconde thèse, minoritaire, optant plutôt pour l'intérêt du mari). De fait, les juristes partisans de la thèse majoritaire « considèrent la femme sous la puissance » maritale, « comme tellement privée de toute faculté d'agir qu'elle a besoin du concours de son mari, pour lui donner en quelque sorte le caractère qu'elle a perdu par le mariage »[9]. Dans la *Collection de décisions nouvelles et de notions relatives à la jurisprudence* de 1783, on lit que pour eux « une femme, à l'instant du mariage, tombe dans une incapacité réelle de former le moindre engagement sans la volonté de celui qu'elle a choisi pour son chef ; dès cet instant, elle n'a plus de volonté, ou au moins elle n'a plus d'autre moyen de l'exprimer que par l'organe de son mari ; il faut que celui-ci préside à toutes ses actions » et « dirige ses mouvements », car la femme « est un corps sans âme si le mari ne l'anime ». Comme l'explique Charles Loyfeau (Loiseau) dans son *Traité du déguerpissement*, autrement dit des *diverses formes d'abandon de la possession d'un bien*, non seulement, « en entrant dans la puissance du mari », les femmes mariées perdent leurs noms et leurs armes, mais encore « étant du tout », c'est-à-dire : entièrement, « en la puissance du mari, et n'étant personne de soi, ni usante de ses droits », elles ne peuvent « rien avoir qui ne soit en la puissance du mari » [10]. Il y a une philosophie dans le nouloir. Elle s'écrit liberté, ou libération. Mais il faut bien former les lettres. Cela prend du temps. C'est en 1905 que la femme française a acquis le droit d'ester en justice sans autorisation du mari. Jusque là, elle n'avait pas de noloir.

« Nolonté » et « noloir », « nouloir » ne sont pas nés de rien. Les deux, le substantif et le verbe, se laissent tracer jusqu'au Moyen Âge. Et même bien en deçà. Je pourrais vous en donner maintes attestations, en remontant même jusqu'à l'Antiquité pour *noluntas*, *nolentia* : il y a toute une série de termes latins qui sont les prototypes de « nolonté » [11]. Mais nous n'avons pas beaucoup de temps, et surtout ces usages anciens ne nous disent rien du concept visé par le mot « *noluntas* » à la grande époque, qui est l'époque scolastique. Je passe donc sur les sources très anciennes et en viens aux sources plus tardives, à la Seconde Scolastique. Pour m'en tenir à un seul exemple, je prendrai le *Commentaire* de Cajétan sur la *III^{a} Pars* de la *Summa theologiae* de Thomas d'Aquin [12]. Ici, nous voilà à pied d'œuvre ; nous sommes, si je puis dire, au pied de la Croix : face au Christ, à l'intersection de l'anthropologie et de la christologie, dont je vous avais dit au début du semestre que ce serait l'un de nos thèmes essentiels. Cette intersection conditionne et structure la *rencontre* de la psychologie et de l'éthique, de l'Antiquité tardive au seuil de la modernité. Vrai homme et vrai Dieu, le Christ a souffert sur la Croix. Une des questions majeures de la théologie de la Croix, et plus largement de la Passion, est de savoir si « selon son essence l'âme du Christ tout entière a souffert » – ce que l'on peut soutenir, au nom de ce que, après Henri More, j'appelle le « holenmérisme », la thèse, déjà évoquée ici même à plusieurs reprises, selon laquelle l'âme humaine – et l'âme du Christ est humaine, c'est le ressort même de l'incarnation – est tout entière présente dans le corps tout entier, et tout entière en chacune de ses parties, *tota in toto et tota in qualibet* *parte*[13]. Christ lui-même le dit selon Matthieu 26, 38 : ἐστιν ἡ ψυχή μου ἕως θανάτου, « Mon âme est triste jusqu'à la mort » (Vulg. : « *tristis est anima mea usque ad mortem* »). Voilà le point de départ ; Cajétan, qui commente le passage de la *IIIa Pars* où l'on a l'habitude de traiter le problème de l'exégèse de ce passage de Matthieu, fait un relevé de toutes les opinions qui ont été soutenues avant lui, et notamment au Moyen Âge central, aux XIIIe et XIVe siècles[14]. Cajétan en vient alors à exposer la thèse de Duns Scot : « la raison supérieure dans le Christ a souffert de la Passion du Christ » (« ... quod ratio superior in Christo per proprium actum doluit de passione Christi »). Cela peut paraître bien curieux : de quoi donc la « raison supérieure » peut-elle bien pâtir ? Traditionnellement on considère qu'il y a, dans l'âme rationnelle, une partie tournée vers les réalités d'en haut, indépendantes de la matière et du corps, et une autre qui regarde vers le bas, tournée vers le sensible, où elle prend sa pitance. La raison supérieure ne peut donc pas pâtir de son objet, puisqu'elle est tournée vers Dieu. Son objet est divin, il n'est pas cause de « douleur » mais de plaisir et de joie pour l'âme du Christ, du moins c'est ce que l'on dit. Mais Scot va contre cette thèse : la raison supérieure dans le Christ, dit-il, a souffert de la Passion du Christ, d'un côté parce que la Passion était contraire à l'appétit ou désir naturel de la raison supérieure de l'âme du Christ (« ... quia passio erat contra naturalem appetitum ipsius rationis superioris ») ; de l'autre, parce qu'elle allait aussi contre son « vouloir conditionné » (« ... quia erat contra conditionatum velle eiusdem »). Or, et c'est la base de l'argument, tout ce qui arrive *alors que nous le noulons*, à quelque niveau que ce soit – bien-être naturel ou vouloir conditionné –, est cause suffisante de tristesse[15]. Qu'est-ce que cela veut dire ? Dans le premier cas, celui du bien-être naturel, on voit, par exemple, que la misère cause la tristesse : si nous vivions dans la misère, notre raison supérieure en éprouvera un malaise, un mal être. Dans le second, celui du vouloir conditionné, il s'agit de ce que l'on fait parce qu'on y est contraint pour parvenir à un certain résultat, et qui peut engendrer de la tristesse. L'exemple traditionnel, emprunté à Aristote, est celui de l'obligation de jeter la cargaison par-dessus bord pour sauver le navire du naufrage. Cette obligation cause la tristesse [16], sinon dans l'âme du matelot du moins dans celle de l'armateur ou du marchand. Je laisse de côté le point de vue de Cajétan, et me centre sur sa présentation de l'argument de Scot.

Le point de départ est le texte de *La Cité de Dieu*, où Augustin pose que la tristesse fait partie des *choses qui arrivent contre notre volonté*, plus littéralement « alors que nous les noulons » (« Ad evidentiam huius scito quod, cum, secundum Augustinum, *De civ. Dei*, cap. XV, tristitia sit de his quae nobis nolentibus accidunt... ») [17]. Le « nouloir » peut se manifester pour quatre raisons (« ... nostrum nolle quadrupliciter inveniatur ») :

1. par un *acte élicité* : je ne veux pas de visite (« vel per actum elicitum, ut si nolo visitari ») ;
2. en cas de *contrariété naturelle* à la volonté prise *en elle-même* : nous ne voulons pas de la misère (« vel per naturalem contrarietatem ad voluntatem secundum se, ut nolumus miseriam »).
3. en cas de *contrariété naturelle* à la volonté *liée à l'appétit sensible* : nous ne voulons pas de brûlure (« vel per naturalem contrarietatem ad voluntatem colligatam appetitui sensitivo, ut nolumus uri »)
4. en cas d'*acte volontaire conditionné*, ou « nolléité » : nous ne voulons pas perdre un chargement, mais nous le sacrifions, pour nous sauver (« vel per conditionatum actum voluntatis, puta nolleitatem, ut nollemus proicere merces in mare, quas tamen proiicimus ») [18].

La *nolleitas* nous rappelle Abélard et l'analyse de l'adultère : la formule rapportée par Cajétan ne dit pas « *nolumus* », au présent de l'indicatif, mais « *nollemus* », à l'imparfait du subjonctif, non pas donc : « nous ne voulons pas », mais bien : « nous ne voudrions pas » ou plutôt « nous voudrions ne pas »... jeter la cargaison, mais il le faut bien, alors nous le faisons. La nolléité est à la velléité ce que le nouloir est au vouloir : on voudrait qu'il en fût autrement, mais on n'y peut rien, donc on se résout à faire ce qu'on aurait voulu ne pas avoir à faire. Le problème est vaste, et touche à tous les aspects de la volonté, de l'action, et... de la Passion.

En théologie, on se demande en effet si le Christ a eu ou non « *nolleitatem* mortis », « nolléité de mort », en tant qu'homme, voire – *horresco referens* – en tant que Dieu fait homme ou homme-Dieu. « Nolléité de mort » – on n'est pas habitué à parler de cette façon en français ; on dirait plus facilement qu'un homme avait une « velléité de vie », et pourtant les deux expressions sont symétriques ; si l'on admet celle-ci on devrait pouvoir admettre celle-là, du moins dans certaines expressions, et c'est d'ailleurs ce que l'on fait en latin, et spécialement chez les théologiens. Y a-t-il eu nolléité de mort chez le Christ ? On rejoint ici Mt 26, 39 : *transeat a me calix* ! « Que cette coupe passe loin de moi. » C'est le thème central de la Prière d'agonie, et ce que j'appelle le « Problème de Gethsémani » : le problème des deux vouloirs dans le Christ priant au mont des Oliviers, à quelque temps de la Passion qui s'annonce et approche. Cajétan l'évoque, en notant que « selon l'état présent qui est le sien », ici-bas, en tant qu'homme, le Christ, est « mû par le désir naturel à un acte de nouloir conditionné » et demande au Père, « si cela est possible, que la coupe s'éloigne lui » (« secundum praesentem statum in quo est, ex amore naturali exit in actum nolendi conditionatum, dicendo, Pater, si possibile est, transeat calix iste » [19]).

C'est un thème que je préfère ne pas aborder immédiatement, gardant pour une prochaine séance la séquence Mt. 26, 38-39, autrement dit le passage de la tristesse mortelle annoncée aux disciples à la prière d'agonie adressée au Père. Vous verrez que dans la version de Mathieu elle est adressée trois fois au Père. Au demeurant, « l'état présent » désigne toujours l'existence ici-bas, donc « l'état présent qui est le sien » désigne l'état d'homme. Cette phrase ne désigne pas ce qui va mobiliser notre attention la semaine prochaine, à savoir un même instant du temps, l'instant *t*, où coexisteraient des volontés contraires : j'accepte la Passion, je refuse la Passion. Ce n'est pas cela qui est visé par la phrase de Cajétan, rapportant Duns Scot, mais l'état « viateur », celui du

Voyageur, distinct de l'état des bienheureux, celui de la Patrie céleste, qui est celui des bienheureux après la mort. *Beati loro* ! Or ce n'est pas cet état qui nous intéresse au stade où nous en sommes de notre parcours, de notre travail archéologique. Ce qui nous intéresse, à ce point de notre recherche, c'est de déterminer *jusqu'où peut aller* la réflexion sur PAP, le principe des possibilités alternatives, et d'abord, en tant qu'historien, en tant qu'archéologue, de voir *jusqu'où elle est effectivement allée* dans l'histoire de la philosophie et de la théologie. Ce qui nous intéresse, c'est d'atteindre au cœur du dispositif où s'articulent problématiquement la volonté et l'action. Ce qui m'intéresse, en tant qu'indécis chronique et en tant qu'archéologue (ce qui n'est pas du tout synonyme), c'est de remonter jusqu'à *l'instant de la décision*. Je dis bien : *l'instant* de la décision.

Le problème est simple à formuler : peut-on à un instant *t*, vouloir que *p* et nouloir que *p* ? Peut-on à un instant *t* vouloir que *p* et vouloir que *non-p* ? Bref, une fois de plus : *sommes-nous encore libres de vouloir ce que nous noulons à l'instant où nous le noulons ?* Sommes nous, en somme, libres de nous *raviser ? Sommes-nous encore libres de nouloir ce que nous voulons à l'instant où nous le voulons ?* Cela est-il possible, non pas en général, non pas sur un plan quinquennal, mais à l'instant *t* ? Non pas à l'instant d'*avant*, c'est-à-dire à t–1, juste avant de faire le contraire (ou de ne pas le faire) ni à l'instant d'*après*, c'est-à-dire à t+1, juste après avoir fait le contraire (ou ne pas l'avoir fait).

Il faut bien distinguer : « à t–1 », où je peux dire : « je veux *p*, mais je peux encore faire *non-p* » et « à t+1 », où je peux dire : « je voulais *p*, mais en fin de compte j'ai fait *non-p*. » Et *vice versa*.

Ce qui nous intéresse, c'est *t*, c'est l'instant *où la contradiction se résout en acte*, l'instant où « *p* » (la représentation de *p*) ou « *non-p* » (la représentation de *non-p*), ou « *p* ou *non-p* » (la représentation de l'alternative *p* ou *non-p*), cède la place à *p* (ou à *non-p*). C'est cet instant là qui m'intéresse, l'instant où la contradiction entre les vouloirs, entre les nouloirs, entre les vouloirs et les nouloirs se résout en un acte. Ce qu'il s'agit de penser, d'explorer, c'est le passage à l'acte, dans l'instant de la décision. Pour l'explorer à fond, il faut, disais-je, « sortir de l'archive fouillée jusqu'ici et reprendre les choses par un autre biais ». C'est ce que nous allons faire, jusqu'à la fin du semestre. Pour l'heure, l'instant est venu de nous quitter.

Notes

1. Le livre est publié à Paris, par le Bureau de la critique philosophique, fondé par Renouvier, 1876. Sur l'uchronie, voir la somme d'Éric B. Henriet, *L'Histoire revisitée. Panorama de l'uchronie sous toutes ses formes*, Paris, Les Belles Lettres, ²2005.

2. Ch. Renouvier, *Les Derniers Entretiens*, recueillis par L. Prat, Paris, Vrin, 1930, p. 89 : « Travaille. Continue tes analyses sur la nolonté. L'idée est neuve et forte ; mais ne te livre pas trop à la fantaisie, qui pourrait te conduire très loin, trop loin. »

3. Un des premiers lecteurs de Prat, G. Simons présente ainsi le rapport de la *noérgie*, énergie productrice d'idéal, et de la *nolonté*, énergie de résistance à la réalité : « Comment la personne, faisant usage de sa liberté, se constitue-t-elle ? D'abord la raison a son énergie propre, c'est la noérgie ; cette noérgie crée l'idéal et cet idéal s'oppose à la réalité. Or l'idéal se réalise, parce que la personne peut librement résister à la réalité grâce à sa nolonté, et cela parce qu'elle a décidé que la réalité n'est pas la vérité. L'homme sait d'ailleurs mieux ce qu'il doit ne pas faire que ce qu'il doit faire ; l'erreur, l'injustice engendrent la souffrance. Or, dès qu'il souffre, il sait les causes de ses souffrances, il sait ce à quoi il doit résister : et il le peut par la volonté. » *Cf.* G. Simons, « L. Prat, *Le Caractère empirique et la Personne. Du rôle de la nolonté en psychologie et en morale* », *Revue néo-scolastique*, 1906, vol. XIII, n° 50, p. 218 (p. 215-218 pour l'ensemble).

4. L. Prat, *Charles Renouvier, philosophe* : sa doctrine, sa vie, Paris, Hachette [L. Labrunie], 1937, p. 65.

5. Le passage sur les « nolontés » est tiré d'une lettre adressée par Mirabeau le 27 janvier 1790 au comte de La Marck. Cf. *Correspondance entre le comte de Mirabeau et le comte de La Marck, prince d'Arenberg, pendant les années 1789, 1790 et 1791, recueillie, mise en ordre et publiée par M. Ad. de Bacourt, ancien ambassadeur de France près la cour de Sardaigne*, vol. 1, Paris, Veuve Le Normant, 1851, p. 460. La suite précise : « Et, quand ils n'ont suivi aucun de mes conseils, profité d'aucune de mes conquêtes, mis à profit aucune de mes opérations, ils se lamentent, disent que je n'ai rien changé à leur position, qu'on ne peut pas trop compter sur moi, et le tout, parce que je ne me perds pas de gaieté de cœur pour soutenir des avis, des choses et des hommes dont le succès les perdrait infailliblement... » Sur les causes de l'amertume de Mirabeau, *cf.* F.-A. Aulard, *L'Éloquence parlementaire pendant la révolution française. Les orateurs de l'Assemblée constituante*, Paris, Hachette, 1882, p. 109 : « Il n'obtint même pas ce ministère secret, il ne fut même pas un conseiller écouté ; on lisait ses notes et on n'en tenait pas compte ; on ne comprenait même pas à quel grand politique on avait affaire. » Le Comte de Lamarck est Auguste Marie Raymond, prince d'Arenberg (1753-1833). L'éditeur de la *Correspondance* avec Mirabeau, M. « Ad. de Bacourt », est Louis Adolphe Aimé Fourier, comte de Bacourt, 1801-1865, ambassadeur à Turin (la « cour de Sardaigne ») en 1847, démis de ses fonctions par Lamartine en 1849, pour cause d'orléanisme.

6. *Cf.* A. Thibaudet, *Hist. litt. fr.*, 1936, p.16, cité par le *TLF* : « Au-dessus de Mirabeau orateur, il y a Mirabeau ministre. Je veux dire Mirabeau candidat au ministère, [...] le Mirabeau plein d'idées qui gémit de voir l'État abandonné, par la *nolonté* [le mot est de lui] du roi, à la folle plèbe parisienne. » Thibaudet est sur la même ligne qu'Aulard.

7. C'est un des sens de *nolition*, relevé par W. Jankélévitch, également cité par le *TLF*, dans Le *Je-ne-sais-quoi et le Presque-Rien*, Paris, PUF (Publ. de la Faculté des Lettres de Paris), 1957, p. 257, qui parle aussi de « nolonté » dans l'analyse « logique » du pouvoir, *ibid.*, p. 228 : « Dans la mesure où la *volition* est un événement qui peut advenir ou ne pas advenir en fait, il y a bien une faculté de vouloir, et cette faculté s'actualise quand on en use, reste virtuelle quand on s'abstient ; en ce sens très général, le pouvoir exprime une simple possibilité logique de *volonté* ou *nolonté* : l'homme est *un être*

volontaire capable de ne pas vouloir, ou plutôt c'est un *être volontaire qui n'est pas toujours voulant.* » On notera que le *TLF* attribue « *noluntas* » à Ennius.

8. Je rappelle la définition de l'*autorisation*, telle qu'elle figure dans la *Collection de décisions nouvelles et de notions relatives à la jurisprudence* donnée par Me. DENISART, mise dans un nouvel ordre, corrigée et augmentée par MM. CAMUS, BAYARD, et MEUNIER, Avocats au Parlement, tome second, Paris, Veuve Desaint, rue du Foin Saint-Jacques, 1783, p. 784a : « § I. I. L'AUTORISATION est, en général, un acte par lequel une personne, qui en a une autre sous sa dépendance, joint sa volonté & son consentement aux actes que fait la personne qui est dans sa dépendance. Ainsi un père autorise son fils étant en sa puissance, un mari sa femme, un curateur le mineur émancipé. » La définition de l'*autorisation maritale* est donnée au § I, 2-3, 784a-b : « I. On peut définir l'AUTORISATION MARITALE, un acte par lequel un mari donne un signe exprès d'approbation à l'engagement que sa femme contracte. »

9. *Collection de décisions nouvelles..., ibid.* : « Suivant ces auteurs, l'autorisation est un acte par lequel un mari habilite sa femme, & la rend capable de contracter l'engagement pour lequel elle est donnée, & qui ne serait pas valable sans cette formalité. »

10. *Cf.* CH. LOYSEAU, *Traicté du deguerpissement et delaissement par hypotheque. Reueuë, corrigée et augmentée par l'Autheur*, Chez la Veuve Abel l'Angelier, Paris, au premier pilier de la Grand'Salle du Palais, 41615, p. 339. Un excellent résumé de la situation est donné au § II, du livre IV, chap. VI (« Si le tuteur, le bénéficier, le mary, le saisi & l'heritier par benefice d'inventaire peuvent deguerpir »), p. 335 *sq*.

11. En 1780, dans la *Table* de son *Dictionnaire étymologique de la langue latine*, volume 7 du *Monde primitif, analysé et comparé avec le monde moderne considéré dans les origines latines*, Antoine Court de Gébelin († 1784), classe parmi les mots formés sur « *N, non* » et « *volo* » : *Nolens,-tis*, « qui ne veut pas » ; *Nolentia,-ae*, « opposition à quelque chose, l'action de ne pas vouloir » ; *Nolo, Nolui, Nolle*, « ne pas vouloir » ; *Non nolle*, « vouloir bien, ne pas empêcher » ; *Noluntas, -tis*, en renvoyant à *Nolentia* ; et *Ne-Volo*, *Ne-Vis*, *Ne-Vult*, et *Ne-Velle*, en renvoyant à *Nolo*. *Cf.* A. COURT DE GÉBELIN, *Monde primitif, analysé et comparé avec le monde moderne considéré dans les origines latines* ou *Dictionnaire étymologique de la langue latine*, 2e partie, 7e livraison, Paris, 1780, p. 1314. Quelques décennies plus tôt, le *Glossarium mediae et infimae latinitatis* de DU CANGE proposait une notice sur *Nolentia*, et une sur *Noluntas*, en renvoyant, pour la

première, à Tertullien (150/160-v. 220), pour la seconde à Papias (*fl.* 1050), et à Augustin. De fait, la *nolentia* figure dans le cortège de la jalousie décrit par TERTULLIEN dans sa polémique contre Marcion de Sinope (v. 85-v. 160) : « … aemulationi occurrant necesse est officiales suae in ea quae aemulatur, ira, discordia, odium, dedignatio, indignatio, bilis, *nolentia*, offensa ». Cf. *Contre Marcion*, XXV, trad. M. DE GENOUDE, *Œuvres de Tertullien*, 2e éd., t. I, Paris, chez Louis Vivès, libraire-éditeur rue Cassette, 23-Chalon-sur-Saone, même maison de commerce, 1852 : « Avec la jalousie arrivent contre l'objet qu'elle jalouse, la colère, la discorde, la haine, le dédain, le *refus*, l'outrage, ses auxiliaires inséparables. » La *noluntas* figure, elle, dans le *Vocabularium latinum* de PAPIAS le *Vocabulista* (v. 1050), où on lit effectivement : « *Noluntas*, ab eo quod nolumus, sicut *voluntas*, ab eo quod volumus » (*cf.* Papias, *Vocabularium latinum*, « N », Venetiis, Philippus de Pincis, 1496, p. 222a [1re éd., 1476, Bonimus Nombritius, en ligne sur Gallica.bnf.fr.]). C'est, en revanche, seulement le verbe, sous la forme « *nolumus* », que l'on trouve dans le *De civ. Dei*, XIV, 6 d'AUGUSTIN, non le substantif « *noluntas* ». Le texte n'en est pas moins intéressant, car il contient le mot « *consensio* », qui renvoie à la théorie du consentement ou assentiment, *assensus, assensio*, que l'on retrouvera *infra*. De même, c'est le verbe « *nolle* », sous la forme « *nolunt* », que l'on trouve dans le *Dialogus duorum monachorum* (v. 1160) de IDUNG DE PRÜFENING, dans la bouche du clunisien (à propos des « norbertiniens », que le cistercien a offensés deux fois en les traitant de « norbertiniens » et de « moines ») : « Cloniacensis. Ecce in duabus appellationibus offendis eos. Cisterciensis. In quibus ? Cloniacensis. Quod appellasti eos Norbertinos, & quod apellasti eos monachos, *sicut enim nolunt* dici monachi, *sic nec volunt* dici Norbertini ». Sur le *Dialogus*, les norbertiniens et leur chef de file, Norbert de Xanten, évêque de Magdeburg de 1126 à 1134, fondateur de l'ordre des Prémontrés, voir R.B.C. HUYGENS, « Le moine Idung et ses deux ouvrages : *Argumentum super quatuor questionibus* et *Dialogus duorum monachorum* », Spoleto. Centro italiano di studi sull'alto Medioevo (Biblioteca degli Studi Medievali XI), 1980.

12. Cf. S. *Thomae Aquinatis Opera omnia iussu impensaque Leonis XIII P. M. edita*, t. 11. *Tertia pars Summae theologiae A quaestione I ad quaestionem LIX, cum Commentariis Thomae de Vio Caietani Ordinis Praedicatorum*, *cura et studio Fratrum eiusdem Ordinis*, Ex Typographia Polyglotta S. C. de Propaganda Fide, Romae, 1903.

13. Le terme « holenmérisme » – en anglais : *Holenmerianism* ou *Holenmerism* – a été forgé par Henri More (1614-1687), pour qualifier un certain type d'explication de l'immensité ou omniprésence de Dieu. Sur ce point, voir J. Reid, « The Evolution of Henry More's Theory of Divine Absolute Space », *Journal of the History of Philosophy*, 45/1 (2007), p. 79-102. Une théorie holenmériste analyse en termes méréologiques le rapport d'une entité *x* à un tout *T* et aux parties *p1, p2, p... n*, qui constituent ce tout. Elle distingue deux cas : celui, trivial, où *x* est tout entier en *T* et par parties en *p1, p2, p... n* ; celui, moins répandu, où *x* est tout entier en *T* et tout entier en *p1, p2, p...n*. Une analyse holenmériste comporte donc deux principes ou formules usuelles : TTPP *(totus/tota in toto et pars in parte)*, pour une entité présente tout entière dans un tout et partiellement dans chaque partie ; TTTP *(totus/tota in toto et totus/tota in qualibet parte)*, pour une entité présente tout entière dans un tout et tout entière dans chacune de ses parties. C'est Augustin (*De Trinitate*, VI, vi, 8) qui, lecteur de Plotin (*Ennéades*, IV, 2 [4], 1, 64-66 : « ... [l'âme] est indivisible, parce qu'elle est *tout entière dans toutes les parties et dans une partie quelconque de ce corps* » ; IV, 1 [21], 1, 20-21 : « ... [l'âme] se donne au corps tout entier ; *tout entière dans le corps tout entier, elle y est sans partage* ; mais *parce qu'elle est en tout corps, elle est partagée* »), a élaboré le schème TTTP chez les Latins. En dehors des textes authentiques d'Augustin, c'est par un écrit pseudo-augustinien, le *De spiritu et anima*, attribué ensuite à Alcher de Clairvaux, puis aujourd'hui au « Pseudo-Alcher de Clairvaux », que les médiévaux ont connu TTTP et TTPP. Voir Ps-Augustinus, *De spiritu et anima*, chap. xviii, PL 40, 794. On peut évoquer sur ce point le témoignage de Jean de La Rochelle, qui, dans la *Summa de anima*, se réfère à deux reprises à l'écrit pseudo-augustinien. Cf. *S. de anima*, chap. lxlii, *De modo quo anima est in corpore*, éd. J. Bougerol, Paris, Vrin, 1995, p. 132, 13-17 : « Item, Augustinus, in libro *De anima et spiritu* : "Per omnes particulas corporis anima tota simul adest ; nec minor in minoribus, nec maior in maioribus, sed alicubi intensius, alicubi remissius ; et in omnibus tota est, et in singulis tota est » ; *ibid.*, p. 133, 49-53 (où l'on notera l'idée du corps « microcosme », articulant, à l'enseigne de TTTP, la comparaison Dieu/monde // âme/ corps) : « Sicut Deus ubique totus in toto orbe et in omni creatura sua, sic anima ubique tota in toto corpore suo, tanquam in suo minori mundo ; intensius tamen est in corde et in cerebro, quemadmodum Deus precipue dicitur esse in celo. » On notera que Descartes lui-même mentionne TTTP.

Cf., sur ce point, l'article pionnier de M. Rozemond, « Descartes on Mind-Body Union and Holenmerism », *Philosophical Topics*, vol. 31, 2003, p. 343-367, qui examine en détail les principaux textes de Thomas et de Suárez. Voir également « Descartes on Mind-Body Interaction : What's the Problem? », *Journal of the History of Philosophy*, vol. 37, n° 3, July 1999, p. 435-467.

14. Cf. *III Pars*, q. 46 *(De his quae pertinent ad exitum Christi de mundo)*, a. 7 *(utrum tota anima eius pateretur)*, *Commentaria Cardinalis Caietani*, éd. cit., p. 445a-446b.

15. Cajétan, *Commentaire*, *III Pars*, q. 46, a. 7, § 3, p. 446a : « Circa hanc conclusionem dubium occurrit ex Scoto, in III Sent., dist. xv, probante quod ratio superior in Christo per proprium actum doluit de passione Christi. Tum quia passio erat contra naturalem appetitum ipsius rationis superioris. Tum quia erat contra conditionatum velle eiusdem. »

16. Cajétan, *Commentaire*, *ibid.*, p. 446a : « Quidquid autem nobis nolentibus vel naturali voluntate commodi, vel conditionato velle, accidit, sufficiens causa tristitiae est : ut patet de miseria quoad primum, et de proiectione mercis in mare quoad secundum. »

17. *Cf.* Augustin, *De civ. Dei*, XIV, 6 : « 6. Interest autem qualis sit voluntas hominis ; quia si perversa est, perversos habebit hos motus ; si autem recta est, non solum inculpabiles, verum etiam laudabiles erunt. Voluntas est quippe in omnibus ; immo omnes nihil aliud quam voluntates sunt. Nam quid est cupiditas et laetitia nisi voluntas in eorum consensione quae volumus ? Et quid est metus atque tristitia nisi voluntas in dissensione ab his quae nolumus ? Sed cum consentimus appetendo ea quae volumus, cupiditas ; cum autem consentimus fruendo his quae volumus, laetitia vocatur. Itemque cum dissentimus ab eo quod accidere nolumus, talis voluntas metus est ; cum autem dissentimus ab eo quod nolentibus accidit, talis voluntas tristitia est. Et omnino pro varietate rerum, quae appetuntur atque fugiuntur, sicut allicitur vel offenditur voluntas hominis, ita in hos vel illos affectus mutatur et vertitur. »

18. Voir A. Robiglio, *L'impossibile volere : Tommaso d'Aquino, i tomisti e la volontà*, Milan, Vita e Pensiero, 2002, p. 41, n. 79.

19. Cajétan, *Commentaire*, *ibid.*, p. 446b.

Cours du 7 avril 2015

Première heure

*Le principe des possibilités alternatives (PAP) en question. — L'amendement de Frankfurt : *PAP : « A person is not morally responsible for what he has done if he did it only because he could not have done otherwise ». — L'archéologie du sujet-agent a trait à quatre principes présupposés ou impliqués par PAP. — Le principe aristotélicien de non-contradiction (PNC). — Le principe de limitation de la toute-puissance divine (PLTD). — Le principe aristotélicien de la nécessité conditionnelle du présent (PNCP). — Le principe de plénitude (PP). — Reprise du problème de la liberté du vouloir : peut-on à la fois vouloir que p et nouloir que p ou vouloir que p et vouloir que non-p ? — La théorie d'Abélard. — Analyse logique temporelle et modale de la proposition (p) : « Possibile est stantem sedere dum stat ». — Le modèle de Weidemann. — Distinction entre une interprétation de (p) comme catégorique : « Il y a un instant t tel que (non-p à t & il est possible que (p à t et non-p à t)) » et deux interprétations de (p) comme hypothétiques : « Il y a un instant t tel que (non-p à t & il est possible à t que p) », et : « Il y a un instant t tel que (non-p à t & il est possible que p à t) ». — Abélard admet qu'à l'instant précis où il est le cas que non-p, il aurait tout aussi bien pu être le cas que p. — La théorie de Duns Scot prolonge celle d'Abélard. — Lovejoy, Hintikka, Knuuttila : principe de plénitude et modèle synchronique de la modalité. — Les deux caractéristiques majeures de la redéfinition scotiste de la contingence : 1° elle est axée sur la synchronicité des possibilités alternatives, 2° le contingent y est présenté non plus comme un mode d'être, mais comme un mode d'agir subordonné à la volonté, i.e. comme un état « dont le contraire pourrait arriver au* *moment où il arrive ». — Duns Scot répond « oui » aux questions de la liberté du vouloir : Sommes-nous libres de vouloir ce que nous noulons au moment où nous le noulons ? et Sommes-nous libres de nouloir ce que nous voulons au moment où nous le voulons ? — Le fondement de sa réponse est la « formule de Scot » (FS) :* « volens in a, potest nolle in a » *(« qui veut en a peut nouloir en a »). — Sens composé et sens divisé de FS. — Scot sur l'instant de la décision. — Une hypothèse contrefactuelle : réduction de la volonté à l'instant de la décision. — Le* « nunc aeternitatis ».

Comme je le notais le 10 février, le principe frankfurtien des « possibilités alternatives » repris par Chisholm peut être considéré comme une bonne définition de ce qu'on appelle aujourd'hui le « libertarianisme », en tout cas d'une de ses formes principales – la position Lib 2, décrite en ces termes par Eleonor Stump :

> (Lib2) an agent acts with free will, or is morally responsible for an act, only if *he could have done otherwise* [1].

reprenant une partie de la formulation que Frankfurt soumettait à la discussion dans son article pionnier de 1969 :

> PAP : a person is morally responsible for what he has done only if *he could have done otherwise* [2].

Je le rappelle, Harry Frankfurt lui-même n'acceptait pas PAP. Il a introduit ce principe pour le discuter, le critiquer, et finalement en proposer une version révisée, que je note *PAP.

> *PAP : a person is not morally responsible for what he has done if he did it only because *he could not have done otherwise* [3].

Cette formule-là n'exclut pas la compatibilité de la responsabilité morale et du déterminisme – le problème dont nous sommes partis avec Chisholm.

Le recours à la distinction entre libertarianisme et compatibilisme, déterminisme et indéterminisme a ses avantages : il permet certaines clarifications conceptuelles et facilite l'intégration des données médiévales aux problématiques contemporaines, dont le médiéviste attend comme bénéfice secondaire un certain désenclavement de sa discipline. On peut dire en ce sens que Thomas d'Aquin est un partisan du libertarianisme ou qu'il est un « intellectualiste libertarien ». Beaucoup le font. On peut se demander, toutefois, si pareil classement ne soumet pas les matériaux médiévaux à une forme trop contraignante ; s'il ne simplifie pas les aspects historiques, tout en compliquant les aspects conceptuels, en faisant entrer de force des types de discours ou d'objets dans des cadres d'interprétation ou de lecture qui les retirent de leur horizon d'origine sans pour autant les inscrire véritablement dans le nôtre. Thomas d'Aquin est-il libertarien ou compatibiliste ? La question n'est pas sans intérêt : elle est abondamment illustrée dans l'historiographie récente[4]. Ce n'est pas, à mes yeux, la plus intéressante. Ce n'est pas celle, en tout cas, qu'il nous faut à présent affronter. À la fin du cours du 31 mars, confronté une énième fois aux deux questions que suscite l'articulation problématique du vouloir et du nouloir au cœur du dispositif de la liberté – *sommes-nous libres de vouloir ce que nous noulons au moment où nous le noulons ? libres de nouloir ce que nous voulons au moment où nous le voulons ?*[5] –, je disais qu'il nous fallait, pour avancer, « sortir de l'archive fouillée jusqu'ici et reprendre les choses par un autre biais ». Je reviens sur ce point.

À un certain moment de l'enquête historico-philosophique, variable selon les cas, tout est affaire de PRINCIPES. C'est l'objet même de l'*ARCHÉO*-logie philosophique que de s'occuper de principes. Cet objet, elle le partage avec l'histoire des idées bien comprise. Arrivée à la question de la liberté et à la figure de l'homme comme agent responsable, l'archéologie du sujet-agent se trouve confrontée non seulement à PAP, mais à divers principes impliqués ou présupposés par PAP. Quatre au moins s'imposent à notre attention :

1. Le principe aristotélicien de non-contradiction (PNC) :

PNC déf. : Il est impossible que le même attribut appartienne et n'appartienne pas en même temps, au même sujet et sous le même rapport (*Métaph.*, IV, 3, 1005b19-20),

Voilà le principe des principes, le principe fondamental. S'il est fondamental, c'est qu'il permet, précisément, de fonder un certain nombre d'autres principes. PNC permet tout particulièrement de définir, en la limitant, l'omnipotence de Dieu, selon :

2. Le principe dit de « limitation de la toute-puissance divine » (PLTD) :

PLTD$_{\text{déf.}}$: Dieu peut faire tout ce qui ne comporte pas contradiction.

Je précise qu'il s'agit d'un principe proprement médiéval, scolastique ; vous ne le trouvez pas chez Aristote. J'espérais pouvoir traiter de cela cette année, je n'en aurai pas le temps. Sachez tout de même que c'est contre ce principe et la dictature des « premiers principes » des Grecs que, dans *Athènes et Jérusalem*, le grand philosophe russe, Léon Chestov, mort à Paris en 1938, utilise l'essentiel de ses forces pour critiquer une hellénisation du christianisme, qui est allée jusqu'à *soumettre* Dieu au principe de non-contradiction d'Aristote.

[Même chez Duns Scot qui défendait avec une telle force la toute-puissance de Dieu contre toutes les limitations quelles qu'elles fussent, nous lisons la phrase suivante : « Quodlibet tenendum est Deo possibile, quod nec et terminis manifestum impossibile, nec ex eo impossibilitas vel contradictio evidenter concluditur » (« Il faut considérer possible à Dieu tout ce qui n'est manifestement pas impossible dans les termes même, et dont aucune impossibilité ou contradiction ne peut être inférée avec évidence »). Le bouillant Occam lui-même s'humilie devant le principe de contradiction ; il cherche à obtenir son approbation et sa protection pour ses jugements d'une audace si provocante : « Est articulus fidei, quod Deus assumpsit naturam humanam ; *non includit contradictionem, Deum assumere naturam asininam*, pari ratione potest assumere lapidem vel lignum » (« Que Dieu ait assumé la nature humaine est un article de foi ; *que Dieu ait assumé la nature d'un âne, cela n'implique pas contradiction* ; pour la même raison, il peut assumer celle de la pierre ou du bois ») [6].

Et de commenter : « Où la philosophie judéo-chrétienne a-t-elle puisé cette conviction inébranlable que le principe de contradiction ne peut être surmonté ? Pas dans la Bible certainement. *L'Écriture ne tient aucun compte du principe de contradiction, de même qu'elle ne tient compte d'aucun principe*, d'aucune loi, car c'est elle la source, l'unique source et le maître de toutes les lois »[7]].

3. Le principe aristotélicien de la « nécessité conditionnelle du présent » (PNCP), selon lequel :

PNCP$_{\text{déf.}}$: Tout être, quand il est, est nécessairement (*De int.*, 9, 19 a23-24).

Ce principe joue, comme vous le savez sans doute, un rôle décisif dans la discussion qu'Aristote mène sur le statut de la proposition : « il y aura demain une bataille navale » (*De int.* 19a 30-33). Je ne reviens pas là-dessus.

4. Le principe dit « de plénitude » (PP), selon lequel

PP$_{\text{déf.}}$: Aucune possibilité authentique ne peut rester irréalisée (« No genuine possibility can remain unrealized »).

Vous voyez que je donne aussi la version anglaise de ce principe, parce qu'il s'agit de sa version originale. Le principe de plénitude a été formulé pour la première fois, comme tel, en anglais.

Tous ces principes sont interconnectés et interviennent à des degrés divers dans les CQR que, pour simplifier, j'appellerai « du vouloir et du nouloir », en tant qu'ils font eux-mêmes intervenir le pouvoir et les modalités : contingence et nécessité, mais aussi possible et impossible. Comme vous avez pu le constater à diverses reprises depuis le début de cet enseignement, la logique joue un rôle central dans la pensée philosophique et théologique médiévale. Il va de soi qu'une question comme : peut-on à la fois vouloir que *p* et nouloir que *p* ou vouloir que *p* et vouloir que *non-p ?*, peut induire, par sa dimension logique même, un certain nombre de bouleversements ou d'innovations dans le champ de la psychologie et de l'éthique. La logique oblige à la radicalité, je veux dire à prendre les choses à la racine. Puis-je au même moment vouloir et nouloir la même chose ? Avant de répondre il faut se demander si la question a un sens. Si elle n'est pas incompatible avec PNC et PNCP. Les médiévaux se le sont demandé. Plus précisément, ils ont posé les problèmes, formulé les distinctions et défini les règles qui permettent de traiter la question du vouloir et du nouloir à un véritable niveau de radicalité logique : celui, notamment, de la sémantique des concepts modaux. Je me contenterai ici d'un exemple emprunté à l'analyse abélardienne des propositions modales temporellement déterminées.

Soit la proposition : « *Possibile est stantem sedere dum stat* ». C'est une des propositions les plus discutées au XIIe siècle pour illustrer le type de difficulté qui va nous occuper maintenant. Le sens obvie est qu'« il est possible à quelqu'un qui est debout d'être assis » – ou « de s'asseoir » – « pendant qu'il est debout ». Pour Abélard, la proposition peut être interprétée soit comme une proposition temporelle hypothétique, soit comme une proposition modale catégorique. Abélard va nous expliquer qu'il y a plusieurs façons d'analyser cette phrase. Mais pour bien comprendre les enjeux et les concepts auxquels il recourt, il est nécessaire de donner quelques définitions et de procéder à quelques distinctions élémentaires.

Distinguons d'abord *proposition catégorique* et *proposition hypothétique*. Une proposition *catégorique* est une proposition qui affirme quelque chose de quelque chose par le biais d'une copule attributive : le verbe *est*. « L'homme est un animal », « *homo est animal* ». Le même état de choses (le *fait* que l'homme soit un animal) pourrait être exprimé sous la forme d'une proposition *hypothétique* : « *si est homo, est animal* ». Le latin est d'une économie remarquable ; vous pourriez multiplier les traductions de cette phrase. Vous pourriez dire « s'il y a homme, il y a animal », ou bien « si *x* est un homme, *x* est un animal », ou encore « si c'est un homme, c'est un animal ». La différence entre ces deux propositions est que la première exige, pour être vraie, qu'il y ait un terme de référence, autrement dit qu'il y ait quelque chose à quoi s'applique cette proposition : un homme au moins, dont on dit alors qu'il est un animal. Pour être vraie, en revanche, une proposition hypothétique, en revanche, n'exige pas que son sujet désigne un objet existant.

Une *proposition modale* est une proposition qui fait intervenir, en plus de la forme catégorique, une *modalisation*, par l'intermédiaire de ce que l'on appelle un mode : possible, nécessaire, impossible, contingent. Par exemple, « *possibile est Socratem legere* ». Vous pouvez entendre cette phrase de plusieurs façons : Socrate peut lire, ou bien : il est possible que Socrate lise, aujourd'hui, plutôt que d'aller se promener dans les rues d'Athènes. Il existe des termes pour distinguer ces deux interprétations : on dit qu'un mode peut donner naissance à une proposition *de dicto*, qui s'applique au « dit », au *dictum* de la proposition, ou bien à une proposition *de re*, qui concerne la chose, la *res*, à savoir Socrate lui-même. Mettons que l'on organise une course, il y a une différence entre dire : « tout le monde peut gagner la course » (vous, moi, il y aura bien un gagnant) et « il est possible que tout le monde gagne », qui énoncerait la possibilité qu'il n'y ait que des gagnants, comme dans « l'école des fans ». J'en reviens à présent à notre exemple :

(p) « *Possibile est stantem sedere dum stat* ».

Afin de l'analyser, nous allons utiliser des outils. Sachez qu'il y avait des signes dans la logique médiévale, pour permettre de construire des phrases présentant un certain niveau de formalisme, même embryonnaire. Le premier outil est l'*opérateur du présent*, noté '∅t'. Ce signe, qui représente pour nous aujourd'hui la classe vide, était utilisé dans les manuscrits médiévaux pour désigner un instant. Ici '∅t' signifie : « il y a un instant *t* tel que », où *'t'* = *maintenant* – « l'instant ou je (vous) parle », « en ce moment » –, ce qui, moyennant une certaine interprétation des relations entre point de référence, point d'énonciation et point d'événement [8], en fait l'équivalent de « il est le cas à *t* que ». Deuxième outil, l'*opérateur modal du possible*, souvent noté dans la logique moderne par ce poinçon : ◊, « il est possible que ». Cela posé, Abélard soutient que la proposition « *Possibile est stantem sedere dum stat* » peut être interprétée de deux façons : soit comme une proposition modale catégorique, soit comme une proposition temporelle hypothétique. Première interprétation :

(1) $(\varnothing t)\ (\neg\ p_t\ \&\ \Diamond\ (p_t\ \&\ \neg\ p_t))$

autrement dit : *il y a un instant t tel que (non-p à t & il est possible que (p à t et non-p à t))*. Tout cela vous semble peut-être très abstrait, mais vous allez voir que ça peut l'être encore davantage. L'interprétation temporelle hypothétique est, de fait, susceptible de deux lectures :

(2a) $(\varnothing t)\ (\neg\ p_t\ \&\ \Diamond_t\, p)$

à savoir : *il y a un instant t tel que (non-p à t & il est possible à t que p)*, où '*p*' = '*x* est assis', et :

(2b) $(\varnothing t)\ (\neg\ p_t\ \&\ \Diamond\ p_t)$

il y a un instant t tel que (non-p à t & il est possible que p à t), où '*p*' = '*x* est assis'.

Ce sont deux *structures logiques* distinctes. La différence est que le *t* du point de référence passe, dans la seconde proposition, de l'opérateur du possible à la désignation de l'état de choses. « Il est possible à *t* que *p* » n'est pas la même chose que « il est possible que *p* à *t* ».

Abélard s'explique sur le sens de la première lecture (= 2a) : *Il y a un instant t tel que (non-p à t & il est possible à t que p)*. Ici, la « détermination temporelle » (exprimée par *dum* dans *« possibile est stantem sedere dum stat »)* désigne l'existence d'un temps *t* où l'homme auquel se rapporte le participe *(stantem)*, l'homme qui n'est pas assis, a la possibilité (le pouvoir) de s'asseoir. Il y a un instant *t* où il est vrai de dire que *x* est debout et qu'il est possible à *t* que *x* soit assis.

Dans la deuxième lecture (= 2b), *dum* ne renvoie pas à l'existence d'un instant du temps où l'on affirmerait la possibilité qu'il y ait un certain état de choses alors qu'il y en a un autre ; il fait référence à une conjonction d'accidents (à propos d'un même sujet) qui s'excluent mutuellement :

> *Possibile est stantem sedere dum stat*, ut illud '*dum*' non solum ad existentiam temporis quo stat ponatur sed magis ad coniunctionem accidentium circa idem subiectum, ac si diceretur *stantem posse sessionem habere cum statione quam habet*.

'Dum' désigne un point du temps et une conjonction d'accidents incompatibles : un point du temps où l'homme auquel se rapporte le participe *(stantem)*, l'homme qui n'est pas assis, pourrait être assis tout en étant debout. Autrement dit : il y a un instant où il est vrai de dire que *x* est debout et qu'il est possible que *x* debout est assis ; un instant où la position assise *(sessio)* et la station debout *(statio)* coexistent ou coexisteraient en *x* ; un instant où pourraient coexister en *x* position assise et station debout [9].

Les deux interprétations sont bien distinctes (comme le manifeste d'ailleurs la différence, non marquée en latin par *sedere*, entre « s'asseoir » et « être assis »).

Prise dans le sens (2a) *Possibile est stantem sedere dum stat* signifie qu'à l'instant considéré (= *t*) l'homme est debout, mais qu'il a en cet instant précis la possibilité de s'asseoir à un instant ultérieur (= *u*) :

(3a) $(\varnothing t)(\neg p_t \,\&\, (\exists u)(\Diamond_t p_u))$

alors que, prise dans le sens (2b), la proposition signifie, au contraire, qu'un homme qui est debout à un instant donné *t* pourrait être en cet instant précis assis, dans la mesure où la possibilité de s'asseoir qui était sienne à un instant antérieur *s*, aurait tout aussi bien pu se réaliser à *t* :

(3b) $(\varnothing t)(\neg p_t \,\&\, (\exists s)(\Diamond_s p_t))$

On trouve les deux interprétations chez Abélard : (2/3a), quand il paraphrase l'énoncé interprété temporellement sous la forme : «Existente tempore quo stans stat, verum est quod possibile est eum sedere » (Gl. p. 36, 28 *sq.*), (2/3b) quand il donne : « *Possibile est ipsum sedere eo tempore existente in quo non sedet*» (Gl. p. 38, 31-39, 1). Savoir celle que préfère Abélard est une autre question. Selon Weidemann, la seconde interprétation temporelle hypothétique de «*possibile est stantem sedere dum stat*» fait intervenir un concept de « possibilité contrefactuelle » assumant qu'à l'instant précis où il est le cas que *non-p*, il aurait tout aussi bien pu être le cas que *p*.

Que ce soit ou non la thèse d'Abélard, une chose est sûre : celui-ci n'est pas enfermé dans ce que S. Knuuttila appelle le « modèle statistique de la modalité ». Ce modèle consiste à interpréter diachroniquement, c'est-à-dire en termes temporels, les modalités du nécessaire, de l'impossible, du possible et du contingent :

- Nécessaire$_{\text{déf.}}$: toujours le cas (ou : toujours vrai) ;
- Impossible$_{\text{déf..}}$: jamais le cas (ou : toujours faux) ;
- Possible$_{\text{déf.}}$: quelquefois le cas (ou : quelquefois vrai)
- Contingent$_{\text{déf.}}$: quelquefois le cas et quelquefois pas le cas (ou : quelquefois vrai et quelquefois faux).

La question du traitement de la modalité : statistique (diachronique) ou synchronique, a été, comme on le sait, ouverte et explorée par les travaux de Simo Knuuttila et de son maître et prédécesseur à l'université d'Helsinki Jaakko Hintikka – les deux grands représentants de l'école finlandaise – et, notamment dans un ouvrage au titre symbolique, édité par Knuuttila, *Reforging the Great Chain of Being*[10], dans lequel l'attention était de nouveau dirigée sur le principe de plénitude introduit par A. Lovejoy dans son œuvre maîtresse *The Great Chain of Being* pour exprimer...

> ... not only the thesis that the universe is a *plenum formarum* in which the range of conceivable diversity of *kinds* of living things is exhaustively exemplified, but also any other deductions from the assumption that no genuine potentiality of being can remain unfulfilled, that the extent and abundance of the creation must be as great as the possibility of existence and commensurate with the productive capacity of a « perfect » and inexhaustible Source and that the World is the better, the more things it contains[11].

Je laisse de côté la question du rapport entre le principe de plénitude et le modèle statistique de la modalité, qui, selon Knuuttila, règne plus ou moins sans partage jusqu'à la fin du XIIIe siècle – à grands traits, jusqu'à ce que l'on pourrait appeler la *révolution scotiste* (et l'irruption de la thèse, contraire au principe de plénitude, mais requise par une théorie de la liberté de la volonté, selon laquelle une chose PEUT *être autrement* sans jamais *devenir autrement* : une chose *peut* être autre, sans pour autant que cette possibilité ait à s'actualiser à un moment quelconque du temps. Je puis, je pourrais, j'aurais pu être autre, sans que ce pouvoir, pour être une potentialité authentique, à un moment quelconque du temps, ait été le cas, soit le cas, ou sera le cas. On dissocie l'être-autre du devenir-autre) [12]. Pour ce qui m'intéresse ici, il suffit de noter qu'au tournant des XIIIe et XIVe siècles, tout particulièrement avec Duns Scot († 1308), apparaît de fait une nouvelle conception de la contingence, qui présente deux caractéristiques majeures :

1. elle est synchronique, et non plus diachronique – autrement dit elle est axée sur la synchronicité des possibilités alternatives [13], non sur la possibilité de succession d'états différents à des moments différents dans un même sujet, qui, au fond, est un truisme ;

2. le contingent y est présenté non plus comme un mode d'*être* (le « non-nécessaire » ou le « non-sempiternel » : soit la définition statistique de la contingence), mais comme un mode d'*agir* subordonné à la volonté, un état « dont, pour reprendre la formule de Duns Scot, le contraire pourrait arriver au moment où il arrive » *(cuius oppositum posset fieri quando istud fit)* [14].

> ... dico quod non voco hic *contingens* quodcumque non-necessarium vel non-sempiternum, sed cuius oppositum posset fieri quando illud fit ; ideo dixi « aliquid contingenter causatur », et non « aliquid est contingens » [15].

On ne dit plus ceci ou cela est contingent, on renvoie à la causalité et au mode adverbial de la causalité (« de façon contingente » : *contingenter causatur*). En d'autres mots, ce qui m'intéresse ici, c'est, avec Duns Scot, et quelques autres, la montée en puissance et la venue au premier plan du modèle (3b) d'Abélard : $(\varnothing t)\ (\neg\ p_t\ \&\ (\exists s)\ (\lozenge_s\, p_t))$, sa mise en question, sa radicalisation et son dépassement dans une version plus « dure », authentiquement *présentialiste*, ne recourant pas à un instant antérieur : « s » (ou t_{-1}), pour affronter la question de la possibilité d'une synchronicité du nouloir et du vouloir à *t*. Une version conforme à la conception scotiste du contingent, en tant que, dans sa factualité, elle ne se réduit pas à la simple *possibilitas logica* correspondant au concept moderne d'état de choses *possible*. Comme l'expliquent bien en effet les traducteurs et commentateurs de la *Lectura* I 39 :

> Referring to contemporary modal logic we use the term 'contingent' to designate a possible state of affairs, the opposite of which is also possible for the same moment. So 'contingent' refers to the level of possibility as described by Scotus' *'possibilitas logica'*. However, Scotus' concept of *'contingens'* has an extra element. According to him *'contingens'* designates a factual state of affairs, the opposite of which is possible at the same time. In *Lectura* I 39 *'contingens'* not only comprises our modern term 'contingent', but also the factuality of the state of affairs referred to [16].

Nous avons vu jusqu'ici comment la tradition distinguait au niveau du temps les diverses modalités du pouvoir et du faire impliquées dans le problème du libre arbitre et de la liberté, nous avons vu comment se mettait en place, s'argumentait et se déployait la distinction entre : « *x* peut faire *y* à *t* », « *x* pouvait faire *y* à *t* », et « *x* aurait pu faire *y* à *t* », mais, nous l'avons dit d'emblée, notre problème principal n'est pas celui du faire et du pouvoir, ni même celui du pouvoir faire : c'est celui du vouloir, du vouloir faire et, surtout, du *vouloir* vouloir.

Nous sommes presque arrivés au terme du voyage. Pour le dire en bref, et clairement, Duns Scot répond à la question autour de laquelle nous tournons depuis plusieurs séances : *sommes-nous libres de vouloir ce que nous noulons au moment où nous le noulons ? sommes-nous libres de nouloir ce que nous voulons au moment où nous le voulons ?* Et il répond d'une formule lapidaire, qui donne un sens nouveau et une portée maximale à PAP, tout en s'avançant apparemment de manière intrépide sur le territoire régi par PNC. Je l'appellerai, par commodité, la « formule de Scot » (FS) :

FS : volens in *a* potest nolle in *a* (qui veut en *a* peut nouloir en *a*)

On notera l'expression « in *a* », « à l'instant *a* », qui est l'équivalent de notre « à *t* » ou de ∅t – cette utilisation de lettres pour désigner une entité, ici un instant, mais ce pourrait être un individu, voire l'agent lui-même, est particulièrement sensible au XIVe siècle. Elle est mise au service d'une analyse formelle des plus rigoureuses. Suivons Scot. Dire que la volonté humaine est libre c'est, traditionnellement, dire qu'elle a *pouvoir sur les opposés*. Selon Scot, cela joue à trois niveaux d'opposition : la volonté est libre par rapport à ses *actes*, aux *objets* de ces actes, aux *effets* de ces actes. Elle a *pouvoir* sur eux. Quant aux actes opposés : elle est libre de vouloir et de nouloir, d'aimer et de haïr ; par le biais de ces actes opposés elle est libre de se rapporter à des objets opposés, de « tendre librement » vers eux ; enfin elle est libre par rapport aux effets qu'elle produit, soit immédiatement soit en actionnant d'autres facultés d'exécution.

> Voluntas [...] nostra libera est ad actus oppositos (ut ad volendum et nolendum, et amandum et odiendum), et secundo mediantibus actibus oppositis est libera ad objecta opposita ut libere tendat in ea, et tertio est libera ad effectus quos producit sive immediate sive movendo alias potentias executivas [17].

Le troisième niveau de la liberté de la volonté par rapport aux opposés fait implicitement intervenir la distinction entre actes élicités (produits immédiatement) et actes impérés (produits au moyen d'autres puissances ou facultés). Ce qui nous intéresse ici c'est tout particulièrement ce qui se passe au niveau de l'acte élicité.

Suivons l'analyse. Toute cause doit être conçue comme antérieure en nature à son effet (« omnis causa praeintelligitur suo effectui »). À l'instant où la volonté élicite l'acte de vouloir, elle précède naturellement sa volition et se rapporte librement à elle. À l'instant où elle élicite la volition, elle se rapporte de façon contingente au vouloir et *elle a un rapport contingent au nouloir*. Je dis bien – ou plutôt Duns Scot dit bien : « à l'instant où elle élicite la volition ». C'est là le point décisif. La volonté a ces deux rapports, au présent : un rapport contingent au vouloir, et un rapport contingent au nouloir. Cela, non parce qu'elle avait *avant*, à l'instant précédant *a* ou *t*, un rapport contingent au nouloir (je lis *nolendum*, au lieu de *volendum* dans le texte de Scot), car à ce moment *(tunc)* – antérieurement à l'élicitation de l'acte – elle n'était pas déjà cause ; mais bien parce que maintenant *(nunc)*, en ce moment, à l'instant même où elle est cause élicitant l'acte de vouloir, elle a (garde) ce rapport contingent à l'acte (opposé à celui qu'elle élicite). Et c'est en ce sens que l'on peut dire que « voulant en *a*, elle peut nouloir en *a* ».

> ...voluntas in illo instanti in quo elicit actum volendi, praecedit natura volitionem suam et libere se habet ad eam ; unde in illo instanti in quo elicit volitionem, contingenter se habet ad volendum et contingentem habet habitudinem ad nolendum : non quia prius habuit habitudinem contingentem ad nolendum [ed. volendum], quia tunc non fuit causa, sed nunc - quando est causa eliciens actum volendi - contingentem habet habitudinem ad actum [nolendi], ita quod 'volens in a, potest nolle in a' [18].

Quelle portée accorder à FS ? Tout dépend de l'exégèse qu'on en fait, autrement dit des textes que l'on considère. J'ai parlé de « formule de Scot » plutôt que de « principe de Scot » à cause de cette fluctuation. Le texte même que je viens d'expliquer est susceptible d'une autre lecture – si on lit *volendum* à la place de *nolendum*, comme dans l'édition et dans la traduction anglaise. De fait, on peut aussi bien comprendre qu'à l'instant où elle élicite sa volition la volonté, qui lui est antérieure naturellement, se rapporte de façon contingente à l'acte qu'elle élicite (son vouloir), car en ce même instant elle a un rapport non moins contingent à l'acte opposé (son nouloir). Ou bien encore qu'à l'instant où elle élicite sa volition la volonté se rapporte de façon contingente à l'acte qu'elle élicite parce qu'elle se rapportait à lui de façon contingente avant de le vouloir, puisque ce qui est en cause *c'est la contingence du vouloir au moment de la volition*, et que la volonté ne pouvait être cause de l'acte de vouloir à *t* avant de le vouloir. Une chose est sûre, les passages où le sens de FS apparaît le plus clairement sont ceux où Scot recourt à la distinction entre sens composé et sens divisé d'une proposition, que, comme tous les interprètes médiévaux d'Aristote, il applique aussi à PNCP, le principe de la nécessité conditionnelle du présent : « Omne quod est quando est necesse est esse ». Le plus clair est celui qui suit immédiatement notre texte. FS, « *volens in a potest nolle in a* », peut être pris « selon la composition » ou « selon la division ». Dans le premier cas, FS est fausse. Dans le second, elle est vraie. Le sens composé où le prédicat modalisé « peut nouloir en *a* » est attribué au tout sujet constitué par « la volonté voulant en *a* », *i.e* :

P : [[*voluntas volens in* a] *potest nolle in* a]

tombe sous le coup de PNC (comme [[ce qui est blanc en *a*] peut être non-blanc en *a*]). D'où la fausseté. D'une même chose on ne peut pas dire qu'en même temps et sous le même rapport lui conviennent un certain attribut (être blanc) et l'opposé contradictoire (non blanc). Le sens divisé en revanche vérifie FS[19]. Mais il y a sens divisé et sens divisé. FS n'est pas vraie parce que les extrêmes seraient « pris pour des temps différents », l'un en *a*, l'autre en *b*. FS doit être interprétée comme la conjonction de deux propositions, l'une qui pose l'existence d'un fait en *a*, l'autre qui pose la possibilité de son opposé en *a* :

P1 : *voluntas est volens in* a & P2 : *voluntas potest esse nolens in* a

Et alors ? direz-vous. Alors, il faut s'accrocher au texte, aller jusqu'au bout du raisonnement de Scot – qui fait place au raisonnement imaginaire, au raisonnement *secundum imaginationem*, l'un des nouveaux instruments conceptuels caractéristiques de la pensée médiévale qui connaîtra son apogée au XIVe siècle avec les *Calculatores* d'Oxford .

En quoi l'analyse de FS comme conjonction de P1 & P2 nous éclaire-t-elle ? Je cite :

Et est distinguenda secundum compositionem et divisionem : et in sensu compositionis falsa, prout intelligitur praedicatum cum nota possibilitatis attribui huic toti *'voluntas volens in a'*; in sensu autem divisionis est propositio vera, non quia extrema intelliguntur pro diversis temporibus (ille enim sensus habet locum quia est successio in actibus), sed est vera in sensu divisionis quia sunt ibi duae propositiones, quia implicite includit duas propositiones : enuntiatur enim actus volendi de voluntate in una propositione, et oppositus actus de voluntate absolute accepta cum nota possibilitatis enuntiatur in alia propositione, et est sensus *'voluntas est volens in a'* et *'voluntas potest esse nolens in a'*, — et hoc verum est, quia voluntas volens in *a*, libere elicit actum volendi, nec est eius passio [20].

Pour comprendre, il faut se rappeler qu'une conjonction de propositions est vraie ssi les deux propositions qui la composent sont vraies. Le raisonnement se fait alors en deux temps. P1, pose que la volonté V veut en *a* – ce qui est vrai puisqu'elle « élicite librement son acte de vouloir » [X] ; P2 pose que [non-X] l'acte opposé à cet acte de vouloir est lui aussi possible en *a* – car si [non-X] n'était pas possible, [X] serait nécessaire (nécessaire étant ce dont le contraire est impossible). D'où, et c'est le deuxième temps, imaginaire, du raisonnement, si l'on pose que la volonté V existe seulement en *a* (de manière instantanée donc, réduite à un instant), elle veut librement (par P1), mais ayant par définition pouvoir sur les opposés et dans la mesure où elle n'existe qu'en *a*, elle ne peut vouloir librement en *a* sans pouvoir aussi nouloir en *a* (par P2) [21].

Quel est le but de Scot dans ce texte, où il n'existe qu'un instant, l'instant *a* ? Il regarde Dieu autant que l'homme. Et même plus, en un sens, puisqu'il s'agit aussi après tout de montrer que ce qui vaut pour la volonté humaine peut être appliqué *mutatis mutandis* à la volonté divine et à cet instant ou pour cet instant véritablement unique, qu'est ce qu'on appelle « l'instant de l'éternité », *nunc aeternitatis*, dans la théologie de la création :

Sicut est possibilitas in voluntate nostra respectu actus volendi – et logica et realis – in eodem instanti et pro eodem respectu eiusdem, ita etiam voluntas divina, quae in quantum operativa praecedit se ut productiva, potest in eodem instanti aeternitatis et pro eodem instanti aeternitatis velle et nolle aliquid, et sic producere aliquid et non producere [22].

On est loin ici du déchirement, loin du « je n'ai pas voulu cela » de Guillaume II et du Dieu des *Derniers jours de l'humanité*, loin du regret et du remords, loin, semble-t-il, des questions posées au début du cours, avec Schopenhauer : puis-je vraiment *vouloir* ce que je veux ? Suis-je libre de mes choix ? libre de mes volontés ? En fait, nous nous sommes engagés dans l'étude de l'utilisation théologique d'Aristote, dans l'étude de sa « christianisation », qui est en même temps une logicisation, une hellénisation du christianisme. Mais nous ne sommes pas allés jusqu'au bout, jusqu'à l'alpha et l'omega, le principe et la fin de la christianisation : le Christ lui-même. Nous allons emprunter cette voie, qui est celle de la rencontre plusieurs fois annoncée entre christologie, anthropologie et éthique, puis nous aborderons, brièvement, le contre-modèle augustinien, avant de conclure, le 14 avril, le travail de cette année.

Notes

1. *Cf.* E. Stump, « Augustine on Free Will », p. 125-126.

2. H. Frankfurt, « Alternate Possibilities... », p. 829 : « A dominant role in nearly all recent inquiries into the free-will problem has been played by a principle which I shall call "the principle of alternate possibilities." This principle states that *a person is morally responsible for what he has done only if he could have done otherwise*. »

3. H. Frankfurt, « Alternate Possibilities... », p. 838 : « The principle of alternate possibilities should thus be replaced, in my opinion, by the following principle : *a person is not morally responsible for what he has done if he did it only because he could not have done otherwise*. »

4. Pour l'interprétation *libertarienne*, *cf.* B. LONERGAN, *Grace and Freedom: Operative Grace in the Thought of St. Thomas Aquinas*, New York, Herder and Herder, 1971 (repris dans *Collected Works of Bernard Lonergan*, vol. I, University of Toronto Press, 2000); E. STUMP, « Intellect, Will, and the Principle of Alternate Possibilities », *in* M. BEATY (éd.), *Christian Theism and the Problems of Philosophy*, Notre Dame, University of Notre Dame Press, 1990, p. 254-285 ; D. GALLAGHER, « Free Choice and Free Judgment in Thomas Aquinas », *Archiv für Geschichte der Philosophie*, 76 (1994), p. 247–277 ; E. STUMP, « Aquinas's Account of Freedom : Intellect and Will », *Monist*, 80 (1997), p. 576– 597 ; S. MACDONALD, « Aquinas's Libertarian Account of Free Choice », *Revue internationale de philosophie*, 52 (1998), p. 309-328. Pour l'interprétation *compatibiliste*, *cf.* A. KENNY, *Aquinas on Mind*, New York, Routledge, 1995, p. 77.

5. Selon la réponse qu'on donne à ces questions, on obtient l'autre grande caractérisation possible du libertarianisme : la théorie dite du « *dual power* » dans la littérature anglophone récente, théorie, au demeurant, souvent couplée avec celle du PAP, voire assimilée à elle. Selon Pasnau, qui a plus ou moins introduit la notion dans le domaine des études médiévales, la théorie du « *dual power* » est présente chez Olivi. *Cf.*, sur ce point, R. PASNAU, *Thomas Aquinas on Human Nature: A Philosophical Study of Summa Theologiae, 1a 75-89*, chap. VII, *Desire and Freedom*, § 2, Cambridge, CUP, 2002, p. 222 (qui renvoie à OLIVI, *Quaestiones In Secundum librum Sententiarum*, q. 57, III, ad 4m, éd. B. JANSEN, p. 341) : « Whoever has free decision has it to will and not to will, to act and not to act. This condition suggests the need for some sort of dual power on the part of will: the power, in a given situation, to make either one choice or the opposite. Such dual power is the hallmark of recent libertarian accounts of free will. It also figured prominently in scholastic debates after Aquinas's death. According to Peter John Olivi (1247/8–1298), human freedom requires that people be able, at the time at which they choose one thing, to choose instead its opposite. He explains this as meaning that "someone does one thing in such a way that at the same time he could have done the other while ceasing from the first – and vice versa". » *Cf.* aussi R. PASNAU, « Olivi on Human Freedom »," *in* A. BOUREAU & S. PIRON (éd.), *Pierre de Jean Olivi (1248-1298) : pensée scolastique, dissidence spirituelle et société : actes du colloque de Narbonne, mars 1998*, Paris, Vrin (Études de philosophie médiévale), 1999, p. 15–25. Pasnau emprunte l'expression

'dual power' à G. Graham, *Philosophy of Mind: An Introduction*, Oxford, Blackwell, 1993.

6. Ainsi revoilà l'âne ! Non plus l'âne de Buridan, mais celui d'Ockham : l'âne dans lequel le Verbe eût pu s'incarner, puisque telle incarnation n'eût impliqué aucune contradiction. C'est ce qu'on appelle depuis Oberman « *asinus-Christology* », à savoir que Dieu aurait pu assumer la nature d'âne, au lieu de la nature d'homme, s'il l'avait voulu. Sur ce thème de la « christologie de l'âne », *cf.* H.A. Oberman, *The Harvest of Medieval Theology: Gabriel Biel and Late medieval nominalism*, Cambridge (Mass.), Harvard UP, p. 255, § 3 : « The intention of Occam's asinus-Christology : rejection of the Charge of Nestorianism ». Sur ce point, *cf.* J. Haga, *Was there a Lutheran Metaphysics ? The interpretation of communicatio idiomatum in Early Modern Lutheranism*, Göttingen, Vandenhoeck & Ruprecht, 2012, p. 78 et O.D. Crisp, *Divinity and Humanity. The Incarnation Reconsidered*, Cambridge (G.-B.), CUP, p. 84-85. Une des premières discussions de l'hypothèse de l'âne figure chez Bonaventure, *Sent.* III, d.2, q.1. *Cf.*, sur ce point, M. McCord Adams, *What sort of human nature ? : Medieval philosophy and the systematics of Christology* (The Aquinas Lecture 1999), Marquette University Press, 1999, p. 29, qui distingue union hypostatique (potentiellement ouverte) et union personnelle (réclamant l'humanité) : « Natures that lack life, sense, or reason are mere vestiges that are incapable of personal (as opposed to mere hypostatic) union. But rational natures are made in God's image and likeness and are capable of making deiformity explicit. Thus, hypostatic union with a donkey nature would not show forth God's power, goodness, and wisdom, in the way personal union with a rational nature would. »

7. *Cf.*, pour tout cela, L. Chestov, « Athènes et Jérusalem (à propos du livre d'É. Gilson. *L'Esprit de la philosophie médiévale*) », *Revue philosophique de la France et de l'étranger*, nov. - déc. 1935, n° 11-12, p. 305-349 ; janv.-févr. 1936, n° 1-2, p. 32-79. Le livre, *Athènes et Jérusalem. Un essai de philosophie religieuse*, Paris, Vrin, 1938, dont la dernière réédition (avec un essai d'Y. Bonnefoy, *L'Obstination de Chestov*, Paris, Flammarion, 1967, puis Aubier, 1992) date de 2011, a quatre parties : 1. *Parménide enchaîné : des sources des vérités métaphysiques* ; 2. *Dans le taureau de Phalaris : le savoir et la liberté* ; 3. *De la philosophie médiévale : 'concupiscentia irresistibilis'* ; 4. *La seconde dimension de la pensée : lutte et spéculation* (66 aphorismes). C'est dans la troisième partie que Chestov s'en prend à la dictature scolastique

de PNC. La scolastique c'est, pour lui, la *continuation médiévale du péché d'Adam* : « [Les philosophes médiévaux] veulent savoir, autrement dit, se convaincre que ce qui est, non seulement est, mais ne peut être autre qu'il n'est et doit être nécessairement ce qu'il est. Et ils cherchent des garanties non auprès du prophète qui leur a apporté du Sinaï la parole de Dieu, ni même dans la parole même de Dieu ; leur inquiétude intellectuelle ne sera satisfaite que *lorsque la parole de Dieu apportée par le prophète obtiendra la bénédiction du principe de contradiction ou de quelque autre principe aussi immuable et impassible que le principe de contradiction*. Or, c'est cela précisément que voulait, c'est par cela que se laissa tenter le premier homme quand il tendit la main vers l'arbre de la science. Lui aussi voulait savoir et non croire ; il voyait dans la foi une sorte de diminution, un dommage pour sa dignité humaine ; et il en fut certain quand le serpent lui eut affirmé que lorsqu'il aurait goûté aux fruits de l'arbre interdit, il deviendrait connaissant comme les dieux. Je le répète : les philosophes médiévaux qui aspiraient à transformer la foi en savoir, étaient loin de soupçonner qu'ils accomplissaient encore une fois le geste du premier homme. » *La scolastique a voulu soumettre Dieu au principe de contradiction*. Le mal est là, et dure encore : « les principes fondamentaux des Grecs et la technique grecque de la pensée, [ont] fait leur œuvre ». « On ne peut croire qu'à ce qui est acceptable pour [les] principes. *La foi doit obtenir la bénédiction des premiers principes, et la foi qui n'obtiendra pas cette bénédiction n'a plus droit à l'existence* » (*cf*. L. Chestov, « Athènes et Jérusalem », p. 334 et 336).

8. '∅t' peut être considéré comme désignant ou le « point of reference » (point de référence) : R, ou le « point of event » (point d'événement), E, ou le « point of statement » (point d'énonciation), S, ou deux points à la fois ou les trois – distribués différemment selon la différence des temps, selon la tripartition de Reichenbach, qui permet de distinguer deux séries : le présent (noté S,R) où S et R sont simultanés, le futur (noté S—R) où S précède R, le passé (noté R—S) où R précède S ; le simultané (noté E,R) où E et R sont simultanés, l'antérieur (noté E—R) où E précède R, le postérieur (noté R—E) où R précède E – deux séries qui combinées permettent d'exprimer le système des temps en anglais, en distinguant, par exemple :

Le *simple present* (présent) :

——————/——————

S, R, E

Le *simple future* (futur simple) :

________/________/______

S,R E

Le *simple past* (passé simple) :

________/________/______

E,R S

Le *present perfect* (passé composé) :

________/________/______

E S,R

Le *future perfect* (futur antérieur) :

________/_____/_____/______

S E R

9. *Glossae Magistri Petri Abaelardi Super Librum Perihermeneias :* [74] « Nunc autem diligenter sensus harum modalium cum determinationibus perquiramus, ut de ipsis cuncta supraposita et si qua restant ualeamus cognoscere. Videntur autem omnes duobus modis exponi posse. [75] Ut, cum dicitur : *Possibile est stantem sedere dum stat*, unus sensus est temporalis hypotheticae constantis ex simplici categorica et modali, ac si diceretur : *Existente tempore quo stans stat verum est quod possibile est eum sedere,* et est vera temporalis hypothetica ex veris propositionibus coniuncta. E contrario, cum dicitur : Necesse est hunc hominem stare dum stat et temporalis est hypothetica, falsa est cum habeat falsum consequens, quod scilicet est : Necesse est hunc stare. Et in his quidem expositionibus illud dum, quod est temporale aduerbium, in vi temporis tantum acceptum copulat. [76] Alius vero est sensus cum dicitur *Possibile est stantem sedere dum stat*, ut illud 'dum' non solum ad existentiam temporis quo stat ponatur sed magis ad coniunctionem accidentium circa idem subiectum, ac si diceretur *stantem posse sessionem habere cum statione quam habet*. »

10. S. Knuuttila, « Time and Modality in Scholasticism », *in* S. Knuuttila (éd.), *Reforging the Great Chain of Being. Studies of the History of Modal Theories*, Dordrecht, Reidel (Synthese Historical Library, 21), 1981, p. 163-257. *Cf.* auparavant S. Knuuttila, « Duns Scotus' Criticism of the Statistical Interpretation of Modality », J. P. Beckmann & W. Kluxen (éd.), *Sprache und Erkenntnis im Miltelalter*. Acts of the Sixth International Congress of Medieval Philosophy, Bonn, 29 August-3 September 1977. Berlin-New York,

Walter de Gruyter (Miscellanea Mediaevalia, 13/1), 1981, p. 441-450, version imprimée d'une communication présentée au Colloque organisé par la S.I.E.Ph.M. à Bonn en septembre 1977.

11. *Cf.* A.O. LOVEJOY, *The Great Chain of Being : A Study of the Hislory of an Idea.* Cambridge (Mass.), Harvard UP, 1936, p. 50-52.

12. La thèse de Duns Scot, telle que la formule C. NORMORE, dans « Buridanian possibilities », *in* J.L. FINK, H. HANSEN & A.M. MORA MÁRQUEZ (éd.), *Logic and Languages in the Middle Ages. A Volume in Honour of Sten Ebbesen*, Leiden-Boston, Brill, 2013, p. 389 [389-402] : « At the beginning of the century, Duns Scotus argued that freedom of the will required that the present be contingent so that what is in fact the case can be otherwise without ever becoming otherwise », en s'appuyant sur la *Lectura* I, d. 39, n. 50-51, éd. BALIC, *Opera Omnia*, Vatican City, Vatican Polyglot Press, 1964, p. 495.

13. *Cf.*, sur ce thème, S. DUMONT, « The Origin of Scotus's Theory of Synchronic Contingency », *Modern Schoolman*, 72 (1995), p. 149-167 ; S. MACDONALD, « Synchronic Contingency, Instants of Nature, and Libertarian Freedom : Comments on 'The Background to Scotus's Theory of Will », *Modern Schoolman*, 72 (1995), p. 169-174.

14. DUNS SCOT, *De primo principio* IV, 4, n. 56 (éd. Kluxen, 70) ; *Ord.* I, d. 2, pa. 1, q. 1-2, n. 86 (Vat. II, 178). Sur ce point, voir J.R. SÖDER, « La doctrine scotiste de la contingence dans la *Reportatio* I A », p. 382 *q.*, *in* O. BOULNOIS, E. KARGER, J.-L. SOLÈRE & G. SONDAG (éd.), *Duns Scot à Paris, 1302-2002. Actes du colloque de Paris, 2-4 septembre 2002*, Turnhout, Brepols (FIDEM, Textes et études du Moyen Âge, 28), 2004 [p. 375-386 pour l'ensemble]

15. DUNS SCOT, *Ordinatio*, I, d. 2, pars 1, q. 1-2, n. 86, *Opera omnia*, vol. II.

16. *Cf.* A. VOS JACZN, *et al.*, *John Duns Scotus. Contingency and Freedom, Lectura I 39*, Introd., Transl. and Comm. by A. VOS JACZN, H. VELDHUIS, A. H. LOOMAN-GRAASKAMP, E. DEKKER & N.W. DENBOK, Dordrecht-Boston-London, Kluwer, 1994, p. 29.

17. DUNS SCOT, *Lectura* I, d. 39, q. 5, n. 45, p. 108 ; trad. A. VOS JACZN, *et al.*, p. 108 : « For our will is free in regard to opposite acts (as in relation to willing and not-willing, and loving and hating), and second, mediated by opposite acts, it is free in regard to opposite objects to direct freely to them, and thirdly, it is free in regard to effects, which it produces either immediately or by activating other executive potencies. » Sur tout ceci, *cf.* M. KOBAYASHI, « Création et contingence selon Descartes et Duns Scot », *in* J. BIARD &

R. Rashed, (éd.), *Descartes et le Moyen Âge. Actes du colloque organisé à la Sorbonne du 4 au 7 juin 1996*, Paris, Vrin (Études de philosophie médiévale, 75), 1997, p. 83 [p. 75-90].

18. Duns Scot, *Lectura* I, d. 39, q. 5, n. 51, p. 119 ; trad. A. Vos Jaczn, *et al.*, p. 118 : « Likewise, at that moment at which it elicits an act of willing, the will is prior by nature in regard to its volition and is freely related to it. Hence it is contingently related to willing and has a contingent relation to not-willing at that moment at which it elicits a volition; [this is] not because it had a contingent relation to willing [*volendum*] at an earlier moment, for then it was not a cause, but because now, when it is the cause which elicits an act of willing, the will has a contingent relation to the act, so that willing at a, it can not will at a. »

19. Le recours scotiste à la distinction entre « sens composé » et « sens divisé » a eu une remarquable postérité. On retrouve la distinction chez Luis de Molina (1535-1600). Discutant l'antécédent de l'argument d'Ockham (§ 2, p. 155) selon lequel « *nulla potentia fieri potest ut voluntas in quo instanti vult non velit* » d'où découle que « *in instanti in quo vult non est in ea facultas ut non velit* » – antécédent prouvé « *quoniam implicat contradictionem voluntatem in quo instanti vult non velle* », car « *vellet simul et non vellet* », ce qu'aucune puissance ne peut faire –, Molina (§ 9, p. 157-158) répond en distinguant deux sens de l'antécédent selon la composition et la division : « si antecedens sumatur in sensu composito ita ut sit sensus : *nulla potentia fieri posse ut, si iam volutas in instanti aliquo temporis elicuerit volitionem, non possit non velle idem obiectum*, concedendum est [...]. Si vero sumatur in sensu diviso ut sit sensus : *nulla potentia fieri posse ut voluntas quae in aliquo puncto temporis aliquid vult non possit tunc non velle illud vel vacando ab omni suo actu vel per contrarium actum illud reliciendo, si modo spectetur, ut existit in eodem temporis puncto prior naturae ordine quam illud idem velit*, negandum erit antecedens ». Même stratégie face à la preuve de l'antécédent. La preuve ne vaut qu'au sens composé, pas au sens divisé : « Ad probationem vero dicendum est implicare quidem contradictionem voluntatem *in sensu composito* in quod instanti vult illud idem non velle, non vero *in sensu divisionis*. » Selon F. Lessay, Bramhall reprend contre Hobbes la même distinction. De fait, on lit, dans *A Vindication*..., III, n° xxviii, p. 166 : « Neither doth liberty respect only future acts, but present acts also. Otherwise God did not freely create the world. In the same instant wherein the will elects, it is free, according to a priority of nature though not of time, to elect otherwise.

And so, in a divided sense, the will is free, even whilst it acts, though in a compounded sense it be not free. Certainly, deliberation doth constitute, not destroy liberty », soit (traduction FOLLIOT) : « La liberté ne considère pas seulement les actes futurs mais aussi les actes présents. Sinon Dieu n'aurait pas créé librement le monde. À l'instant même où la volonté élit, elle est libre, selon une priorité de nature mais non de temps, d'élire autre chose. Et ainsi, dans un sens divisé, la volonté est libre, même pendant l'acte, bien que, dans un sens composé, elle ne soit pas libre. Il est certain que la délibération constitue la liberté et qu'elle ne la détruit pas. » L'argumentation de Bramhall, écrit LESSAY, p. 108, « correspond presque terme pour terme à celle de Molina lorsque le jésuite espagnol, dans le *Concordia*, répond à la question : "Si la volonté, à l'instant où elle veut une chose, est libre de la vouloir ou de la refuser" (qu. 14, art. 13, disp. 24). "En un sens composé" *(in sensu composito)*, affirme Molina, "il faut admette qu'il est impossible que, si la volonté, à un quelconque instant du temps, a choisi *(elicuerit)* une volition, elle puisse ne pas vouloir le même objet". Cependant, "en un sens divisé" *(in sensu diviso)*, la volonté "à l'instant où elle veut une chose, est libre de la vouloir ou de ne pas la vouloir à cet instant" : elle peut ne pas la vouloir "ou bien en s'abstenant de tout son acte, ou bien en le repoussant au profit de l'acte contraire, si l'on considère seulement qu'elle se manifeste, en ce point du temps, avant que, selon l'ordre de la nature, elle veuille son objet" *(si modo spectetur, ut existit in eodem temporis puncto prior naturae ordine quam illud idem velit)* ». Lessay précise que Hobbes critique la distinction entre sens composé et sens divisé « dans les *Questions* (Lib. N. Ch., p. 26) ».

20. DUNS SCOT, *Lectura* I, d. 39, q. 5, n. 51, p. 120 ; trad. A. VOS JACZN, *et al.*, p. 118 : « We must distinguish the composite and the divided sense. It is false in the composite sense, as we understand the predicate to be attributed to this whole: the will willing at a, together with the possibility operator. The proposition is true, however, in the divided sense; not because we understand the terms for different times (that sense is relevant because there is succession in acts), but it is true in the divided sense because there are two propositions, because it implicitly includes two propositions. In one proposition the will is said to have the act of willing, and in the other one the will is said to have the opposite act taken on its own with the possibility operator, and then the meaning is: The will is willing at a and The will can be not-willing at a. This is true, for

the will willing at a, freely elicits an act of willing, which is not its attribute. »

21. Sur ce texte, *cf.* S. KNUUTTILA, « Time and Modality in Scholasticism », p. 228.

22. DUNS SCOT, *Lectura* I, d. 39, q. 5, n. 54, p. 128 ; trad. A. VOS JACZN, *et al.*, p. 126 : « And just as there is a possibility in our will with respect to an act of willing – both logical and real – at the same moment and for the same moment with respect to the same thing, so the divine will, of which its being operational precedes its being productive, can also will and not-will something, and likewise [can) produce and not produce something at the same moment of eternity and for the same moment of eternity. »

Cours du 7 avril 2015

Deuxième heure

Retour sur l'hypothèse de Scot : la volonté réduite à l'instant. — L'instant de la décision selon Kierkegaard.– Agnès et le Triton. — Vouloir, nouloir et principe de non-contradiction. — Rappel de PNC : « Il est impossible que le même attribut appartienne et n'appartienne pas en même temps, au même sujet et sous le même rapport ». — Tous les états mentaux sont-ils soumis à PNC : les sensations, les désirs, les affects, les volontés, les représentations, les concepts, les jugements ? . — Velle *et* non-velle, *V et NV, qui sont des contradictoires, V et VN,* velle *et* nolle, *qui sont des contraires, peuvent-ils coexister psychiquement ?. — La « thèse commune » à la fin du* XV*e* *siècle : la volonté est libre dans les contradictoires parce qu'elle est libre de vouloir ou de ne pas vouloir, V/NV, et libre de nouloir ou de ne pas nouloir, VN/NVN, mais, pas dans les contraires, parce qu'elle n'est pas libre de vouloir, V (un mal connu ou apparent), ou de nouloir, VN (un bien connu ou apparent), ni d'accepter (un mal connu ou apparent) ou de refuser (un bien connu ou apparent). — Présentation des thèses d'Usingen et Trutfetter, les maîtres de logique buridaniens de Luther. — Le fond de la liberté humaine est la possibilité de suspendre l'assentiment. — Parallèle entre* « velle, nolle, non-velle » *et* « assensus, dissensus, assensionis retentio » (ἐποχή). *— La formule de Scot implique-t-elle la dualité des voulants ? — Faut-il placer deux voulants en chaque homme pour y faire coexister deux vouloirs contraires ? — Le problème de la liberté du vouloir pose celui de l'unité de l'homme. — Parallélisme de la théorie des deux sujets de la pensée et de la théorie des deux agents. — Variations sur l'akrasie : le problème de Médée ;*

Rm 7, 13-29 — Je veux et je neux, volo *et* nolo, *mais je fais,* ago, *ce que je neux, et ne fais pas ce que je veux. — « Il y a deux hommes en moi ». — Renan. Johnny Hallyday. Jean Racine. — La « Plainte d'un Chrestien sur les contrarietez qu'il éprouve au dedans de luy-même ».*

Nous choisissons dans l'instant, mais l'hypothèse de Scot est contrefactuelle : *si ponitur voluntatem esse tantum in uno instanti*, « *si* l'on pose que la volonté n'existe que dans un seul instant ». Notre existence ne peut être réduite à l'instant. C'est ce qu'on dit. Est-ce trop vite dit ? Peut-être. D'abord qu'est-ce que l'instant ? Il y a l'instant selon Boèce, l'instant selon Eckhart, l'instant selon Kierkegaard, l'instant selon Heidegger. L'instant – le clin d'œil de l'instant, l'*Oieblikket*, l'*Augenblick* – c'est ce « en quoi le temps et l'éternité entrent en contact », comme le dit Kierkegaard, dans le *Concept d'angoisse*[1]. Et précisément l'instant kierkegaardien, c'est l'« instant de la décision » – de la dé-cision *(Beslutning)* comme instant du saut dans la foi, où « le moi se choisit ou plutôt se reçoit », quand « l'âme voit apparaître la Puissance éternelle »[2], mais aussi l'instant dans la mesure où il appartient à la structure du dilemme, en tant que le dilemme, « l'épreuve avant la décision », « c'est ce qui éthiquement a lieu *avant* l'instant de la décision, et en même temps *à* l'instant de la décision », avant *t* et à *t*, que le dilemme soit soluble ou insoluble. Voilà la décision ; elle a lieu *avant* et *pendant*. Quelques exemples : « épouser la jeune fille par respect de la parole donnée, ou la quitter pour ne pas faire son malheur » (ce qui est l'histoire même de Kierkegaard) ; « sacrifier sa fille pour apaiser les dieux, ou la garder en vie » (Agamemnon) ; « sacrifier son fils par obéissance à l'ordre de Dieu, ou y désobéir » (Abraham), ou – le plus beau de tous – « pour le triton » d'*Agnete og Havmanden*, d'Andersen[3], le triton séducteur « en proie au repentir, se tenir sur la réserve ou devenir manifeste », se cacher ou se montrer.

Kierkegaard reprend un poème d'Andersen, qui raconte comment le triton est apparu à Agnete, Agnès, l'a séduite, emmenée au fond des eaux où, en huit ans elle lui aura donné sept enfants. Mais, entendant du fond des eaux tinter la cloche de l'église, Agnès éprouve soudain une nostalgie violente et demande à sortir, à remonter à la surface et à aller à l'office, ce que le triton lui accorde en la mettant en garde de diverses manières, que je vous laisse découvrir en lisant ce beau poème. Évidemment, elle ne reviendra jamais, et le triton, au fond de l'eau avec ses sept enfants, attend désespérément le retour d'Agnès. Voici la fin du poème dans la traduction anglaise de Smith-Dampier :

" Hearken now, Agnes, hearken unto me !
All thy little children are longing after thee."

" Let them long as they will, yea, let them long so sore !
I shall return to them never more."

" Think of the big ones, and think of the small !
Of the baby in the cradle think thou most of all."

" I think not of the big ones, I think not of the small !
Of the baby in the cradle I'll think no more at all.
Ha, ha, ha ! Of the baby in the cradle I'll think no more at all. [4] "

Le malheureux triton, à la fois caché et manifeste, attend le retour d'Agnès. Dévoré par la douleur, il voudrait à la fois remonter pour aller la chercher et rester caché. Il arrive à cela dans l'extraordinaire sculpture immergée de Suste Bonnén sur *Frederiksholms Kanal* à Copenhague : le triton est pétrifié, en homme, avec les sept fils que lui a donnés Agnès et, au gré des étiages, selon que l'eau monte ou descend dans le canal, tantôt on voit sa tête, tantôt on ne la voit pas [5]. Chez Kierkegaard il s'agissait de reprendre le poème pour en faire tout autre chose. Le triton a séduit Agnès comme lui-même a séduit Régine Olsen et il va mentir, se sacrifier donc, pour qu'elle ne le suive pas au fond de l'eau. Je vous lis un passage du *Journal* :

J'avais pensé reprendre *Agnès et le Triton* d'un aperçu qui n'a sûrement pas levé dans la tête d'un poète. Le triton est un séducteur, mais une fois gagné l'amour d'Agnès, il en est si touché qu'il veut lui appartenir sans réserve. – Mais c'est là ce

> qu'il ne peut, il lui faudrait alors l'instruire de toute sa triste existence, qu'à certaines heures il est un monstre, etc. L'Église ne peut pas les bénir. Alors il désespère, plonge de désespoir jusqu'au fond de la mer et y demeure, mais fait croire à Agnès qu'il n'a voulu que la tromper. Voilà de la poésie ! et non ces pauvres et piètres bavardages, ne traitant que de farces et de balivernes. Un nœud de cette sorte ne se laisse défaire que par la religion (qui tire de là son nom parce qu'elle lie et délie tout enchantement) ; si le triton pouvait croire, sa foi peut-être le transformerait en homme [6].

Il y a un instant de la dé-cision chez Kierkegaard : celui du saut dans la foi. Il y a un instant de la décision chez Heidegger, lecteur de Kierkegaard [7]. Mais surtout il y a dans la théologie médiévale – contemporaine de Scot, et en un sens chez Scot lui-même – de quoi mettre en parallèle logique temporelle, logique du changement et ce qu'on pourrait appeler logique de la décision : l'exposition – comme on dit au Moyen Âge, autrement dit l'analyse syntactico-sémantique – des termes ou syncatégorèmes *commencer* et *finir (incipit, desinit),* nos modernes « opérateurs aspectuels », jointe à l'analyse physico-mathématique des limites (intrinsèques ou extrinsèques) des processus, changements d'états ou transitions sur la base d'une tripartion des mobiles, intégrant, notamment à côté des réalités permanentes et des réalités successives, des « réalités instantanées », « qui ne durent qu'un instant » [8]. Ce formidable complexe discursif, d'un raffinement logique extraordinaire, vous le voyez à l'œuvre dans la théologie des sacrements – notamment dans la théologie de l'eucharistie, pour rendre compte de la transsubstantiation [9]. Les choix théoriques auxquels les médiévaux sont confrontés du fait de l'inadéquation de la logique d'Aristote aux problèmes théologiques les conduisent à suspendre la validité du principe de bivalence ou celle de PNC, à admettre des lacunes dans les valeurs de vérité ou envisager, au moins problématiquement, l'hypothèse d'une réalisation simultanée d'états contradictoires dans la nature *(de potentia dei absoluta).* Un extraordinaire appareil conceptuel existe ; il pourrait être appliqué à l'instant de la décision. L'est-il ? La chose reste à examiner. On a beaucoup étudié parallèlement logique déontique, logique épistémique et logique modale. Mais l'outil théorique qui a été développé de manière étonnante au XIVe siècle (anticipé dès le XIIIe siècle, et, au fond, déjà longuement mûri depuis l'Antiquité tardive) pour rendre compte de phénomènes que je qualifierais d'ontologiquement ou physiquement non-standard (un certain nombre de phénomènes que la Révélation propose au théologien et que le théologien propose au philosophe), on répugne à l'appliquer aux choix existentiels. Pourquoi ? Parce que, comme je l'ai dit, l'empire du principe de non-contradiction est tel qu'il s'impose à la définition même de la puissance divine avec PLTD : Dieu peut faire tout ce qui ne comporte pas contradiction.

Revenons à Duns Scot. On doit pouvoir admettre P1 : *voluntas est volens in a* & P2 : *voluntas potest esse nolens in a* pour *tout instant* du temps éthique et non pas seulement pour l'*instant unique* d'un temps fictif. Pour cela il faut dire (1) que tout instant est en tant qu'instant de la décision un instant d'éternité – que rien ne le distingue de l'instant *a* de Scot, puisque, après tout, *au moment où la décision se prend, elle est prise* ; et (2) que notre problème n'est pas de savoir ce qui suit la décision – si la décision est suivie d'effet –, mais si au moment où je prends ma décision, je suis ou non libre de nouloir ce que je veux ou de vouloir ce que je neux. Je peux quitter la jeune fille, rompre, tout en voulant l'épouser. Faire quelque chose sans le vouloir.

La question est : puis-je positivement vouloir les deux à la fois ? Puis-je positivement vouloir des contradictoires, ou des contraires ? En un mot : vouloir, comme tels, des *opposés* ? Le vouloir est-il soumis à PNC ? en totalité ou partiellement, en tout temps ou seulement dans certains circonstances ? En quoi l'existence d'états contradictoires ou contraires dans l'âme humaine serait-elle un problème si précisément – comme on l'a vu dans le séminaire – on distingue inhérence physique, réception d'une forme *avec une matière* par un sujet/substrat qui est, pour cette raison même, caractérisable comme *physique* et non pas psychique, et immanence psychique, réception d'une forme *sans la matière* par un sujet/substrat qui est, pour cette raison même, caractérisable comme *psychique* et non pas physique ? Le propre des états intentionnels n'est-il pas d'être superposables sans mélange dans le même lieu, contrairement aux propriétés physiques non-mélangeables ? Tous les états mentaux sont-ils soumis à PNC : les sensations, les désirs, les affects, les volontés, les représentations, les concepts, les jugements ?

Rappelons-nous PNC :

$PNC_{déf.}$: Il est impossible que le même attribut appartienne et n'appartienne pas en même temps, au même sujet et sous le même rapport.

La question est : faut-il admettre une *application* « psychologique » de PNC du type de :

• Il est impossible que le même *état psychique* appartienne et n'appartienne pas en même temps au même sujet, et sous le même rapport – par exemple : un vouloir (V) et un non-vouloir (NV), en tant que tels, qui sont des *contradictoires* (comme voulu et non-voulu).

• Il est impossible que le même *état mental intentionnel dirigé sur un objet* appartienne et n'appartienne pas en même temps au même sujet, et sous le même rapport – par exemple : un vouloir (V) et un nouloir (VN), qui sont des *contraires*, car dans les deux cas on a affaire à un vouloir (que l'objet soit un état de choses ou une chose individuelle).

Les deux formules laissent entendre que c'est impossible au même moment, et/ou sous le même rapport, mais possible successivement et/ou sous des rapports différents. Mais cela ne nous intéresse pas. La succession ne compte pas ; ce qui compte c'est la simultanéité. Mais ce n'est pas tout. Contraires et contradictoires n'ont pas les mêmes propriétés logiques : les contraires ne peuvent être vrais en même temps d'un même sujet, mais ils peuvent être faux en même temps ; les contradictoires ne peuvent être vrais en même temps d'un même sujet, mais ils ont une autre propriété : si l'un est vrai, l'autre est faux, et réciproquement. Sans entrer dans le détail, il faut souligner que la différence entre contraires et contradictoires dans le domaine de la volonté, de l'action et de la liberté, n'a pas échappé aux médiévaux. Une des thèses répandues au Moyen Âge tardif est que la « volonté est libre dans les actes contradictoires » : vouloir *vs* ne pas vouloir ; nouloir (vouloir que ne pas) *vs* ne pas nouloir (ne pas vouloir que ne pas), et « pas libre dans les contraires » : vouloir *vs* nouloir ; accepter *vs* refuser. Selon Trutfetter, la thèse « commune » à la fin du XVe siècle est la suivante :

> ... communiter dicitur, voluntatem esse liberam in actibus contradictoriis (quales sunt *velle/non velle*, *nolle/non nolle*), sed non contrariis (ut puta his : *velle/nolle*, *acceptare/refutare*) [10].

En un mot : la volonté est libre dans les contradictoires parce qu'elle est libre de vouloir ou de ne pas vouloir, V/NV, et libre de nouloir ou de ne pas nouloir, VN/NVN, mais, pas dans les contraires, parce qu'elle n'est pas libre de vouloir, V (un mal connu ou apparent), ou de nouloir, VN (un bien connu ou apparent), ni d'accepter (un mal connu ou apparent) ou de refuser (un bien connu ou apparent). Cette position commune serait à tracer en détail, ce qui est loin d'être fait. Pour le moment, on a surtout étudié les textes de Bartholomaeus Arnoldi von Usingen (1464-1532) [11], le professeur de dialectique et de logique de Luther, et de Jodocus Trutfetter (1460-1519) [12], disciples allemands de Buridan et d'Ockham, enseignant à Erfurt à la fin des années 1490.

Vouloir, V, et nouloir, vouloir que ne pas, VN, ne peuvent être vrais en même temps, mais ils peuvent être faux en même temps : c'est ce sur quoi insistent Usingen en Trutfetter [13]. Pourquoi ? Parce que dans le cas où il y a non-vouloir, autrement dit *non velle*, NV, il n'y a ni vouloir ni vouloir que ne pas. V et VN peuvent être faux en même temps, parce que NV est vrai. Voilà le genre de choses que nos auteurs d'Erfurt mettent en exergue, et en œuvre. Pour eux, le fond de la liberté, c'est certes la possibilité que l'homme a de vouloir (ou nouloir) un objet, mais c'est aussi *celle qu'il a de s'abstenir*. C'est ce NV, qui est important pour Usingen et Trutfetter, *parce qu'ils sont buridaniens*. Comme l'écrit Saarinen :

Usingen's analysis of freedom closely follows the one found in the third book of Buridan's Ethics commentary, and it is based upon the will's ability to non velle, to refrain from actively willing or nilling.

> ... the freedom involved in consenting to an object of the will arises from either willing that object or lacking this will, i.e., actively consenting to it or merely suspending that act. These are contradictory acts, and these are the alternatives that guarantee the freedom that is required in order for there to be a sinful act [14].

La liberté joue entre vouloir et abstention : *velle* et *non velle*. Ces actes sont des contradictoires : le « libre arbitre » est la capacité qu'on a, à tout moment, de choisir entre les deux ; on a, à tout moment la capacité de suspendre le *velle*. La suspension du consentement, la suspension de l'assentiment : voilà la grande possibilité. Assentir (consentir) ou suspendre (comme on suspend le jugement) – *suspendere actum suum* dit Usingen. On peut suspendre son acte de vouloir, exactement comme on peut suspendre un jugement [15].

Vue du point de vue de la « suspension » de l'acte, la séquence *velle, nolle, non-velle* peut être rapprochée du trio *assensus, dissensus, assensionis retentio*. Dès lors, cette séquence s'inscrit archéologiquement dans l'histoire au long cours de l'ἐποχή. C'est un remarquable signe de continuité, *a parte ante*, entre le Moyen Âge et l'Antiquité, *a parte post*, entre le Moyen Âge et l'Âge classique – notamment avec le cartésianisme. Une chose importante : *assensio* fait couple avec *assensionis retentio*, plutôt qu'avec *dissensus*, autrement dit avec la suspension de l'assentiment, en grec ἐποχή, plutôt qu'avec le dissentiment. L'expression *assensionem cohibere* figure dans le *De natura deorum,* I, 1, 1 – on trouve aussi *sustinere assensionem*. Une autre source est la définition augustinienne du croire dans le *De praedestination sanctorum* : « ipsum credere, nihil aliud est, quam cum assensione cogitare [16]. » Ce couplage montre que la thèse d'Usingen sur le siège de la liberté, le lieu logique de son exercice, si elle est buridanienne est aussi plus vieille que Buridan.

Selon Saarinen, la thèse d'Usingen – la « liberté de consentir » signifie vouloir ou manquer de ce vouloir –, ce qu'il appelle « the freedom of *non velle* », est fondée sur le « lieu commun augustinien », selon lequel on peut éprouver des désirs contraires simultanément mais pas consentir aux deux.

> Usingen's teaching basically concerns Augustine's view of consent as it is interpreted in the tradition of the 'commonplace Augustinian' theory of will. The person may experience contrary desires simultaneously, but he cannot consent to both of them at the same time. *The freedom of consenting to one alternative basically means either willing it or lacking this will* [17].

Il faudrait consacrer plus de temps à cela, je ne le peux pas. Peut-être y reviendrons-nous un jour. En revanche, il y a plus à dire sur Augustin. Nous le verrons lors du dernier cours.

Pour le moment je m'attache à la « simultanéité ». Une expression fréquemment utilisée par les médiévaux est « *simul et semel* », « en même temps et à la fois » ; les textes médiévaux sont nombreux qui expliquent qu'on ne peut à la fois vouloir manger et vouloir jeûner, vouloir s'adonner à la luxure et vouloir mener une vie réglée ; vouloir et ne pas vouloir ; rechercher quelque chose et ne pas le rechercher ou rechercher son contraire ; bref être *simul et semel* sujet d'attributs mutuellement exclusifs (qui s'excluent l'un l'autre). Cet argument revient fréquemment dans la littérature consacrée au baptême des « monstres à deux têtes », qu'on n'appelait pas encore les « siamois ». C'est une question théologique célèbre, dont je cite ici un intitulé parmi d'autres, emprunté à un *Quodlibet* de Jean Peckham : *Utrum monstrum nascens cum duobus capitibus debeat baptizari sicut unus an sicut duo* [18]. Il faudrait savoir combien il y a là de personnes ! S'il y a altercation entre les deux têtes, c'est qu'il y a deux personnes, deux hommes – ou deux femmes. Donc il faut baptiser *sicut duo*. De tels cas existent. Duns Scot raconte lui-même qu'il « existait en France un monstre adulte, possédant deux têtes, dont l'une disait qu'elle voulait quelque chose, et l'autre qu'elle ne le voulait pas » [19]. Je vous renvoie pour plus de détails au volume II de *l'Archéologie du sujet* : *La Quête de l'identité*.

Mais que devient dans ces conditions FS, la formule de Scot : « volens in *a* potest nolle in *a* » ? Pour sauver la possibilité de vouloir et de nouloir au même instant, allons-nous dédoubler le voulant ? Prêter au vouloir que *p* et au nouloir que *p* à *t* deux agents, deux voulants, deux sujets agents et voulants : loger deux personnes dans le même corps, deux hommes en un [20] ?

Il faut, à ce stade, bien poser le problème. Ce qui nous intéresse, ce n'est pas l'écart entre le vouloir et le faire – ni l'explication qu'on en donne. Le problème de cet écart relève de ce que j'appelle le principe de Médée (PM), tel que le formule Ovide dans les *Métamorphoses* (d'après la *Médée* d'Euripide : « Je comprends bien l'énormité du mal que je vais faire, mais l'emportement *(thumos)* est plus fort que mes réflexions). »

PM : *Video meliora, proboque, Deteriora sequor*.
Je vois le meilleur parti, je l'approuve, et je prends le pire [21].

Cette traduction, que vous trouverez peut-être légèrement infidèle, est celle de Coste, le traducteur de l'*Essay* de Locke. Locke invoque ce principe au moment où il explique que ce n'est pas le plus grand bien positif qui détermine la volonté, mais l'inquiétude – *uneasiness* – du désir : « The greatest positive good determines not the will, but present uneasiness alone » [22]. Le problème qui nous intéresse est de savoir s'il faut deux voulants pour faire coexister deux vouloirs contraires. Deux voulants : deux sujets, deux agents, deux hommes, deux âmes. Si nous voulons justifier pour tout homme que, dans le temps éthique, *qui veut en* a *peut aussi nouloir en* a, est-ce qu'il nous faut multiplier les agents en nous, les sujets en nous, les hommes en nous, les âmes en nous-mêmes ? Rappelez-vous, le cours du 10 février : nous y évoquions, avec Théophile, le porte-parole de Leibniz dans les *Nouveaux Essais sur l'entendement humain*, « l'idée confuse d'*autant d'agents qui agissent distinctement en nous* », qu'il y a de facultés réellement distinctes en l'âme humaine – par exemple l'intellect et la volonté, et l'argument d'Episcopius, l'arminien, assurant que la distinction réelle des facultés de l'âme menait à la théorie des deux agents, ruineuse pour la liberté humaine. La réponse de Leibniz – deux *êtres réels distincts* ne font pas *deux agents réels distincts*, car « ce ne sont pas les facultés qui agissent », mais les substances, ici l'homme, au moyen des facultés – avait retenu notre attention ; mais nous avions indiqué alors qu'il nous faudrait reprendre le problème des deux agents comme problème des deux hommes – et nous avions mentionné, sans plus, l'expression : « il y a deux hommes en moi ».

Le problème auquel nous nous heurtons ici est celui de l'unité de l'homme. La théorie des deux sujets de la pensée, celle des deux agents, la rencontre entre le problème averroïste de l'unité de l'intellect et celui thomiste de l'unité de la forme substantielle, le lien étroit existant entre le problème de la distinction réelle entre les facultés de l'âme, voire les âmes elles-mêmes – âme sensitive, âme intellective – la distinction entre celui ou cela qui dit « je », dans « je pense », je « perçois », je « souffre », l'immense étendue de l'archive que doit explorer l'archéologie du sujet, de l'agent et du sujet-agent de pensées et d'actions, tout cela, et bien d'autres choses encore, il nous faut à présent tenter de le ressaisir, à partir de cette dualité – des deux hommes en moi. La formule est connue : on peut lui donner de superbes accents. On peut même évoquer l'animal familier, non pas l'âne de Buridan, mais le *Tragelaphus strepsiceros* d'Aristote – devenu le 12 juin dernier, sous les traits du *Grand Kudu*, la mascotte du séminaire. Comment ? En écoutant, d'abord, pour le plaisir du texte, Ernest Renan. Deux extraits. L'un avec deux hommes, l'autre avec deux natures.

> Je suis double ; quelquefois une partie de moi rit quand l'autre pleure. C'est là l'explication de ma gaieté. Comme il y a deux hommes en moi, il y en a toujours un qui a lieu d'être content. Pendant que, d'un côté, je n'aspirais qu'à être curé de campagne ou professeur de séminaire, il y avait en moi un songeur. Durant les offices, je tombais dans de véritables rêves ; mon œil errait aux voûtes de la chapelle ; j'y lisais je ne sais quoi ; je pensais à la célébrité des grands hommes dont parlent les livres [23].

> Au fond, quand je m'étudie, j'ai [...] très peu changé ; le sort m'avait en quelque sorte rivé dès l'enfance à la fonction que je

devais accomplir. J'étais fait en arrivant à Paris ; avant de quitter la Bretagne, ma vie était écrite d'avance. Bon gré, mal gré, et nonobstant tous mes efforts consciencieux en sens contraire, j'étais prédestiné à être ce que je suis, un romantique protestant contre le romantisme, un utopiste prêchant en politique le terre-à-terre, un idéaliste se donnant inutilement beaucoup de mal pour paraître bourgeois, un tissu de contradictions, rappelant l'hircocerf de la scolastique, qui avait deux natures. Une de mes moitiés devait être occupée à démolir l'autre, comme cet animal fabuleux de Ctésias qui se mangeait les pattes sans s'en douter. C'est ce que ce grand observateur, Challemel-Lacour [24], a dit excellemment : « Il pense comme un homme, il sent comme une femme, il agit comme un enfant » [25].

Renan ou la Chimère, transâge et transgenre. Et deux hommes en un : Jean qui rit et qui pleure, *Janus bifrons* chanté successivement par Voltaire, parlant de lui-même, Sewryn et Brazier, les très mortels auteurs de *Jean qui pleure et Jean qui rit, ou les deux voisins*, comédie créée en 1815 au théâtre des Variétés par Mlle Montansier, en attendant de voir entrer en scène *Jeanne qui pleure et Jean qui rit* grâce à Offenbach.

Chacun connaît l'origine de la formule sacrée du dualisme. Ce n'est pas :

Il y a deux hommes en moi ennemis l'un de l'autre
Le fou contre le roi, Judas contre l'apôtre
La rage au bout des poings et le cœur sur la main
Aujourd'hui Mister Hyde, Docteur Jeckyll demain [26].

Cela, c'est Johnny Hallyday. L'origine de la formule est Paul, Épître aux Romains, 7, 13-29, l'un des textes de base – ou plutôt « le » texte de base – de la réflexion sur l'akrasie ou faiblesse de la volonté. « Il y a deux hommes en moi ». La formule est ouverte, qui se prête à tous les scénarios. De fait, ou les deux hommes sont moi, ou l'un des deux n'est pas moi, ou tantôt l'un est moi, tantôt l'autre – comme l'homme du soir et l'homme du matin ou le Socrate éveillé et le Socrate dormant de Locke, qui ont plus ou moins servi de modèles au personnage de Stevenson. Sauf que Paul ne dit pas : « Il y a deux hommes en moi », mais argumente : je veux et je neux, *volo* et *nolo*, mais je fais, *ago*, ce que je neux, et ne fais pas ce que je veux ; par là, je sais que nous sommes deux à opérer en moi, que celui des deux en moi qui opère ce que je neux n'est pas moi, n'est pas « l'homme intérieur », mais mon hôte, l'étranger le plus proche, l'*alien*, cet extérieur, qui habite en moi, ou plutôt dans mes membres, qui me font « captif de sa loi », cette loi qui « lutte contre la loi de mon entendement », et qui a nom « péché ».

> 15 Quod enim operor, non intellego ; non enim, quod volo, hoc ago, sed quod odi, illud facio. 16 Si autem, quod nolo, illud facio, consentio legi quoniam bona. 17 Nunc autem iam non ego operor illud, sed, quod habitat in me, peccatum. 18 Scio enim quia non habitat in me, hoc est in carne mea, bonum ; nam velle adiacet mihi, operari autem bonum, non ! 19 Non enim, quod volo bonum, facio, sed, quod nolo malum, hoc ago. 20 Si autem, quod nolo, illud facio, iam non ego operor illud, sed, quod habitat in me, peccatum. 21 Invenio igitur hanc legem volenti mihi facere bonum, quoniam mihi malum adiacet. 22 Condelector enim legi Dei secundum interiorem hominem ; 23 video autem aliam legem in membris meis repugnantem legi mentis meae et captivantem me in lege peccati, quae est in membris meis. 24 Infelix ego homo ! Quis me liberabit de corpore mortis huius ? 25 Gratias autem Deo per Iesum Christum Dominum nostrum ! Igitur ego ipse mente servio legi Dei, carne autem legi peccati.

> 15 Car je ne sais pas ce que je fais : je ne fais point ce que je veux, et je fais ce que je hais (οὐ γὰρ ὃ θέλω τοῦτο πράσσω, ἀλλ' ὃ μισῶ τοῦτο ποιῶ). 16 Or, si je fais ce que je ne veux pas, je reconnais par là que la loi est bonne. 17 Et maintenant ce n'est plus moi qui le fais, mais c'est le péché qui habite en moi. 18 Ce qui est bon, je le sais, n'habite pas en moi, c'est-à-dire dans ma chair : j'ai la volonté, mais non le pouvoir de faire le bien. 19 Car je ne fais pas le bien que je veux, et je fais le mal que je ne veux pas. 20 Et si je fais ce que je ne veux pas, ce n'est plus moi qui le fais, c'est le péché qui habite en moi. 21 Je trouve donc en moi cette loi : quand je veux faire le bien, le mal est attaché à moi. 22 Car je prends plaisir à la loi de Dieu, selon l'homme intérieur ; 23 mais je vois dans mes membres une autre loi, qui lutte contre

la loi de mon entendement, et qui me rend captif de la loi du péché, qui est dans mes membres. 24 Misérable que je suis ! Qui me délivrera du corps de cette mort ?... 25 Grâces soient rendues à Dieu par Jésus-Christ notre Seigneur !... Ainsi donc, moi-même, je suis par l'entendement esclave de la loi de Dieu, et je suis par la chair esclave de la loi du péché [27].

Dualisme radical – de la chair et de l'esprit, de ce « corps de mort » et de la *mens* – mais aussi dissection du moi, en une partie vivante, et une morte, et double servitude, vis à vis de la loi de Dieu, par la *mens*, vis à vis de la loi du péché par la chair ; deux hommes, deux esclaves, qui, pris ensemble, font un moi-même, *ego ipse*, fait d'un qui veut sans pouvoir, et d'un autre, qui fait sans vouloir.

Deux hommes en moi, donc, pour le contenu. Mais la formule elle-même n'est pas de Paul. Elle est de Racine. C'est le thème de l'admirable Cantique spirituel – dont le titre, « Plainte d'un Chrestien sur les contrarietez qu'il éprouve au dedans de luy-même », nous installe au cœur du rapport nouloir/vouloir, dans l'instant de la décision. :

Mon Dieu, quelle guerre cruelle !
Je trouve deux hommes en moi :
L'un veut que, plein d'amour pour toi,
Mon cœur te soit toujours fidèle ;
L'autre, à tes volontés rebelle,
Me révolte contre ta loi.

L'un, tout esprit et tout céleste,
Veut qu'au ciel sans cesse attaché,
Et des biens éternels touché,
Je compte pour rien tout le reste ;
Et l'autre par son poids funeste
Me tient vers la terre penché.

Hélas ! en guerre avec moi-même,
Où pourrai-je trouver la paix ?
Je veux, et n'accomplis jamais :
Je veux ; mais ô misère extrême !
Je ne fais pas le bien que j'aime,
Et je fais le mal que je hais.

Ô grâce, ô rayon salutaire !
Viens me mettre avec moi d'accord,
Et, domptant par un doux effort
Cet homme qui t'est si contraire,
Fais ton esclave volontaire
De cet esclave de la mort [28].

Mis en musique par Jean-Baptiste Moreau (1656-1733), le cantique a été chanté devant le roi « par le compositeur lui-même », le samedi 2 octobre 1694 à Fontainebleau. Il semble que Racine en ait lui-même donné lecture au roi Louis XIV, qui, si l'on en croit Julien Louis Geoffroy, l'auteur de l'édition des *Œuvres de Jean Racine*, parue en 1808, se serait écrié : « Voilà deux hommes que je connais bien ! » lorsque Racine lui lut le cantique.

Deux hommes donc, en Racine, ou plutôt dans le chrétien en guerre avec lui-même. Deux hommes pour un seul « je » ? Ou un « je » vivant à demi, à demi hanté par un mort ? Nous voilà au lieu où, comme je l'ai annoncé à plusieurs reprises, la christologie se rencontre avec l'anthropologie, pour mettre au jour et porter dans sa plénitude la question : *Qu'est-ce que l'homme ?*

Notes

1. S. Kierkegaard, *Le Concept d'angoisse*, *OC* VII, p. 187. Je me réfère ici aux *Œuvres complètes* [notées *OC*, avec tomaison et page], trad. P.-H. Tisseau et E.-M. Jacquet-Tisseau, Paris, Éd. de l'Orante, 20 vol., 1966-1986, et le cas échéant aux *Samlede vaerker*, 2e éd. [notée SV2], Copenhague, Gyldendal, 15 vol., 1920-1936 et 3e éd. [notée SV3], Copenhague, Gyldendal, 20 vol., 1962-1964.

2. S. Kierkegaard, *Ou bien... Ou bien*, *OC* IV, 161 ; SV2 II, 192 ; SV3 III, 167 ; cité par J. Colette, « Le don et la tâche (*Gave og opgave)* », *in* A.-Chr. Habbard & J. Message (éd.), *Søren Kierkegaard : pensée et problèmes de l'éthique*. Introd. de J. Colette, Villeneuve d'Ascq, Presses universitaires du Septentrion, 2009, p. 89, n. 13 [p. 87-94, pour l'ensemble].

3. Il s'agit de *Agnete og Havmanden*, « Agnès et le Triton », écrit par Andersen au Locle en Suisse romande, en 1833. Voir S. Kierkegaard, *Journaux et cahiers de notes*, Paris, Fayard-Éd. de l'Orante, *Pap.* IV A 113 ; *Journal* (extraits), 1834-1846, Paris, Gallimard, 1986, p. 283.

4. H. Chr. Andersen, *The Norse King's Bridal*. Translations from the Danish and old Norse, with original *Ballads* by E.M. Smith-Dampier, London, Andrew Melrose, 1912, p. 51.

5. La sculpture de Suste Bonnén (1992) sur *Frederiksholms Kanal* se trouve à la hauteur du petit pont menant à Højbro Plads. Elle est, comme le poème, intitulée *Agnete og Havmanden*, traduit par *The Merman with 7 Sons*. Une reproduction figure dans la version vidéo du cours, accessible sur le site du Collège de France.

6. A.-C. Habbard, « les malentendus de l'éthique », *in* Id. & J. Message (éd.), *Søren Kierkegaard...*, p. 205 [p. 199-217 pour l'ensemble].

7. *Cf.* Ph. Beck, « Symbolisme fini ou symbolisme négatif », *Idéalisme et romantisme, Les Cahiers de Fontenay*, n° 73/74, ENS Fontenay-Saint-Cloud, 1994, p. 204-207 (p. 163-219 pour l'ensemble).

8. Sur tout cela, *cf.* A. de Libera, « La problématique de l'"instant du changement" au XIIIe siècle : contribution à l'histoire des *sophismata physicalia* », *in* S. Caroti (éd.), *Studies in Medieval Natural Philosophy*. Introd. of J.E. Murdoch, Florence, Leo S. Olschki (Biblioteca di Nuncius. Studi e Testi, I), 1989, p. 43-93 ; « Le développement de nouveaux instruments conceptuels et leur utilisation dans la philosophie de la nature au XIVe siècle », *in* M. Asztalos, J. E. Murdoch, I. Niiniluoto (éd.), *Knowledge and the Sciences in Medieval Philosophy*. Proceedings of the Eighth International Congress of Medieval Philosophy (S.I.E.P.M.), vol. I, Helsinki (Acta Philosophica Fennica, 48), 1990, p. 158-197.

9. *Cf.* I. Rosier-Catach & A. de Libera, « L'analyse scotiste de la formule de la consécration eucharistique », *in* C. Marmo (éd.), *Vestigia, imagines, verba. Semiotics and Logic in Medieval Theological Texts (XIIIth-XIVth Century), Acts of the 11th European Symposium on Medieval Logic and Semantics, San Marino, 24-*

28 May 1994, Turnhout, Brepols (Semiotic and Cognitive Studies 4), 1997, p. 171-201 et, des mêmes, « Les enjeux linguistiques de l'analyse de la formule de la consécration eucharistique », *Cahiers de l'Institut du Moyen Âge grec et latin, Université de Copenhague*, 67 (1997), p. 33-77.

10. *Cf.* JODOCUS TRUTFETTER, *Summa in totam physicen*, f° Gg 2v-3r *(Quid obiectum voluntatis)*. *Cf.* R. SAARINEN, *Weakness of Will in Renaissance...*, p. 108, n. 11.

11. L'œuvre de Bartholomaeus von Usingen est recensée sur www.helsinki.fi/-pakarkka/erfurt/uswerke.html. En logique, on lui doit divers manuels élémentaires *(Parvulus)* ou *Sommes*, plusieurs fois édités ou réédités : en 1499, *Parvulus loyce* ; 1500 : *Compendium totius loyce* ; 1501 : *Parvulus loyce cum figuris* ; 1506 : *Compendium totius logice breuissimis figuris expositum* ; 1507 : *Summa compendiaria totius logice* ; 1509 : *Compendium Nouum tocius logice* ; 1511 : *Summa compendiaria totius logice & Quaestio De universalium materia* ; 1515 : *Parvulus Logicae. Textus parvuli antiquorum*. En philosophie naturelle : en 1499, *Parvulus philosophie naturalis & Quaestio ardua de quidditate quantitatis continuae* [question disputée à Erfurt en 1497] ; 1507 : *Compendium naturalis philosophie* ; 1517 : *Compendium naturalis philosophie totius*.

12. *Cf.* www.helsinki.fi/-pakarkka/erfurt/trwerke.html. On doit à TRUTFETTER : en 1501, des *Summule totius logice* erfordiennes (« quod opus maius appellitare libuit : per Jodocum Isennachensem Theologum ex dogmatibus veterum recentiorumque omnium in Gymnasio nuper Erphordiensi utpote succus e floribus : laboriosissime compilate ») ; un commentaire des *Summulae logicales* [*Tractatus*] de PIERRE D'ESPAGNE ; un commentaire de l'*Ars vetus* (« *Veteris artis* : id est *Porpyrii universalium* : et *praedicamentorum Aristotelis* : *Perihermeneias*que expositio tam brevis quam utilis una cum dubiolorum ex iis extractorum resolutione : ut in Exercitio fieri solitum est : Ad que omnia et multa id genus alia Opus maius Isennachensis opere precium ») ; des écrits de philosophie naturelle : 1514 : *Summa in totam physicen* (« hoc est philosophiam naturalem conformiter siquidem vere sophie, que est Theologia per D. Judocum Isennachensem in gymnasio Erphordiensi elucrabata et edita »).

13. *Cf.* H. LAGERLUND, « Buridan's Theory of Free Choice and Its Influence », *in* H. LAGERLUND & M. YRJÖNSUURI (éd.), *Emotions And Choice From Boethius To Descartes*, Springer (Studies in the History of Philosophy of Mind), 2002, p. 190, citant et traduisant Usingen : « The second [act] follow the first and is twofold, namely,

contrary and contradictory. Contrary are [acts] such as willing and willing against, accepting and rejecting. And in these two the will is not free with respect to the same object, since it cannot will and will against, accept or reject the same [thing]. A cognized good cannot be willed against or rejected; and not a bad willed or accepted, because nothing is accepted or willed unless under the aspect of good *(sub ratione boni)*, since good or an apparent good is the object of willing and accepting, and nothing is rejected unless it appears bad. But [the will] is free in either of these such as it is with respect to the willing and accepting an apparent good. It can not accept but suspend its act. [...] But willing and not willing are contradictory, rejecting and not rejecting, accepting and not accepting. And in these acts [the will] is free with respect to the object in equal degree such as it is with respect to the cognized good to will and not to will, because it can suspend its act in order to deliberate and inquire more about its goodness or in order to experience its freedom. »

14. R. SAARINEN, « Desire, consent and sin : The earliest free will debates of the Reformation », *in* K. EMERY, JR, R.L. FRIEDMAN & A. SPEER (éd.), *Philosophy And Theology In The Long Middle Ages : A Tribute To Stephen F. Brown*, Leiden, Brill (Studien und Texte zur Geistesgeschichte des Mittelalters, 105), 2011, p. 476.

15. Trutfetter défend, pour l'essentiel, la même position qu'Usingen, mais l'expose dans une question sur l'objet de la volonté, où il explique que, malgré toutes les raisons que l'on a de soutenir l'opinion commune, cela ne change rien à la question de base, et à la réponse qu'y apportent Guillaume d'Ockham et Gabriel Biel : l'*obiectum voluntatis* n'est pas le bien, mais l'*ens in genere*. Reste que, dans l'exposé de l'opinion commune, il parle en toute précision le langage de Buridan, reprend la distinction entre « jugement total » et « jugement partiel », et analyse dans ce cadre, « à la parisienne », le problème de l'adultère illustrant la question de la possibilité d'une synchronicité du vouloir et du nouloir. *Cf.* sur ce point R. SAARINEN, *Weakness of Will in Renaissance...*, p. 108 : « Jodocus Trutfetter, describes the same theory in his *Summa in totam physicen* in a somewhat more restrained manner. He concedes that this is a common opinion, but adds that William Ockham and Gabriel Biel understand the will differently. Trutfetter reports that it is commonly taught that the will is free with regard to contradictory alternatives, although it cannot will and nill simultaneously. He qualifies Usingen's view slightly by saying that the will cannot will against the

'total judgement' of the intellect, but it can will against a 'partial judgement'. He gives the example of adultery as a case in which something is both willed because of pleasure and nilled because of shamefulness. » Le texte de la *Summa in totam physicen*, f° Gg 2v-3r accumule toutes les raisons de ne pas soutenir la thèse d'Ockham, chacune étant introduite par un *'licet'*, un *'quia'* ou un *'atque'*, avant de... poser le « néanmoins » *('tamen')* qui l'introduit : « LICET *frequentior et communior sit opinio*, quod obiectum voluntatis sit bonum verum vel apparens, sic quod *voluntas non possit velle illud, in quo nulla apparet intellectui ratio bonitatis*, et ita suo modo *nec nolle illud, in quo nulla apparet ratio malitie vel fugabilitatis*. LICET *possit actum suum suspendere non volendo aut non nolendo, ut prius fiat inquisitio*, si *apparenti bonitati sit annexa malitia* aliqui, vel *malitie bonitas*. QUIA id, *quod aliquod apparet malum, potest velle et ita nolle, quod aliquod apparet bonum* (Verbi gratia : *adulterium potest velle* ratione delectationis *et nolle* ipsum ratione inhonestatis.) ATQUE hinc *voluntas nihil possit velle aut nolle contra totale iuditium intellectus, licet bene partiale*. NEC *velle malum sub ratione mali, nec nolle bonum sub ratione boni*, LICET id, *quod prima facie apparet bonum, possit non velle*, NEC secundo id *quod prima facie apparet malum non nolle*, aut *illud, in quo simul apparent rationes boni et mali, velle et nolle*. Secundum quod etiam *communiter* dicitur, *voluntatem esse liberam in actibus contradictoriis (quales sunt velle : non velle, nolle : non nolle), sed non contrariis (ut puta his : velle : nolle, acceptare : refutare)*. TAMEN Guilhelmus q. 13 lib 3. (et post eum Gabriel dist. 43 lib. 2 eiusdem memit) probabiliter tenet et probare contendit quod obiectum voluntatis non sit bonum sed ens in genere. »

Tel qu'il est, le texte de Trutfetter constitue le meilleur résumé de l'opinion dominante, autrement dit du buridanisme, à la fin du XVe siècle. C'est une synthèse des règles présentées dans le cours du 31 mars. Sur l'aspect buridanien du lexique et des concepts utilisés dans le passage, *cf.* R. SAARINEN, *Weakness of the will in medieval thought from Augustine to Buridan*, Leiden-New York, Köln, Brill (Studien und Texte zur Geistesgeschichte des Mittelalters, 44), 1994, p. 166-172.

16. AUGUSTIN, *De praedestinatione sanctorum*, 2.5, PL 44, col. 963 : « Quamquam et ipsum credere, nihil aliud est, quam cum assensione cogitare. Non enim omnis qui cogitat, credit, cum ideo cogitent plerique, ne credant ; sed cogitat omnis qui credit, et credendo cogitat, et cogitando credit. »

17. R. SAARINEN, *Weakness of Will in Renaissance...*, p. 108.

18. JEAN PECKHAM *Quodlibet* I (G, p. 221), 22 de son premier *Quodlibet* (G, p. 221) *q*. 22.

19. Voir *La Quête*..., p. 245, d'après I. ROSIER-CATACH, *La Parole efficace. Signe, rituel, sacré*, Paris, Seuil, 2004, p. 198.

20. C'est une question que se posent certains interprètes d'Ockham. *Cf.* M. MCCORD ADAMS, « Relations, Inherence and Subsistence : or, Was Ockham a Nestorian in Christology ? », *Noûs*, 16/1 (1982), p. 62-75.

21. EURIPIDE, *Médée*, 1078-1079 ; OVIDE, *Métamorphoses*, VII, 20-21. Sur ces sources et le problème qu'elles énoncent, voir O. BOULNOIS, « Augustin, la faiblesse et la volonté », *in* A. DE LIBERA (éd.), *Après la métaphysique : Augustin ?* Actes du colloque inaugural de l'Institut d'études médiévales de l'Institut catholique de Paris, 25 juin 2010, Paris, Vrin (Publications de l'Institut d'études médiévales de l'Institut catholique de Paris), 2013, p. 51-78.

22. JOHN LOCKE, *An Essay*..., II, XXI, § 35 ; *Essai philosophique*..., COSTE, p. 297 (qui reprend et développe les analyses du § 31, COSTE, p. 294-295). En II, XX, § 6, COSTE, p. 267-268, Locke analyse le désir comme « l'inquiétude qu'un homme ressent en lui-même pour l'absence d'une chose qui lui donnerait du plaisir si elle était présente. » Dans une note sur le § 6, p. 267, il s'explique longuement sur le choix du mot « *inquiétude* », imprimé en italiques (il insiste sur ce point) pour rendre « *uneasiness* », qui n'a pas d'équivalent exact, dans ce sens (« le manque d'aise et de tranquillité dans l'âme »), en français. Il consacre le même type de note à « *ease* », p. 295.

23. E. RENAN, *Souvenirs d'enfance et de jeunesse*, III, Paris, Calmann Lévy, 1893 (23e éd.), p. 145-146.

24. Paul-Armand Challemel-Lacour (1825-1896), parlementaire, président du Sénat de 1893 à 1896, successeur de Renan à l'Académie française, a laissé une œuvre abondante d'écrivain, de philosophe (*Études et réflexions d'un pessimiste*, Paris, Charpentier, 1901; *Un bouddhiste contemporain en Allemagne : Arthur Schopenhauer*, Paris, Bureau de la *Revue des Deux Mondes*, 1870) et de traducteur de l'allemand (*Heinrich Ritter, Histoire de la philosophie moderne*, Paris, Ladrange, 1861) et de l'italien (*Giacomo Leopardi, Paradoxes philosophiques*, Paris, Champion, 1914).

25. E. RENAN, *Souvenirs d'enfance et de jeunesse*, II, p. 73-74.

26. *Entre violence et violon*, titre éponyme du 31e album studio de Johnny Hallyday, sorti le 9 septembre 1983, réalisé par Pierre Billon.

27. Je cite la traduction Louis Segond (en ligne).

28. Racine a laissé quatre *Cantiques spirituels* expressément écrits entre septembre et décembre 1694 « pour être mis en musique » : « I. *À la louange de la Charité*. Tiré de saint Paul, Ire Épître aux Corinthiens, chap. XIII ; II. *Sur le bonheur des justes et sur le malheur des réprouvés*. Tiré de la Sagesse, chap. V ; III. *Plainte d'un chrétien sur les contrariétés qu'il éprouve au-dedans de lui-même*.Tiré de saint Paul aux Romains, chap. VII ; IV. *Sur les vaines occupations des gens du siècle*. Tiré de divers endroits d'Isaïe et de Jérémie ». La numérotation est celle qui est reproduite dans les *Œuvres complètes de Jean Racine, revues avec soin sur toutes les éditions de ce poète, avec des notes extraites des meilleurs commentateurs*, par P.R. AUGUIS, Paris, Librairie de Fortic, 1826, p. 392-394. Dans l'édition des *Cantiques chantez devant le Roy*, en revanche, la *Plainte* porte le numéro II. Mise originellement en musique par Jean-Baptiste Moreau (1656 ?-1733), maître de musique de la Maison royale de Saint-Louis à Saint-Cyr (1688-1692), puis surintendant de la musique en Languedoc (1692-1706), elle a également donné lieu à une composition de Pascal Colasse (1649-1709), collaborateur de Lully, et auteur prolifique, attaché à la Chapelle royale puis à la Chambre du Roi. Il ne faut pas confondre les quatre *Cantiques spirituels* avec la paraphrase racinienne de l'hymne *Consors paterni luminis* mis en musique en 1864 par Gabriel Fauré sous le titre de *Cantique de Jean Racine*, dont l'*incipit* est : « Verbe égal au Très-Haut, notre unique espérance ».

Cours du 14 avril 2015

Première heure

Anthropologie philosophique et christologie. — L'histoire de la problématique de la volonté et de l'action s'éclaire archéologiquement en suivant l'élaboration dogmatique du problème de la liberté humaine du Fils de Dieu.– Elle a pour horizon la théorie de l'union hypostatique (ἕνωσις ὑποστατική) *des deux natures, humaine et divine, dans l'hypostase ou Personne du Christ, et la théorie de l'union du corps et de l'âme chez l'homme. — Pour saisir au plus originaire le problème de l'articulation du* VOULOIR *et du* NOULOIR *dans l'instant de la décision, il faut remonter aux débuts de la controverse monothéliste, et au CQR structuré par le document fondateur du monothélisme byzantin : le* Psêphos *de Sergius Ier, patriarche de Constantinople du 18 avril 610 au 9 décembre 638. — Rappel de la leçon du 6 janvier : les quadrilatères de la volonté et de l'agence chez Jean de Damas et dans la traduction latine de Burgundio de Pise. — Les protagonistes de la controverse : le patriarche, Sergius Ier ; l'empereur Héraclius Ier ; le pape Honorius Ier. — Le* Psêphos *et l'*Ekthêsis*. — L'objectif de Sergius : désamorcer le conflit entre chalcédoniens et monophysites, sans tomber dans le nestorianisme ; rétablir l'unité perdue de l'Empire face au péril arabe. — Le thème du Psêphos : la prière de Gethsémani et l'épisode du « refus de la coupe », pièce centrale de la théologie de l'agonie du Christ. — Exégèse de Mt 29, 36 et 42 : « Mon Père, que ce calice passe loin de moi, s'il est possible ; qu'il en soit néanmoins, non comme je le veux, mais comme vous le voulez » et « Mon Père, si je ne puis éviter de boire ce calice, que votre volonté se fasse ». — À lire Mt 26, 39 et 42, il semble qu'il y ait dans le Christ* deux *volontés : celle du*

Verbe incarné, qui veut la Passion, celle de l'homme assumé, qui la rejette ou plutôt qui préférerait *qu'elle lui fût évitée (la « nolléité de la mort », évoquée dans le cours du 31 mars). — Pour évacuer la polémique, le* Psêphos *proscrit toute mention des « deux opérations » du Christ. — Admettre « deux opérations » conduit à poser deux volontés contraires dans le Christ au moment de l'agonie, donc à poser deux voulants dans le Christ, ce qui est impie, car impossible en vertu d'une application psychologique de PNC : le principe de consistance (subjective) du vouloir. — PCV : il est impossible que pour un seul et même* SUJET, *deux volontés contraires subsistent en même temps et sous le même rapport. — Sur l'interprétation de PCV. — Divers et opposés. Excursus : la polémique entre Descartes et Regius. — Réduction de PCV à PCV* par Léthel : il est impossible qu'il y ait simultanément dans un même* SUJET *deux volontés par rapport au même* OBJET. *— Défense de la lecture forte : Sergius vise bien des volontés « contraires ». — Le* Psêphos, *via PNC et PCV, offre la première inscription de la volonté et des actes de volition au registre de la subjecti(vi)té. — Examen d'un second principe de subjectivation dans le domaine de la volonté et de l'action : le « principe subjectif de l'action » (PSA) : « actiones sunt suppositorum », « les actions appartiennent aux suppôts . — La controverse de Leibniz et de Bossuet à propos du monothélisme. — La suppositalité comme forme native de la subjectivité des modernes. — Origine de PSA : PAS. — PAS : « les actions portent sur les singuliers ». — PSA et le « chiasme du sujet ». — Thomas d'Aquin : une version hellénisante de PSA : « l'opération appartient à l'hypostase ou personne ». — Les sources de PCV : deux fragments d'Apollinaire de Laodicée. — Platon et le « principe des contraires » dans la République. — Conclusion des analyses du « modèle aristotélicien ». La naissance de la subjecti(vi)té a pour condition le règne du principe de non-contradiction, en philosophie comme en théologie. La notion moderne de sujet se construit sur la trame constituée par PNC, PCV, PAS et PSA, dans l'épistémè aristotélicienne. — L'aristotélisme résout la question de la synchronicité du vouloir et du nouloir en posant sur elle le verrou du principe de non-contradiction. — Le résultat a un coût : il est contraire à notre expérience. — Un autre modèle s'impose pour rendre compte de la réalité de la vie psychique.*

Anthropologie et christologie se rencontrent dans l'élaboration dogmatique du problème de la liberté humaine du Fils de Dieu, à l'intersection de la théorie de *l'union hypostatique* (ἕνωσις ὑποστατική) *des deux natures*, l'humaine et la divine, dans l'hypostase ou Personne du Christ, et de la théorie de l'union (ἕνωσις) du corps et de l'âme *chez l'homme*. Entre le concile de *Chalcédoine (IVe Concile œcuménique)*, 451, et le concile de *Constantinople III (VIe Concile œcuménique)*, 681, les Pères des Églises d'Orient ont, pour formuler le dogme, essayé toutes les combinaisons de notions et de thèses offertes à l'esprit humain par cette philosophie *grecque* d'où vient l'intégralité du vocabulaire ontologique de la théologie trinitaire et de la Christologie : de l'οὐσία (la substance/essence), de l'ὑποκειμένον (le sujet-substrat, latin : *subiectum*) d'Aristote, et de l'ὑποστάσις (l'hypostase, latin : *suppositum*) jusqu'à la περιχωρήσις : l'immanence mutuelle évoquée à diverses reprises dans le séminaire sur les fonctions psychiques. Et bien d'autres que je n'ai pas le temps de rappeler ici.

Les débats christologiques ont été l'occasion de *créer ou d'imposer des concepts ontologiques nouveaux*. Et pas seulement en ce domaine : la théorie des catégories et des universaux, à laquelle les Pères cappadociens, Grégoire de Nazianze, Grégoire de Nysse et Maxime, ont aussi largement contribué que les commentateurs d'Aristote ; dans le domaine, également, de la philosophie de l'esprit, de la psychologie, de l'anthropologie et *last but not least* de l'éthique.

La christologie exige de forger des concepts dans un *espace psychologique nouveau*, ou, pour mieux dire, dans un espace nouveau qui est celui de la psychologie *in statu nascendi*. Tout le lexique des théories patristiques de la volonté et de l'action prend naissance dans la philosophie : principalement les deux *Éthiques* d'Aristote et le *De anima*. Surtout, ce lexique procède des élaborations, refontes, lectures et relectures, formulations et reformulations, que des décennies de commentaires leur ont fait subir au triple niveau des objets, des concepts et des principes.

L'histoire des hérésies le prouve : la pensée a horreur du vide. Si, face à un problème, deux routes s'offrent à la réflexion, qui conduisent l'une et l'autre à des conclusions différentes, voire opposées, on peut être sûr qu'à un moment, elles auront été empruntées. Si un dispositif quelconque, partie intégrante d'une épistémè, d'un *a priori* historique, voire d'un simple *a priori* formel, offre à la pensée plusieurs places à investir, à un certain moment, toutes auront été investies.

Pour ce qui nous occupe, ce ne sont ni les questions ni les réponses qui manquent. Je les ai plusieurs fois mentionnées. Un Christ, *Dieu et homme*, combien cela fait-il ? Un homme, *âme et corps*, combien cela fait-il ? Combien de *quoi* ? Combien de *qui* ? Si l'on préfère : Combien de natures ? Combien de sujets ? Combien de personnes ?

Certains disent que Christ a deux natures ; d'autres, qu'il n'en a qu'une (pour les uns, la divine, pour les autres, l'humaine). De la dualité des natures, certains passent à la dualité des sujets, et de là à celle des personnes – comme les nestoriens, disciples de Nestorius (v. 381 - 451), patriarche de Constantinople (428-431), déposé par Théodose II à la suite du concile d'Éphèse. D'autres tiennent qu'il n'y a en Christ qu'une nature, qu'un sujet et qu'une personne, la divine – comme certains jacobites, disciples d'Eutychès († v. 454), condamné au concile de Chalcédoine. Pour les uns, la dualité des *quoi* implique celle des *qui* ; pour d'autres on peut être deux *quoi* et rester un seul *qui*. Il en va de même pour l'homme : qu'est-il ? Deux choses ? Une seule ? Qu'est-ce qui est *lui* ? Moi ? Combien de sujets en l'homme ? et on l'a vu avec Jean Racine : combien d'hommes en moi ?

Que suis-je ? / Qui suis-je ? la distinction heideggérienne entre *Washeit* (quiddité) et *Werheit* (quissité), appliquée au Christ, et appliquée à l'homme ; le duo *What am I ? / Who am I ?* en tant qu'il ouvre l'ensemble du dispositif de l'identité de la personne dans la philosophie actuelle (pensez aux questionnaires de Rorty ou d'Olson, évoqués dans le cours du 3 avril 2014)[1] : tout revient ici, dans l'horizon du *débat gigantomachique* opposant chalcédoniens, nestoriens et monophysites.

Où se situer dans l'océan patristique, pour poser le problème qui est le nôtre dans cette archéologie du sujet de la volonté et de l'action : *l'articulation du* VOULOIR *et du* NOULOIR *dans l'instant de la décision* ? Les points de vue possibles sont innombrables. Nous choisirons les *débuts de la controverse monothéliste*, et le CQR structuré par le document fondateur du monothélisme byzantin : le *Psêphos* de Sergius ou Sergios Ier, patriarche de Constantinople du 18 avril 610 au 9 décembre 638.

Le titre de ce cours est : « La volonté et l'action ». Nous voici en juin 633. Le problème qu'affronte Sergius est celui de la volonté et de l'action chez le Christ. Christ a-t-il eu une ou deux *opérations – deux énergies, energeiai* ? Une ἐνέργεια humaine, une ἐνέργεια divine ? Une ou deux *volontés* ? Une humaine, une divine ?

Nous retrouvons ici, un siècle plus tôt, les éléments du dispositif qu'un Jean de Damas articule, vers 740, dans ce que j'ai appelé, lors du premier cours, le *quadrilatère de la volonté*, à savoir : [1] la θέλησις (volonté), le θέλειν (le vouloir) et ἡ θελητικὴ δύναμις (la puissance volitive), en liaison avec ὁ κεχρημένος τῇ θελήσει, le *voulant*, l'agent qui « use de volonté » [4], *l'usager de volonté* :

θέλησις [1]	↔	θελητικόν [2]
↕		↕
θελητόν [3]	↔	ὁ κεχρημένος τῇ θελήσει [4]

et, dans le quadrilatère de l'agence, ὁ κεχρημένος τῇ ἐνεργείᾳ, l'agent qui « use d'opération », l'usager d'opération, ὁ ἐνεργῶν [4].

ἐνέργεια [1]	↔	ἐνεργητικόν [2]
↕		↕
ἐνέργημα [3]	↔	ὁ ἐνεργῶν, ὁ κεχρημένος τῇ ἐνεργείᾳ [4]

Autrement dit, et dans les deux cas, qu'il s'agisse de la volonté ou de l'opération, il s'agit du même « usager » : ἡ ὑπόστασις, l'hypostase. En termes postfoucaldiens, on appellera cela le « sujet de la *khrêsis* » (dont il avait été question lors du dernier cours de 2014), dans le latin de Burgundio, traduisant Jean de Damas : l'« *agens qui utitur voluntate et actione* ».

voluntas, velle, virtus voluntiva [1]	↔	*voluntativum, quod potens est velle* [2]
↕		↕
voluntabile, quod subiectum est voluntati [3]	↔	*quod utitur voluntate, hypostasis* [4]

Enfin, en termes archéologiques, on appellera cela le « sujet de la volonté et de l'action ». Voilà tout ce que nous retrouvons dans la controverse du monothélisme.

Sachez-le d'emblée : le monothélisme est une hérésie condamnée par la concile de Constantinople III, qui a frappé d'anathème plusieurs des ses partisans – dont nous allons parler aujourd'hui. Le document fondateur est le texte du *Psêphos* de Sergius Ier, patriarche de Constantinople, anathématisé par le concile de Constantinople III. Un *psêphos* (ψῆφος), en grec, est un caillou. Les Grecs, lors des votes, utilisaient souvent un caillou, blanc ou noir, pour manifester leur volonté politique. Ce document est donc le « caillou » de Sergius Ier ; il donne un avis : c'est une sorte de *fatwa* chrétienne, c'est-à-dire un avis juridique qui, comme vous allez le voir, a aussi une portée politique. Ce « caillou » est le premier document important dans ce dossier du monothélisme. Le second est une *Lettre* de Sergius au pape Honorius Ier, fin 633, début 634 (éditée par J.D. Mansi en 1764, dans son édition des *Actes du concile de Constantinople III* [2]). C'est grâce à cette lettre que nous connaissons le *Psêphos*. Il y a ensuite l'*Ekthêsis* de Sergius, qui est en fait le même texte, repris et en partie réécrit en 638 [3], placardé par l'empereur Héraclius Ier après la défaite du Yarmuk devant les Arabes (636) commandés par Khâlid ibn al-Walîd (584-642).

Les protagonistes, en dehors du patriarche Sergius, sont Honorius Ier, pape de 625 à 638 (†), anathématisé par le concile de Constantinople III (« Mais avec eux, disent les actes de ce concile, nous sommes d'avis de bannir aussi de la sainte Église de Dieu Honorius, jadis pape de l'ancienne Rome, et de le frapper d'anathème, parce que nous avons trouvé dans la lettre écrite par lui à Serge qu'il a suivi en tout l'opinion de celui-ci et qu'il a confirmé ses enseignements impies »[4]) et l'empereur lui-même : Héraclius Ier (né v. 575-641), empereur de 610 à 641.

Pourquoi l'*Ekthêsis* a-t-elle été placardée sur les portes de Sainte-Sophie ? Pour ramener l'unité dans l'Empire, divisé, travaillé, déchiré par les controverses religieuses. Comme l'écrit Antoine Lévy, « les doctrines monoénergistes et monothélites n'auraient sans doute jamais vu le jour, s'il ne s'était agi, par ces formules de compromis, de rétablir l'unité perdue de l'Empire, en sorte de garantir à ce dernier une solidité politique cruciale devant les déferlantes perses puis arabes »[5]. Héraclius est en effet celui qui a mené les guerres les plus célèbres contre les Perses, qu'il a remportées, et aussi des guerres contre les Arabes, qu'il a en revanche perdues.

L'objectif de Sergius est clair : désamorcer le conflit entre chalcédoniens et monophysites, sans tomber dans le nestorianisme[6]. Pour y échapper, peut-être dirait-on aujourd'hui qu'il « donne des éléments de langage » ; disons qu'il tente d'enrégimenter le langage :

> 1. Il rejette, et demande de ne plus utiliser, l'expression « une opération », formule du MONO-ÉNERGISME (« bien qu'elle ait été employée par certains Pères) », parce qu'elle « résonne étrangement et trouble les oreilles de certains qui supposent qu'on l'avance pour *écarter les deux natures, qui sont unies hypostatiquement dans le Christ notre Seigneur* » – autrement dit parce qu'elle sonne « monophysite » ;
>
> 2. Il rejette, et demande de ne plus utiliser, l'expression « deux opérations », qui semble introduire dans le Christ un *conflit de volontés*, voire une dualité de personnes comme pour les nestoriens, à quoi il oppose ce qu'on appelle le MONOTHÉLISME, autrement dit la négation de la volonté humaine du Christ – ce qui élimine toute possibilité de conflit. La volonté unique du Christ est sa volonté divine.

Il y a deux natures, mais une seule volonté. Voilà la formule du monothélisme. Le point de départ de la thèse de Sergius, la base de son argumentation, est la prière de Gethsémani, l'épisode du « refus de la coupe », pièce centrale de la *théologie* dite *de l'agonie*[7]. Au sens dit « littéraire », par le *TLF*, le terme « agonie » désigne, une « extrême souffrance morale entraînant un très grand abattement spirituel » : l'angoisse du moribond – l'ἀγωνία, au sens de la lutte contre la mort. C'est ce terme qu'utilise Luc, 22, 44, pour décrire l'angoisse du Christ priant au jardin des Oliviers.

> ... καὶ γενόμενος ἐν ἀγωνίᾳ ἐκτενέστερον προσηύχετοϸ καὶ ἐγένετο ὁ ἱδρὼς αὐτοῦ ὡσεὶ θρόμβοι αἵματος καταβαίνοντες ἐπὶ τὴν γῆν.
>
> ... *et* factus in agonia *prolixius orabat et factus est sudor eius sicut guttae sanguinis decurrentis in terram.*
>
> *Étant en agonie*, il priait plus instamment, et sa sueur devint comme des grumeaux [grosses gouttes] de sang, qui tombaient à terre [Segond 1910].

Le *Psêphos*, qui nie la volonté humaine du Christ, n'est au fond qu'une interprétation de cette prière, telle qu'elle est rapportée par les Évangiles synoptiques, Matthieu, Marc et Luc. Le récit le plus détaillé est Mt 26, 36-44, où l'on voit que la prière est dite trois fois. Voici la traduction Lallemant, du latin de la Vulgate :

> 36. Un peu après Jésus alla avec eux dans le lieu qu'on appelle Gethsémani ; et il dit à ses disciples : Demeurez ici, pendant que je vais faire là ma prière.
>
> 37. Et prenant avec lui Pierre et les deux fils de Zébédée, il commença à être triste et affligé.
>
> 38. Alors il leur dit : Je suis dans une tristesse mortelle, attendez ici et veillez avec moi.
>
> 39. *Et s'étant un peu avancé, il se prosterna le visage contre terre, priant et disant : Mon Père, que ce calice passe loin de moi, s'il est possible ; qu'il en soit néanmoins, non comme je le veux, mais comme vous le voulez.*
>
> 40. Il retourna ensuite à ses disciples qu'il trouva endormis, et il dit à Pierre : N'avez-vous donc pu veiller une heure avec moi ?
>
> 41. Veillez et priez, afin de n'être point engagés dans la tentation. Véritablement l'esprit est fort, mais la chair est faible.
>
> 42. *S'étant retiré pour la seconde fois, il pria et dit : Mon Père, si je ne puis éviter de boire ce calice, que votre volonté se fasse.*

43. Et il retourna ensuite, et les trouva qui dormaient, car ils avaient les yeux appesantis.

44. Et les ayant laissés, il s'en alla encore, *et fit pour la troisième fois la même prière* [8].

À lire Mt 26, 39 et 42, il semble qu'il y ait dans le Christ *deux* volontés : celle du Verbe incarné, qui veut la Passion, celle de l'homme assumé, qui la rejette (ou plutôt qui *préférerait* qu'elle lui fût évitée – le thème de la « *nolleitas mortis* », évoqué dans la leçon du 31 mars). La même impression se dégage de la lecture de Mc 14, 36 [9] et Lc 22, 41-42 [10]. C'est le problème de Gethsémani, qui devient celui du Psêphos [11].

C'est en rejetant l'expression « deux opérations » que Sergius fait entrer la discussion des deux volontés dans l'interprétation de la prière d'agonie. Le geste se fait lui même en deux temps : 1. Admettre « deux opérations » conduit à poser deux volontés contraires dans le Christ au moment de l'agonie, donc à poser deux voulants [12] dans le Christ, 2. ce qui est impie, car impossible en vertu du principe de non-contradiction (PNC) ou plutôt, comme on va le voir, d'une *application* de PNC.

Voici pour le point 1 :

> ... l'expression « deux opérations » en scandalise un grand nombre, parce qu'elle n'a jamais été employée par aucun des saints et recommandables prédicateurs des mystères de l'Église et qu'elle aurait pour conséquence que l'on confesserait deux volontés se comportant de façon contraire *(énantiôs)* l'une par rapport à l'autre, comme si d'une part le Dieu Verbe avait voulu accomplir la Passion salvatrice, et que d'autre part l'humanité qui est en lui avait résisté *(antipiptousès)* à sa volonté en lui étant contraire *(énantiouménès)* — *ce faisant, on introduirait* DEUX [ÊTRES] VOULANT LES CONTRAIRES *(duo tous tanantia thelontas)*....

Et pour le point 2, que j'appelle « application de PNC », la séquence ouverte par « car il est impossible... » :

> ..., *ce qui est impie*, – car il est impossible que pour un seul et même SUJET *(heni kai tô autô hupokeimenô)*, deux volontés *(duo*

thelêmata) contraires subsistent en même temps *(hama)* et sous le même rapport *(kai kata tauton)*.

Cette *application* de PNC est ce que j'appelle "principe de consistance (subjective) du vouloir" (PCV), défini :

> $\text{PCV}_{\text{déf.}}$: il est impossible que pour un seul et même SUJET *(heni kai tô autô hupokeimenô)*, deux volontés *(duo thelêmata)* contraires subsistent en même temps et sous le même rapport *(hama kai kata tauton)* [13].

PCV n'est pas PNC. C'est une *version* de PNC. Ce principe est reformulé par Demetrios Bathrellos, l'un des grands historiens de Maxime le Confesseur – qui a décisivement réfuté Sergius, et dont le point de vue fait aujourd'hui autorité, non sans qu'il ait toutefois subi entre temps le martyre – en termes de *personne* :

> PCVdéf. : it is impossible that one and the same person has two wills which contradict each other [14].

Sergius, lui, n'a pas parlé de *personnes*, mais de deux 'voulants' (comme le traduit Piret [15] ; *'willers'* chez Bathrellos) : *il ne peut y avoir deux voulants, « two willers », voulant des contraires dans le même sujet*. On pourrait l'exprimer encore en d'autres termes, en posant, par exemple, qu'il ne saurait y avoir *deux sujets voulant des contraires dans une même personne*.

Résumons : Sergius proscrit l'expression « deux opérations », car elle implique « deux volontés », qui elle-même implique deux « voulants », autrement dit deux « sujets », puisque, en vertu de PCV, il ne peut y avoir de volontés contraires dans un même sujet. Il faut donc proscrire « deux opérations » et « deux volontés », et s'en tenir à la thèse d'une seule et unique volonté dans le Christ, sous peine de devoir distinguer en lui deux voulants (sujets).

Pour Léthel, l'argument n'est pas concluant, car Sergius ne s'appuie pas sur PCV, mais sur une formulation de PCV réduite à *la diversité des vouloirs relativement à un même objet*, et non sur une formulation aristotélicienne axée sur leur contrariété. Léthel traduit ainsi le passage du *Psêphos* :

> *– ce faisant, on introduirait* DEUX [ÊTRES] VOULANT LES CONTRAIRES *(duo tous tanantia thelontas),* ce qui est impie – car il est impossible que, pour un seul et même sujet *(heni kai tô autô hupokeimenô),* deux volontés subsistent en même temps et *par rapport au même objet (hama kai kata tauton).*

Pour Léthel, l'argument de Sergius – il ne peut pas y avoir deux volontés chez le Christ – n'est pas bon, car chez Aristote, dans PNC, *kata tauton* signifie « sous le même rapport », alors que dans le texte de Sergius, dans PCV, *kata tauton* signifie seulement « par rapport au même objet ».

Tel que le formule Sergius, PCV n'est pas une vraie application de PNC. La prière d'agonie propose bien un sujet et un objet : le sujet est le Christ, l'objet est la Passion, condition du salut de l'humanité ; il y a donc « un même sujet et un même objet considérés en même temps l'un par rapport à l'autre » (le sujet par rapport à l'objet), mais précisément, si l'on parle de deux « volontés », il n'y a pas entre eux un seul rapport, il y a deux rapports différents, un premier du sujet Christ à la Passion, par sa volonté divine, un second du sujet Christ à la passion, par sa volonté humaine. En termes aristotéliciens, il n'y a donc pas de contradiction. L'hypothèse des deux volontés dans le Christ n'est donc pas bloquée par PCV. Elle ne peut être écartée *a priori* :

> Par conséquent, l'hypothèse selon laquelle, à l'heure de l'Agonie, la même Personne du Christ aurait en même temps voulu divinement et refusé humainement la Passion, ne peut pas être écartée comme métaphysiquement impossible.

L'argument monothéliste contre la double volonté du Christ ne tient donc pas [16].

On ne peut que donner raison à Léthel de distinguer contrariété et altérité. Le couple joue un rôle important dans l'histoire de la philosophie cartésienne, comme en écho aux controverses christologiques des Pères : la distinction entre opposés *(opposita)* et divers *(diversa)* est au cœur de la polémique de Descartes avec son ancien ami et disciple Régius. C'est en effet parce qu'il prétend que pensée et étendue sont des « attributs qui ne sont pas opposés, mais simplement divers », *non opposita, sed diversa*, que Régius prétend qu'il peut y avoir un sujet unique de l'esprit ou de la pensée, d'une part, et de l'étendue, d'autre part, à savoir : le corps. Voyez, sur ce point, l'*Explicatio mentis humanae* critiquant les « nouveaux philosophes » – Descartes en l'occurrence :

> ... si nous voulons suivre le sentiment de quelques nouveaux philosophes, qui disent que l'étendue et la pensée sont des attributs qui sont en certaines substances, comme dans leurs propres sujets, puisque ces attributs ne sont point opposés, mais simplement divers, je ne vois pas que rien puisse empêcher que l'esprit, ou la pensée, ne puisse être un attribut à un même sujet que l'étendue, quoique la notion de l'un ne soit pas comprise dans la notion de l'autre [17].

Vous le voyez, cette différence entre *diversa* et *opposita* est une différence au long cours. Je crois cependant que Léthel va trop loin en réduisant PCV dans le *Psêphos* à cette formule :

> $PCV^{*}_{déf.}$: il est impossible qu'il y ait simultanément dans un même SUJET deux volontés par rapport au même OBJET.

Cette lecture suppose qu'on ne rajoute pas le mot ἐναντία – « contraires » – dans le texte grec des *Actes du concile de Constantinople III*. Si l'on rajoute ἐναντία, on a alors un texte tout à fait différent, qui correspond au texte *latin* des *Actes*. L'étonnant, en effet, c'est que le même éditeur, Mansi, en 1744, donne sur la colonne de gauche un texte grec sans ἐναντία et dans la colonne de droite la traduction latine avec *contrarias* [18] ! Manque du texte grec ce qui le traduit en latin. Il faut donc suppléer le texte grec et lire ce que donne le texte latin [19]. À ce moment-là, on a bien :

> PCV : ἀδυνατον γαρ ἐνι καὶ τῳ αὐτῳ ὑποκειμένῳ δύο ἀμα καὶ κατὰ ταυτὸν [ἐναντία] ὑφεσάναι θελήματα
>
> Impossibile quippe est, in uno eodemque subjacenti duas simul, & ergo hoc ipsum *contrarias* subsistere voluntates.

Autrement dit :

> PCV : il est impossible que pour un seul et même SUJET, deux volontés *contraires* subsistent en même temps et sous le même rapport.

Tout milite en faveur de la correction du texte de Mansi, ne serait-ce que les sources supposées du *Psêphos,* à savoir les textes d'Apollinaire de Laodicée que nous évoquerons dans un instant, qui font expressément référence à des contraires.

Cela étant, quelque interprétation que l'on donne de PCV, l'argument de Sergius en faveur du monothélisme fonctionne dans un cas comme dans l'autre [20]. Affirmer deux volontés du Christ au moment de la prière d'agonie serait affirmer « deux voulants » et deux « voulus », quel que soit le sens que l'on donne à « contraires » : divers ou opposés. Un voulant humain, le locuteur de : « Père, si tu voulais éloigner de moi cette coupe ! » ; un voulant divin, celui de : « Toutefois, que ma volonté ne se fasse pas, mais la tienne. » Or, précisément, l'hypothèse est – dogmatiquement (pour Sergius) – doublement fautive, tant du côté du voulant que du côté du voulu. « Le Christ est "un seul et même sujet (ὑποκείμενον)" du vouloir ». Et il n'y a pas chez lui dualité de « voulus », qu'ils soient divers ou opposés : « l'acceptation de la passion salvatrice est l'unique réalité voulue par le Christ ». S'il n'y a ni dualité de voulants, ni dualité de voulus, pourquoi poser deux volontés ? Comme l'écrit Piret, sans faire référence à la contrariété des vouloirs, et en mettant l'accent sur la dualité des voulants et des voulus :

> Deux volontés impliqueraient deux voulants et deux voulus, ce qui est impossible, étant posées par ailleurs *l'identité du sujet*, qui est le Christ, et l'*identification de ce qu'il veut*, notre salut [21].

L'argument de Sergius rejoint donc PNC, via PCV, par la seule référence à la dualité. Du même coup, cependant, il n'y a plus de problème de Gethsémani. Ni d'agonisme dans la prière d'agonie. Il n'y a qu'un Christ et il n'a qu'un vouloir : notre salut, et ce vouloir, qui est celui d'un unique sujet voulant, s'exerce en un seul temps qui impose l'unicité, et le rejet de toute synchronicité dans le vouloir et le nouloir : « La coupe ne peut être simultanément, en ce même temps de l'agonie, et refusée, et acceptée par "un seul et même sujet" voulant. [22] » En somme, dans cette étrange agonie, le combat cesse faute de combattants. La paix est rétablie à la fois dans le Christ et dans l'Empire.

Mais alors direz-vous : d'où vient le refus initial de la coupe ? Qui parle dans : *Mon Père, que ce calice passe loin de moi, s'il est possible* ? Un seul Christ. Mais qui parle, dans le Christ ? La réponse de Sergius : non la volonté humaine du Christ, mais un « mouvement naturel de la chair qu'animait une âme raisonnable », chair à laquelle « le Dieu Verbe est uni selon l'hypostase »[23]. Le mouvement naturel de la chair, c'est l'équivalent du désir chez le religieux enchaîné d'Abélard ou celui des « déplaisances », *displacentia*, chez les buridaniens : autrement dit le niveau *infra*-éthique, inférieur à ce que Buridan, Usingen et Trutfetter appellent *l'acceptation et le refus*. Le niveau éthique, c'est l'acceptation et le refus, le mouvement naturel de la chair est *infra*-éthique.

Le monothélisme supprime l'ἀγωνία. Gethsémani n'est plus le paradigme du conflit de volontés. En termes scotistes : le Christ de Sergius voulant en *a* ne neut pas en *a*. Le monothélisme ne nous éclaire pas sur la formule de Scot ; il l'éteint. Mais il consacre, il scelle *l'entrée du sujet en éthique*. Et même celle du sujet *cohérent*, soumis en tant que « je » à PNC, le sujet doué de *logos*. Rappelez-vous la définition de l'action (*praxis, gestio, actus*) chez Némésius et Jean de Damas (dans le cours du 10 mars) :

Πρᾶξίς déf. : Πρᾶξίς ἐστιν ἐνέργεια λογική
Gestio déf. : *Gestio est actus rationalis*
Actus déf. : *Actus est operatio rationalis*

Le point de vue de Sergius n'a pas prévalu dans l'histoire de l'Église. Le monothélisme a été condamné par le IIIe concile de Constantinople. PCV, lui, a survécu, sous ses deux formes (la forme *opposita* et la forme *diversa*). Il a encore des partisans, en éthique comme en psychologie. C'est archéologiquement la seule chose qui compte. Le problème de Gethsémani reste un problème : je veux dire qu'il continue de « donner à penser ». Le problème des deux volontés contraires dans un même sujet – qui enfreint à la fois PNC et PCV – subsiste. Cela n'est pas sans intérêt philosophique.

Un mot d'archéologue. Efficace ou non, l'argument de Sergius, et les concepts qu'il articule : *dualité, voulants, voulus, sujet, contrariété, opposition, contradiction*, montrent à quel point anthropologie, psychologie et christologie ont d'emblée et sur la longue durée marché du même pas – le pas de la logique et de la métaphysique. Le pas des principes. Les doctrines, les dogmes, les positions philosophiques ou théologiques sont le fruit de réseaux, de structures, de schèmes de pensée, articulés par des principes, qui déterminent et régulent les possibilités de questionnement à chaque époque, à chaque période qu'ils contribuent d'ailleurs, au premier chef, à définir et à délimiter. L'archéologie philosophique a dans le traçage, la *traçabilité* des principes, son domaine d'élection : tout commence là. Les ruptures, les coupures, les continuités, attendues ou inattendues dans l'histoire des disciplines, des pratiques, des discours ou des savoirs sont, comme je le disais le 7 avril, dans une large mesure, *affaire de principes*.

Je prendrai ici un exemple : le « principe subjectif de l'action » (PSA)[24]. Le « principe subjectif de l'action » est la clef de voûte de l'édifice théorique et conceptuel issu de la rencontre de l'agence et de ce que j'appelle, après Heidegger, la « subjectité » *(Subjectität)* : il est la première expression de cet être de synthèse, de cet être théorique nouveau qu'est le « sujet-agent », le sujet d'attribution devenu suppôt d'actions, et par là même sujet d'imputation éthique : sujet « moderne », sujet « personnel ». PSA est allégué d'un bout à l'autre du « Long Moyen Âge », dans les contextes les plus divers, de Thomas d'Aquin à Leibniz[25]. Ce principe subjectif de l'action a un énoncé latin : *Actiones sunt suppositorum*, « Les actions sont des suppôts » (*suppositorum* étant un génitif pluriel). Je ne traduis pas mieux que cela, car vous allez voir qu'il y a une ambiguïté.

À Bossuet qui affirme que, la doctrine des « deux volontés » du Christ étant « manifestement comprise » dans celle des deux natures, la catholicité de l'une *implique* celle de l'autre, ce qui suffit à disqualifier *a priori* le monothélisme, Leibniz répond que *deux actions ne font pas nécessairement deux personnes*[26]. C'est là qu'interviennent PSA et une notion nouvelle, héritée de la Seconde scolastique, mais chargée désormais du poids de la rencontre entre sujet et agence : la *suppositalité* (latin : *suppositalitas*). Mais direz-vous, quel est ce principe, PSA, dont Leibniz se réclame ? Tel qu'il l'emploie, PSA, que Leibniz appelle *l'axiome des philosophes*, s'énonce :

PSA déf. : *Actiones sunt suppositorum*. Les actions sont *des* suppôts.

L'argument est simple : étant donné que *les actions sont des suppôts*, c'est-à-dire *appartiennent* aux suppôts (le sens étant : *c'est des suppôts qu'il y a action, activité*), si deux natures ont « même suppositalité », elles n'auront qu'une « même action ». Puisqu'il n'y a qu'un « suppôt » en Jésus-Christ, la question de savoir s'il y a en lui ou non deux volontés et deux actions n'est pas tranchée d'avance par le rejet (justifié) du monophysisme. Le dyophysisme (l'affirmation de la double nature du Christ) n'implique pas le dyothélisme (l'affirmation des deux volontés). Ce qui compte, c'est la suppositalité et PSA. Rien n'est écrit d'avance : si l'on n'a pas le *bon principe*, le schème conceptuel n'a que les apparences de la raison. Je ne puis, faute de temps, tracer la notion de « suppositalité », mais il va de soi que *suppositalité* est à suppôt ce que *personnalité* est à personne et *subjectivité* à sujet. Deux natures ayant la même suppositalité sont deux natures ayant même hypostase, unies subjectivement dans l'action. *La suppositalité est la forme native de la subjectivité des modernes.*

L'histoire de PSA mériterait elle aussi qu'on s'y attardât. Pour être bref, je dirais qu'elle est l'effectuation du chiasme du sujet et de l'objet. Elle en est la partie visible. De fait, l'origine de PSA est un principe formulé dans la *Métaphysique* d'Aristote, selon lequel :« toute pratique ou toute production portent sur l'individuel » (981a16-17). Le point de départ de PSA est donc PAS, « principe de l'action subjective », défini :

PAS déf. : les actions portent sur des singuliers

dont une variante évidente compte tenu du contexte particulier de 981a16 et des stipulations habituelles de l'ontologie d'Aristote est :

PAS déf. : les actions portent sur des sujets

Autrement dit : des objets, au sens moderne du terme. Ce que dit PAS est clair : il n'y a action ou génération que de singuliers – « de » ayant le sens d'un génitif objectif : toute production est production de choses singulières. Ce que dit PSA est exactement le contraire : il n'y a action que de suppôts singuliers – « de » ayant la sens d'un génitif subjectif : toute action provient de sujets individuels. Une même formule reçoit deux interprétations antithétiques, le sujet-objet sur quoi porte une action, devient le sujet-suppôt, agent de l'action. Le chiasme est effectué. Le sujet moderne est là : qui peut revendiquer pour lui-même le privilège d'être unique sujet, ou comme le dit Heidegger « sujet insigne » de pensée et d'action [27]. Mais ce sujet-suppôt vient de loin.

Ce sujet, comme je le disais au début du cours, c'est l'hypostase. Dans sa discussion du mono-énergisme, Thomas d'Aquin cite une formulation « grécisante » de PSA, qui fait expressément référence à l'hypostase, et met en série : hypostase, sujet « subsistant », et personne. Tout le vocabulaire du sujet moderne se met en place sous sa plume à partir de ce mot grec, laissé en l'état : l'hypostase.

> 3. Les deux natures du Christ sont unies en une seule hypostase ou personne, donc l'être appartenant à l'hypostase ou personne est nécessairement un et le même. Mais L'OPÉRATION APPARTIENT elle aussi À L'HYPOSTASE OU PERSONNE. En effet, *il n'y a à agir que le suppôt subsistant*. C'est pourquoi Aristote dit que « les actes appartiennent aux singuliers » [PSA]. Dans le Christ, il y a donc une seule et même opération de la divinité et de l'humanité [28].

> 4. Comme l'être appartient à l'hypostase subsistante, l'agir appartient à l'hypostase subsistante *(sicuti esse est hypostasis subsistentis, ita etiam et operari)*. Or, en raison de l'unité d'hypostase, il y a dans le Christ un unique être *(sed propter unitatem hypostasis est in Christo unum esse)* ; donc, à cause de cette même unité, il y a aussi en lui une seule opération.

Chose intéressante, comme vous le voyez, PSA, instrumentalise ici une erreur aux yeux de Thomas, puisque les deux textes cités sont deux arguments en faveur d'une thèse condamnée : celle du mono-énergisme. PSA est donc mis au service de la « mauvaise thèse ». Rien n'est joué d'avance : les bons principes ne garantissent pas les bons raisonnements. Il faut savoir *utiliser* les bons principes. L'arme de la critique ne saurait remplacer la critique des armes. La « liberté » du sujet, la notion même de « sujet libre », est conquise dans la mise en œuvre et la critique des principes qui ouvrent, organisent et délimitent un champ. Le principe des possibilités alternatives, PAP, et la Formule de Scot, FS : « qui veut en *a* peut nouloir en *a* », sont pris dans un réseau complexe de principes, où PNC et ses satellites ont une place et une fonction centrale, régulatrice, prescriptrice de théories, de concepts, de problèmes.

Avant la pause, un dernier mot sur les sources de PCV, introduit apparemment par Sergius mais en fait simplement mentionné par lui dans le *Psêphos*. Les sources de ce principe de cohérence subjective du vouloir sont, à un niveau immédiat, christologiques. Apollinaire de Laodicée (v. 315-v. 390) rejette la dualité des natures en s'appuyant déjà sur PCV, comme le prouvent les Fragments 2 et 150 édités par Lietzmann :

> F2 (ΠΕΡΙ ΕΝΩΣΕΩΣ)
> Il est impossible que deux êtres doués d'intelligence et de volonté (*duo noera kai thelêtika*) cohabitent en même temps (*hama*) dans le même sujet de peur que chacun ne soit en guerre (*antistrateuêtai*) contre l'autre à cause de sa propre volonté et de sa propre opération .
>
> F 150 (ΠΡΟΣ ΙΟΥΛΙΑΝΟΝ)
> Il est impossible que dans un seul et même sujet coexistent deux voulant(s) des choses contraires *(duo tous tanantia thélontas)*, car chacun ferait ce qu'il désire suivant une impulsion automotrice [29].

Un dernier mot sur la source d'Apollinaire, qui par transitivité peut être celle de Sergius dans le *Psêphos*. Ce n'est pas nécessairement l'énoncé aristotélicien de PNC. On peut penser à un autre texte, en l'occurrence à *La République* de Platon. La démonstration platonicienne de la « tripartition de l'âme », autrement dit de l'existence en l'homme d'une pluralité d'âmes, trois en l'occurrence, repose sur l'existence de « conflits entre des tendances opposées au sein de l'âme », qui devient exploitable si l'on adopte ce que les historiens de Platon appellent « le principe des contraires », dont l'énoncé est :

> Il est évident que la même chose ne consentira pas à faire ou à subir en même temps des contraires, en tout cas pas selon le même rapport et *relativement à la même chose* (Δῆλον ὅτι ταὐτὸν τἀναντία ποιεῖν ἢ πάσχειν κατὰ ταὐτόν γε καὶ πρὸς ταὐτὸν οὐκ ἐθελήσει ἅμα) [30].

Vous avez ici les deux interprétations de PCV dans le *Psêphos* : « sous le même rapport » et « relativement à la même chose » ! Comme le souligne Delcomminette, c'est le recours à ce principe, qui permet de déterminer que ce par quoi nous apprenons, ce par quoi nous avons de l'ardeur et ce par quoi nous désirons les plaisirs liés à la nourriture et à la génération, autrement dit τὸ λογιστικόν, τὸ θυμοειδές et τὸ ἐπιθυμητικόν « ne sont pas un même principe, mais plusieurs (436B9-C2), autrement dit : le *nous*, le « raisonnable » ou esprit, le *thumos*, l'« irascible » (le « cœur », la « colère »), et l'*épithumia*, le « concupiscible » (le désir, l'appétit) – voyez le *Phèdre* [31]. Il est tout à fait possible que ce soit là la source platonicienne des débats christologiques. Il est évidemment tout aussi possible, et même infiniment plus probable, que ce soit le principe de non-contradiction d'Aristote qui soit à l'arrière-plan de tout cela. Mais n'oubliez pas que les Byzantins avaient accès à Platon, ce qui n'était pas le cas des médiévaux latins.

Telle est l'épistémè aristotélicienne dans le domaine de la volonté et de l'action, ce à partir de quoi émerge la notion de sujet d'attribution, d'ascription et d'imputation, bref de sujet-agent, héritée du complexe formé par l'anthropologie philosophique et la christologie. La naissance de la subjecti(vi)té a pour condition le règne du principe de non-contradiction, en philosophie comme en théologie. La notion moderne de sujet se construit sur la trame constituée par PNC, PCV, PAS, PSA, dans l'épistémè aristotélicienne. Ce modèle permet de poser la question de l'articulation du vouloir et du nouloir, de la volonté et de la nolonté dans un cadre qui implique une logique, une métaphysique et une noétique précises, héritées d'Aristote et du péripatétisme. Il résout la question en posant sur elle le verrou du principe de non-contradiction. Mais le résultat a un coût : il est contre-intuitif, plus exactement, contraire à notre expérience. La guerre des voulants est peut-être impossible en un même sujet, reste qu'elle est l'ordinaire de la vie psychique. Elle est la vie même de l'esprit. Elle est notre vie. Je disais qu'il y avait deux modèles de l'action, comme il y avait deux modèles de la pensée : l'un aristotélicien, l'autre, augustinien. Nous avons parlé du premier. Il est temps d'aborder le second, avant de conclure cette deuxième étape de l'invention du sujet moderne.

NOTES

1. Voir E.T. OLSON, « Personal Identity », *in* E.N. ZALTA (éd.), *The Stanford Encyclopedia of Philosophy* (Spring 2007 Edi.), cité et analysé dans *La Quête*..., p. 122-133, et repris dans *L'Invention*..., p. 93-94.

2. *Cf.* J.D. MANSI (éd.), *Sacrorum Conciliorum Nova et Amplissima Collectio*, Florence, 1764, XI, 536E-537A ; R. RIEDINGER (éd.), *Concilium Universale Constantinopolitanum Tertium. Concilii Actiones I-XI*, Berlin, Walter de Gruyter *(Acta conciliorum oecumenicorum. Series secunda. Volumen secundum. Pars prima)*, 1990.

3. Cf. *Sacrorum Conciliorum*..., XI, 993E[10]-996B[7].

4. *Troisième concile de Constantinople* (6e œcuménique), 7 novembre 680-16 septembre 681. *Condamnation des monothélètes et du pape Honorius Ier*, *in* H. DENZINGER, & A. SCHÖNMETZER (éd.), *Enchiridion symbolorum definitionum et declarationum de rebus fidei et morum*,

Freiburg, Bâle, Rome & Vienne, Herder, 1997, § 552 : « Cum iis vero simul proiici a sancta Dei catholica Ecclesia simulque anathematizari praevidimus et HONORIUM, qui fuerat papa antiquae Romae, eo quod invenimus per scripta, quae ab eo facta sunt ad SERGIUM, *quia in omnibus eius mentem secutus est et impia dogmata confirmavit.* » Les autres protagonistes de la controverse sont anathématisés au § 551 du DENZINGER : « Quant à ceux, c'est-à-dire ceux-là mêmes, dont nous rejetons les doctrines impies, nous avons jugé que leurs noms également devaient être bannis de la sainte Église, à savoir les noms de *Serge... qui a commencé à écrire au sujet de cette doctrine impie*, de Cyrus d'Alexandrie, de *Pyrrhus*, de Paul et de Pierre, et de ceux qui ont présidé sur le siège de cette ville confiée à la protection de Dieu et qui ont pensé comme ceux-là... » Honorius est anathématisé pour sa *Lettre « Scripta fraternitatis » au patriarche Serge de Constantinople*, de 634, qui au § 488 déclarait : « En ce qui concerne la doctrine de l'Église et ce que nous devons tenir et enseigner, à cause de la simplicité des hommes et pour mettre fin aux obscurités inextricables des controverses..., nous devons *non pas définir une seule ou deux opérations dans le médiateur de Dieu et des hommes*, mais confesser que *les deux natures, unies d'une unité de nature dans l'unique Christ, opèrent et agissent chacune en lien avec l'autre*, c'est-à-dire que la divine opère ce qui est de Dieu, et l'humaine accomplit ce qui est de la chair : enseignant que, sans division et sans confusion ni changement, la nature de Dieu s'est changée en l'homme, et la nature humaine en Dieu, mais confessant que les différences des natures demeurent intactes. Voulant donc... écarter le scandale de l'invention nouvelle nous ne devons pas définir et prêcher une seule ou deux opérations, mais *au lieu de l'unique opération qu'affirment certains, nous devons confesser en vérité l'unique Christ Seigneur qui opère dans les deux natures* ; et *au lieu des deux opérations, écartant le terme de double opération, il faut proclamer bien plutôt avec nous que les deux natures elles-mêmes, c'est-à-dire celle de la divinité et celle de la chair assumée, opèrent ce qui leur est propre dans la personne unique du Fils unique de Dieu Père, sans confusion, ni division, et sans changement.* »

5. *Cf.* A. LÉVY, *Le Créé et l'Incréé : Maxime le Confesseur et Thomas d'Aquin*, Paris, Vrin, 2006, p. 306, n. 2. Sur tout cela, voir J. MEYENDORFF, *Unité de l'Empire et division des chrétiens*, Paris, Cerf, 1993, p. 353-394.

6. Sur tout cela, voir F.-X. MURPHY & P. SHERWOOD, *Constantinople II et Constantinople III*, Paris, G. Dumeige (Histoire des conciles œcuméniques, 3), 1974, p. 147-162 et 306-308.

7. *Cf.* FR.-M. LÉTHEL, *Théologie de l'agonie du Christ. La liberté humaine du Fils de Dieu et son importance sotériologique mises en lumière par saint Maxime Confesseur*, préf. de M.-J. LE GUILLOU, Paris, Beauchesne (Théologie historique, 52), 1979. *Cf.* en outre MAXIME LE CONFESSEUR, *L'Agonie du Christ*. Introd. de FR.-M. LÉTHEL, Biogr., trad., index, guide et glossaires de M.-H. CONGOURDEAU, Paris, Migne (Les Pères dans la foi), 1996.

8. *La Sainte Bible traduite sur le latin de la Vulgate par Lemaistre de Sacy pour l'Ancien Testament et par le P. Lallemant pour le Nouveau Testament, accompagnée de nombreuses notes explicatives par M. l'Abbé Delaunay*, t. V, Paris, L. Curmer, MDCCCLVII, p. 63.

9. LALLEMANT, p 107 : « Mon Père, mon Père, disait-il, tout vous est possible, détournez de moi ce calice ; qu'il en soit néanmoins, non ce que je veux, mais ce que vous voulez » ; Marc 14, 36 : καὶ ἔλεγεν Αββα ὁ πατήρ πάντα δυνατά σοι· παρένεγκε τὸ ποτήριον ἀπ' ἐμοῦ τοῦτο· ἀλλ' οὐ τί ἐγὼ θέλω ἀλλὰ τί σύ. MARTIN (1744) : Et il disait : « Abba, Père, toutes choses te sont possibles, transporte cette coupe arrière de moi, toutefois, non point ce que je veux, mais ce que tu veux. » SEGOND (1910) : « Il disait : Abba, Père, toutes choses te sont possibles, éloigne de moi cette coupe ! Toutefois, non pas ce que je veux, mais ce que tu veux. »

10. LALLEMANT, p. 178 ; Lc 22, 41-42 : « Ensuite il s'écarta d'eux à la distance d'un jet de pierre, et, s'étant mis à genoux, il fit cette prière. Mon Père, détournez, s'il vous plaît, de moi ce calice ; néanmoins que ma volonté ne se fasse point, mais la vôtre » ; SEGOND : « Puis il s'éloigna d'eux à la distance d'environ un jet de pierre, et, s'étant mis à genoux, il pria, disant : Père, si tu voulais éloigner de moi cette coupe ! Toutefois, que ma volonté ne se fasse pas, mais la tienne ». Καὶ αὐτὸς ἀπεσπάσθη ἀπ' αὐτῶν ὡσεὶ λίθου βολὴν καὶ θεὶς τὰ γόνατα προσηύχετο λέγων· πάτερ, εἰ βούλει παρένεγκε τοῦτο τὸ ποτήριον ἀπ' ἐμοῦ· πλὴν μὴ τὸ θέλημα μου ἀλλὰ τὸ σὸν γινέσθω.

11. On peut le représenter par le schéma de FR.-M. LÉTHEL, *Théologie de l'agonie du Christ...*, p. 44.

12. Deux volontés, donc deux voulants : c'est le point nodal. Ce que démontre Sergius, c'est l'impossibilité de réaliser cela dans un seul sujet : l'impiété est d'abord logique.

13. *Acta Conciliorum...*, II, pt. 2, éd. RIEDINGER, p. 542, 16-17.

14. Voir D. BATHRELLOS, *The Byzantine Christ. Person, Nature and Will in the Christology of St Maximus the Confessor*, Oxford, OUP (Oxford Early Christian Studies), 2004, p. 72-73, n. 63.

15. *Cf.* P. Piret, *Le Christ et la Trinité selon Maxime le Confesseur*, préf. de M.-J. Le Guillou, Paris, Beauchesne (Théologie historique, 69), 1983, p.244 et 245.

16. *Cf.* Fr.-M. Léthel, *Théologie de l'agonie du Christ*..., p. 39.

17. *Cf.* Régius, *Explicatio mentis humanæ, sive animae rationalis, ubi explicatur quid sit, et quid esse possit*, II, A.-T. VIII-b, p. 343 ; et G. Rodis-Lewis, *Descartes, Lettres à Regius* et *Remarques sur l'explication de l'esprit humain*, Paris, Vrin, 1959, p. 146.

18. Mansi, volume XI, 534C-535A pour le latin, et 533C pour le grec : « Insuper & consequens ei sit, praedicare *duas voluntates contrarietates circa invicem habentes* (δύο [...] θελήματα ἐναντίως πρὸς ἄλληλα ἔχοντα), tamquam Deo quidem Verbo salutatem volente adimpleri passionem, humanitate vero ejus obsistente ejus voluntati, & resistente, & perinde *duo contraria volentes* (δύο τοὺς τἀναντία θέλουντας) introducantur ; quod impium est. Impossibile quippe est, in uno eodemque subjacenti duas simul, & ergo hoc ipsum contrarias subsistere voluntates. »

19. C'est ce qu'a fait R. Riedinger lui-même dans son édition des *Acta*. Comme le rappelle A. Failler dans la *Revue des études byzantines*, 1992, vol. 50, n° 1, p. 288 : « ... il complète le texte grec grâce à la traduction latine, puis à l'inverse, la traduction latine par référence au texte grec. » « L'exercice est périlleux » (p. 289). Cependant, dans le cas qui nous occupe, la correction du grec de Mansi par le latin de Mansi s'impose. De fait, si la traduction latine a été faite sur un manuscrit grec meilleur que ceux qui ont été utilisés pour l'édition du texte grec, rien ne justifie qu'on s'abstienne de corriger une leçon manifestement fautive. C'est ce que nous supposons. C'est ce que suppose Riedinger, fort de la qualité du ms. latin Vienne 418. *Cf.* Failler, p. 287 : « Le texte grec, qui figure sur la page de gauche, est fondé sur deux manuscrits principaux (M = *Monacensis* gr. 186, de l'année 1446 ; T = *Taurinensis* gr. 67, du xiiie s.). Le texte latin, imprimé sur la belle page, possède une tradition manuscrite plus fournie, dont le fleuron est le *Vindobonensis* 418, sur lequel l'auteur a publié une savante étude (voir *REB* 49, 1991, p. 333). *La traduction latine conservée par ce manuscrit a été faite sur un exemplaire grec supérieur à tous ceux qui sont aujourd'hui connus*. L'éditeur l'utilise donc non seulement comme le meilleur témoin de la tradition latine, mais aussi comme un proche témoin de la copie grecque originale. Le *Vindobonensis* permet de combler des lacunes explicites du texte grec et même de le compléter pour des cas où l'omission n'était pas évidente. Comme on peut le

deviner, intervenir sur le texte grec en pareils cas implique que le traducteur latin effectue une traduction littérale de son modèle, sans jamais y ajouter ou retrancher quoi que ce soit. » FAILLER doute de la pertinence globale de la démarche, cf. *ibid.*, p. 289 : « ... les restitutions opérées par R. Riedinger se fondent sur un postulat : la traduction latine est un reflet, mot pour mot, du grec, et le traducteur posséde un système d'équivalence stricte, dans lequel à tel mot grec répond tel mot latin. Mais ce double postulat ne résiste pas à un examen attentif des Actes. » C'est un fait. Cependant, la restitution de ἐναντία dans l'énoncé de PCV ne tombe pas selon moi sous le coup de cette critique.

20. N'oublions pas l'objectif : interdire l'expression « deux opérations » en recourant à l'impossibilité métaphysique de deux volontés dans le Christ, étant entendu que qui dit deux opérations, dit deux volontés. Selon Doucet, la thèse de Sergius est seulement que s'il y a deux « énergies » (opérations) dans le Christ à Gethsémani, il y a deux « volontés voulantes » différentes, qui sont aussi contraires par leurs objets. *Cf.* M. DOUCET, « Est-ce que le monothélisme a fait autant d'illustres victimes ? Réflexions sur un ouvrage de F.-M. Léthel », *Science et esprit*, 35/1, 1983, p. 58 [p. 53-83 pour l'ensemble de l'article] ; avec les remarques de BATHRELLOS, *The Byzantine Christ...*, p. 75.

21. P. PIRET, *Le Christ...*, p. 244.

22. *Ibid.*, p. 245.

23. LÉTHEL, p. 45. Alors que l'hypothèse situait le refus au plan moral de la volonté la solution le met au niveau inframoral du « mouvement naturel de la chair », ce qui est une régression. Après avoir posé de façon puissante et neuve un formidable problème moral et métaphysique, Serge se contente d'une solution tout à fait classique et peu originale. LÉTHEL, p. 45, n. 36 : « On trouve à peu près la même explication aussi bien chez Cyrille d'Alexandrie que chez Sévère d'Antioche (selon DOUCET, p. 239 et 101). » Ajoutons que l'on retrouve cette explication dans la tradition latine, partout où le problème de Gethsémani est compris à partir du conflit paulinien de la chair et de l'esprit tel que décrit dans l'Épître aux Galates. C'est le cas, exemplairement, dans les *Sententiae* d'Alain de Lille, où l'épisode du refus de la coupe est présenté dans le cadre du conflit entre « sensualité » et « raison ». *Cf.* ALANUS AB INSULIS, *Sententiae*, n. 23, PL 110, p. 241B-C : « *Pater, si fieri potest, transeat a me calix iste ; non tamen sicut ego volo, sed sicut tu vis*. Ecce quomodo in Christo duo loquantur, et de diversis loquantur ! Loquitur sensualitas, loquitur ratio. Loquitur sensualitas ex nostra infirmitate ; loquitur ratio ex

divina firmitate ; loquitur sensualitas ex humano affectu ; loquitur ratio ex divino effectu [...] Hoc est perpetuum in mente humana duellum, quia etsi ratio aliquando sensualitatem refrenet, tamen sensualitas semper remurmurat ; haec est enim rota carri, quae fenum portat, tamen remurmurat. » *Cf.* également *Liber in distinctionibus dictionum theologicalium*, sv. « *voluntas* », 1009D.

24. Je me limite ici à l'essentiel. Pour plus de détails, *cf.* A. de Libera, « Les actions appartiennent aux sujets. Petite archéologie d'un principe leibnizien », *in* S. Caroti, Z. Kaluza, R. Imbach, G. Stabile, L. Sturlese (éd.), *« Ad Ingenii Acuitionem ». Studies in Honour of Alfonso Maierù*, Louvain-La-Neuve, Fédération internationale des Instituts d'études médiévales (Textes et Études du Moyen Âge - TEMA 38), 2006, p. 199-219.

25. Dans un sermon du 4 juillet 1629, commentant « Ecclesiastes 8.2 : I counsell thee, to keepe the Kings commandement, and that in regard of the oath of God », Roger Maynwaring (1590-1653) donne une assez extraordinaire traduction anglaise de l'axiome. Voir *Religion And Alegiance : In Two Sermons Preached before the Kings Maiestie : The one on the fourth of Iuly, Anno 1627. At Oatlands. The other on the 29. of Iuly the same yeere, At Alderton, London*, Printed by I.H. for Richard Badger, 1627 (télécharg. sur The Online Library of Liberty) : « ... it is a Rule of that Science, whose Maximes are priviledged from errour; that, *Actiones sunt suppositorum*; Individualls challenge all activity as peculiar unto them. »

26. Au-delà du problème théologique, l'autorité, la censure, la proscription intéressent Leibniz. C'est, d'ailleurs, une leçon de politique conciliaire qu'il donne à Bossuet dans la conclusion de sa lettre. Cf. *Gottfried Wilhelm Leibniz : Sämtliche Schriften und Briefe*. Hrsg von der deutschen Akademie der Wissenschaften zu Berlin. Darmstadt und Berlin, 1923-), I, 20 (Berlin, 2006), p. 428-429 : « ... je sais que des personnes bien instruites d'ailleurs dans le Catechisme et dans les doctrines ordinaires, mais peu versées dans l'Histoire Ecclesiastique, se sont trouvé embarrassées quand on leur a proposé cette question s'il y a deux volontés ou actions en Jesus-Christ, ou s'il n'y en a qu'une. Cependant je ne suis nullement pour les Monothelites pour cela, et j'ay voulu seulement vous donner une instance que vous demandiés. Je demeure d'accord qu'il ne faut point affoiblir l'autorité des Conciles, mais je crois qu'on ne sauroit l'affoiblir d'avantage qu'en voulant faire passer pour œcumeniques ceux qui ne le meritent pas ». La lettre à Th. Burnett du 17/27 juillet 1696 (Hanovre), GP [Gerhardt] III, p. 175-176, marque plus que

des réserves à l'égard de cette *passion théologienne qu'est l'anathème* : « Pour ce qui est des controverses sur la Trinité, il me semble qu'il est bien difficile de raisonner juste, quand on manque de definition des termes : ainsi vos Messieurs auront bien de la peine à conclure quelque chose ; je croy cependant qu'on peut dire que les personnes de la Trinité sont trois Estres Relatifs dans une seule substance absolue. On peut excuser ceux qui disent que ce sont trois substances, trois esprits etc.; mais il vaudra tousjours mieux de ne rien innover dans les termes sur un sujet si delicat et si peu connu. Si nous estions dans le temps des anciens Peres Grecs, l'un ou l'autre parti (selon que le torrent se porteroit d'un costé ou d'autre) ne manqueroit pas d'estre condamné d'heresie, mais graces à Dieu, on n'est pas si condamnatif aujourd'huy. Quand je considere la controverse des Monotheletes, qui est si peu importante et sur une matiere si peu entendue, je m'etonne qu'on ait esté autresfois si prompt à faire des heretiques. »

27. Comme je l'ai montré ailleurs, le principe authentique d'Aristote avait deux caractéristiques : il visait une action transitive et portait sur l'objet de l'action. Le sens originel du principe de l'action subjective était donc... *objectif* : il avait trait précisément à ce que Heidegger appelle « *Vorhandenes* ». Le principe stipulait que les actions (transitives) portent sur des singuliers, car, pour porter sur quelque chose, un acte doit porter sur quelque chose de singulier : substrat, substance, ob-jet. Dans le cours de l'histoire, *il est devenu subjectif* : sa stipulation étant que les actions viennent de singuliers, car pour être, un acte doit avoir une cause qui le soutienne et le supporte dans l'être, précisément en l'effectuant. Or seul un sujet singulier peut être cause efficiente. Paraphrasant Lucien Tesnière, on pourrait dire que *le principe de l'action subjective est devenu le principe subjectif de l'action*, dans la mesure où l'énoncé d'Aristote sur l'action a été interprété *en changeant de « complément actanciel »* autrement dit : en passant du « complément d'objet » au « sujet » et, ce faisant, en transformant en énoncé portant sur l'agent un énoncé qui portait primitivement sur l'objet. Sur ces notions, *cf.* L. Tesnière, *Éléments de syntaxe structurale*, Paris, Klincksieck, 1959 ([2]1988) et V. Descombes, *Le Complément de sujet. Enquête sur le fait d'agir de soi-même*, Paris, Gallimard (Nrf Essais), 2004.

28. Thomas d'Aquin, *III^a Pars*, q. 19, a. 1, arg. 3 : « Praeterea, cum in Christo duae naturae in una hypostasi vel persona sint, necesse est unum et idem esse quod pertinet ad hypostasim vel personam. Sed operatio pertinet ad hypostasim vel personam, nihil

enim operatur nisi suppositum subsistens ; unde et, secundum philosophum, actus sunt singularium. Ergo in Christo est una et eadem operatio divinitatis et humanitatis. » Sur tout cela, *cf.* THOMAS D'AQUIN, *Question disputée . L'Union du verbe incarné (De unione Verbi incarnati)*, introd., trad. et notes par M.-H. DELOFFRE, Paris, Vrin (Bibliothèque des textes philosophiques), 2000.

29. *Cf.* H. LIETZMANN, *Apollinaris von Laodicea und seine Schule : Texte und Untersuchungen*, Tübingen, J.C.B. Mohr, 1904, p. 204, 11-14 et 247, 23-27. Sur ces textes, *cf.* D. BATHRELLOS, *The Byzantine Christ*, p. 11-12. Plus généralement, *ibid.* p. 96 : « One is truly amazed at the similarities between Apollinarianism and monothelitism. Not only the theology and the argumentation, but even the very wording of some Apollinarian passages, are strikingly similar to some monothelite passages, as if passages of the Apollinarians had been inserted in the texts of the monothelites. »

30. PLATON, *République*, 436B.

31. *Cf.* S. DELCOMMINETTE, « Facultés et parties de l'âme chez Platon et Aristote », *in* C. ROSSITTO (éd.), *La Psychologie d'Aristote. Études aristotéliciennes*, Paris-Bruxelles, Vrin-Ousia, 2011, p. 15-29 (difusion.ulb.ac.be, entrée « Rossitto »).

Cours du 14 avril 2015

Deuxième heure

Paul, Ga 5, 17 : Il y a un conflit de désirs en l'homme : la chair désire contre l'esprit ; l'esprit désire contre la chair : ils s'opposent l'un à l'autre, de sorte que les choses que l'on voudrait, on ne puisse les faire. — Dans son œuvre comme dans sa vie, Augustin fait écho à Paul et au problème de Gethsémani. — Le point de départ d'Augustin est la résistance à soi-même de l'esprit voulant, en tant qu'il veut. — L'explication de ce phénomène dont Augustin accumule les descriptions paradoxales est que la volonté n'est pas tout entière à vouloir ce qu'elle veut, qu'elle n'est pas tout entière dans son vouloir. — Cette maladie de l'esprit (aegritudo animi)*, est l'état normal du voulant. — La volonté n'obéit qu'à demi, parce qu'elle ne commande qu'à demi. — Elle ne peut vouloir en a, sans nouloir en a. — Il n'y a pas deux volontés complètes en l'homme, deux volontés opposées – l'une bonne, l'autre mauvaise – portées par deux natures ou substances distinctes, la chair et l'esprit, l'âme et le corps – la thèse manichéenne ; il y a une volonté dédoublée par le nouloir que creuse en chaque vouloir sa propre incomplétude, en conséquence du péché d'Adam. — Il n'y a pas deux âmes en moi, mais une seule âme, en lutte avec elle-même, qui se divise en un* « velle » *et un* « nolle »*, à cause du péché, qui habite en elle, comme le dit l'Épître aux Romains, VIII, 14. — Le modèle d'Augustin : on ne peut « vouloir en a » qu'à condition de « nouloir en a » ; on ne peut « nouloir en a » qu'à condition de « vouloir en a ». — L'interprétation de Hannah Arendt : « Il faut toujours deux volontés rivales pour vouloir ». C'est un fait de structure. — Le conflit de volontés est l'expression du Deux-en-un, « Two-in-One », qui caractérise tous les processus mentaux ou psychiques :*

pensée, vouloir et jugement. — La volonté, partagée et produisant automatiquement sa contre-volonté, ne devient une qu'en passant à l'action. — La faille à l'intérieur de la volonté est indépendante du contenu qui est voulu : bien ou mal. — Une volonté mauvaise n'est pas moins partagée qu'une bonne et vice versa. — *Selon Arendt, ce qui résout le conflit entre velle et nolle constitutif de la volonté en tant que figure pratique du Deux-en-un, c'est l'acte lui-même. — On ne sort du tourment qu'en agissant, en résorbant le contre-vouloir dans l'acte. — Duns Scot, pour qui « la volonté fait toujours en même temps acte de vouloir et de non vouloir » est le continuateur d'Augustin. — Opposition entre l'action qui guérit et la volonté de ne pas vouloir. — À John Adams le mot de la fin :* Spectemur agendo ! *« Let us be judged by our actions ! ». Dix-huit questions en guise de conclusion. — Annonce du thème de 2016 : le sujet de la passion.*

Paul le dit clairement : il n'y a pas tant deux hommes en moi, qu'il n'y a en chacun de nous deux agents contraires. Ce que j'ai appelé la « théorie des deux agents » est paulinienne. Ces deux agents ont un nom : σὰρξ, la chair, et Πνεῦμα, l'esprit. À l'Épître aux Romains : « Je ne sais pas ce que je fais » (ὃ γὰρ κατεργάζομαι οὐ γινώσκω), « je ne fais point ce que je veux » (οὐ γὰρ ὃ θέλω τοῦτο πράσσω), « et je fais ce que je hais » (ἀλλ' ὃ μισῶ τοῦτο ποιῶ) ; « et si je fais ce que je ne veux pas » (εἰ δὲ ὃ οὐ θέλω ἐγὼ τοῦτο ποιῶ), c'est que ce n'est « pas moi qui le fais » (οὐκέτι ἐγὼ κατεργάζομαι αὐτὸ), mais « le péché qui habite en moi » (ἀλλὰ ἡ οἰκοῦσα ἐν ἐμοὶ ἁμαρτία), moi qui suis « captif de la loi du péché qui habite dans mes membres », moi qui « par la chair suis esclave du péché », à ce beau développement de l'Épître aux Romains, dis-je, répond l'Épître aux Galates.

> … ἡ γὰρ σὰρξ ἐπιθυμεῖ κατὰ τοῦ Πνεύματος, τὸ δὲ Πνεῦμα κατὰ τῆς σαρκός, ταῦτα γὰρ ἀλλήλοις ἀντίκειται, ἵνα μὴ ἃ ἐὰν θέλητε ταῦτα ποιῆτε
>
> … *caro enim concupiscit adversus spiritum, spiritus autem adversus carnem, haec enim invicem adversantur ut non quaecumque vultis illa faciatis* (Ga 5, 17).

Il y a un conflit de désirs en l'homme : la chair (ἡ σὰρξ) désire (ἐπιθυμεῖ) contre l'esprit ; l'esprit (τὸ Πνεῦμα) désire contre la chair (κατὰ τῆς σαρκός) : ils s'opposent l'un à l'autre (ἀλλήλοις ἀντίκειται), de sorte que les choses que l'on voudrait, on ne puisse les faire (ἵνα μὴ ἃ ἐὰν θέλητε ταῦτα ποιῆτε).

Dans toute son œuvre, dans sa propre vie, au plus vif de son expérience de la conversion, dans le « combat intérieur », la controverse menée avec lui-même dans le jardin de Milan en la présence silencieuse de l'ami Alypius [1], Augustin fait écho à Paul, et plus encore au problème de Gethsémani. Le conflit est au centre de sa théorie de la volonté. Mais le diagnostic est complexe, et antérieur à ce que les distinctions scolastiques et modernes nous ont vu articuler dans leurs dispositifs hérités, à des degrés divers, du modèle « aristotélicien » fondé sur le principe de non-contradiction. Le point de départ d'Augustin n'est pas le conflit comme tel, l'opposition logique entre deux principes extérieurs l'un à l'autre, deux voulants, mais la résistance de lui-même à lui-même, au sein du même voulant, et, du coup, une expérience codée dans la philosophie et dans l'histoire de la philosophie sous le chef de l'akrasie ou « faiblesse de la volonté ». Cette expérience, Augustin l'appelle « merveille », *monstrum*. Quelque chose qui provoque l'étonnement (τὸ θαυμάζειν) – l'origine et la source permanente du philosopher selon Platon, de la philosophie « fille de Thaumas », *Théétète* 115D [2], et Aristote, *Métaphysique*, I, 2 [3]. Voici la « merveille » :

> Imperat animus corpori, et *paretur* statim : imperat animus sibi, et *resistitur*.

Remarquable formule, antérieure à la distinction entre « acte imperé » et « acte élicité », avec le « *paretur statim* » qui rappelle l'« *omnia parata* », le « tout est prêt » (πάντα ἕτοιμα) de Mt 22, 4, d'où ma traduction :

> L'esprit commande au corps, et aussitôt celui-ci est *prêt* [entendez : mis en état d'agir, placé dans l'ordre qui convient pour agir, *disposé* à agir], l'esprit commande à lui-même, et il (se) *résiste*.

Traduction que je préfère à celle de Patrice Cambronne dans la Pléiade, à ce « on », qui brouille la référence, et s'en va au hasard :

> L'esprit commande au corps : on lui obéit aussitôt ; l'esprit commande à lui-même : on lui résiste [4].

D'où aussi le rappel de la question d'Augustin, insistante : *Unde hoc monstrum ? Et quare istuc ?*, d'où vient ce prodige ? et pourquoi cela ? La résistance à soi-même de l'esprit voulant, *en tant qu'il veut* : voilà le fait à expliquer. L'explication est à la fois dynamique et méréologique. Où est le prodige ?

> L'esprit se commande de vouloir, lui qui ne commanderait pas, s'il ne voulait pas, et pourtant il ne fait pas ce qu'il commande. *Imperat, inquam, ut velit, qui non imperaret, nisi vellet, et non facit quod imperat.*

En somme, et pour reprendre l'expression utilisée dans la mouvance des thèses de Schopenhauer : l'esprit veut, mais pas « *à volonté* ». Comment expliquer que l'esprit ne puisse faire (*i.e.* vouloir) ce qu'il ne peut s'être commandé de faire (*i.e.* vouloir), sans par là-même le faire ou l'avoir fait (*i.e.* le vouloir ou l'avoir voulu) ?

Jusqu'ici nous nous sommes demandé : puis-je *vouloir* vouloir ? La volonté peut-elle vouloir ce qu'elle ne veut pas ? ne pas vouloir ce qu'elle veut ? vouloir ce qu'elle neut, au moment où elle le veut ? nouloir ce qu'elle veut au moment où elle le veut ?

Augustin entend tout autrement l'expression vouloir « à volonté ». La volonté est volonté de volonté. Elle veut vouloir. « Je veux » dit autant que « je veux vouloir ». Le problème pour la volonté n'est pas de pouvoir vouloir ce qu'elle veut. Son problème est d'ordre méréologique : c'est qu'elle n'est jamais tout entière à vouloir ce qu'elle veut. Ou plutôt c'est par là qu'elle est volonté. Et volonté libre. Si l'esprit ne peut vouloir ce qu'il veut, s'il échoue à vouloir vouloir, en ne pouvant échouer qu'à condition d'*avoir voulu*, donc de vouloir *vouloir*, c'est que l'échec fait partie de la réussite de l'acte. Il en est la condition intime. Qu'est-ce à dire ?

La volonté qui se commande de vouloir échoue à *vouloir vouloir* du seul fait qu'elle *veut vouloir*. Cela paraît absurde. C'est assurément une bien étrange maladie. Non pas. C'est le régime normal de la volonté. Une seule explication à cela. La volonté n'est pas tout entière à vouloir ce qu'elle veut. Elle n'est pas tout entière dans son vouloir. Or, comme ce qu'elle veut, c'est elle-même, et que ce qu'elle veut n'est rien d'autre que (se) vouloir (voulante), cela veut dire que jamais la volonté n'est tout entière en ce qu'elle veut : que l'on entende par là l'*acte* de vouloir, le fait de vouloir, le *voulant*, dans ce vouloir, et du même coup, le *voulu* de ce vouloir, puisque c'est elle-même qui se veut voulante en voulant. La volonté (se) manque en se voulant et se manque en (se) voulant : car elle n'est jamais et ne peut jamais être tout entière en *cela* (elle) qui veut ni tout entière en ce qu'il (elle) veut, bien qu'elle soit à la fois *cela* (elle) qui veut et ce qu'il (elle) veut.

Merveille assurément. Et singulier tourment. La question n'est pas : pourrai-je jamais vouloir vouloir ? Mais : serai-je jamais tout entier à vouloir ce que je veux ?

La réponse, que je dis par le fait même « méréologique », est qu'il n'y a là nulle merveille, mais qu'il y a bien tourment. Selon Augustin, il y a même maladie, *aegritudo animi*. Maladie, autrement dit : état normal du voulant. Le normal est le pathologique. Car le normal est le *pathique*. Le *pas* (tout à fait) *thétique*. Le *pas* (jamais) *thétique*.

Si l'esprit n'est pas obéi, quand il veut vouloir, lui qui ne peut vouloir vouloir sans pourtant déjà vouloir, c'est que – si j'ose employer cette expression lacanienne –, sa volonté « n'est pas toute ». À la fois elle veut, et ne veut pas. Ou plutôt l'esprit ne veut pas « de tout lui-même », *ex toto*. Ne voulant pas « de tout lui-même » (comme on dit en français « de tout son cœur »), « il ne commande pas de tout lui-même ». Il commande pour autant, ou à proportion, qu'il (le) veut. Il ne fait pas ce qu'il commande pour autant, ou à proportion, qu'il ne (le) veut pas [5].

> *Sed non ex toto vult : non ergo ex toto imperat. Nam in tantum imperat, in quantum vult, et in tantum non fit quod imperat, in quantum non vult...*

Il n'y a rien d'autre en cause ici que la volonté : une volonté qui se commande à elle-même d'être elle-même, et qui n'est pas obéie, précisément parce que, pour se commander à elle-même d'être, il faut qu'elle ne soit pas tout entière dans son commandement. En somme : si la volonté n'est pas obéie, c'est qu'elle ne se commande pas par tout elle-même, *et ne le peut*.

> *Non itaque plena imperat ; ideo non est, quod imperat. Nam si plena esset, nec imperaret, ut esset, quia iam esset.*
>
> C'est donc qu'elle ne commande pas d'une manière plénière, ce qui fait que son ordre reste sans effet. Car, si elle voulait d'une manière plénière, elle n'aurait pas à se commander d'exister, puisqu'elle existerait déjà.

Elle n'obéit qu'à demi, parce qu'elle ne commande qu'à demi. Vouloir en *a*, nouloir en *a*. Nul prodige. Nul prodige en effet *dans le fai*t pour la volonté « de vouloir en partie » et « de nouloir en partie » : c'est la structure ontologique, méréologique de la volonté, signe de la « maladie d'un esprit » partagé, clivé, scindé, schizé depuis le péché d'Adam entre vérité, qui élève, et habitude, qui appesantit.

> *Non igitur monstrum partim velle, partim nolle, sed aegritudo animi est, quia non totus assurgit veritate sublevatus, consuetudine praegravatus.*
>
> Il n'y donc rien de prodigieux dans ce vouloir qui partiellement veut et partiellement ne veut pas. C'est là une maladie de l'esprit que de ne pas se dresser tout entier, même lorsque la volonté le soulève ; c'est que l'épaisseur de l'habitude l'alourdit [6].

De tout cela, Augustin donne une description précise, que seul peut donner un esprit en rupture de manichéisme : il n'y a pas deux volontés complètes en l'homme, deux volontés opposées – l'une bonne, l'autre mauvaise – portées par deux natures ou substances distinctes, la chair et l'esprit, l'âme et le corps. Cela, ce serait le triomphe de Mani. Il n'y a pas deux pleins face à face. Ni un plein face au vide. Il y a un plein qui toujours déjà s'évide. Il y a une volonté dédoublée par le nouloir que creuse en chaque vouloir sa propre incomplétude, en conséquence du péché.

> *Et ideo sunt duae voluntates, quia una earum tota non est et hoc adest alteri, quod deest alteri.* Il y a donc dualité dans la volonté ; elle n'est pas totalement une, et ce qui est présent dans l'une est absent dans l'autre [7].

... et pourtant c'est la même. Singulière formule, qui décrit au plus près le mouvement de la schize, entre l'un et l'autre, l'autre de l'autre, qui, à l'évidente inévidence, est le même. Il n'y a pas deux volontés, parce qu'il y aurait en l'homme deux âmes, ou deux principes – le manichéisme en psychologie –, mais parce qu'il y a dans chaque acte de vouloir une réserve ou une retenue de l'âme qui libère la possibilité d'un non-vouloir au sein même du vouloir, une résistance qui la retient et la contrarie, mais qui, aussi, la retenant et la contrariant, lui permet de s'éprouver voulante, et donc limitée.

« Non duae naturae contrariae in homine confligunt inter se, sed eadem anima non tota voluntate interdum vult », dit une scholie de *Confessions* IX, XXI, 24, reprenant la formule d'Augustin, ouvrant le paragraphe :

> *Iam ergo non dicant, cum duas voluntates in homine uno adversari sibi sentiunt, duas contrarias mentes de duabus contrariis substantiis et de duobus contrariis principiis contendere, unam bonam, alteram malam.*
>
> Qu'ils ne disent donc plus, quand ils voient dans un même homme s'affronter deux volontés, que deux âmes contraires, provenant de deux substances et principes contraires, se livrent une lutte, l'une étant bonne, l'autre mauvaise [8].

Que dire alors ? Que l'esprit, l'âme, l'homme ne veut ni ne neut par lui-même tout entier – mais aussi, qui s'en étonnera, *ego*, « je », « moi » : *Je* ne veux ni ne neux par moi-même tout entier. Peut-on à la fois vouloir et nouloir en *a* ? demandera la scolastique. Augustin répond d'avance : oui, mais ce n'est pas l'exception, c'est la règle. Je ne puis vouloir en *a* sans nouloir en *a*. Autrement dit : je veux, mais pas tout entier. Je veux, mais jamais tout entier. Je veux, parce que *pas tout* entier. Je neux – « je-non-veux », comme le traduit Lotringer pour « *I nill* » –, mais *pas tout* entier. En tout acte de volonté, « je » se divise, car tout acte de volonté est dissipation, division, dissociation de moi-même entre ce qui de moi et en moi veut, et ce qui de moi et en moi neut, entre moi qui veux à demi, et moi qui neux à demi. Il n'y a pas deux âmes en moi, mais une seule âme, en lutte avec elle-même, qui se divise et se dissipe à la fois, toujours, simultanément et douloureusement, en un *velle* et un *nolle*, en conséquence du péché, qui habite en elle, comme le dit l'Épître aux Romains, VIII, 14 [9]. En toute volonté il y a un vouloir et un nouloir. L'un ne va pas sans l'autre. Il ne s'agit pas de découvrir l'eau chaude, fût-elle brûlante. De découvrir que parfois on veut et ne veut pas, que parfois on veut, et ne voudrait pas – comme l'homme adultère d'Abélard. Il s'agit de prendre la mesure de cela qu'on ne peut *vouloir* en *a* qu'*à condition de nouloir* en *a*, qu'on ne peut *nouloir* en *a* qu'*à condition de vouloir* en *a*. Le nouloir n'est pas le dehors du vouloir, il en est le ressort. Il en est l'aliment. Le vouloir n'est pas le dehors du nouloir, il en est le ressort. Il en est l'aliment.

Le monde d'Augustin n'est pas le monde d'Aristote. Le monde chrétien n'est pas le monde grec. Le monde qui connaît le péché n'est pas le monde qui connaît seulement le mal – le malaise, le mal-être, le mal-agir. Le monde d'Augustin est le monde de la structure. Un monde où toute volonté se définit intérieurement d'une contre-volonté, tout OUI, d'un NON, tout NON, d'un OUI.

Comme l'écrit Hannah Arendt, dans *La Vie de l'esprit* : « chaque je-veux se heurte inévitablement à un je-non-veux » [10], comprenez : chaque *volo*, du seul fait d'être et de se dire, se heurte à un *nolo* ; chaque je-veux produit un je-non-veux. « Il faut toujours deux volontés rivales pour vouloir ». Telle est la structure [11]. Il ne faut pas confondre *nolle* et *non-velle*, VN et NV :

> This *nolle* has nothing to do with the will-not-to-will, and it cannot be translated as I-will-not because this suggests an absence of will. *Nolle* is no less actively transitive than *velle*, no less a faculty of will: if I will what I do not desire, I nill my desires; and in the same way I can nill what reason tells me is right. In every act of the will, there is an I-will *and* I-nill involved. These are the two wills whose « discord » Augustine said « undid [his] soul » [12].

Cette structure est celle de ce qu'Arendt appelle le *Deux-en-un*, « *Two-in-One* », qui caractérise tous les processus mentaux ou psychiques : pensée, vouloir et jugement, nos trois fonctions psychiques explorées depuis le premier séminaire de cette année [13]. La différence entre la pensée et le vouloir, *thinking* et *willing*, c'est que l'élément de la pensée étant le dialogue, et celui de la volonté, étant le conflit, la première a besoin de la dualité pour se maintenir, alors que la seconde ne peut s'accomplir qu'en la dépassant.

La pensée – le discours silencieux de l'âme avec elle-même, selon Socrate-Platon – réclame la dualité. L'instauration de l'unité, l'unification du Deux-en-un, dans le domaine de la pensée est une catastrophe, selon Arendt. Elle n'a lieu que lorsque « le monde extérieur s'impose au penseur et interrompt brusquement le processus de pensée », quand le bruit extérieur couvre le silence du dialogue intérieur. À ce moment, il n'y a plus de *Two-in-One*. L'un est restauré, mais je (me) suis perdu.

Ces quelques lignes, c'est Arendt sur le *Dasein*. Arendt qui, là, dans ces années d'étude (où elle replonge), doit tout à *Sein und Zeit* et à Heidegger ; au thème de la déréliction dans le monde de la préoccupation quotidienne, où je me perds auprès des choses, et, de là, ne pense plus.

> Le vouloir, pour être, produisant un contre-vouloir, le moi voulant réclame pour accéder à l'unité, d'agir : le moi, qui veut et parce qu'il veut, a besoin d'être « guéri » de son déchirement, pour sortir du conflit entre vouloir et nouloir, ce qui n'est possible qu'en passant à l'action.

Ici, il s'agit du propos d'Arendt sur la volonté. Arendt qui, sur ce point, ne doit rien à Heidegger. La volonté a besoin de « redevenir une ».

> The will, split and automatically producing its own counter-will, is in need of being healed, of becoming once again. Like thinking, willing has split the one into a Two-in-one, but for the thinking ego a « healing » of the split would be the worst thing that could happen; it would put an end to thinking altogether [14].

> La volonté, partagée et produisant automatiquement sa contre-volonté, a besoin d'être restaurée, de redevenir une. Comme le penser, le vouloir a fait éclater l'un en un Deux-en-un, mais pour le moi pensant, « réduire » la fracture serait la pire des choses : ce serait mettre fin à l'activité de penser.

Pour la volonté « clivée » au contraire, – « clivé », c'est le sens du mot « *split* », utilisé par Arendt : *split will* – la réduction de la *fracture sociale interne*, la réduction du « clivage » est essentielle, car sans unification, toute action paraît impossible. L'intérêt du modèle augustinien, qui tient à son anti-manichéisme, est que la fracture du vouloir, sa faille, n'est pas liée à une diarchie, à une dualité de principes, bref au conflit du bien et du mal, autour duquel gravitent non seulement le manichéisme, mais aussi l'éthique péripatéticienne des médiévaux articulée sur la relation entre vouloir, nouloir, bien et mal – avec ses règles évoquées dans les cours précédents, Buridan et la description de l'internalisme fort. La faille à l'intérieur de la volonté est *indépendante du contenu qui est voulu*. Bien ou mal. Une volonté mauvaise n'est pas moins partagée qu'une bonne et *vice versa*. Une volonté qui serait d'emblée « entière », autrement dit dépourvue de contre-volonté, ne serait pas volonté à proprement parler. Elle ne *voudrait* pas vouloir.

Il n'y a de « je-veux », de *volo*, que face à un « je ne veux pas », un *nolo*. C'est une première caractéristique du modèle d'Augustin : la seconde est qu'il ne nous place pas uniquement face à des alternatives simples, à des choix binaires entre bien et mal, comme commettre ou non l'adultère, mais aussi, si l'on peut dire, face à des questionnaires à choix multiples. Je m'explique.

« Quelqu'un balance pour savoir s'il va aller au cirque, ou bien au théâtre, étant supposé que l'un et l'autre joue le même jour, ou encore s'il va perpétrer un vol dans la maison d'autrui ou encore s'il va commettre un adultère » : toutes ces possibilités, évoquées au livre VIII des *Confessions*, peuvent être « également souhaitées », « elles s'offrent au même moment, sans pouvoir être simultanément atteintes », car on ne peut pas tout faire en même temps. On a là quatre volontés,

« toutes mauvaises », « toutes en désaccord », qui « déchirent » le moi voulant. La *check list* est impressionnante, qui passe de quatre à six, en trois secondes :

> ... délibérer pour savoir si l'on va commettre un homicide par le poison ou par le fer ; si l'on va envahir tel domaine d'autrui ou tel autre – faute de pouvoir s'emparer des deux ; si l'on va gaspiller son argent en plaisirs, ou le garder pour soi par avarice ; si l'on ira au cirque ou au théâtre – en cas de représentations simultanées ; ou encore [...] dans telle maison, l'occasion étant propice au cambriolage, ou encore [...] dans la même maison, l'occasion étant propice à un adultère [...] [15]

C'est ce qu'on appelle *l'embarras du choix*. L'adultère et le cambriolage dans la même maison. *Respect*. Mais réfléchissons. Le problème est : comment « réduire » la fracture ? l'âme étant « déchirée par les oppositions entre ces volontés, tant abondent les objets de convoitises ».

Ce n'est pas le mal qui fait l'attrait. Ni le *hic*. L'important est que l'on aurait le même problème avec des volontés « bonnes » : se « délecter à la lecture de l'Apôtre », savourer « la sobre mélodie d'un psaume », ou le plaisir de « disserter sur l'Évangile ». Tout cela est « bien ». Mais « si toutes ces délices se présentent simultanément », ce sont autant de « volontés opposées qui tiraillent le cœur de l'homme », et qui « se livrent une lutte » sans merci « jusqu'au choix de l'objet unique » sur lequel la volonté « devenue totale et unifiée », alors qu'elle était « morcelée », pourra se porter.

Le problème d'Augustin n'est pas celui d'Aristote : c'est de savoir comment la volonté, divisée à l'égard d'elle-même, ayant atteint le moment où elle devient « entière », totale, réussit à me pousser à agir – à préférer, par exemple le vol à l'adultère.

> ... « l'âme qui flotte » au milieu d'objectifs également désirables de saint Augustin est très différente des délibérations d'Aristote, qui concernent non les fins mais les moyens en vue d'un but fixé par la nature humaine.

Selon Arendt, ce qui résout le conflit entre *velle* et *nolle* constitutif de la volonté même en tant que figure pratique du

Deux-en-un, c'est l'acte lui-même. On ne sort du tourment qu'en agissant. L'action est ce qui guérit la « maladie de l'esprit », l'*aegritudo animi*, en unifiant la volonté, en résorbant le contre-vouloir dans l'acte.

Arendt voit en Scot le continuateur d'Augustin. Elle met l'accent sur un aspect de la position d'Augustin qui, selon elle, trouve sa pleine formulation chez Duns Scot : la rédemption, comprenons la guérison, c'est-à-dire la réunification, de la volonté ne peut, dit-elle, être ni d'ordre mental ni d'ordre gracieux ; elle résulte de l'acte [16].

> La rédemption de la volonté ne peut être d'ordre mental et ne résulte pas, non plus, de l'intervention divine ; elle provient de l'acte qui – souvent comme un *coup d'État*, pour reprendre l'expression particulièrement heureuse de Bergson – suspend le conflit qui dresse face à face *Velle* et *Nolle*.
>
> ... the Will's redemption cannot be mental and does not come by divine intervention either; redemption comes from the act which – often like a *coup d'État*, in Bergson's felicitous phrase – interrupts the conflict between *Velle* and *Nolle* [17].

La volonté n'a pas besoin d'être guérie pour agir, elle guérit en agissant. À ce moment toutefois elle n'est plus libre. Le prix de la guérison est la liberté (« the price of the redemption is [...] *freedom* »). S'appuyant sur un commentateur moderne de Scot – l'historien italien de la pensée franciscaine, Efrem Bettoni [18] –, Arendt souligne que « la volonté fait toujours en même temps acte de vouloir et de non vouloir » – mais elle oppose de ce point de vue « activité mentale et acte extérieur ». « Il m'est possible d'écrire en ce moment, comme il m'est possible de ne pas écrire », « je ne peux pas être en action en même temps en ce qui concerne les deux choses à la fois » (je ne peux à la fois écrire et ne pas écrire, ni le décider) : la volonté « guérit », ne sort du conflit entre vouloir et nouloir, qu'en écrivant. À ce moment, elle ne veut plus écrire : j'écris.

> ... la volonté se rachète [ou plutôt se guérit] en cessant de vouloir et en se mettant à agir, et si elle s'arrête ce n'est pas par un acte de la volonté-de-ne-pas-vouloir qui ne serait qu'une autre volition [19].

Ce rejet de la « volonté-de-ne-pas-vouloir », distinguée de l'action, rédemptrice, curatrice, thérapeutique, est très important. Arendt oppose l'action qui guérit à la « volonté-de-ne-pas-vouloir », qui n'est qu'une fausse solution au problème de la volonté. Cette opposition renvoie, à mon avis, à la problématique *Gelassenheit* heideggérienne (que l'on a traduit par « sérénité », « délaissement » : peut-être dirait-on aujourd'hui « lâcher prise »), dont le motif perce, selon elle, dans les textes ou interventions répartis entre le premier et le second volume du *Nietzsche*, dans cette *Geschichte des Seyns*, avec un « y », pas si grec, dont nous entendons engager la déconstruction l'année prochaine [20]. Hannah Arendt n'a rien à voir avec tout cela ; mais elle pointe, sur la base de l'information *alors* accessible, un aspect essentiel de la révolution scotiste en lui attribuant la paternité d'une question ainsi formulée : « De quoi le moi voulant a-t-il davantage conscience, dans toute volition, que d'*être aussi à même de ne pas vouloir* ? »

À ce point, nous voilà reconduits à PNC et à ses produits dérivés, qui font presque toute l'histoire du *« et »* dans ce que j'ai appelé « la volonté *et* l'action ». De quoi le moi voulant a-t-il le plus conscience, en toute volition ? De lui même ? de sa volonté ? de l'objet voulu ? de l'acte de (le) vouloir ? de sa nolonté (virtuelle) ? de la possibilité de nouloir ce qu'il veut ? du conflit du vouloir et du nouloir ? de l'action qui s'annonce dans le conflit du vouloir et du nouloir ? des motifs qui le poussent à vouloir ce qu'il veut ? des motifs qui le poussent à nouloir ce qu'il veut ? des raisons qui le contraignent à vouloir ce qu'il veut ? à nouloir ce qu'il neut ? à nouloir ce qu'il veut (sans qu'il y cède) ? à vouloir ce qu'il neut (sans qu'il y cède) ? à nouloir ce qu'il veut (au moment où il y cède, et se ravise) ? à vouloir ce qu'il neut (au moment où il y cède, et se ravise) ? à nouloir ce qu'il veut (au moment où il y cède, sans se raviser) ? à vouloir ce qu'il neut (au moment où il y cède, sans se raviser) ? à ne vouloir ni ne nouloir ce qu'on attendrait qu'il voulût, autrement dit : à ne le pas vouloir ? Et ainsi de suite. L'énumération est aussi fastidieuse que la vie. Il suffit de rejouer. Indéfiniment. Sachant, que, quand bien même lancé dans des circonstances éternelles, et du fond d'un naufrage, jamais le nouloir n'abolira le vouloir.

Ça veut. Schopenhauer l'avait compris. Mais dans tout ce qui veut, il y a du « nouloir », un « contre-vouloir », une « nolonté ».

Ça neut. Augustin l'avait compris.

Ça veut et ça neut. Tout à la fois.

Pour le reste : *Spectemur agendo !* « *Let us be judged by our actions !* »... comme le dit John Adams (1735-1826), dans ses *Discourses on Davila* [21], reprenant la conclusion d'Ajax disputant à Ulysse les armes d'Achille, après sa mort, dans les *Métamorphoses* d'Ovide.

Les deux héros rivalisent pour s'emparer des armes du super héros. Ajax, après un portrait d'Ulysse qui n'est pas des plus flatteurs, conclut : « *Mais à quoi bon tant de paroles ? Voyez-nous faire* : jetez au milieu des Troyens les armes du héros ; c'est là qu'il faut aller les prendre ; elles seront à celui qui les rapportera ».

Spectemur agendo, voyez-nous faire !

C'est ce que je voulais vous montrer cette année.

Il est temps de conclure. Je le ferai en me contentant de poser un certain nombre de questions à partir du résultat d'ensemble et des quelques avancées de détail obtenues. Ces questions font partie du résultat ; on pourrait même dire qu'il n'y a comme résultat que des questions. Elles ouvrent un certain nombre de pistes que l'on peut suivre, pour certaines assez facilement à partir des indications fournies, pour d'autres beaucoup plus difficilement – soit à cause de l'étendue de l'archive, soit à cause, ce qui est plus grave, de la pénurie de sources accessibles. Elles seront reprises dans les années qui viennent – notamment dans les volumes de l'*Archéologie du sujet* consacrés au *Sujet de l'action* et à *L'Unité de l'homme*. En attendant d'en revisiter certaines dans de prochains cours, en voici un premier et rapide inventaire, en 18 points principaux.

1. Les deux modèles distingués cette année : le modèle aristotélicien et le modèle augustinien sont-ils les seuls que l'on puisse invoquer pour rendre compte des théories antiques, médiévales puis prémodernes et modernes de la volonté et de l'action ? Y a-t-il des fusions ou compromis entre les deux modèles ? Y a-t-il d'autres modèles ? La réponse, hélas, est oui : il y a d'autres modèles, et il y a des fusions.

2. La distinction entre vouloir, nouloir et ne pas vouloir, entre volonté et nolonté, peut-elle être tracée au-delà des dispositifs où nous l'avons vue émerger ou affleurer au long du temps ?

3. Si oui, peut-on étendre le diagnostic à l'articulation entre vouloir, faire et pouvoir, proposée dans les carrés d'Anselme ? La réponse est deux fois oui.

4. Quel rôle jouent l'intellect ou la raison ou la raison pratique, d'une part, la volonté, d'autre part, dans l'action ? La volonté est-elle seule cause de l'action, et si oui quel type de causalité exerce-t-elle ? Sinon, derechef, quelle sorte de causalité exerce-t-elle ?

5. La volonté est-elle seule cause de la volition, et si oui quel type de causalité exerce-t-elle ? Sinon quelle sorte de causalité exerce-t-elle ? Là je ne réponds ni oui ni non, c'est à la fois oui et non. Il y a toutes sortes de réponses possibles : toute l'histoire de la philosophie.

6. La volonté est-elle déterminée par la raison ? Est-elle nécessitée par elle ? La volonté peut-elle agir sur l'intellect ? Peut-elle commander à l'intellect ? Vous imaginez que l'éventail des réponses est entièrement ouvert.

7. La réponse à ces questions justifie-t-elle l'adoption d'un schème philosophique général opposant *intellectualisme* et *volontarisme*, prolongé par un schème historique axé sur les conflits doctrinaux entre ordres religieux : dominicains, franciscains, et plus tard jésuites ? Non ! De tout *-isme* nous nous méfierons.

8. La notion d'assentiment ou de consentement peut-elle être tracée en deçà et au-delà du dispositif buridanien évoqué ce semestre ? Évidemment. On pourrait remonter jusqu'aux stoïciens.

9. L'assentiment et le consentement fournissent-ils une base suffisante pour justifier une définition de la morale comme morale de l'intention ? À voir.

10. La qualification éthique d'un acte est-elle secondaire par rapport à celle de la volonté et de l'*intention* qui en ont permis l'effectuation ? Peut-on dire avec Abélard que « l'acte n'ajoute rien à la culpabilité du pécheur » ? Et si oui, cela vaut-il pour Guillaume II ? Pour le Dieu de Kraus ? Est-ce dire assez du point de vue éthique que de dire : « Je n'ai pas voulu cela » ? *Ich habe es nicht gewollt ?* La réponse, vous la devinez sans peine.

11. Quel rôle joue le principe de contradiction dans la théorie générale de la liberté, du libre arbitre, de l'action et de la volonté ? C'est à soi seul un champ d'études dont on pourrait tirer au moins cinq thèses.

12. Le recours à la différence entre contraires et contradictoires dans la théorie dite « commune » de l'action à la fin du Moyen Âge et à l'Âge classique, est-il pertinent philosophiquement ? A-t-il été mis en cause dans l'histoire ? Quel type de critiques a-t-il reçu et pour quelles raisons ? À voir. *Pertinent*, sans aucun doute, *mais insuffisant. D'où les critiques, if any.*

13. Le principe de cohérence subjective du vouloir (PCV) est-il universellement reçu au long de l'histoire ? A-t-il reçu un traitement différent en philosophie et en théologie ? À la première question, il faut répondre non ; à la seconde : oui et non, parce qu'à dire vrai, comme on l'a vu, l'origine du principe est une *thèse philosophique transposée en théologie*. Donc, en fait, ce qui a fait vivre PCV pendant longtemps, *c'est la théologie*.

14. Quel rôle jouent les notions d'âme, de sujet, de je, de moi, et de conscience, dans l'histoire de la « liberté », du libre arbitre, de l'ascription, et de la responsabilité ? Y a-t-il des lectures alternatives à la lecture nietzschéenne qui en est donnée dans le *Crépuscule des idoles* ? C'est un problème sur lequel nous reviendrons, mais que l'on peut déjà poser à partir de ce qui a été vu cette année.

15. Quel rôle jouent le « principe du je », le *cogito* ou le moi au côté de PNC dans l'histoire des théories de l'action et de la volonté ? Dans quels dispositifs ? Sont-ils associés à d'autres principes, et lesquels ? Oui, ils sont associés à d'autres principes, mais oui, et d'abord, ils sont l'un l'autre indissociables. Il faut bien le voir, c'est une chose remarquable : le « principe du je pense » et le principe de non-contradiction ont partie liée. C'est une des choses que nous examinerons l'année prochaine.

16. La notion de sujet-agent a-t-elle reçue une impulsion décisive des débats christologiques sur le mono-énergisme et le monothélisme entre le concile de Chalcédoine et celui de Constantinople III ? Oui, absolument, et c'est à mon avis la base de tout. On a donc intérêt à regarder de près ce dossier qui va, en gros, de Sergius et de ses sources à Maxime le Confesseur.

17. L'articulation de l'anthropologie philosophique et de la christologie peut-elle être poursuivie au-delà des premiers conciles, et notamment du concile de Constantinople III ? L'hypothèse des « deux agents » de l'action est-elle une donnée de base de la théorie de l'action au-delà des débats conciliaires ? Oui. J'espère que vous en avez maintenant une petite idée, simplement en repensant au débat entre Bossuet et Leibniz.

18. Peut-on tracer les étapes, les conditions et les figures de la transformation du sujet d'attribution en suppôt d'actions en traçant la relation entre *hupokeimenon* et hypostase ? Peut-on en construire les réseaux ? en fournir des schèmes sous forme de quadrangles ? Oui.

À ces dix-huit questions, une seule réponse : on verra cela, je ne dis pas l'année prochaine, mais une année prochaine. Je vous annonce du même coup, dans ce dernier souffle pédagogique, le sujet de l'année prochaine : nous passerons de l'action à la passion. Il s'agira du sujet de la passion. Il sera question de la passion avec un petit p, de la Passion avec un grand P, de la souffrance, de la douleur, du sujet de la douleur, de ce qui souffre quand je dis « je souffre », « Aïe ! » ou « ça fait mal » ; et nous parlerons en prime du néant, de la négativité et du détachement. Après cela, nous verrons bien.

NOTES

1. AUGUSTIN, *Confessions*, VIII, IX, 19-20 ; trad. P. CAMBRONNE, *Œuvres*, I, *Les Confessions – Dialogues philosophiques*, Paris, Gallimard (Pléiade), 1998, p. 942-943.

2. PLATON, *Théétète* 115D : Μάλα γὰρ φιλοσόφου τοῦτο τὸ πάθος, τὸ θαυμάζειν· οὐ γὰρ ἄλλη ἀρχὴ φιλοσοφίας ἢ αὕτη, καὶ ἔοικεν ὁ τὴν Ἶριν Θαύμαντος ἔκγονον φήσας οὐ κακῶς γενεαλογεῖν. Victor Cousin (en ligne sur http://remacle.org) traduit : « ... car c'est la vraie marque d'un philosophe que le sentiment d'étonnement que tu éprouves. La philosophie, en effet, n'a pas d'autre origine, et celui qui a fait d'Iris la fille de Thaumas n'est pas, il me semble, un mauvais généalogiste. »

3. ARISTOTE, *Métaphysique*, I, 2, 982b15 : διὰ γὰρ τὸ θαυμάζειν οἱ ἄνθρωποι καὶ νῦν καὶ τὸ πρῶτον ἤρξαντο φιλοσοφεῖν ; TRICOT traduit : « C'est, en effet, l'étonnement qui pousse, comme aujourd'hui, les premiers penseurs aux spéculations philosophiques » ; J. BARTHÉLEMY-SAINT-HILAIRE donne : « À l'origine comme aujourd'hui, c'est l'étonnement et l'admiration qui conduisirent les hommes à la philosophie. »

4. AUGUSTIN, *Confessions*, VIII, IX, 21 ; Paris, Gallimard, p. 944 ; dans la traduction de l'abbé Raulx (http://www.abbaye-saint-benoit.ch) : « L'esprit commande au corps ; il est obéi ; l'esprit se commande, et il se résiste. »

5. Augustin explique bien la relation entre le vouloir, le pouvoir et le faire : « le pouvoir suit aussitôt le vouloir, quand le vouloir est un vouloir plénier » ; dans le cas de la volonté, la « possibilité de faire équivaut à celle de vouloir », le « vouloir implique de lui-même faire », *ssi* la volonté est « totalement une » et « pleine » *(plena)*, qu'elle veut par tout elle-même *(ex toto)*, sans reste, « pleinement » ou, comme traduit Cambronne, « d'une manière plénière ».

6. AUGUSTIN, *Confessions*, VIII, IX, 21 ; Pléiade, p. 944.

7. *Ibid.*, VIII, IX, 21 ; Pléiade, p. 944-945

8. *Ibid.*, VIII, IX, 21 ; Pléiade, p. 946

9. *Cf. ibid.*, VIII, X, 22, Pléiade, p. 945. « Ego cum deliberabam, ut iam servirem Domino Deo meo, sicut diu disposueram, ego eram, qui volebam, ego, qui nolebam ; ego, ego eram. Nec plene volebam nec plene nolebam. Ideo mecum contendebam et dissipabar a me ipso, et ipsa dissipatio me invito quidem fiebat, nec tamen ostendebat naturam mentis alienae, sed poenam meae. Et ideo non iam ego operabar illam, *sed quod* habitabat *in me peccatum* de supplicio liberioris peccati, quia eram filius Adam » ; « Quand je délibérais, comme je l'avais projeté depuis longtemps, pour entrer au service du Seigneur mon Dieu, c'était moi, qui voulais, c'était moi, qui noulais. C'était moi, et moi seul. Mais je ne voulais pas pleinement [tout entier, en plénitude, à titre plénier], ni ne noulais pleinement. C'est pourquoi j'étais en lutte avec moi-même, et je me dissipais [divisais, séparais, dissociais] de moi-même. Et cette dissipation, qui se faisait malgré moi, ne montrait pas [à l'œuvre] la nature d'une âme étrangère, mais [seulement] le châtiment de la mienne. Et [cette dissipation] *je ne l'opérais pas moi*, mais le *péché qui habitait en moi* [Rm 7, 17], à cause d'un péché plus libre, puisque j'étais fils d'Adam » (ma traduction).

10. H. ARENDT, *La Vie de l'esprit*, vol. II : *La Volonté*, trad. L. LOTRINGER, Paris, PUF (Philosophie aujourd'hui), 1983, p. 87 ; Paris, PUF (Quadrige), 2013, 1 vol., p. 359. Sur Arendt, voir le livre posthume de Sylvie COURTINE-DENAMY (1947-2014), *De la bonne société. L. Strauss, E. Voegelin, H. Arendt. Le retour du politique en philosophie*, Paris, Cerf (La nuit surveillée), 2014. Sur *The Life of the Mind,* voir le séminaire du 13 janvier 2015 sur *Les Fonctions psychiques* (audio et video, sur le site du Collège de France).

11. À chaque vouloir, la volonté est en partie soustraite à elle-même, une partie de moi se dissipe, disparaît de moi, au moment où je veux ; une partie de moi se dérobe au moment de vouloir, qui me soustrait partiellement à moi-même, et, par ce manque de soi à soi, de moi à moi, inscrit le NON au cœur du OUI. Il n'y a pas deux volontés en l'homme, mais une seule qui n'arrivant pas à vouloir par tout elle-même, se divise en une partie qui insiste, et une qui résiste.

12. H. ARENDT, *The Life of the Mind. II. Willing*, edited by MARY MCCARTHY, 2 vol., New York, Harcourt, Brace & Jovanovich, 1977-1978, p. 89. Pour une édition en un volume, *cf.* San Diego-New York-London, Harcourt, A Harvest Book (two volumes in one).

13. Le séminaire de 2014-2015 était consacré aux *Fonctions psychiques : Intuition, représentation, jugement*. Les séances des 13 janvier, 3 février, 3 et 17 mars sont accessibles sur www.college-de-france.fr/site/alain-de-libera/_seminar.htm. Il y est longuement question de la distinction entre penser et vouloir chez Arendt et de son application en histoire de la philosophie. Sur l'inséparabilité du *I-will* et du *I-nill* chez Augustin, *cf.* H. ARENDT, « What is Freedom ? », in *Between Past and Future*, p. 161 : « In other words, if man has a will at all, *it must always appear as though there were two wills present in the same man, fighting with each other for power over his mind*. Hence, the will is both powerful and impotent, free and unfree. »

14. H. ARENDT, *The Life of the Mind. II. Willing*, p. 70.

15. AUGUSTIN, *Confessions*, VIII, XI, 24 ; Pléiade, p. 946-947.

16. H. ARENDT, *The Life of the Mind. II. Willing*, p. 69 : « In the fight between the *I-will* and the *I-nill*, the outcome can depend only on an act – if works no longer count, the Will is helpless. »

17. H. ARENDT, *The Life of the Mind. II. Willing*, p. 101.

18. H. ARENDT, *The Life of the Mind. II. Willing*, p. 126, qui renvoie à E. BETTONI, *Duns Scotus : The Basic Principles of His Philosophy*, trad. B. Bonansea, Washington, The Catholic University of America Press, 1961, p. 158 (l'original italien, *Duns Scoto*, Brescia, La Scuola, datait de 1946).

19. H. ARENDT, *La Vie de l'esprit*, *La Volonté*, Paris, PUF (Quadrige), 2013, p. 400.

20. Dans sa philosophie, écrit Arendt, Heidegger ne place pas la volonté au centre des facultés humaines. Une dizaine d'années après *Sein und Zeit*, « il rompt avec toute la philosophie moderne (dans le second volume de son ouvrage sur Nietzsche) précisément pour avoir découvert à quel point le siècle lui-même, et pas seulement les théories qu'il élabore, est fondé sur la toute-puissance de la Volonté. Il en arrive dans ses œuvres philosophiques postérieures, à la proposition, à première vue paradoxale, *"Ich will das nicht-wollen"* ("je veux le non-vouloir") », *La Vie de l'esprit*, Paris, PUF, 2013, p. 302-303. Cette rupture est celle du Tournant, la *Kehre*, dans la pensée de Heidegger. Comparant Heidegger et Hegel, Arendt évoque (*ibid.*, p. 337) « ... Heidegger qui fait preuve de beaucoup plus de perspicacité quant à la nature du vouloir, et dont l'absence de sympathie à l'égard cette faculté s'étale ouvertement, et constitue le vrai retournement *(Kehre)* de la période tardive ». « Ce n'est pas, poursuit-elle, citant les *Essais et conférences*, trad. A. PRÉAU, Paris, 1958, p. 103, que "la volonté de volonté a son origine dans la volonté humaine", mais

"l'homme est voulu par la volonté de volonté, sans qu'il ait connaissance de l'être même de ce vouloir" ». Selon Arendt, le « retournement » a lieu au mitan de l'interprétation de Nietzsche. Cf. *La Vie de l'esprit*, p. 487 : « Si en lisant, en lisant ces deux volumes, on néglige ses réinterprétations tardives, on est contraint de placer le "retournement" [*Kehre*], devenu *événement autobiographique concret*, entre les deux volumes ; car, pour parler sans ménagement, le premier explicite Nietzsche en suivant son argumentation, tandis que le second est écrit sur un ton polémique discret, mais sur lequel il n'y a pas à se tromper. » La différence entre deux sens de *Nicht-Wollen* chez Heidegger, (1) « willingly to renounce willing » et (2) « what remains strictly outside any kind of will » (GA 30, p. 59), celle entre la simple négation ou absence de vouloir (rendue en anglais par *not-willing*) et la sphère du tout-autre du *Wollen* (rendue par *non-willing*) dans son rapport avec la *Gelassenheit* est étudiée en détail par B.W. DAVIS dans *Heidegger and the Will : On the Way to Gelassenheit*, Evanston, Northwestern University Press (Studies in Phenomenology and Existential Philosophy), 2007. *Cf.* p. 9 : « Maintaining this distinction shall be crucial, since it is precisely the conflation of these two senses of *Nicht-Wollen* that lies behind any number of misinterpretations of Heidegger's attempt to think a *non*-willing sense of *Gelassenheit*. »

21. « Denique (quid verbis opus est ?) *spectemur agendo* ! » « Finally (what is the use of words?) let us be seen together in action ! » La phrase d'OVIDE (*Métamorphoses*, 13), reprise par JOHN ADAMS, est citée par ARENDT, *La Vie de l'esprit*, p. 100. Pour ADAMS, voir *Discourses on Davila. A Series of Papers on Political History by an American Citizen*, in *The Works of John Adams, Second President of the United States*, 10 vol., ed. by CHARLES FRANCIS ADAMS (Boston, Little, Brown & Co., 1850-56), VI, 8, p. 246 [p. 223-399].

Index nominum

Table

Dépôt légal : novembre 2017
IMPRIMÉ EN FRANCE

Achevé d'imprimer le 17 novembre 2017
sur les presses de l'imprimerie « La Source d'Or »
63039 CLERMONT-FERRAND
Imprimeur n° 19876